A. 2480
A.

A. 1375 — A. Kircher — Turris Babel
(2)   pl. de la p. 78 arrachée
              Constaté le 17.II.62
                     AB
              entre les p. 78 et 79

1375
(1-2)

ATHANASJI KIRCHERI
è Soc. Jesu

ARCA NOË,
IN
TRES LIBROS
DIGESTA,

QUORUM

De rebus quæ ante Diluvium,
I. *De iis, quæ ipso* Diluvio *ejusque duratione,*
II. *De iis, quæ post* Diluvium *à* Noëmo *gesta sunt,*

Quæ omnia novâ Methodo,

NEC NON

Summa Argumentorum varietate, explicantur, & demonstrantur.

Z. 131.

AMSTELODAMI,
Apud Joannem Janssonium à Waesberge.
Anno cIɔ Iɔc LXXV. *Cum Privilegiis.*

JOANNES PAULUS OLIVA
PRÆPOSITUS GENERALIS
SOCIETATIS JESU.

Cum *Opus, quod inscribitur* Arca Noë *à* P. Athanasio Kirchero *nostræ Societatis Sacerdote compositum, aliquot ejusdem Societatis Theologi recognoverint, & in lucem edi posse probaverint, potestatem facimus, ut typis mandetur, si iis, ad quos pertinet, videbitur. Datum Romæ* 20. *Novembris* 1669.

JOANNES PAULUS OLIVA.

Imprimatur,
Fr. Hyacinthus, Libell. Sacr. Palat. Apostol. Magist.

CAROLUS II. DEI GRATIA REX CATHOLICUS MAGNUS HISPANIARUM MONARCHA.

REGI CATHOLICO
CAROLO II.
AUSTRIACO,
MONARCHÆ HISPANIARUM MAXIMO;

Athanasius Kircherus è Soc. Jesu
FELICITATEM.

Arcam Sisto Tibi, *Rex Maxime, Arcam*, dico, non *Pandoræ* fanaticis Deorum muneribus locupletatam, non *Mausoli* Regis opibus cimeliisque confertam, non *Cræsi* inexhaustis opulentam thesauris, cæterasque haud absimiles, quas suis affinxit Regibus fabulosa antiquitas; sed *Arcam*, quâ quicquam Mundus non vidit grandius; Divinius nihil, nihil Mortalium admiratione dignius; cujus Architectus fuit Deus *Opt. Max. Noë* faber, *Moses* Interpres, quam deindè omnium Seculorum Scriptores quà Sacri, quà profani, fæcundo calamorum profluvio immensis laudibus toti divulgarunt posteritati.

DEDICATIO.

tati. Nosse vis hujus *Arcæ* Epigraphen? illa est Mundi Miraculum, Geocosmi compendium, totius viventis sentientisque Naturæ seminarium, pereuntis Mundi Asylum, renascentis felix, fortunatumque auspicium. Hanc ego, omni, quâ possum, submissi animi contestatione ante sublime *Majestatis* Tuæ Solium, suplex & venerabundus depono, veluti Monarchiæ Tuæ, qua patet, Orbis universus longè latéque exporrectæ absolutum omnibus numeris prototypon: Operum prægrandium munera non nisi supremos in Orbe Monarchas, quorum Tu inter paucos singularis & unus es, apprime congruunt. Si enim Monarchiæ Tuæ amplitudinem exactiori trutina pondero, rem Orbi forsan paradoxam, attamen omni subducto dubio verissimam proponam; Monarchiæ, inquam, Tuæ, cui Sol nunquam occidit, Monarchiæ, quæ stellas, & sidera, veluti signaculo quodam claudit & aperit, nunquam, & nusquam deficiente luminis splendore. Nam ut rectè quidam:

—— *Quocunque diem Sol Orbe reducat*
Fessus obit tua Regna; tuo sese aureus offert
Oceano, conditque tuo; cui subdita parent
Imperia, Astrorumque Orbes, totumque quod usquam est,
Regales intra sedes, & limina cernis.

Mo-

DEDICATIO.

Monarchiæ Tuæ, cui Oriens & Occidens, Polus alter & alter, nox, diesque quolibet temporis momento, alicubi semper jucundo fœdere junguntur in unum; Æstas cum Hyeme, cum Autumno Ver, singula cum omnibus & singulis exacta æquitatis & justitiæ sua jura exercent; atque adeò Æstatem hîc torridam, alibi horridam brumam justi ponderis æquilibria Tua in Monarchia experiaris; Nunquam Tibi recentes Violæ, Rosæ, Lilia cessant suum spirare odorem, fructuum peregrini cœli cupediæ Tuæ nunquam desunt Mensæ. *Noë* veluti in zootropheio quodam, omnes, quæ cœli ambitu continentur, animantium species suæ conclusit *Arcæ*; Verùm enim verò, quæ *Noë* strictim, Tu Rex Summe, in Tua Monarchia sparsim tenes. Si denique Opum, Divitiarumque ubertatem penitiùs expendo, Tibi sunt aurei sine fundo montes, Argentei sine termino colles, uti rectè Poëta nonnemo:

— — — *Tibi victus subdidit* Afer
Littora; Te metuit Ganges; *tibi turbidus* Indus
Volvit opes; Uni Americe *tibi viscera pandit*
Fœta auro, quô semoti confinia Mundi
Non cessas ditare Tuo.

Queis

DEDICATIO.

Queis probè expensis sanctè jam affirmare ausim, nihil in antecedentium temporum Historiis quidpiam aut Monarchiâ Tua potentius, aut amplitudine diffusius, aut opum immensitate grandius, verbo, Divinæ Dominationi (si ita loqui fas sit) propius observatum fuisse. Hanc Tibi granditatem incomparabilem Majores Tui fortium gestorum Heroës *Fernandi*, *Caroli*, *Philippi*, & Cæsares & Reges stupente Mundo pepererunt. Quid enim ab Orbe condito, Mundo insolentius inclaruisse dici potest, quàm novos, & ne famâ quidem notos detexisse Mundos, nova novis adjecisse Regnis, Orientem Occidentemque, Austrum & Aquilonem Tuæ se fecisse potestatis; & quod omnibus excellentius est, incredibili Divinæ gloriæ studio, acquisitorum potentiam Regnorum Deo *Opt. Maxim.* subditam in Ovilis augmentum, & amplitudinem *Christo* subjugasse, tanto per Orbem Terrarum, animarum & fructu, & lucro, quantum non dicam sperare, sed ne animo quidem concipere, aut credere quisquam sibi persuadere potuisset. Quorum quidem omnium Tu, Rex Maxime, ex alto Heroûm sanguine prognatus,

&

DEDICATIO.

& Princeps es, & Hæres minimè degener; cùm Talia de Te efflorescentium in tantilla ætate virtutum specimina jam dudum dederis, ut extra communem hominum sortem, spiritus Heroïcos vel ex ipso Magnæ & Augustæ Matris Tuæ lacte suxisse videaris, Matris, inquam, Annæ Serenissimæ Reginæ, Parentis Tuæ, quæ pari felicitate ex præcelsa *Austriacorum* Cęsarum prosapia exorta, etiamnum Orba & Regni, & thori conjuge, magnis tamen, & grandibus rebus intenta, in tanta exulceratione temporum, hostiumque machinis, cogitationi fœmineæ masculum indens animum, quanto se Sola ingenii robore, quanto consilio, prudentiâ, ac Religionis ardore, in administranda Monarchia se gesserit, Orbis novit, & obstupuit. Haud imparem rerum gerendarum telam Tu ordiri videris Rex Maxime, dum de vivida indolis Tuæ lætitia, de matura in tenello corpusculo prudentia, de præcoci animi fortitudine rerumque rectè agendarum dexteritate, de Te quidpiam humana sorte altius Mundus sibi polliceatur, atque adeò thema paulatim dictare incipias, quod acerrima Historicorum ingenia quandóque sit defatigaturum. Quæ quidem uti summa admiratio-

DEDICATIO.

ratione celebrare non semel audivi, ita quoque, nescio, quo felici omine isthoc Monumentum, veluti Gloriæ Tuæ prodromum, gloriosi Nominis Tui immortalitati consecrandum censui cedro perennius:

Quod non imber edax, neque Aquilo impotens
Possit diruere, aut innumerabilis
Annorum series, & fuga temporum.

Vale Rex Maxime Augustæ Domus & Orbis delicium, vive in Spem magnam Deo, Regnis, Religioni Catholicæ, Tibi. E Collegio Romano Societatis Jesu, 24. Junii 1673.

PRÆFATIO
AD
LECTOREM.

CUm, *Benevole Lector, à quinque Lustrorum transacto curriculo, nullo non tempore vehemens ad ea argumenta, quæ in Sacrarum Literarum monumentis, Physicam potissimùm & Mathesin sapiunt, dilucidanda, animo meo insederit desiderium; inter cœtera verò consideratione dignissima, nullum mihi præstantius, illustrius, celebrius, quodque curiosiora ingenia majori stupore & admiratione agitet, quàm vas illud admirabile, opus verè Excelsi,* Arcam, *dico, à* Noëmo *Divino quodam ductu magisterioque, perdito jam mundo in cunctorum viventium conservationem salutemque exstructam; & uti fervor ingens modum nescit, ita is quoque eò me impulit, ut sine ulteriori prolongatione invisam Operis fabricam olim Geometricis, Staticis, atque Architectonicis rationibus stabilitam in publico phrontisterii Mathematici Synedrio demonstrandam susceperim; Auditores, ut id veluti exoptatissimum argumentum quantocyus prælo subditum publici juris ad multorum usum profectumque fieret, à me obnixis precibus contendere, non destitêre. Verum enim verò cum concepti operis thema grandius, fœcundius, rerumque in eo tradendarum ubertate, & opulentiâ fœcundius videretur, quam ut id exiguo paucorum foliorum libello comprehensum, instituti dignitatem, atque æstimationem non dicam congruè exponeret, quin potius rerum in eo explicandarum copiam, & varietatem inconcinna sua brevitate, vel quàm maximè obscuraret; undè illud opportuniori tempori reservatum, si* DEUS *vitam viresque largiretur, ampliori, quoàd liceret, eruditionum cumulo auctum nos edituros quod tunc temporis spoponderamus, id modò, qualecunque tandem judicio doctorum sit, in Reipublicæ Literariæ bonum emolumentumque, tum Sacrarum Literarum Interpretibus, tum aliarum quarumcunque artium & scientiarum eximiis Magistris, cultoribusque exhibemus. Est autem suscepti operis argumentum adeò grande, fœcundum, atque ob abstrusissimos in eo Divinæ providentiæ recessus adeò admirandum, ut nullum existimem dari posse, tantæ sublimitatis ingenium, nullam tam studiosè affectatam Orationem, quæ hujusmodi præstantiam, mysteriorumque sub eo latentium profunditatem, non dicam sufficientibus verborum ampullis, sed ne profundiori quidem internæ mentis*

PRÆFATIO

contemplatione comprehendere valeat; ut proindè à Mundi conditu nil huic fabricæ quid simile, nec visum sit, nec usque ad ejusdem consummationem visum iri, tutò asseverare audeamus; in qua nimirum exstruenda stupente Mundo, vel ipsos centenos annos omnis Divinæ humanæque Sapientiæ industriæque labor desudaverit; si finem tantæ machinæ consideres, in illa ἀῤῥήτον ϰ, ἀνεϰφώντον *Divinæ justitiæ & misericordiæ sacramentum contineri reperies, ut videlicet* DEUS Opt. Max. *veteri Mundo ob conclamatam scelerum peccatorumque enormitatem perdito, Mundum novum, novamque Terram per* Noëmum *virum justum & perfectum atque ob constantem ejusdem in* DEUM *fiduciam, charitatem, obedientiam, summumque meritorum cumulum, intra* Arcam *totius instaurandæ naturæ viventis seminarium, pro ineffabili suâ providentiâ, conderet. Sed hæc in hujus Operis decursu luculentius patebunt; cujus* ἰχνογραφίαν *paucis accipe.*

Dividitur Opus in tres Libros: quorum primus *rerum à* Noëmo *ante* Diluvium *sexcentorum annorum decursu gestarum historiam continet; Vitam nimirum* Noëmi, *continuumque virtutis & perfectionis studium; Fabricæ* Arcæ *à* DEO *sibi præscriptæ in nidos & mansiunculas divisionem, præterea animantium intra eam introducendarum modum & rationem, una cum rerum, tum hominibus, tum singulis animalibus ad vitam annuo spatio conservandam necessariarum comeatu describit.*

Liber Secundus *formidabilem Cataclysmi catastrophen exhibet, quo ruptis fontibus Abyssi magnæ, & Cataractis Cœli apertis, totus Terrarum Orbis obrutus, dum nulli hominum, animaliumque effugii locus datur, ad unum omnes miserabili morte, præter octo animas, vitæ naufragium fecerunt; describit præterea ea quæ intra* Arcæ *claustrum à* Noëmo, *& à filiis filiorumque Uxoribus gesta sunt circa officiorum distributionem; ac circa summam singulis speciebus animalium congruis alimentis conservandis curam, modumque à Sapientissimo* Arcæ Navarchæ, *exactissimis legibus præscriptum exponit.*

Liber tertius, Noëmi, *cessante jam* Diluvio, *extra* Arcam *egressum, animaliumque ad novæ lucis radium, & novæ auræ refrigerium, incredibile tripudium, hilaritatem, & ad fœcundæ propagationis motus concitationem, & promptitudinem declarat; Sequitur* Noëmi *in beneficiorum acceptorum recognitionem, oblatum* DEO *gratissimum sacrificium; reperiet hîc Lector novam Mundi faciem, oppidò à prioris Mundi constitutione difformem, stupebit vel intra trecentos*

annos

AD LECTOREM.

annos immensam humani generis propagationem à tribus Noë *filiis* Sem, Cham, *&* Japhet, *per universas Mundi regiones,* Noë *adhuc vivente peractam; cum innumeris aliis, quæ ibidem descripta cernentur; in quarum quidem hic recensitarum rerum expositione hoc unicum intendimus, ne ad unguem quidem à genuino* Geneseos *sensu recederemus, & proindè ad literalis sensus veritatem penetrandam, concordandasque opinionum varietates, post Latinam quintuplici linguarum,* Græcæ, Hebræa, Chaldææ, Syriacæ, *atque* Arabicæ *versione, veritatem rimamur, & Authorum quidem in sententiis dissidentium nomina consultò reticuimus, nè videlicet ulli ex tot præstantissimis Doctoribus, peritissimisque Sacrarum Literarum Expositoribus, cultoribusque refellendi præjudicio forem. Quod deindè multa nonnunquam circa Sacri Textûs explicationes solis conjecturis fulta protulerim, id mihi condonari velim, cum id fecerim, quod Sacris quoque Interpretibus, Sanctisque Patribus in omnibus solitum usitatumque fuisse deprehendi. Quod deinde in Iconismis operi insertis, nonnullâ libertate usus fuerim, ea prudentem Lectorem, tanquam certa & indubia, minimè censere velim; sed quod juxta rectæ rationis dictamen, ita fieri debuisse arbitrati simus. Quæ cum ita sint, nil jam amplius restat, nisi ut suscepti operis institutum Divini Luminis adspirante gratia, eâ quam ingenii mei inbecillitas permiserit ἀμεθοτέρως prosequamur; in quo si quidpiam tortum, hiulcum, ac expositioni meæ incongruum occurrerit, id non Patri luminum, sed meæ insufficientiæ, & incapacitati acceptum ferat. Vale Lector, & ausibus meis annue.*

SYNO-

SYNOPSIS OPERIS
IN
LIBRIS, SECTIONIBUS,
& CAPITIBUS.

LIBER PRIMUS
EST
ISAGOGICUS,

Continens ea quæ centum ante Diluvium *annis commemoratione digna acciderunt.*

PRÆFATIO. *Pag.* 1

SECTIO I.

De Statu rerum ante Diluvium.

CAPUT I. De summa humani generis Perversitate ante *Diluvium.* *Pag.* 3
II. Utrum nonnulli Libri extiterint, quibus pessimus mortalium ante *Diluvium* status descriptus fuerit. *p.* 4
III. De Gigantibus ante *Diluvium.* *p.* 8
IV. De vita *Noë* ejusque virtutibus gestisque. *p.* 12
V. De ejusdem Rectitudine apud Deum & homines. *p.* 14

SECTIO II.

De Fabrica Arcæ Noë.

CAPUT I. De mira DEI Providentia in fabrica *Arcæ.* *Pag.* 16
II. De Materia *Arcæ* à *Noë* exstructæ. *p.* 18
III. De Bitumine, ejusque speciebus, quibus *Arca* intus forisque illita fuit. *p.* 20
IV. De Regione *Edenia* in qua *Noë Arcam* exstruxisse putatur. *p.* 22
V. De Scientia *Noë* in fabrica conficienda à DEO ipsi infusa. *p.* 23
VI. De Apparatu rerum ad *Arcam* construendam necessariarum. *p.* 25
VII. *Noë Arcæ* fabricam incipit prævia exhortatione ad impiam gentem &c. *p.* 27

VIII. De Cubito, Pede, Palmo, mensuris *Arcæ.* *p.* 28
IX. De Proportione *Arcæ* ad symmetriam corporis humani, & de ejus capacitate. *p.* 33
X. Quomodo *Noë* primò fundamenta *Arcæ* jecerit. *p.* 35
XI. De Forma *Arcæ Noë* Interpretum sententiæ. *p.* 41

SECTIO III.

De Habitaculorum, Nidorum, seu Stabulorum in Arca *distributione.*

CAP. I. De *Noë* infusa Scientia circa ea quæ in *Arcæ* constructione necessaria videbantur. *Pag.* 45
II. De distributione Stabulorum seu Mansionum in Prima *Arcæ* contignatione pro Quadrupedibus & Reptilibus. *p.* 46
III. De omnibus & singulis Speciebus Animalium Quadrupedum, quæ in *Arcam* introduci debebant. 48
IV. Ἐξήγησις. De Reptilium Insectorumque Varietate, Natura & Proprietate, & quænam ex iis in *Arcam* intrarint. *p.* 51
V. De Quadrupedibus in *Arcam* introductis. *p.* 56
  Classis Quadrupedum. *p.* 57
VI. De Animalium Volatilium in *Arcam* introductorum ratione, Natura & Proprietate. *p.* 74
  Classis Avium. *p.* 76
  Consectarium Apodicticum. 94
VII. *Noë*

CAP. VII. *Noë* infusâ Animalium scientia dotatus à DEO, juxta præcepta Domini tandem *Arcæ* stabula nidosque unicuiq; sive Quadrupedibus, sive Volucribus, convenientia exstruere orditur. *p.*98

Nomenclatura { Quadrupedum. *p.*101
{ Volucrum. *p.*102

VIII. Explicatio Ichnographica primæ Contignationis *Arcæ*, in qua Quadrupedum stabula & mansiones ordine sunt positæ. *p.*103

Pinax Stabulorum. *p.*105

IX. De Commeatu omnibus & singulis Animantibus in *Arcam* introductis sufficienti & necessario, & de Penariis, Reconditoriisque eâ de causa in *Arca* exstructis. *p.*106

X. De Commeatu pro omnibus & singulis Animalibus in *Arcam* introductis in particulari. *p.*108

Tabula Penariorum. *p.*109

XI. Explicatio secundæ Contignationis *Arcæ* in qua Ciborum necessariorum apparatus continetur. *p.*110

XII. De Tertia & suprema Contignatione *Arcæ*, quæ octo homines unà cum Volucrum speciebus inhabitabant, & Ὀρνιθοτροφεῖον dicitur. *p.*112

Tabula Ornithotrophii. *p.*116

LIBER SECUNDUS.
CATACLYSMUS sive DILUVIUM UNIVERSALE.

PRÆFATIO, *totius Libri summam continens.* Pag. 117

PARS I.

De Ingressu Animalium in Arcam *è superveniente* Diluvio.

CAP. I. Quid *Noë* cum sua familia ante Ingressum in *Arcam* egerit. Pag. 119

II. De Animalium ex toto Orbe paucis ante diebus congregatorum modo & ratione. *p.*121

III. De Cataclysmi seu *Diluvii* omnibus seculis memorandi formidanda Catastrophe. *p.*124

IV. Quid sibi velint Sacri Textus, *Fontes Abyssi magnæ & Cataractæ Cœli*. *p.*127

V. De Aquis *Diluvii* quindecim cubitis supra omnes Montes sese extollentibus. *p.*131

VI. Utrum apud Veteres Scriptores Gentiles aliqua, hujus *Diluvii* & *Arcæ Noëticæ* notitia habeatur. *p.*136

VII. Hydrostaticum: de Pondere *Arcæ*, & quantum illa intra Aquas, tam hominum quàm animalium, nec non commeatus onere aggravata subsederit. *p.*143

VIII. De Ministerio & Administratione Animalium qua *Noë* cum filiis suis & uxoribus eorundem distinebatur in *Arca*. *p.*146

IX. De Mystico-allegorico-tropologica *Arcæ* Expositione. *p.*149

X. De Diminutione Aquarum *Diluvii*, & de Tempore quo decreverit. *p.*154

XI. Quid intelligatur per *Spiritum* quem *adduxit Dominus super terram ad exsiccandas aquas*, & Quomodo intelligenda sit *Clausura fontium Abyssi & Cataractarum Cœli*, *Pluviarumque prohibitio*. *p.*156

Appendix Erotematica quoad difficultates Textus Sacri. *p.*158

SYNOPSIS OPERIS in LIBRIS, &c.

LIBER TERTIUS,
DE
EGRESSU NOË EXTRA ARCAM.

PRÆFATIO. *Pag.* 163

PARS I.
De iis quæ in Arcæ Egressu contigerunt.

CAP. I. DE *Noë* mora extra *Arcam* antequam egrederetur. p. 165

II. De Altari & Sacrificio quod *Noë* fecit DEO, deq; Divina ejusdem Sacrificii approbatione. p. 167

III. Utrum Carnium esus ante *Diluvium* in usu fuerit, an post *Diluvium* primò cœperit. p. 170

IV. Cur esum Carnium post *Diluvium* expressè, non item suffocatorum aut sanguinis eorum DEUS concesserit. p. 173

V. Utrum ante *Diluvium* fuerit Pluvia, & Iris & Quid sit Signum illud quod DEUS assumpsit post *Diluvium* placationi suæ erga genus humanum. p. 176

PARS II.
De Gestis Noë *post* Diluvium.

CAP. I. An *Noë* aliquanto tempore in montanis *Ararat* regionibus commoratus sit. p. 179

II. De Plantatione Vineæ à *Noë* facta, & Utrum ante *Diluvium* usus plantationis Vitium & Vini fuerit. p. 180

III. De multiplicatione Animalium post *Diluvium*, & an *Noë* post *Diluvium* filios genuerit. p. 183

IV. De Monte *Ararat*, & Utrum ex posteris *Noë* nonnulli ad *Arcam* spectandam Montem adscenderint. p. 184

PARS III.
De Transmigratione Gentium, qua per tres filios Noë, *genus humanum per universam Terram disseminatum fuit.* p. 187

CAP. I. De facie Terreni Globi post *Diluvium* comparata cum illa ante *Diluvium*. p. 187
Corollarium. p. 191

II. De Statu Geocosmi post *Diluvium*. p. 192

III. Quomodo Animalia per universas Globi terreni regiones in Insulas devenerint. p. 195

IV. Utrum Paradisus Terrestris *Diluvio* destructus sit, & Ubinam locorum fuerit. p. 197

V. Utrum ante *Diluvium* de variis Artibus & Scientiis scripti fuerint Libri, & Utrum illi ad posterum Mundum fuerint propagati. p. 204

VI. De Libris & Scriptoribus primis post *Diluvium*. p. 208

VII. De *Mercurio Trismegisto*, ejusque Libris. p. 216

VIII. De numerosa Progenie filiorum *Noë, Sem, Cham, Japhet.* p. 223

IX. De Transmigratione gentium per progeniem *Japhet* filii *Noë*. p. 223

ATHA-

ATHANASII KIRCHERI
ARCÆ NOËMICÆ,
LIBER PRIMUS
ISAGOGICUS.
Continet ea quæ centum ante *Diluvium* annis commemoratione digna acciderunt.

PRÆFATIO.

Humanum ingenium, uti naturæ pronitate, veluti pondere quodam fertur ad acquirendam intimam cognitionem earum rerum, quæ vel in Naturæ majestate reconditæ refulgent, vel quidpiam insolitum, sublime, peregrinum & arduum, in insanæ molis fabricis à veteribus humanæ artis industriâ quasi superiori extructis exhibetur, ita quoque inter cætera nullo non tempore satis admirari non potuerunt hanc, quam modò ordimur Noëmicæ Arcæ fabricam; cujus comparatione meritò Barbara pyramidum sileat miracula Memphis, sileant Babylonici Semiramidis Muri, sileant, quæcunque Veteres de Colosso Solis, de Jovis Olympii Statua, de Dianæ Ephesinæ Templo, de cæteris Mundi Miraculis ultra fidem humanum protulerunt; Si enim Lectores animum paulò profundius in hujus admirandi operis fabricam intenderint, luculenter contuebuntur, huic nihil unquam in humanis rebus par fuisse, nil humana consideratione dignius, utpote omnium, non dicam, humanorum, sed & operum Divinorum in restauratione Mundi post Christi in carne adventum maximum; neque id cuiquam mirum videri debet; fuit enim hæc Arca ipso DEO Architecto secundum omnes & singulas symmetriæ leges servo suo Noëmo dictata, leges præscriptæ, modus & ratio in fabricæ prosecutione, DEO docente inspirata. Non ignoro, trium potissimum in Sacrarum literarum contextu, celeberrimarum fabricarum mentionem fieri, quarum excellentia & prodigiosa constructio hucusque omnium Interpretum ingenia mirum in modum torsit; Horum primum fuit Mosis Tabernaculum, secundum Templum Salomonis, tertium Arca Noë; sed hæc meritò tantò cæteris admiratione dignior est, quantò argumentum grandius continet, tum ob longitudinem temporis

Sublimitas Argumenti.

Celeberrimæ in Sacris literis fabricæ.
1. Tabernaculum Mosis.
2. Templum Salomonis.
3. Arca Noë.

A cen-

centum annorum, quêis in ea extruenda insudatum fuit, tum ob magnitudinem & capacitatem, quâ nihil adhuc simile post orbem conditum in aquis visum est; si finem & usum ejus spectemus, in eo sanè contemplando meritò humana mens caligat, ratio ob Divini consilii altitudinem confunditur, intellectus in operis vastitate, & singularum partium distributione concipienda quodammodò absorbetur, præter intentionem DEI *abditam, quæ exuperat omnem sensum. Fuit enim reale & veridicum totius viventis* Mundi *compendium, universi Orbis in* Diluvio *effugium, hominum animaliumque novum post deperditum* Mundum *seminarium, quo hominum animaliumque genus in posterum* Mundum *conservaretur repararetúrque, nova renascentis* Mundi *origo.* Non *dicam hîc modò de iis, quæ circa animalium in* Arcam *introductionem acciderunt. Silebo de receptaculis, loculis, nidisque, singulis animalibus conditionique eorum propriis, quæ uti omnem exuperant admirationem, ita quoque de iis, quantum quidem nostri imbecillitas intellectûs permiserit, in sequentibus acturi sumus. Harum itaque stupendarum rerum circa eam, atque intra eam gestarum admiratione perculsus jam à multo tempore, & ad multorum impulsum, nil dignius me præstare posse existimavi, quàm si in hoc Sacro Divinæ fabricæ argumento quàm penitissimè explicando, omnes ingenii mei vires expanderem; non tam ob proprii ingenii mei (quod ob sublimitatem rei prorsus insufficiens esse sincerè fateor), curiositatem; quàm potissimum, ut ex eo Lector disceret, ineffabilem prorsus, & incomprehensibilem* DEI Optimi Maximi *erga genus humanum bonitatem & misericordiam, quâ tam admirabili modo, per servum suum* Noëmum, *de* Mundo *peccatis jam perdito, instaurando, tam paternè providere & disponere sibi complacuit; quæ uti omnem rationem transcendunt, ita quoque omnibus, vitiorum peccatorumque consuetudine oppressis, summo ad unionem cum* DEO *per veram pœnitentis animi compunctionem, bonorumque operum prosecutionem recuperandam, incitamento esse possunt; Hæretici verò &* Athei, *qui nil eorum, quæ non capiunt, credere volunt, discant, non stulto ac temerario ausu Sacrarum Literarum veritati præsumptuosius contradicere, neque* Genesin *veluti nugas* Mosaicas, *captuque impossibiles amplius explodere præsumant; meum erit,* Arcam *hanc Architecto* DEO *à* Noëmo *constructam, hoc præsenti libro omnium animalium conservationi non solùm, quod* Athei *negant, sufficientem fuisse, sed etiam compluribus si forent, capiendis, sat amplam fuisse, demonstrare. Ad rem igitur;* DEUS *adsit ausibus nostris.*

Arca Divinum opus.

Authoris intentio.

Atheorum confusio.

SECTIO

ARCA NOE.

SECTIO I.
De Statu rerum ante *Diluvium*.

CAPUT I.
De summa humani generis Perversitate ante Diluvium.

Quemadmodum primordialis Mundi Status ad *Diluvium* usque, 1656 annorum spatio quoad naturalium rerum constitutionem felicissimus, omniumque rerum ad victum necessariarum copia uberrimus fuit, ita quoque homines novi recentisque Mundi florentissimam sortem participantes, corpore existebant robusto, ingenio vegeto, & vivaci, atque in complurium centenorum annorum curricula vitam propagantes, tantæ quoque fæcunditatis, ut plerique *Sancti Patres* autumârint, Mulieres non unum, uti posteris temporibus passim fieri cernimus, sed complures uno partu fœtus effudisse; unde juxta Divinæ vocis oraculum, *Crescite & multiplicamini*, universa Terra hominibus referta, uti multitudinis vix capax, ita prodigiosorum quoque eventuum occasionem dedit; Non alia, hoc uberrimo rerum statu, nisi lege Naturæ viverent omnes. Verùm quemadmodum primum *Adæ* peccatum, omnium miseriarum calamitatumque prima origo fuit, ita brevi quoque omnis caro adeò vitiata & corrupta, ut nullus, qui Legis Naturæ vim cognosceret, existeret; siquidem unusquisque, quo eum naturæ impetus rapiebat, pro arbitrio vivebat; unde cum ciborum nutrimenta recentis Mundi vigore saluberrima, saluberrimam quoque hominum temperiem, robustam, longævam, atque omnium bonorum, quæ corpori accidere possent, copia præditam constituerent; Hinc accidit, ut paulatim bonorum memoratorum affluentia luxuriantes, spretâ lege Naturæ, in ultimum omnium vitiorum scelerumque barathrum, laxatis ad omnem voluptatem & libidinem habenis, ex qua se revocare nollent, infeliciter prolapsi, non ex ignorantia, nec ex perturbatione, vel animi quadam imbecillitate peccarint, sed ex malitia, id est, ex pravo habitu & consuetudine, scientes volentes sine ullo pudore, nullo DEI hominumque respectu, cum deliberato gaudio è voluptate in quælibet scelera brutorum more ruerint. Nam uti rectè Sacer Textus docet: *Videns autem* DEUS, *quod multa malitia hominum esset in Terra, & cuncta cogitatio cordis intenta esset ad malum, pœnituit eum, quod fecisset hominem in Terra, & præcavens in futurum, & tactus dolore cordis intrinsecùs: Delebo, inquit, hominem quem creavi à facie Terræ, ab homine usque ad animantia, à reptili usque ad volucres cœli, pœnitet enim me fecisse eos*; unde patet, multam fuisse malitiam, non intra unam alteramve Regionem inclusam, sed longè latèque patentem; quæ non erat simplex, & unius generis, sed varia & multiplex, quæ omnia flagitiorum genera complecteretur; vel denique quia non erat mediocris, sed summa, & ad ultimum scelerum fastigium perducta, atque prorsùs intoleranda, & uti Scriptura loquitur, *malitia completa & consummata*: Nam ut rectè Hebraica Lectio pro his verbis; *Cogitatio cuncta intenta esset ad malum*, ponit: כל יצר מחשבת. *Omne figmentum cogitationum in malum solum esset*, id est, cuncti idolis venereis intenti, quicquid con-

Ubertas rerum luxuriæ causa.

Fæcunditas primævi temporis.

Lege naturæ spretâ vivebant omnes arbitrio.

Genes. 6.

Summa hominum malitia.

concupiscentia carnis ipsis dictabat, nihil intentatum relinquebant; Undè non immeritò DEUM pœnituisse dicitur: Apud *Symmachi* versionem habetur, ἀπέςρεψεν, id est, *aversatus est*; *Aquila* habet; μετεμελήθη, & *Septuaginta*, ἐνεθυμήθη, id est, *recogitavit*; Quæ omnia per ἀνθρωποπάθειαν quandam de DEO dicuntur; Non quòd pœnitentia cadat in DEUM, absit, sed juxta humanam consuetudinem loquitur sic DEUS: Non enim cogitat DEUS, uti homines, teste Divo *Ambrosio*, neque irascitur, neque dolore afficitur, quasi mutationi obnoxius; sed hæc leguntur, ut exprimatur peccatorum nostrorum acerbitas, quæ Divinam meruerit offensam, tanquam eò usque excreverit culpa, ut etiam DEUS, qui ex immutabilitate naturæ suæ non movetur aut irâ, aut odio, aut perturbatione ullâ ad iracundiam provocatus videatur. Sed hæc fusiùs in *sequenti Capitulo*.

DEUM non pœnituit more humano.

CAPUT II.

De Statu rerum ante *Diluvium*.

Utrum nonnulli Libri extiterint, quibus pessimus Mortalium ante Diluvium *Status descriptus fuerit*.

Status Terræ ante *Diluvium*.

CErtum est, Statum Naturæ ante *Diluvium*, à postero post *Diluvium* Mundo Terrestri diversissimum fuisse, exceptis tamen montium altiorum catenis, quos remansisse nemo dubitare jure debet; cum eæ ad compaginandum molem terræ à primordio, à Sapientissimo Conditore rerum constitutæ sint, uti in *Mundo* nostro *Subterraneo* fusè demonstravimus; De cæteris tamen Clivis & Vallibus planitiebusque non eadem est ratio, cum verisimile sit, *Diluvium* universam Terræ faciem prorsus immutasse, ita ut in multis locis, ubi Maria stabulabantur, in Terrestres partes abierint, contrà ubi Terra quondam existebat, posteris temporibus, Mare stationem suam posuisse, non vanâ conjecturâ nobis constet, quod idem fluminibus, lacubus, & clivis montium accidisse dicendum est; multa siquidem flumina & lacus limo oppletos, alibi exitum sortiri necesse fuit; Montes verò minoris ordinis ex limosâ terrestrium portionum miscellâ validis *Diluvii* procellis in cumulos aggesti, ubi priùs non erant, posteà extitisse comperti sunt, quemadmodum in hunc usque diem nonnulli montes ex differentibus conchyliorum generibus coagmentati, luculenter ostendunt, nisi velimus ea à Naturâ producta; de quo vide nos fusiùs disputantes in *Mundo Subterraneo*. Qui verò præsumptuosiùs asserunt, Tellurem ante *Diluvium* planam fuisse, sine montibus, illi utique audiendi non sunt, cum vel ex ipso *Sacro Textu* facilè redarguantur, cum expressè dicat, aquas *Diluvii* quindecim cubitis altius assurrexisse super omnes montes, qui sunt in universâ Terra, & deindè *Arcam* requievisse supra montes *Ararat*; est itaque hæc opinio frivola, absurda, temeraria, & in fide vacillans, quam & in *citato* paulò antè *Opere* nostro quàm fusissimè confutavimus. Urbes autem & oppida tanquam vitæ humanæ necessaria ante *Diluvium* ob ingentem hominum in infinitum se multiplicantium multitudinem extructa fuisse, & primam urbem fuisse *Enoch* nomine à *Chain* extructam, *Sacra Scriptura* dicit, cæterarum verò nomina unà cum *Diluvio* uti ex hominum memoriâ deleta sunt, ita quoque non attinet ampliùs inquirere; Artes tamen & scientias huma-

Terrestris faciei post *Diluvium* mutatio.

Terra ante *Diluvium* plana non fuit.

Urbes ante *Diluvium*.

ARCA NOE. 5

<small>Scientiæ & artes floruere.</small> humano generi necessarias maximè floruisse, quempiam ambigere nolim, cùm ab *Adamo* infusa à *Deo* ipsi omni rerum naturalium cognitione & scientia, abundè fuerint instructi, circa naturam elementorum, metallorum è Terra eruendorum, fundendorum, & in usum publicum præparandorum modum & rationem; Architectonicam quoque, Musicam & Mathematicam docuisse, sat superque ex *capite quarto Genesis* pateat. Sed hæc paulò amplius prosequamur.

<small>Adamus omnium artium & scientiarum Author.</small> *Suidas* primò *Adamum* Authorem literarum facit; idem facit universa *Hebræorum* Schola, cui non dissentiunt *Syrorum* & *Arabum* monumenta, quemadmodum fusiùs in *Obelisco Pamphilio* testimoniis, authoritatibusque amplissimis comprobavimus. Quæ quidem successiva traditione ab *Adamo* ad *Sethum* filium, cæterosque *Adæ* filios usque ad *Enoch* translatæ, magnum incrementum sumpserunt; de qua re vide citatum primum *Obelisci Pamphilii librum*, exactè & copiosè tractantem: <small>Libri Henoch.</small> *Henoch* verò scripsisse Libros certum est, cum *S. Judas in Epistola* sua *Canonica*, & Divus quoque *Augustinus lib.* 15. *de Civit.* id palam fateantur; ex quibus *Origenes* & *Tertullianus* integras sanè paginas citant. Quid verò hi libri continuerint, dubium est. <small>Quid Libri Henoch continuerint.</small> *Citati Authores*, eos continuisse ajunt multa vaticinia, videlicet, de his, quæ eventura erant filiis ac nepotibus Patriarcharum, de futuris *Hebræorum* sceleribus, & poenis, de Mundi Salvatore ab eis occidendo, de eorundem eversione, captivitate, & dispersione inter gentes perpetua. *Annius in Commentariis super Berosum Apocryphum* scribit, in eodem *Henoch* volumine fuisse celebre Vaticinium de geminis totius terræ cladibus, altera per inundationem, altera per incendium futuris. *Origenes* apud *Sixtum Senensem in* 28. *hom. lib. Num.* unà cum *Tertulliano* tradunt argumentum *Libri Enoch* fuisse, præter prophetias, de numero & nominibus stellarum, & ipsa- <small>Prophetiæ Librorum Henoch.</small>

rum secretis virtutibus, de descensu filiorum D E I, ad filias hominum, de Gigantibus ex Angelorum coitu progenitis, de extremo judicio D E I erga impios. Verùm ut Lector specimen aliquod videat, afferam hoc loco fragmentum quoddam ex *Libro Enoch*, quod circumfertur, & adducitur à *Scaligero in Annotationibus* suis *in Eusebium* quod & in *Bibliotheca Græca Monasterii Salvatoris Messanensis Urbis* celeberrima videre contigit anno 1637. Et quamvis is *Liber Apocryphus* sit, quia tamen antiquissimus est, & ante *Christi* tempora, vetustissima traditione scriptus, hìc ejus, inquam, fragmentum apponendum duxi, ut videant Lectores curiosi, hoc minimè discrepare ab illis, quæ paulò ante ex *Patribus* de argumento *Librorum Enoch* retulimus. Ex Græco autem à nemine, quod sciam, translatum, nos Linguæ Latinæ verbotenùs donamus. Quod dum facimus, totum hoc qualecunque sit antiquitatis fragmentum, ita libero Lectoris judicio relinquimus, neque ullum ad ea quæ adducimus, irrefragabili authoritate credenda adstringere volumus. Et quamvis hoc fragmentum quoque in *Secundo Tomo Oedipi* proposuerimus, hoc tamen adeò oportuno loco, omisso Græco Textu, servato Latino reponendum censuimus. <small>Liber Apocryphus Henoch adscriptus.</small>

EX PRIMO LIBRO ENOCH.

De Egregoræis, sive Angelis malis.

Et factum est, cum multiplicati fuissent filii hominum, nataeque ipsis filiae pulchrae & decorae, contigit, ut desiderarent eas Egregori *(scilicet Angeli) & unus alterum seducebat, dicentes ad invicem: Eligamus nobis foeminas è filiabus hominum Terrae. Et dixit* Semiexas *princeps eorum ad ipsos; timeo ne fortè non velint inire hoc negotium, & ero ego solus debitor peccati maximi; & respondebant ei omnes dicentes:* Jurabimus omnes *, & jurejurando nos obligabimus invicem ad in nullo à data fide*

fide recedendum, donec omnia compleverimus. Tunc omnes juramento præstito se obligarunt, erant autem viginti, qui ascendentes in diebus Jared summitatem montis Hermoniim, quem à jejurando ita appellarunt, ibi fœdere per juramentum inito se invicem obstrinxerunt. Nomina autem Principum sunt sequentia:

<small>Viginti Principes sceleris in diebus Jared.</small>

1. Semixas Princeps eorum.
2. Atarkuph.
3. Arakiel.
4. Chababiel.
5. Orammame.
6. Rhamiel.
7. Sapsich.
8. Zakiel.
9. Balkiel.
10. Azalzel.
11. Pharmarus.
12. Amariel.
13. Anagemas.
14. Thausael.
15. Samiel.
16. Sarinas.
17. Eumel.
18. Tyriel.
19. Jamiel.
20. Sariel.

Sic & omnes reliqui anno 1170 Mundi, acceperunt sibi ipsis mulieres, & inceperunt contaminari in ipsis usque ad Diluvium; pepereruntque ipsis tria genera (hominum.) Primum genus erant Gigantes magni: Gigantes autem generabant Naphilim, & τοῖς Naphilim nati sunt Elud; & multiplicabantur juxta magnitudinem eorum, & docebant ipsos & fœminas eorum magiam, & incantationes, sive artem præstigiatricem. Primus Exaël decimus Principum docuit facere machæras, & thoraces, sive loricas, & omnis generis arma bellica, & metalla (id est metallicam artem) & usum auri & argenti, quanam ratione videlicet in varios luxûs usus adhiberi possent, & fecerunt varia ornamenta mulieribus; docuerunt quoque eas Cosmeticam Artem, id est, fucos & stibii varium usum in condecorando vultu, lapides quoque pretiosos, & faciebant sibi filii hominum, fœminis, & filiabus ipsarum similia; quibus prævaricari, & errare faciebant ipsos Sanctos, & extitit impietas multa super Terram, & corruptæ sunt universæ viæ mortalium. Antesignanus quoque dictorum Principum Semiaxas docuit esse * iras animi & radices terræ.

<small>3. Hominum genera generata ab ipsis.</small>

<small>Magiam docebant.</small>

<small>Exaël armorum cusor.</small>

<small>*Desunt hic nonnulla.</small>

Undecimus autem Pharmarus nomine docuit Magiam, & Artem incantatricem, præstigiatorumque expiatoria sacra. Nonus autem docuit artem deducendi stellas. Quartus Astrologiam divinatricem. Octavus docuit artem divinandi per aërem. Tertius signa Terræ. Septimus docuit signa Lunæ. Omnes hi inceperunt uxoribus suis & filiis earum dicta revelare mysteria. Post hæc inceperunt Gigantes vesci carnibus humanis, repereruntque impio hoc exterminio homines decrescere super Terram. Reliqui verò ob detestabilem Gigantum malitiam clamabant in cœlum dicentes, petentesque coram eo suscipi memoriam eorum. Audientes autem quatuor è majoribus Archangelis Michaël videlicet, & Raphaël, & Gabriel, & Uriel, è supremo cœlorum habitaculo terram inspiciebant, contemplantesque sanguinem multum effusum super Terram, & omnem impietatem & iniquitatem, quæ fiebat super ea, egredientes ad invicem dixerunt: ecce spiritus & animæ hominum afflictione, oppressioneque suspirantes clamant ad nos, ut petitiones, perditionemque ipsarum ad Altissimi thronum deferamus; procedentesque hi quatuor Archangeli dixerunt Domino.

<small>Gigantes Anthropophagi.</small>

<small>Apparitio bonorum Angelorum.</small>

Tu ô! Deus Deorum, & Dominus Dominantium, & Rex Regnantium, Deusque hominum custos, Thronusque gloriæ tuæ in omnes seculorum generationes, & nomen tuum sanctum & benedictum in omnia secula.

Tu enim omnia creasti, in omnibus potestatem possidens, cujus conspectui omnia nuda sunt, & aperta, omnia videns, nec est, qui se à te abscondere possit. Vides quanta mala faciat Exaël, quanta introducat, & quanta doceat peccata atque iniquitates super Terram, & quod nil nisi dolus super Aridam. Docuit enim mysteria, & manifestavit seculo ea quæ sunt in cœlo, conanturque omnibus modis ejus instituta & mysteria cognoscere. Filii hominum Semixæ potestatem dederunt eorum, qui cum ipso simul erant, & ibant ad filias hominum Terræ & dormiebant cum

<small>"Oratio Angelorum ad Deum.</small>

<small>"Quanta mala Dæmones in terram introduxerint.</small>

„ cum ipsis, & polluebantur in virgini-
„ bus puellis, & iis manifestabant omnia
„ peccata, & docebant ipsas facere instru-
„ menta fornicationis. Et nunc vide, filii
„ hominum gignunt ex iis filios Gigan-
„ tes. Adulterinum, supposititiumque
„ genus hominum super Terram diffu-
„ sum, totum Universum iniquitate re-
„ plevit. Et nunc ecce spiritus anima-
„ rum defunctorum hominum interpel-
„ lant, & usque ad cœlos ascendit gemitus
„ eorum, neque potest venire & pertin-
„ gere ob enormes, quæ in Terra acci-
„ dunt, iniquitates. Et tu hæc scis ab ipsis
„ fieri; & vides ipsos, & sinis paterisque
„ ipsos, neque dicis, quid oporteat face-
„ re, aut quod remedium tantorum ma-

Responsio DEI. lorum. *Tunc Altissimus dixit, & Sanctus magnus locutus est, & misit Uriel ad
Filium Lamech dicens: Abi ad Noë, & dic
ipsi meo nomine: Absconde teipsum, & manifesta ipsi finem rerum omnium instantem,
& quod tota Terra perdetur. Et dices
ipsi, quod Diluvium universæ Terræ futurum, omnia quæ super faciem aridæ*

Nuncii ad Noë Angeli. *sunt, disperdet. Instrue justum, quid facere oporteat filium Lamech; & anima
ipsius in vitam conservabitur, & effugiet
mortem per æternum, atque ex illo plan-
tabitur planta, quæ consistet in omnes generationes sæculorum. Et Raphaëli dixit:
Vade Raphaël, & Exaëlem manibus &
pedibus vinctum projice in tenebras; aperies
quoque Eremum existentem in Eremo Do-
doël, & illuc vadens projice eum, suppositis
ipsi saxis acutis & asperis, operies eum
tenebris, & habitet ibi in perpetuum; &
aspectui illius oppones operculum, ne lumen ei unquam appareat, & in die judicii revocatus in judicium, incendio ignis
destinabitur; & sanabitur Terra, quam cor-
ruperant, & labefactaverant Egregori;
medelam autem Terræ manifesta, ut curetur
Terræ à plaga sua, & non pereant omnes
filii hominum, quæ dicta sint in mysterio,
quod dicebant Egregori, & docebant filios
hominum; & desolata est universa Terra in
operibus instructionis Exaël, & ex ipsa
exarata sunt omnia peccata. Ad Gabrië-* *Gabriëlis expeditio.*
*lem verò dixit: Vade Gabriel ad Gigan-
tes, ad adulterinos & falsarios filios fornicationis, & perdas filios Ἐγρηγόρων à
filiis hominum; committas ipsos adinvi-
cem in bellum & ultimam perditionem, &
exterminium; & longitudo dierum nequaquam attingat dies patrum ipsorum,
qui sperabant vivere vitam sempiternam,
& quod unusquisque eorum non amplius,
quàm centum annis victurus sit. Et ad* *Michaëlis expeditio.*
*Michaëlem dixit: Vade Michaël, alli-
ga Semixam, & omnes asseclas ejus,
quotquot commisti filiabus hominum pollue-
runt, contaminaveruntque eas in immun-
ditia eorum; & cùm jugulati fuerint filii eorum, & cognoverint perditionem dilecto-
rum suorum, alligabis eos in 70 generationes in abdita Terræ loca usque ad diem i-
psis in judicium producendis destinatum, diem
consumationis rerum omnium, diem quo
terminabitur judicium seculi seculorum.
Tunc præcipitabitur in Chaos ignis, & in
tormentum & in carcerem conclusionis æternæ, & cùm condemnati fuerint, unà cum
ipsis projicientur usque ad consummationem generationis eorum. Gigantes autem* *Gigantes.*
*nati à spiritibus & carne, Spiritus mali-
gni in Terra vocabuntur, ut sit habitatio
eorum super Terram. Spiritus maligni
erunt, spiritus egressi à corpore, & carne ipsorum, partim ab hominibus, partim
ab Egregoræis geniti. Principium creationis eorum, & initium fundamenti illorum Spiritus maligni erunt super Terram.
Spiritus autem Gigantum distributi, in-
justi, destruentes, invadentes, colluctan-
tes, jaculantes super Terram, & cursus
facientes: neque tamen comedunt, sed cibo
abstinentes sunt & variis phantasmatis illu-
dentes, sitientes & impingentes; & Spiritus
resurgent cum filiis hominum & mulierum
qui processerunt ab eis. A die verò cædis &
perditionis, mortisque Gigantum, Nephi-* *Nephilim.*
*lim fortes, & robusti supra Terram, magni
& famosi, spiritus egressi ab anima eorum,
velut*

velut ex carne, erunt corrumpentes usque ad judicium magnum. In quo Æon, sive seculum magnum simul terminabitur. Circa montem verò, in quo jurârunt, etiam juramento se invicem obstrinxerunt, ut in perpetuum non desistat ab eo frigus, nix, pruina, & ros, neque descendat in ipsum, nisi in maledictionem descenderit in ipsum, usque ad diem judicii magni, & in illo tempore comburetur, & Terræ adæquabitur, & contabescet, liquescetque sicut cera à facie ignis, ita consummabitur, destrueturque cum omnibus operibus eorum.

Vobis verò filiis hominum dico, magnâ irâ excandesco in vos, & in filios vestros, & perdentur dilecti vestri, & morte morientur chari vestri à facie universæ Terræ. Et omnes dies vitæ ipsorum abhinc usque in futurum non erunt plures quàm 120 anni; neque vobis persuadeatis ultra vivere; nunc verò non erit ipsis via evadendi iram, quâ in vos exarsit Rex omnium seculorum; nè putetis quod effugietis ea. Huic Relationi Traditio quæ in *Chronico Arabum Abulhassen* Authore legitur, uti & Hebraicis fabulis prorsùs congruit, quam vide Tomo II. *Oedipi* folio 76.

CAPUT III.

De Gigantibus ante Diluvium.

DE Gigantibus Sacer Textus sic habet, c. 6. *Gigantes autem erant super Terram in diebus illis; postquam autem ingressi essent filii* DEI *ad filias hominum, illæque genuerunt, illi sunt potentes à seculo viri famosi.* Gigantes itaque ex filiis DEI natos Sacer Textus asserit; de quibus varia apud *Interpretes* lis est, & controversia. Nonnulli ex filiorum *Seth*, & *Chain* commixtione natos esse volunt; Erat autem *Seth* legitima & DEO fidelis *Adæ* progenies, undè filios DEI vocatos fuisse asserunt; *Cain* verò degener, & maledicta progenies; Unde ex bonorum malorumque concubitu Gigantes prodiisse volunt; ita Divus *Augustinus*. Alii verò per filios DEI non homines, sed Cacangelos intelligunt, quos accedentes ad filios hominum, ex prodigioso concubitu Gigantæa monstra genuisse *Rabbini* tradunt, uti ex *Apocrypho Libro Enoch* suprà patuit, & ab omnibus ferè sensatioribus S. *Scripturæ Interpretibus* tanquam absurda & temeraria revelluntur confutanturque. Veriorem sententi●m, quæ est de Sethiana progenie commista cum improba stirpe *Caini* amplectuntur *Cyrillus, Josephus, Augustinus, Hieronymus,* & ex modernis *Pererius*; *Cornelius* aliique innumeri, quique ex Sacris literis evincunt, Gigantes hoc loco non tam ex insolita & incredibili eorum vastitate, & magnitudine, quàm ex superbia, fortitudine, & immanitate morum, nuncupatos fuisse; Erant enim quinque potissimùm rebus insignes: Vastitate corporis, robore, scientiâ, potentiâ ac bellicâ fortitudine supra humanum modum pollentes, denique propter inhumanitatem, & truculentiam omnibus terribiles, & formidabiles, propter quos maximè DEUS Mundum *Diluvio* perdere voluit: Quorum Regiam urbem ad montem *Libanum* extitisse, *Berosus Annianus* narrat; Verisimile tamen est, non omnes homines tunc temporis fuisse hujus inusitatæ vastitatis; sed parvos quoque, mediocres, magnos, maximos, uti hodiè evenire solet, extitisse; neque Gigantes, ejus vastitatis fuisse, quales *Poëtæ* eos describunt, qui per montes montibus impositos in cœlum aditum, ad exterminandum *Jovem*, sibi facere ausos fuisse, fingunt *Mythologi*. Quibus adstipulantur *Rabbini* nugatores *in Bereschit Rabba*, qui eos centum cubitos longos fuisse fabulantur; si enim

Sententiæ de progenie Gigantum ex filiis DEI *& filiis hominum.*

5. Rebus insignes Gigantes.

Non omnes istius temporis homines Gigantes fuerunt.

Fabulosa proceritas Gigantum.

ARCA NOE. 9

Vastis Gigantum corporibus nullus sufficiebat cibus.

si enim tanta proceritate corporis constabant, instar turrium eos comparuisse necesse fuit: Quoniam verò eos civitates ædificasse constat, quamnam domum tantæ vastitatis ad eos recipiendos, capacem fuisse putabimus? nisi eos sine domo, sine tecto, nudâ terrâ contentos, sub dio commoratos dicamus? Quodnam rogo nutrimentum sive carnium, sive frumenti, herbarumque tam copiosum Terra producere poterat, quod hujusmodi monstruosis hominum stomachis suffecisset, quibus vel deni aut centeni frumenti modii, & totidem oves vel unica die in cibum non suffecissent: addo, hujusmodi monstra generationi prorsus, nisi cum similibus sibi conjungerentur mulieribus, inepta fuisse; & quemadmodum *Rabbini* fingunt, pinus ingentes & præaltas pro baculis gestasse; quod si ita est, omnes sylvas in baculorum usus, brevi eradicatas fuisse, nemo dubitare debet, qui enormem eorundem vastitatem penitiùs consideraverit. Qui verò asserunt, uti *Berosus*, vel ipsum *Noëmum* unà cum filiis suis ex hujusmodi Gigantum stirpe natum esse, ii unà cum *Rabbinis*, cacchinnis explodendi sunt; cum hæc *Noëmo Arcæ* fabricatori prorsùs incongrua sint; sequeretur enim vel solum *Noë* tertiam *Arcæ* partem cubando occupasse; quid dicemus de 3 filiis pariter gigantibus, & uxoribus eorum vastitatis proportionatæ viris; certè hisce 8 hominibus *Arcam* minimè sufficientem fuisse, nemo dubitare debet; cum & *Noëmum*, & filios in administratione animalium non incedere, sed reptare oportuisset in *Arcâ* nonnisi 30 cubitorum alta, quam ipse 70 cubitorum altitudine sua longè superabat, & quoniam nutrimentum proportionatum esse debet moli corporis, certum inde deducitur, octo homines *Arcæ* administratores, vel uno integro mense totum illum commeatum, qui unius anni spacio omnibus animalibus conservandis erat collectus consumere potuisse. Vides igitur Lector, quàm inconcinna, quàm absurda, quàm ridicula, insulsaque sibi humana mens imaginetur, nullâ re-

An Noë gigas fuerit.

flexione factâ ad ea, quæ manifestam involvunt contradictionem & ἀδυνασίαν.

Jungam hoc loco illud, quod de *Og* Rege *Basan* in *Historia Sacracenica Arabes* recitant, quæ uti *Historiæ Geneseos* prorsùs dissonat, ita quoque fabulosis poëtarum narrationibus, anilibusque deliramentis propriè annumerandam censeo. Verba ex Arabico in Latinum à me translata ita se habent. *Og Gigas ante & post Diluvium superstes, cum Noë insigni & irreconciliabili inimicitia & dissidio exercebatur, quem & continuò ad internecionem quærebat; cùm verò Noë tantæ vastitatis Oggæ* (*erat enim montibus altior*) *immanitati resistere nequiret, in montium antris se abscondebat, ad quæ corporis mole præpeditus Og penetrare non poterat. Nam quemadmodum musculus exiguo se foramini insinuans omnes felium conatus eludit; ita quoque Noë Oggi Gigantis insidias. Accidit quodam tempore, ut Og Noëmum in campis adortus cùm intra dictas montium speluncas fugientem consequi non posset, indignatione & rabie perculsum, evulsam barbam post eum projecisse, quæ statim instar cedrinæ sylvæ universam campi planitiem cooperuit, ita ut quot pili, tot cedri projecti spectarentur, ex quibus Noëmum postea Arcam extruxisse*, insulso sanè figmento, & oppidò ridiculo *referunt*. Tam immensæ verò vastitatis fuisse fabulantur, ut cum *Arcam in Diluvio* quæreret, aquas non nisi ad genua ejus pertigisse dicunt. Interim fame cruciatus balænas venabatur, quas à sole tostas veluti uno bolo stomacho ingesto devorabat; & similia, quæ & risum movent, & ob insulsum fabulæ commentum etiam stomachum. Qui plura hujusmodi desiderat, is adeat *Tomum II. Mundi Subterranei*, ubi quam fusissimè de Gigantum magnitudine ex professo tractatum reperiet, ubi & de putatitiis Gigantum ossibus, quæ in diversis Orbis Terræ partibus detecta feruntur, mentem meam fusiùs apertam comperiet. Cum verò hujusmodi Gigantum Patres, seu genitores *in libro Henoch* ἐγρήγοροι vocantur, id est, *Vigiles*, quid per hoc nomen indicetur, exponendum censui.

Ridicula historia de Og Gigante.

Insulsæ de Og fabulæ.

Quid sibi velit vox Ἐγρήγοροι.

B   Quid

Quid igitur *liber Enoch* per Ἐγρηγόρους, id est, *Vigiles* intelligat, *Africanus* explicat his verbis: Πλήθυς ἀνθρώπων ϕυομένης ἐπὶ τῆς γῆς Ἄγγελοι τοῦ οὐρανοῦ θυγατέρων ἀνθρώπων συνῆλθον. *Multitudine hominum super terram factâ Angeli cœli filias hominum conveniebant*, &c. Ubi per *Egregoros*, id est, *Vigiles*, Angelos, utique non bonos intelligit. Meminit horum quoque *Cedrenus* his verbis: Καὶ πᾶς Ἄγγελος Ἐγρήγορος λέγεται. *Et omnis Angelus Egregorus dicitur. Clem. Alex. Pædagog.* 2. Μακάριοι γὰρ οἱ Ἐγρηγορότες εἰς αὐτὸν, σϕᾶς αὐτοὺς ἀπεικάζοντες Ἀγγέλοις, οὓς Ἐγρηγόρους καλοῦμεν. Nos arbitramur cum *Scaligero* versum illum 10. *Dan. c.* 4. (ubi hæc verba habentur: והחזית בחזוי ראשי ואלו עיר וקדיש *Et videbam in Visione capitis mei, & ecce Vigil & Sanctus de cælo descendit*) de *Egregorœis* intelligendum, ubi עיר *Vigilem* significat, quales Angeli sunt, qui quatuor ob causas, Vigiles dici possunt. *Zosimus* quoque *Panapolites* apud *Photium* ita de iis loquitur: χρῆσις Ζωσίμου τοῦ Παναπολίτου ϕιλοσόϕου ἐκ τῆς πρὸς Θεοσέβειαν ἐν τῷ θ' τοῦ Ἰμοὺθ βίβλῳ. Φάσκουσιν αἱ ἱεραὶ γραϕαὶ ἤ τοι βίβλοι, ὡς Γυαῖοι, ὅ, τί ἐστί τι δαιμόνων γένος, ὃ χρῆται γυναιξίν. Ἐμνημόνευσε καὶ Ἑρμῆς ἐν τῆς Φυσικοῖς, καὶ σχεδὸν ἅπας λόγος ϕανερὸς, καὶ ἀπόκρυϕος τούτων ἐμνημόνευσεν. τούτων οὖν ἔϕασεν αἱ ἀρχαῖαι καὶ θεῖαι γραϕαὶ, ὅτι Ἄγγελοι ἐπεθύμησεν τῶν γυναικῶν, καὶ κατελθόντες ἐδίδαξαν αὐτὰς πάντα τὰ τῆς Φύσεως ἔργα ὧν χάριν προσκρούσαντες ἔξω τοῦ ουρανοῦ ἔμειναν. ὅτι πάντα τὰ πονηρὰ & μηδὲν ὠϕελοῦντα τὴν ψυχὴν ἐδίδαξαν τοὺς ἀνθρώπους. Ἐξ αὐτῶν ϕάσκουσιν αἱ αὐταὶ γραϕαὶ, καὶ τοὺς Γίγαντας γεγενῆσθαι. ἐστὶν οὖν αὐτῶν ἡ πρώτη παράδοσις χημα περὶ τούτων τῶν τεχνῶν, ἐκάλεσαν δὲ ταύτην τὴν βίβλον χῆμα. ὅθεν καὶ ἡ τέχνη χημία καλεῖ). *Usus Zosimi Panapolitæ Philosophi eorum, quæ ad cultum divinum tradit in 9. libro Imuth. memorant Sacræ Scripturæ, & Biblia, quod Gynæ, certum Dæmonum genus, utantur mulieribus. Meminit quoque Hermes in Phys. & fere omnis sermo apertus & occultus primævæque ac Divinæ scripturæ. quod Angeli desideraverint mulieres, & venientes docuerint eas omnia opera Naturæ; quarum & gratiam reperientes manebant extra cœlum, & sic omnia mala & inutilia docuerunt filios hominum. Ex quibus, dicunt dictæ scripturæ, natos esse Gigantes, quorum prima traditio fuit* Chima *de his artibus, librumq; hunc vocant* Chima, *unde & ars ipsa* Chimia.

Georgius Syncellus priscus Author *in sua historia librum Henoch citans, Egregororum* quoque meminit, dicitque omittendas eas esse scripturarum fabulas, quas Apocryphas nominamus. *Eò quod earum occulta origo non claruit Patribus, a quibus usque ad nos authoritas veracium scripturarum certissimè & notissima successione pervenit.* Quæ totidem ferè verbis S. *Augustinus* refert. *Et si enim,* (inquit) *aliqua in hujusmodi Apocryphis inveniatur veritas, propter multa tamen subreptitia ejus non esse canonicam authoritatem. Scripsisse autem quædam Divinum illum Henoch, negari non posse, cùm hoc in epistola* Judas *Apostolus dicat . credi tamen ea ut plurimùm posse, præsertim quæ de descensu* Egregororum *&* Gigantum *impietate, utpote Sacræ Scripturæ consentientia, & à* Mose *approbata, recitantur.*

Quia verò de Gigantibus agitur in hoc fragmento, non prætereundam duximus sententiam veteris cujusdam Scriptoris de iisdem: Οἱ τοῦ Σὴθ καὶ Ἐνὼχ καὶ Ἐνὼς παῖδες υἱοὶ Θεοῦ νοείσθωσαν, οἵ τινες ἁλόντες ἀκολασία πρὸς τὰς θυγατέρας Καὶν εἰσῆλθον, ἐξ ὧν οἶκοι τῆς καταλλήλου μιγαμίας γίνονται Γίγαντες, διὰ μὲν τὸ δίκαιον ἱερεῖς καὶ μέγιστοι διὰ δὲ τὸ ἄδικον καὶ βέβηλον πονηροὶ καὶ κάκιστοι. *Filii* Seth, Enoch *&* Enos *pueri filii* Dei *intelliguntur, qui capti*

Marginalia:

Ἐγρήγορος idem quod Angelus Vigil.

Zosimus Panapolita apud Photium.

Apocrypha de libris Henoch.

S. August. condemnat Apocrypha.

Filii Seth vocantur filii Dei, filii Kain, filii hominum.

capti victíque intemperantiâ, & venereâ libidine, ad Caini filias ingressi sunt, ex quibus Gigantes ex promiscuis impurisque nuptiis orti sunt, ob justum quidem robusti & maximi, ob injustum verò & profanum, improbi & pessimi. Vocantur hæ nuptiæ à Suida μίαν Γαμίαν. Atque ex his manifestò patet, fragmentum hoc etsi Apocryphum, non tamen ita absonum esse ab iis, quæ aut Sacra Scriptura, aut Sancti Patres tradunt, quàm aliqui putare possent. Etsi enim Autographum Enoch vetustate temporum perierit; verisimile tamen est, ut suprà quoque ex Origene ostendimus, tam admirabilem filiorum hominum ante Diluvium historiam continuâ & successivâ traditione propagatam scriptisque ab antiquis viro Dei traditam, ad Christi tempora, & inde ad nos usque pervenisse. Nam ab Adamo literas & disciplinas cœpisse in præcedentibus dictum est, & ex Profana Historia notum est; Chaldæos quoque Astronomiam, & literas habuisse ante Alexandri Monarchiam tribus millibus & sexcentis annis, ac triginta quatuor, apertè docet Georgius Syncellus Author Græcus. Epigies quoque ait, septingentos annos & ampliùs ante Ninum & Phoroneum inventos Babyloniæ laterculos coctiles inscriptos pro siderum observatione. Quæ omnia Moysi consentiunt, ut alibi demonstravimus. Infamem autem vitam hominum, peccataque enormia oppressionis, libidinis, & promiscuæ luxuriæ, ob quæ Deus justa indignatione commotus, genus humanum delendum putaverit, præter ipsam Sacram Scripturam, etiam alia fragmenta Orientalium testificantur. Quod verò Historia Apocrypha narret, Spiritus, seu Dæmones se hominibus commiscuisse, id SS. PP. atque omnium ferè Interpretum placitis repugnat. Rabbini tamen more solito superstitiosi, hanc inauditam scelerum enormitatem, ab impiis ante Diluvium hominibus perpetratam, mordicus defendunt & inter cæteros Rab. Becchai & Rabboth, super hoc Genesis verbum:

Laterculi in quibus astronomiæ præcepta insculpta fuerunt.

זה ספר תולדות אדם: his verbis וְהֵם רוּחִין ושדים ולילין זוכמו שדרשו רדי ורוחות זכרים היו מתחממים מן האשה וילדים נקבות ורוחות נקבות היו כתחממת מאדם וילדות זכרים.
Et isti sunt spiritus, & dæmones, & Lamiæ (qui videlicet ex promiscua enormique libidine procreati sunt;) spiritus enim mares, imprægnati à fœmina genuerunt fœminas, & spiritus fœminæ imprægnatæ ab homine viro, progenuerunt mares. Quæ aliter ac de incubis & succubis dæmonibus intelligenda non sunt; in hoc solùm impudentissimè errant, quòd Adamum hujus quoque impietatis & authorem & complicem faciant. Quæ & Berosus antiquissimus, hoc est, בר הושע, Bar Hoschia, filius Hoseæ, in suo de Temporibus libello testatur: Scribunt, inquit, illis temporibus circa Libanum fuisse Enoh urbem maximam Gigantum; Hi vastitate corporis, ac robore confisi, inventis armis omnes opprimebant, libidinique inservientes, invenerunt papiliones, & instrumenta Musica, & omnes delicias. Manducabant homines, & procurabant aborsus in eduliumque præparabant (veluti ova) & commiscebantur matribus, filiabus, sororibus, masculis & brutis. Ubi alii legunt (dæmonibus brutorum formâ.) Certè majorem hominum malitiam ante Diluvium fuisse, quàm hodiè, inde constare potest, quod passiones amoris, iræ, vindictæ, libidinis in corporibus integerrimæ sanitatis & robustissimis, multò quàm novissimis seculis vivaciores essent. Accedit quod uti sine lege ulla positiva aut Rege improba & maledicta Kainæ stirpis soboles, vivebat, ita quoque mirum non est, infrænem libidinem, & insatiabilem carnis appetitum unà cum detestabili idolatriæ abominatione totum mundum inundâsse. quo quidem statu rebus versantibus, haudquaquam mirum videri debet, si dæmones eorum sese operibus occultè & per varias illusiones immiscerent, cùm sive ad fovendas carnis illecebras, sive ad verum Dei cultum in universa terra abolendum, suumque stabiliendum major non suppeteret occasio, uti plerique SS. PP. docent.

Dæmonas incubi & succubi.
Berosus.
Immania Gigantum scelera.
Cur tanta fuerit ante Diluvium hominum malitia.

Ca-

Caput IV.

De Vita Noëmi ejusque virtutibus gestisque.

Antequam ad vitam *Noë* describendam nos accingamus, ad faciliorem rerum intelligentiam, Genealogiam priùs Filiorum *Dei*, & filiorum hominum hîc apponendam censuimus, unà cum annis ab orbe condito, quibus singuli vixerunt.

GENEALOGIA

Filiorum DEI *& filiorum hominum.*

Filii DEI.

Adamus protoplastus creatus fuit Anni ab Orb. Cond. 6. die.

1. *Seth Adami* filius. natus 130
2. *Enos* filius *Sethi*, nepos *Adæ*, qui primus incepit invocare nomen Domini. 235
3. *Cainan* filius *Enos* 325
4. *Malaleel* filius *Cainan* 395
5. *Jared Malaleel* filius 460
6. *Enoch* filius *Jared* raptus à DEO 622
7. *Mathusalem* filius *Enoch* 687
8. *Lamech Mathusalæ* filius 874
   Seth moritur 1042
9. *Noë Lamechi* filius 1056
   Enos moritur 1140
   Cainan moritur 1235
   Malaleel moritur 1290
   Jared moritur 1422
   Noë jubetur *Arcam fabricare* 1556
   Mathusalem moritur 1655
   Diluvium universale 1656

Filii hominum.

1. *Kain*, primus Urbem condidit *Henochiam* à filio *Henoch* sic dictam.
2. *Henoch Caini* filius.
3. *Irad Henochi* filius.
4. *Mauiael Irad* filius.
5. *Mathusaël Mauiaël* filius.
6. *Lamech Mathusaëlis* filius, duas uxores habuit. *Ada* & *Sella*, *Kainum* occidisse traditur *Lamech.*
7. *Jabel* & *Jubal* ex *Ada* filii. Hic citharœdus, ille pastor.
8. *Tubalcain* ex *Sella*, faber æris & ferri.

Ex filiis DEI cum filiis hominum matrimonio copulatis nati sunt Gigantes, non tam mole corporis stupendi, quàm viribus morumque perversitate insignes, qui DEUM ad universale *Diluvium* impulerunt; inventores artium, quas teste *Josepho* columnis inciderunt.

Natus est *Noë* Patriarcha, magnum illud Divinæ providentiæ instrumentum, anno Mundi 1056. post mortem *Adami* 126 annis, ex Patre *Lamech*, quem cum Protoplasto 56 annos vixisse ex calculo *Sacræ Chronologiæ* ostenditur. Quoniam verò ex hoc loco ex æquivocatione nominum varii errores nasci poterunt, veritatem *Sacri Textus* paucis declarandam censui. Docet c. 4. *Genes.* duas progenies filiorum *Adæ*; quarum prima ex *Cain* primogenito *Adæ* filio; altera à *Seth* tertio *Adæ* filio processit. Illa à plerique *Commentatoribus* sub nomine filiorum hominum; hæc sub nomine filiorum DEI indigitatur: illa ob fratricidium *Abelis* maledictioni subjecta & ob sceleratam vitam: hæc ob Religionis cultum filiorum *Seth* & *Enos* DEO devotos Patriarchas protulit: qui tamen postea sacrilegis nuptiis cum aliis *Cauaitis*, id est filiis hominum contractis contaminati, in immanium scelerum barathrum præcipitati, istius Religionis, Diviníque cultus, divortium iniere. Utramque progeniem hic apponendam censui.

Filii

Filii Dei stirps Sancta.

Adamus & *Eva* eorumque filii
  Cain, *Abel*, *Seth*.
Seth genuit *Enos*.
Enos genuit *Cainan*.
Cainan Melaleel.
Melaleel Iared.
Iared Enoch.
Enoch Mathusalem.
Mathusalem Lamech.
Lamech genuit *Noë*.

Filii hominum.

Cain genuit *Henoch*, à quo Urbs prima *Henochia* fuit.
Henoch Irad.
Irad Mauiael.
Mauiael Mathusael.
Mathusael Lamech.
Lamech duas habuit uxores *Ada* & *Sella*, illa *Jabel* & *Jubal*; hæc *Tubalcain* fabrum progenuit.

Ex hisce itaque luculenter patet, hunc *Lamech* minimè ex stirpe *Seth*, sed ex *Cain* progenie fuisse ejusque filios fuisse ex duabus uxoribus prognatos, videlicet, ex *Ada*, *Jabel* & *Jubal*, quorum ille pater habitantium in tentoriis, & pastorum, hic pater canentium cythara & organo, *Tabulcain* verò ex *Sella* prognatus faber fuit in omnia opera æris & ferri ; *Lamech* itaque ex maledicta stirpe *Cain*, primo ob Cainocidium, deinde ob polygamiæ introductionem, & commixtionem cum *Sethianis* peractam, meritò scelerum enormium, atque idolatriæ potissimum author fuit. unde totò cœlo aberrant, qui eum cum *Lamech Methusalæ* filio imperitè confundunt. Quomodo verò, & qua occasione, *Lamech Cain* tritavum occiderit, hoc pacto narrant Authores *S. Hieronymus*, *Liranus*, *Tostatus*, *Cajetanus*, & ex his *Pererius del Rio*, *Cornelius à Lapide*. Ibat *Lamech* venatum in sylvam, intra quam *Cain* concesserat, vel ambulandi, vel capiendi aëris frigidoris causâ; comes ergo armiger *Lamech*, quem *Tubalcain* filium fuisse putant, advertens strepitum & motum foliorum quem faciebat *Cain*, indicavit *Lamecho* patri suo, ibi latere feram ; *Lamech* jaculatus occidit non feram sed *Cain*. Re deprehensa *Lamech* ira exæstuans armigerum, aut arcu, aut fuste occidit : unde ipse paulò post mortuus est. Cum itaque ob duplicis homicidii scelus commissum, omnium odium incurrisset : anxius & pavidus, ne *Caini* pœnam sustineret, suis uxoribus *Adæ* & *Sellæ* ipsi scelus exprobrantibus conquestus, se excusasse dicitur, his verbis : Quoniam occidi, id est occidi fateor virum & adolescentem, mortemque ideo meritus sum : Veruntamen si *Cain* interfector fratris sui septuplum est puniendus, utique mei interfector septuagies septies est, id est longè gravius punietur : Ego enim *Cain* inscius occidi, armigerum verò meum non occidere sed castigare tantum volui.

Mirantur haud immeritò Sancti Patres, post 77. filios, quos *Lamechum* ex illicita polygamia habuisse, referunt, tandem ex eo tam nobile illud Mundi germen *Noëmum* prodiisse; hunc solum gratiam in conspectu Dei à *Diluvio* liberum invenisse, reliquis aut variis casibus, vel *Diluvio* pereuntibus. Atque hoc pacto allegoricè interpretantur, ut per *Lamechum* & 77. filios, peccatores, per *Noëmum* verò, *Christus Messias* intelligatur, qui post 77. generationes, quas ab *Adam* ad *Christum* apud *Luc.* 3. c. descriptas habemus, peccatum exoluturus sit, atque illas pœnas sua passione sit finiturus; ita D. *Hieronymus* ; vel ut alii, 77 generationes per *Lamech* designari, in quarum fine puniendus sit, ejusque 77 filios *Diluvio* perituros ; ita *Josephus*. Sed hæc relinquamus Interpretibus latiùs exponenda. Nos ad *Noëmum* progrediamur, quem *Sacro Textu* testante *Lamech* mox ac natus fuit *Noë*, veluti Mundi conservatorem prædixerat. Plerique asserunt, cum *Adamus* per revelationem

Vaticinium Lamech de filio suo Noë.

tionem cognovisset de Adventu *Messiæ*, cujus ortu omnibus malis expulsis omnia in excellentis gratiæ statum reducerentur, isque progeniem suam tot tantisque afflictionibus doloribusque oppressam, de hac quiete & consolatione per *Messiam* venturum, ad patienter tolerandos hujus vitæ labores, continuò animâsset, posteri id de *Noë* intelligendum crediderint, ob verba *Lamechi: ipse consolabitur nos ab operibus & laboribus manuum nostrarum in Terra, cui maledixit Dominus.* Erat enim *Noë* איש צדיק ותמים vir justus & perfectus in generationibus suis, id est, in sæculo, quo mortalium perversitas modum & terminos excedebat; undè solus invenit gratiam in oculis DEI ambulavitque cum DEO. Quid autem cum DEO ambulare aliud est, quàm in omnibus actionibus summâ curâ & sollicitudine, quo ad per singulare Divini Numinis auxilium in hac mortali vita licuit, justitiæ, sanctitati, & perfectioni totis viribus sese impendere, generosas *Henochi* proavi sui in virtutum exercitio actiones, veluti virtutum omnium ectypon ad imitandum sibi propositum continuò meditari?

CAPUT V.

De Vita Noë, *ejusque rectitudine apud* Deum *& homines.*

Solus Noë justus inventus est in suis generationibus.

CLarissimum sanè excellentis justitiæ & innocentiæ argumentum est, in tanta hominum sui temporis malitia & corruptelâ animorum, & studiorum morumque perversitate, tantaque omnium scelerum colluvie, & immanitate, eum solum ab omni flagitio purissimum, sanctissimum, Deoque charissimum, denique optimum inter pessimos fuisse cum sua haud degenere familia; Etsi enim tanta perversorum hominum multitudo in summam malitiam projecta Divinæ gratiæ oblationem repudiâsset, solus tamen justus *Noë* excellentis virtutis scintillam conservâsse legitur, & quemadmodùm illi operum perversitate Divinam misericordiam ad indignationem provocarunt, sic ille eximio splendore virtutum, gratiam invenit coram DEO Domino suo.

Deus singularem curam Noëmi habuit.

Non est personarum acceptator DEUS; verùm si in tanta multitudine unum hominem, qui quæ placita fuerint ei, faciat, non despicit, sed suâ eum curâ dignatur, & tanto illius majorem tutelam habet, quantò cum tot fuerint, qui ad scelerum participationem eum omnibus modis trahere conarentur; majori constantia & fortitudine restiterit. Quin vel ipsum nominis etymon *Noë* נח, quod ei prophético spiritu imposuit *Lamech* pater ejus, quantus esse debebat, veluti ἐν τῷ τύπῳ vel luculentissimè expressit. Scriptura ita habet: *Lamech centum octuaginta duobus annis genuit filium, vocavitque nomen ejus Noë dicens, ipse consolabitur nos ab operibus & laboribus manuum nostrarum in Terra, cui maledixit Dominus:* quasi diceret, iste *Noë*, cui nomen quietis imposui, requiescere faciet homines in Terra impia & maledictâ à DEO perditoque jam per *Diluvium* Mundo, DEUS in ipso, & per ipsum generis humani animaliumque in *Arca*, seminarium instaurabit, unicus sui temporis DEUM inter & homines mediator: iste est, qui operibus perversorum hominum finem imponet, qui renascente Mundo consolabitur nos ab operibus manuum nostrarum, eò quod hic primus erit Agricola, qui vomerem & aratrum excogitabit, & sub jugum boves, tum ad aratrum trahendum, tum ad terram proscindendam coget, cum hucusque propriarum labore manuum homines id fecerint; atque adeò

Terra

ARCA NOE.

Terra ipsa deinceps minori & cura, & labore coletur; iste est, qui *Messiæ* nobis promissi personam exprimet, à quo reconciliato cum DEO Mundo, homines requiem invenient animabus suis. Itaque *Noë* statim in primo ætatis suæ flore, ea dedit virtutis specimina, ut minimè otiosa viderentur ea, quæ divino agitatus instinctu pater ejus *Lamech*, de eo prædixerat; quæ præclarè sanè deducit homil. 21. in Genesin S. Basilius: *Hinc*, inquit, *animadvertite Dilecti, quomodò puerulus ille* (de Noë loquitur*) paulatim crescens, omnibus ipsum videntibus, occasio discendi fuerit ; nam mox ut quis nomen pueri sciscitabatur, ex interpretatione discebat, eventurum generalem interitum ; siquis divino spiritu afflatus simpliciter hoc futurum dixisset, statim fuisset oblivioni traditum, & gravitas pœnæ non fuisset tota cognita : At verò quia ille puer ante omnium versabatur oculos, tempestivè, & intempestivè Divinam repræsentabat indignationem, & consequenter tandem quietem & consolationem* ; deindè ad maturiorem ætatem provectus, uti erat Divina gloriæ zelantissimus sectator, ita quoque hominum, qui effreni quadam licentia in omnem improbitatem effundebantur, vitam increpare, morum enormitatem reprehendere, leges benè feliciterque vivendi præscribere, eosque tandem ad DEI conditoris sui cultum, & venerationem inducere non desistebat; verùm undè fructum vitæ æternæ sperare debebant, indè mortis æternæ sibi pœnam adsciverunt; siquidem ex dehortatione ejus à vitiosa & perversa vita, tandem adeo pertinaci contra eum odio exarserunt, ut ad eum perdendum nihil non excogitârint, ut ex *fragmento Libri Enoch* supra citato apocrypho satis patuit.

Filiis quoque legem vitæ & disciplinæ tradebat, universam familiam, juxta præcepta à Protoplasto ipsis relicta ad vitam in timore DEI, cæterisque officiis transigendam necessariis, instruebat, impiorum consortio minimè se in-

Noëmi pueritia.

De Noë pueroquid sentiat S.Basilius.

Noë undè amorem perversorum hominum adquirere debebat, inde odium incurrit.

gerebat, nisi quando in injuriis DEO illatis vindicandis, tempus & occasio ipsi permittebat. Itaque quingentesimum vitæ suæ annum pertingens genuit tres filios, *Sem*, *Cham*, & *Japhet* ; de aliis verò filiis progenitis silet *Moses* in sua *Genesi*. Undè *Sancti Patres*, & inter cæteros Divus *Chrysostomus* satis mirari & deprædicare non potuit tantam ejus viri Continentiam, præsertim in prima illa Mundi ætate, quà uti conjugio, & inservire generationi filiorum, non modò honestum & laudabile, sed & propè necessarium ducebatur ; in illa inquam, ætate, quà homines non contenti matrimonii legibus, laxatis cupiditatum frænis, ad omne libidinum & obscœnitatum genus præcipites ruebant. Filios verò, *Sem*, *Cham* & *Japhet* in posteri Mundi semen destinatos, in timore DEI erudiebat, nec ut perversæ & spuriæ *Caini* progeniei commiscerentur, permittebat; ne & ii ex fœda istiusmodi hominum conversatione, labe contracta similes illis fierent. Hisce itaque perfectæ vitæ exercitiis dedito *Noëmo*, tempus venit, quo DEUS *Opt. Max.* Divini sui consilii arcanum ipsi aperuit, solumque *Noëmum* cum tribus filiis, & totidem uxoribus, prioris Mundi per *diluvium* perdendi, posterique instaurandi rationem edocuit his verbis: *Finis universæ carnis venit coram me, repleta est Terra iniquitate à facie eorum. & ego disperdam eos cum Terra ; fac tibi arcam &c* : Hoc itaque fuit *Arcæ* fabricandæ principium; in quo uti nihil non admirabile est, utpote quod humani ingenii capacitatem longè excedat, ita quoque temeritatis præsumptionisque pœnas non immeritò incurram, si illo-tis, ut ita dicam manibus, tanti momenti fabricam describere & explicare contendero. Verùm cum particulari quodam instinctu, ad Divinæ Sapientiæ divitias, ac providentiæ opulentiam Mortalibus exponendam, me agitatum jam dudum senserim, in ejus infinita

Generatio Sem, Cham & Japhet.

Continentia Noë.

Genes.6.

nita bonitate confisus, opus aggredior, spe firmâ fretus, futurum, ut qui instinctum dedit, ipse quoque gratiam ad id pro tenuitate ingenii conficiendum, sit daturus, qui in suis, & velle & posse perficit.

SECTIO II.

De Fabrica Arcæ Noëmicæ.

CAPUT I.

De mira DEI Providentia in fabrica Arcæ.

Ivinorum Consiliorum profunditas tanta est, tùm in omnibus rebus Mundo præstitis, tùm potissimùm in *Arca Noëmi*, quam explicandam assumimus, ut humanæ mentis imbecillitas prorsùs in ejus mysteriis penitiùs considerandis, veluti abysso quâdam absorpta videatur. Dum ille, cui innumeri Mundi conservandi modi & rationes pro infinita sua potentia & sapientia suppetebant, genus tamen humanum perditum per *Arcam* ligneam, *Noëmo* Architecto & Nauclero subdelegato, veluti in quodam totius Naturæ penuario, conservare constituit. Quis non obstupescat, DEUM, cujus potentiæ non est numerus, nec terminus, eò se ad humano generi succurrendum, inclinâsse, ut quod ipse in ictu oculi præstare poterat, voluerit per alium agere, & in *Arca* extruenda Magistrum & Architectum se *Noëmo* præbere, præcepta fabricæ præscribere, in negotio humana industria superiori, infusâ quâdam scientia ad rerum omnium, ad fabricam conficiendam necessariarum comprehensionem concedere, & superiori luminis radio illuminare in tanta rerum multitudine & varietate, non sit dedignatus? Sunt hæc inscrutabilia DEI judicia, quæ humanus intellectus non nisi per umbras quasdam conjecturarum attingere potest; quantum tamen ex similibus Divinis arcanioris consilii operibus colligere possumus, id propensioris consilii signum fuisse conjicimus: ut DEUS *Opt. Max.* quod ob scelerum in isto primævo Mundo hominum enormitatem, per hominem, mundum perditum voluit; per hominem, *Noëmum* videlicet, Typum *Christi* in Ecclesiæ suæ *Arca*, veluti alterum *Noë* conservaret; de quo in *Tertio Libro* pluribus. Sed jam ad rem.

Dixit itaque DEUS ad *Noë*; *Fac tibi arcam*, &c. Verùm antequam ulteriùs progrediamur, hîc variorum Textuum Lectiones hujus loci adducam, ut, si cui fortassis in tanta Textuum differentia dubium occurrerit, quomodò ii concordandi sint, Lector curiosus videret.

Hebræa Lectio.

עשה לך תבת עצי גפר קנים תעשה את התבה
וכפרת אתה מבית ומחוץ בכפר: וזה אשר
תעשה אתה שלש מאות אמה ארך התבה
חמשים אמה רחבה ושלשים אמה קומתה:
צהר תעשה לתבה ואל אמה תכלנה מלמעלה
ופתח התבה בצדה תשים תחתים שנים
ושלשים תעשה:

Græca Lectio 70.

Ποιήσον ἒν σεαυτῷ κιβωτὸν ἐκ ξύλων τετραγώνων· νοσιὰς ποιήσεις ἐπ' αὐτῆς· καὶ ἀσφαλτώσεις αὐτὴν ἔσωθεν καὶ ἔξωθεν τῇ ἀσφάλτῳ. καὶ ὅτως ποιήσεις τὴν κιβωτὸν, τετρακοσίων

ARCA NOE.   17

οἴων πηχέων τὸ μῆκ@ τῦ κιβωτῦ, κ᾽
πεντήκοντα πηχέων τὸ πλάτ@, καὶ
τελάκοντα πηχέων τὸ ὕψ@. Ἐπι-
συνάγων ποιήσεις τὴν κιβωτὸν. κ᾽ εἰς
πῆχυν συντελέσεις αὐτὴν ἄνωθεν·
τὴν δὲ θύραν ποιήσεις ἐκ πλαγίων·
καλάγεια διώεφα καὶ τριώεφα
ποιήσεις αὐτήν.

Id est,

Fac igitur tibi Arcam de lignis quadratis : mansunculas facies in ea, & bituminabis eam intrinsecus & extrinsecus bitumine ; & sic facies Arcam : trecentorum cubitorum longitudo Arcæ, & quinquaginta cubitorum latitudo, & triginta cubitorum altitudo ; Colligens facies Arcam : & in cubitum consummabis eam desuper : at portam facies ex latere : inferiora bicamerata & tricamerata facies eam.

Lectio Chaldaica.

Lectio Chaldaica.

עביד לך תיבותא דאעין דקדרוס מדורין
תעביד ירת תיבותא ותחפי יתה מגו ומברא
בכופרא : ודין דתעביד יתה תלת מאה
אמין ארכא דתביותא חמשין אמין פותיה
ותלתין אמין רומה : נהור תעביד לתיבותא
ולאמתא תשכללינה מלעלא ותרעא דתיבותא
בסטרה תשוי מדורין ארעאין תנינין ותליתאין
תעבדינה :

Id est,

Fac tibi Arcam de lignis cedri : mansiones facies in Arca : & operies eam intus & foris bitumine ; & sic facies eam: trecentorum cubitorum erit longitudo Arcæ: quinquaginta cubitorum latitudo ; & triginta cubitorum altitudo ejus ; fenestram facies in Arca : & in cubito consummabis eam desuper : & ostium Arcæ in latere ejus pones ; mansiones inferiores , secundas & tertias facies in ea.

Lectio Arabica.

اصنع لك تابوتا من خشي الشمشار
واصنعها طبقات وقفرها من داخل ومن
خارج بالقفر ۞ وهذا مقدارها تصنعها
عليه ثلثمائة ذراع طولها ۞ خمسون
ذراعا عرضها ۞ وثلثون ذراعا سمكها ۞
واصنع لها ضياء والي ذراع تسكملها
من العلو. وصير لها بابا من جانبها
اسافل دواني وثوالث تصنعها ۞

Id est,

Effice tibi Arcam ex ligno buxi, & fac illam tabulatam, & illine eam interius & exterius pice ; & hæc est mensura secundum quam facies illam. Trecenti cubiti longitudo ejus, quinquaginta cubiti latitudo ejus, & triginta cubiti crassities ejus ; & fac illi lumina, & ad cubitum perficies illa à summitate : & fac illi ostium à latere ipsius : infima, media, & suprema facies in ea.

Syriaca Lectio.

ܥܒܕ ܠܟ ܩܒܘܬܐ ܕܩܝܣܐ ܕܚܢܒܐ܂
ܡܕܝܪܐ ܥܒܝܕܝܗ̇ ܠܩܒܘܬܐ
ܘܣܘܥܝܗ̇ ܡܢ ܠܓܘ ܘܡܢ ܠܒܪ
ܒܟܘܦܪܐ܂ ܘܗܟܢܐ ܥܒܝܕܝܗ̇܂ ܠܬ
ܡܐܐ ܐܡܝܢ ܐܘܪܟܗ̇ ܕܩܒܘܬܐ܂
ܘܚܡܫܝܢ ܐܡܝܢ ܦܬܝܗ̇܂ ܘܬܠܬܝܢ
ܐܡܝܢ ܪܘܡܗ̇܂ ܘܥܒܕ ܠܗ̇ ܙܘܝܐ
ܠܩܒܘܬܐ܂ ܘܠܐܡܬܐ ܬܫܟܠܠܝܗ̇
ܡܢ ܠܥܠ܂ ܘܬܪܥܐ ܕܩܒܘܬܐ
ܒܣܛܪܗ̇ ܬܥܒܕ܂

C   Id

Id est,

Fac tibi Arcam *de ligno viminis : in manſiunculas compone* Arcam; *& lini eam extrinſecùs & intrinſecùs bitumine*; *Et hoc pacto facies eam Trecentorum cubitorum erit longitudo* Arcæ, *& quinquaginta cubitorum latitudo ejus, & triginta cubitorum altitudo illius; & ſpeculas fac* Arcæ, *& cubito perſtringe eam ſupernè, & oſtium* Arcæ *in ejus latere facito : manſiunculam infimam & ſecundam, ac tertiam facito eam.*

Ecce hi ſunt præcipui *Textus*, qui in *Sacris Litteris*, juxta differentes editionum Lectiones proponi & exponi ſolent, in quibus nullus ferè occurrit, qui quoad *Arcæ* proportionem, non idem habeat, uti enim *Arcæ* proportio D E I dictamine præſcripta fuit, ita quoque nil clarius luculentiuſque in ea deſiderari potuit, ut proinde non ſit mirum, omnes editiones differentium linguarum in unum, quoad *Arcæ* menſuram hîc conſpiraſſe. Sed jam explicemus ſingula.

Fac tibi Arcam; Hebræa תבה habet Græca κιβωτός, Chaldæa, תבותא, Syriaca ܩܒܘܬܐ Arabica تابوت quæ vocabula ſeorſim conſiderata non aliud ſignificant, quàm *Ciſtam* quandam rebus in ea collocandis, aptam; *Arcas* verò hujuſmodi utplurimum ſub forma parallelogrammi confici videmus, niſi quod ſubinde arcuato coperculo inſtructas comperiamus, de quo paulò poſt. Unde colligimus, nullo modo in morem navigii fuiſſe formatam, ut plures perperàm ſentiunt, cujus latera in carinam arcuantur, & ſummitas ejus vel patet, vel concameratur; neque in hac *Arca* quis exſpectet malum, varietatem velorum, *Arcam* nullis antennis aut carcheſio, funibuſque, aut temone puppi proræque inſtructam, ſed ad modum *Ciſtæ* undique clauſæ & quadrangulæ, quæ infernè plana eſſet & æqualis quaquaverſum, id eſt, fundus *Arcæ* perfectum parallegrammum, quod & biſlongum vocant, referret; ſuperne verò quaſi plana eſſet, ita tamen, ut modicè in culmen, protuberatione exiguâ aſsurgeret; quæ in *ſequentibus* copioſiùs aperiemus.

Arca nil habuit ſimile cum nave.

Caput II.

De Materia Arcæ *à* Noëmo *extructæ.*

Poſt datam formam materia rectè ſubjungitur. Lectio Hebraica habet מעץ גופר ex *lignis lævigatis;* Græca habet ἐκ ξύλων τετραγώνων, ex *lignis quadrangulis;* Quod verò illud fuerit lignorum genus aut ſpecies, id ſane omnium pænè interpretum mentem non parum vexavit. Hebraica lectio habet / מעץ גופר / ex *lignis Gopher lævigatis;* Quid verò *Gopher* ſit, nemo eſt, qui explicet : quidam per *Gopher* pinum, alii cupreſſum, abietem, aut laricem, ſimileſque picearum arborum ſpecies intelligunt; Ego quantum ex variarum lectionum conſideratione didici, vocem hanc *Gopher* minime alicujus certæ arboris ſpeciem eſſe, ſed genus cujuſcunque tandem arboris eâ denotari. *Onkelos in paraphraſi* ſua *Chaldaica* dicit, Arcam ex cedrinis lignis extructam. / מאעין דקדרוס / ex ligniſcedri, quam *Thalmudiſtæ* ſequuntur, qui in *Tractatu de fabricis* quatuor cedri genera recenſent, & ſunt: ארז *עצי שמן* ארז *lignum pinguedinis* ברוש *abies,* כדרוס *Cedrus;* Arabica lectio habet: من خشب الشمشار *ex ligno ſittin,* quod eſt unum ex lignis incomputribilibus, cui favent, qui ſequuntur

Ex quo ligni genere Arca fabricata.

Quadruplex genus Cedri.

tur sententiam *Onkelos in paraphrasi Chaldaica*, dicentis ex cedro incomputribili ligno constructam. Qui verò ex arboribus sulphur spirantibus, uti est *Terebinthus*, conditam volunt, quemadmodum *Oleaster*, & *Rab. Salomon*, qui voce גפרית quod *sulphur* notat, vicina voci *Gopher* גפר, decepti, à scopo plurimùm aberrârunt; qui verò τὸ ξύλον, ut *Septuaginta* habent, pro *gossypii* frutice intelligunt, prorsus exsibilandi sunt: quid enim *gossypii* sive planta, sive frutex ad *Arcæ* fabricam conferre potuerit, nemo concipere potest, cum istiusmodi frutex neque dolari, neque deasciari queat; Et *Sacer Textus* luculenter ei repugnat, qui ex lignis lævigatis, dolatis, & in quadrangularem formam redactis conditam fuisse, dicit. Sed relinquamus hujusmodi nugas; cum parùm referat, quibusnam ex lignis *Arca* fabricata fuerit; hoc constat, *Noëmum Arcæ* construendæ rationem uti DEO dictante accepit, ita quoque apta ad fabricam ritè perficiendam ligna invenisse; Undè ego salvo aliorum judicio, non ex unius speciei ligno, sed ex variis lignorum speciebus, pro commoditate partium *Arcæ* exstructam fuisse censeo, & ex voce *Gopher*, quod, ut *suprà* dixi, non determinatam arboris speciem, sed genericè omne lignum *Arcæ* aptum, significat. Constat enim ex regulis Architectonicis, domum utplurimum non extrui solere ex uno ligno solummodò, sed nunc hìc rudiori, solidiorique, illìc nobiliori, alibi leviori, alicubi graviori; ita quoque *Noëmum* fecisse probabile est. Quemadmodum enim arbores qualitate & quantitate differunt, id est, aliæ gravitate, levitate aliquæ, aliæ porositate, nonnullæ completioris substantiæ; aliæ mollis, aliæ durioris naturæ; ita quoque in *Arcæ* structura factum esse credideris. Sunt enim nonnullæ arbores, quæ ex trabibus longissimis vigorem & robur fortissimè

Arca ex variis lignis constructa.

servant, & basi sanè quàm aptissime serviunt, humiditatemque arcent, cujusmodi sunt, cedri, abies, pinus, cupressus, & omnes ferè arborum picearum species, cujusmodi arbores recensitæ sunt; quæ uti ponderosiores sunt, ita quoque fundi substructionibus apte conducebant: Quædam verò contignationibus, assamentisque tabulatoruin committendis proderant; nonnullæ ad interiora mansionum receptacula, tectumque, ob insitam sibi levitatem præ aliis eligebantur. Neque hìc aliquis arbores etsi robustissimas pro *Arcæ* fundo aptas sibi persuadeat, quemadmodum sunt quercus, fagi, terebinthus, Alni, similesque, quæ etsi in magnam altitudinem excrescant, quia tamen ramosiores erant, quàm ut inde trabs longa & recta elaborari posset, ideò neglectas fuisse censeo; servire tamen potuisse pro istis palorum substructionibus, supra quos *Arca* fundabatur, de quibus posteà. Restat itaque, *Noëmum* piceas istas arbores supra memoratas altitudine omnes cæteras superantes pro fundamento *Arcæ* assumpsisse; Cedri enim passim in *Monte Libano*, immensa altitudine assurgere dicuntur. Sed audiamus de hisce Theophrastum, qui lib. 5. cap. 9. de cedris aliisque ita loquitur: *Nam in Celtis alibi, alibi cedrus miranda assurgit, ut in Syria videre licet; illinc enim cedri in montibus, tum longitudine, tum crassitudine præstantissimæ exeunt, quippe quæ adeò crassescunt, ut sint, quas ulnæ hominum quatuor nequeant amplecti, addunt his ampliores pulchrioresque comperiri in hortis. Quod si quis sinat, nec cædat, mirum in modum quodque arborum genus, modò sibi proprium habeat solum, ex crescere posse videtur. Itaque quod in Cypro Reges cùm ex imperitia, tum ex transportandi difficultate nunquam materiem cæciderint; longitudo ejus, quæ ad undeciremem Demetrii Regis cæsa sunt, passuum tredecim quæ conficiunt 65. pedes Geometricos,*

Ligna quænam fuerint apta Arcæ.

Altitudo cedrorum.

C 2 *sive*

sive palmos 96. Audivi à *Maronitis*, incolis *Montis Libani*, cedros nonnullas ibidem in tantam proceritatem exsurgere, ut earum altitudinem diversi, nunc centum, nunc 150 pedum invenerit. In *Corsica* quoque, teste *Theophrasto, citato loco* adeò proceras arbores nasci, ut ex iis *Romani* ratem conderent, 50 velis ducendam, quam in pelago periisse addunt. Non dicam hîc de proceritate arborum, quæ passim in utraque tum *Ortiva*, tum *Occidua*, *India* provenire solent, tantæ altitudinis & crassitiei, ut humanam fidem ferè vacillare cogant. In *Monte Ætna* corticem unicum ex castanea excisum, integrum Ovium gregem conclusisse me vidisse memini. Non dicam de *Herciniæ Sylvæ* arborum proceritate, quæ ad 140. pedum altitudinem adolescunt. *Plinius* amplissimam ac proceritate stupendam, suo tempore se *Romæ* vidisse testatur, videlicet Laricem pedes 120 longam, quam veluti prodigiosam in ponte pro Naumachia exposuerat *Tyberius Cæsar*; Cœtera legat, si placet, apud *Plinium, Theophrastum* aliosque. Cum itaque cedrus, & reliquæ resinaferarum arborum species, Pinus, Larix, Abies, ex se & sua natura, proceritatis dignitatem præ cæteris ambiant, ita & à *Noëmo* præ cæteris ad fabricam electas fuisse, clarum est.

Arborum altitudo mira.

Castanearum in Ætna monte vastitas.

Sed hæc non ita dicta velim, ut aliarum arborum lignis in reliquis *Arcæ* partibus non sit usus, sed quod in primo fundo *Arcæ* longiores arbores tam solidæ in porrectorum, transversorumque lignorum continuatione, hæ reliquis ipsi aptiores visæ sint. Nam ut rectè & peritissimè de fabricis navium, ex diversis lignorum speciebus conficiendis loquitur Theophrastus; verba ejus sunt : *Ad summam,* inquit, *quibus quæque materies commoda, quæque navibus ædibusque commoda, explicare tentabimus*; *Abies, Pinus, Cedrus, ut summam contingam, materies sunt aptissimæ navibus; Triremes enim, atque longa navigia ex abiete, lævitatis gratiâ faciunt; rotunda verò ex pino, quoniam non putrescit; Nonnulli quoque Triremes ex ea condunt, quia abiete carent.* Qui Syriam Phœnicemque *incolunt, cedro utuntur; quia pino etiam egent*; Cyprii *carinæ quernam subiiciunt, ut cum in terram attrahitur, resistere possit*; *Navibus onerariis pineam, atque etiam quernam subjungunt, cum extrahendas ædificant; non quidem in fundo navium, sed loco substructionum, supra quas naves extruuntur; pinus enim & abies minimè ob naturalem antipathiam conglutinari possunt, utpote dissimiles natura.* Pergit deinde exponere eas lignorum species, quæ singulis navium partibus commodiores sunt, quas nè longior sim, Lector *lib.* 5. *c.* 8. legere poterit.

Caput III.

De Bitumine, ejusque speciebus, quibus Arca *intus forisque illita fuit.*

Magnam Bituminis copiam ad tantæ magnitudinis *Arcam*, tùm foris, tùm intus, uti *Sacer Textus* memorat, oblinendam, necessariam fuisse, ex ipsa molis vastitate patet, Bitumine autem illitam fuisse, *Hebræa, Græca, Chaldaica* habent; quod enim *Hebræis* est זפת / *Chaldæis* כופרא / id est *Græcis* est ἄσφαλτον, quæ tertio vocabulo consona sunt, & bitumen signi-ficant; *Arabica* habet زفت; *Zephet,* quod picem aut resinam significat; est autem hæc differentia bitumen inter, & picem, quod illud ex intimis telluris visceribus ebulliat, & inter mineralium fluores computetur; hæc verò uti & resina, & omnes illi liquores, quos gummi vocant, ex vegetabili natura originem suam habeat, ex apertis arborum corticibus emanantes; Ex quibus patet,
Noë-

ARCA NOE.

Noëmum non sola pice & resina in *Arca* illinenda, usum fuisse, sed magna ex parte bitumine; quamvis non incongruè quoque dici possit, picem bitumini ad solidiorem consistentiam commiscuisse; quod & *Naturalium rerum Scriptores* πισσάσφαλτον, id est, Picebitumen vocant. Bitumen in *Mari Mortuo* præ omnibus Mundi partibus maxima copia provenit, undè & *Asphaltici Lacus* nomen sortitum est; nam ut rectè Cardanus, *non unum*, inquit, *bituminis genus est, sed est, quod propriè Asphaltum, cui tanquam differentes species generi subjiciuntur: pissasphaltum, naphtha, gagates, ampelites, maltha, thracius lapis;* carbones fossiles, succinum, petroleum, Camphora, quamvis de bitumine liquido non duro, & ex saxis elicito, quæ hic comprobanda, intelligenda sint; non ita tamen liquido, ut non cum tempore lentescat induratum, nam ut *Dioscorides* ait, bitumen esse pingue quoddam *Lacus Asphaltici* aquis innatans, quod undis ventisque agitatum in littore concrescit, densatur, coit, tenacissimumque redditur, quoniam verò proprietatem habet sulphuri haud absimilem, & cuilibet humido potenter resistit, optimum proindè pro illinendis eo navibus. Et quamvis vix Regio sit, ubi non hujusmodi bituminis vestigia reperiantur; uti in *nostra Hetruria* fusè ostendimus: cumprimis tamen id genus maximè celebre reddiderunt *Mare mortuum*, sive *Lacus Asphaltites*, *Babylonia*, & *Syria*; & ut multa paucis comprehendam, ubicunque loca sulphurea,& Vulcanii montes vim suam exhibent, ibi ferè semper bitumen se comitem præbet. In *Albuneo Lacu Agri Tiburtini* copiosum bitumen colligitur, quod ex intimis lacus inexplorabilis profunditatis visceribus ebullit, quod & viminibus terrestribusque partibus commixtum, ex levitate insulas natantes procreat, de quibus vide *nostrum Latium*, & in *Hetruria nostra de Thermis Thusciæ*, & *Sulphureis Lacubus*, uti & in *Mundo Subterraneo de Campis Phlegræis, & Vulcaniis montibus, Ætna, Strongylo, Vulcano, Vesuvio*, ubi de bitumine quàm amplissimè egimus. Quodnam verò genus bituminis optimum sit ad illitiones navium; *Plinius* optimum esse ait illud, quod in *Lacu Asphaltite* provenit: *Dioscorides* præ reliquis valdè approbat Judaicum; verùm hoc idem esse, quod Asphalticum, ipsa Loci natura probat: Nam uti 14. *cap. Gen.* habetur, de pugna *Abraham* cum quinque Regibus in valle *Sodoma*; verba sacri Textus sunt: *Vallis autem sylvestris habebat puteos multos bituminis*: Jungitur hoc à *Mose*, ut significet Regem *Sodomæ* cum suis hunc locum elegisse,eo consilio & dolo, ut hostes *Babylonii* horum locorum ignari, utpote peregrini, in hosce puteos pugnando corruerent; sed DEI beneficio factum est, scilicet, ut ipsimet *Sodomitæ* victi metuque perculsi in hasce foveas, quas hostibus pararant, ipsas morituri caderent. Quonam autem modo *Noëmum* bitumen præpararit in usum oblinendæ *Arcæ*, cum nihil de eo dicat *Sacra Scriptura*, de eo nihil nisi conjecturâ asserere possumus. Verisimile tamen est, bitumen prius liquidum, posteà in glebas duriores aëris siccitate redactas, pice tamen mixta priùs decoctum fuisse, quemadmodum hodierna die Nautis usu venit, & hoc pacto in usum convertisse. Sed de his in *sequenti Capite* pluribus.

Bitumine asphaltico Arcam illitam fuisse.

Bitumen in omnibus ferè regionibus Sulphureis aquis redundantibus nascitur.

Bitumen asphalticum omnium celeberrimum.

Lacus Tiburtinus Albuneus.

Judaicum bitumen idem quod Asphalticum.

Præparatio bituminis.

Caput IV.

De Regione Edenia *in qua* Noë Arcam *extruxisse putatur*.

Adamus ubi conditus.

Sacræ Literæ de Loco, ubi *Arca* conſtructa fuit, nil dicunt, neque *Interpretes* hunc locum tangunt; Nos ne quicquam omiſiſſe videamur, ad propoſitum nobis thema rite deſcribendum, eum hîc quantum exiguitas ingenii mei mihi permittet, explicare conabor.

Dico itaque, *Adamum* uti extra *Paradiſum*, à Deo in *Agro Damaſceno*, juxta ſententiam *Doctorum* magis probabilem creatus plaſmatuſque fuit, ita & in peccati commiſſi pœnam, *Paradiſo* ejectum, in vicino *Paradiſo* diſtrictu commoratum fuiſſe; *Kain* quoque à facie Dei profugum in Terra ad Orientalem plagam *Eden* habitâſſe, ibidem civitatem *Henoch* ædificaſſe, *Sacer Textus c. 4.* refert. Cùm itaque ſuprà oſtenderimus, *Kainum* à *Lamecho Mathuſalæ* filio ibidem interemptum fuiſſe; ibidemque vivente adhuc *Adamo*, ſtirpem *Adami Sethianam Kainitis* conjugio, id eſt, filios Dei cum filiis hominum, copulatam, malorum omnium, atque adeò humani generis per *Diluvium* perdendi occaſionem dediſſe;

Eden Regio communis Patriarcharum incolatus.

Certe & indubitate colligitur, *Terram Eden*, communem primævi Mundi patriarcharum patriam fuiſſe, ut proinde plerique Patriarchæ, *Set*, *Enos*, *Irad Henoch*, *Matuſala*, *Lamech*; *Adamo* ſynchroni, & non infrequenter, uti plerique *Authores* docent, ad eum veluti humani generis caput, & Judicem omnium de controverſiis inter ſuos ortis conſulturi confugerint; imò litem inter duas uxores & *Lamechum*, ratione *Caini* à *Lamech* interfecti ad *Adamum* delatam, non contemnendi *Authores* aſſerunt. Quæ cum ita ſint, jam ubinam *Terra Eden* ſitum ſuum habuerit, explicandum reſtat. Et ut paucis me expediam,

Dico, *Aſſyriam* fuiſſe; *Aſſyria* verò propriè dicta non ſolùm *Syriam*, & univerſum *Libanum*, & *Ciſjordanem Judææ* partem, ſed & *Babyloniam*, *Meſopotamiam*, *Armeniam* in ſe complectitur; & in eadem *Paradiſum* extitiſſe, plerique ſenſatiores *Interpretes* indubiè aſſerunt, idque ex fluminibus *Euphrate* & *Tygri*, quæ *Sacer Textus* ex *Paradiſo* emanare tradit, colligunt. Atque hanc *Aſſyriam*, quæ ante *Diluvium* à voluptate *Paradiſi Eden* dicebatur, communem Primævorum Patriarcharum habitationem fuiſſe; atque in hac *Noëmum*, qui poſt obitum *Adami* 126. annis, uti *ſuprà* diximus, primum natus fuit, *Arcam* ſuam quingenteſimo vitæ ſuæ anno conſtruxiſſe, ita certum eſt, ut ei contradici ſine ratione non poſſit nec debeat; in hac quoque *Turrim Babel Noëmo* præſente ædificatam, *Abulenſis* ſcribit. Verùm ut Lector luculentius *Edenæ Regionis* ſitum perſpiciat, hîc ejus Chorographiam apponendam exiſtimavi.

Paradiſus in Eden, fuit plantatus.

Magnum ſanè & irrefragabile argumentum eſt, in hac *Edenia Regione Arcam* conſtructam fuiſſe, tum ob rationes ſuprà adductas, tum ob commoditatem loci, ad fabricam expediendam opportuniſſimam; Hinc enim partim ex *monte Libano*, partim ex *Meſopotamia* vicina, ingens cedrorum, aliarumque celſiorum arborum quantitas ei ſubminiſtrabatur; *Babylonicus* verò *Ager*, quem *Sacra Scriptura Sennaar* vocat, maxima bituminis copia, fluminis *Euphratis* beneficio, abundabat, uti etiam ex aſphaltici maris vicini *Judææ* bituminoſis fontibus; hæc enim loca bitumine melioris notæ vim magnam gignere, in præcedenti capite dictum fuit. In loco itaque, quem Mappa monſtrat, quantum conjecturâ aſſequi poſſu-

Eden commodiſſima regio ad Arcam fabricandam.

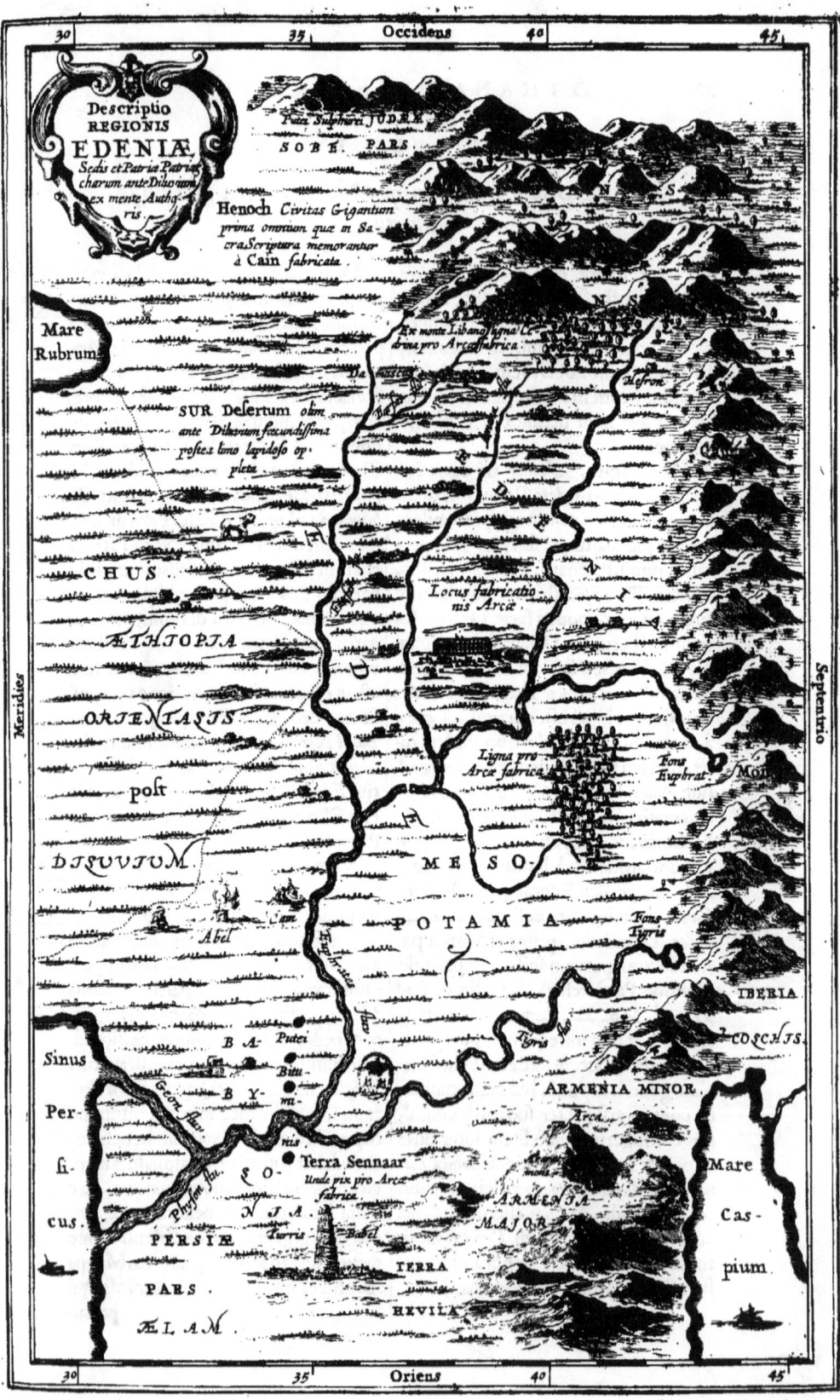

possumus, videlicet in *Agro Damasceno*, & *Monti Libano*, & *Mesopotamiæ* vicino, *Arcam* extructam esse, salvo tamen aliorum judicio, asserimus, cùm locum opportuniorem ad istiusmodi negotium cum commoditate conficiendum, facta omnium locorum circumjacentium cum hoc combinatione, reperire non licuerit. Sed de hoc in *sequentibus* uberiùs.

Caput V.

De Scientia Noëmi *in fabrica conficienda à* Deo *ipsi infusa.*

NOn est dubium, accepto à Deo de *Arcæ* fabrica præcepto, Noëmum seriò cogitasse de rebus ad tantæ molis fabricam, magnâ curâ, & sollicitudine expediendam necessariis. *Primo* enim Divinæ sapientiæ radiis illustratus, cognoscebat perfectè proprietatem qualitatemque lignorum, contra omnem aquarum impetum & violentiam duraturorum. *Secundo* videbat quoque commissuras trabium adeò aptè jungi non posse, quin aqua per rimas penetraret, unde istud incommodum prævidens, non nisi bitumine priùs quam optimè præparato ei remedium dari posse vidit. Hoc enim *Arcam* foris intusque probè illitam, omnem aquarum impetum sustinere posse, quam penitissimè perspiciebat; videbat quoque cedrinis aliarumque arborum picearum trabibus & tabulatis, bitumen ex naturæ quadam similitudine adeò intimè per unionem quandam sympathicam jungi, ut unum quodammodo corpus cum ipso constituat. Hisce plenè consideratis, jam sese ad Architectonicas rationes à Deo sibi præscriptas conversus, ad tantæ molis opus haud dubiè archetypon quoddam futuræ *Arcæ* veluti exemplar, modulum dico quendam, ut juxta tantam rerum varietatem, in eo tamquam in speculo quodam, formam modumque, tum contignationum, tùm mansiuncularum in ea disponendarum proportionem & symmetriam contueretur, necessariam censuit. Non enim verisimile est, *Noëmum* in fabrica centum annorum, tumultuariè, ut dici solet, & sine longa & matura deliberatione processisse, sed ex prototypo priùs à Deo ipsi inspirato, rem tentâsse, ut quid in *Arca* posteà jungi, quid demi, quid & quomodò omnia meliùs disponi possent, edisceret; & hoc pacto leges à Deo præscriptas quàm exactissimè servaret. Postquam verò audisset, totum viventis sentientisque animæ seminium in ea servandum, & pro singulis quadrupedum, volatilium, reptiliumque speciebus recipiendis mansiunculas & receptacula conficienda, deinde tam pro se suîque, quàm pro singulis animantibus juxta naturam & proprietatem uniuscujusque sufficientem commeatum procurandum; piè certè cogitare possumus eum veluti attonitum exhorruisse, metuque perculsum hâc ad Deum apostrophe usum fuisse, *O Clementissime, juxta atque justissime* Deus, *cujus natura bonitas est, cujus sapientiæ non est numerus. Quis ego sum filius peccati, vilis hujus Terræ vermiculus, cui tanti momenti opus committis? Tu qui omnium corda nosti, scis, me artis fabrilis oppidò imperitum, neque me ad hujusmodi fabricas animum unquam applicuisse: quomodo nosse possum, nisi tua infinita bonitas & sapientia me doceat, tot animalium differentes species, tot viribus & proprietatibus distinctas, quas sempiterna tua providentia in hac Arca per me pauperem servum tuum ad renascentis Mundi seminarium servare constituit. Heu benignissime conditor meus, quò me vertam? Ubi primò opus mihi commissum incipiam nescio. Tu nosti, quod præter camelos, equos, asinos, pecudum pecorumque greges, aliaque animalia tam fera, quàm domestica, quæ patria hæc Regio producit,*

ducit, cæterorumque in peregrinis; quas nunquam vidi, Nationibus degentium, notitiam neque habeam, neque unquam habuerim, & quomodo pro singulis necessaria nutrimentorum genera procurabo, nisi tu me instruas, & superno lumine illustres? Et quisnam, benignissime Deus, illam innumerabilem animalium varietatem & copiam ex totius Orbis ambitu collectam, huc adducet? & quomodò singula consociabuntur? quomodò ferocia à mansuetis, munda ab immundis separabuntur? quomodò singulis locus eorum magnitudini aut parvitati proportionatus assignabitur? sunt hæc debili & imbecilli ingenio meo superiora: Hæc sunt, quæ me terrent. Sed in tua infinita sapientia & bonitate, uti mihi præcepisti, ita quoque non nisi auxilio, & perpetua tua assistentia, me confecturum confido; Tu enim, æterne conditor, omnia in omnibus operaris. Hisce Deo magna lachrymarum ubertate propositis, verisimile est, audisse Divinæ vocis sibilum auribus ejus hujusmodi verba insurrantem: Audi Noë, serve fidelis, quia tu solus ex omnibus, in tam intolerabili humani generis perversitate exstitisti, qui viam mandatorum meorum tenuisti, justus & perfectus in generationibus tuis; tu solus non commiscuisti te perversorum hominum consortio, ambulans coram me in sanctitate & justitia omnibus diebus vitæ tuæ. Quapropter dignus es habitus, qui gratiam & benedictionem invenires coram me. Te itaque assumpsi ad magnum hoc, sublime & arduum in semine tuo per Arcam tum conservandi, tum instaurandi generis humani officium. Viriliter itaque age, & confortetur cor tuum, & ne dubites de mea erga te tuosque providentia; Ego tibi assistam in omnibus; Ego te de modo & ratione procedendi instruam; Ego tibi in sutores & administratores Angelos meos mittam, qui te in omnibus dirigant, & à dæmonum, qui tibi insidiabantur, malignitate custodiant. Fac itaque tibi Arcam, &c. Hoc Divinæ vocis oraculo, uti credere licet, mirificè animatus Noëmus, omni deposita diffidentia & anxietate animi excussa, commissum sibi operis munus, magna constantia & fortitudine animi acceptavit, atque una Divino hoc eloquio excitatus, mox omnia, quæ ad fabricam perficiendam, tum quo ad animalium stabula, nidosque juxta cujusque speciei magnitudinem & parvitatem disponendos, tum denique, quæ ad naturam & proprietatem uniuscujusque, juxta nutrimentorum unicuique speciei propriorum commeatum, tum quo ad modum, unamquamque speciem juxta mores à natura ei insitas gubernandi exequi coepit; Hæc inquam omnia, repentinà luce, verborumque Divinorum efficaciâ perfusus perfectè cognovit, neque verisimile est, uti multi perperàm sentiunt, Noëmum rerum omnium scientiam à Deo sibi infusam, ante Arcæ fabricam, haud secus ac Adamum habuisse. Nos veriùs asserimus, eum tunc primùm hanc scientiam ex Divini luminis illustratione obtinuisse, quando Deus illi dixit: Finis universæ carnis venit coram me. Fac tibi Arcam, &c. Quanquam non ignorem, Noëmum de plurimis artibus & scientiis à Lamecho patre suo, & Mathusala, cæterisque Patriarchis, Avis, & Proavis suis ab Adamo instructis, circa eas artes & scientias, quæ in illo primævi Mundi statu adeò necessariæ erant, didicisse: Sed quæ ad Arcæ fabricam, quæ ad naturam proprietatemque animalium, quæque ad nutrimentorum unicuique congruorum, notitiam eorundemque gubernandorum rationem pertinerent, & quæ posteris temporibus ad humani generis propagationem post Diluvium pertinerent, tum primùm divinâ luce, uti dixi, perfusum hanc, quam dixi, scientiam sibi revelatam accepisse; cum concipi non possit, quomodò Noëmus, sine hac, ex tot tantisque rebus disponendis, solius humani ingenii fretus industria, se extricare potuerit.

Ca-

Caput VI.

De Apparatu rerum ad Arcam *construendam necessariarum.*

POst notitiam itaque rerum ad *Arcam* necessariarum divinitùs ipsi revelatam, *Noë* nihil non egit, quò præcepta sibi tradita, uti par erat, summâ cura & sollicitudine, nec non prompto & vigili animo, in executionem deduceret. Quoniam verò ipsemet tanto operi conficiendo insufficiens erat, neque enim eum ligna dolâsse, aut palos infixisse similiaque vilia opera tractâsse, credi potest qui vir grandævus, & inter suos in summa omnium veneratione veluti propheta, & benedictus à D E O, humani generis consolator, ut à patre ejus *Lamecho* intellexerant, habebatur, sed Architecturæ præsidem, & qui regulas solummodò fabris in *Arca* extruenda præscriberet, fuisse, exemplo hujus temporis Architectorum docetur; præter filios, complures alios ex suæ progeniei nepotibus, pronepotibusque probioribus, artis fabrilis magistros sibi ascivit, quos omnes de modo fabricam expediendi juxta prototypon, quod ipse haud dubiè primò Divino dictamine effecerat, instruxit. Erant, uti credere licet, inter illos fabri lignarii, ferrarii, cœmentarii, alimentorum administratores, & veredarii, nautæ bituminis conductores similesque operarii, qui omnes divino quodam nutu instinctuq; operam suam quàm libentissimè ad operis inauditi molitionem attoniti, mox contulerunt.

Noë in Arca fabricanda multis operis usus est.

Primò itaque *Noë* negotium sibi impositum incredibili animi fervore aggressus, quosdam ex Operis in *Montem Libanum*, *Mesopotamiamque* scilicet vicinas Regiones, ad cedros, aliasque arbores cædendas, quas alii lignorum jam cæsorum conductores in locum constitutum deveherent; Aliquos per *Euphratem* in *Babylonicum Agrum* bitumine fœcundissimum, aut etiam in *Iudæam*, ad id ex Valle *Sobe*, bitumine pariter uberrima devehendum amandavit. Rursus, cum pro tanta Operarum multitudine, congrua alimentorum copia requireretur, vero haud absimile est, eum primo nonnulla habitacula, tum pro se suisque filiis, tum pro cæteris Operis, qui a laboribus diurnis debitâ quiete nocturnâ indigebant, tum in iis ad se contra æstum solis, frigusque contutandos, necessaria construxisse, reliquis operis prout poterant, casis, tuguriisque contra omnes aëris injurias munitis pro se construentibus. Reconditorium quoque quod *Magazinum Arabes* مخزن vocant, ædificasse conjicere licet, in quo, rerum omnium ad vitam sustentandam necessariarum; comeatus condebatur; Hophoterium quoque sive Armarium extruxisse verisimile est; in quo partim fabrilia instrumenta omnis generis, partim armorum varia genera, quæ *Tubalcain Lamechi* filius malleator & faber in cuncta opera æris & ferri, & cætera supellectilia, *Noëmo* superstite invenerat, quibus sese contra impios Gigantes, qui vitæ *Noë* insidiabantur, defenderent; Et quamvis *Sacra Scriptura* nullam de hisce mentionem fecerit, qui tamen prodigiosum hujus operis molimen altiori animi reflexione consideraverit, is non aliter, quàm ut dixi, contigisse, sincerè fatebitur; noluit enim ad hujus operis executionem semper miraculosis actionibus concurrere D E U S, sed humanæ industriæ, videlicet *Noëmio* jam sufficienter instructo ingenio multa relinquere expedienda.

Habitacula construcla.

Penuarii domus.

Armarii domus.

Locum verò alium non elegisse videtur ad fabricæ executionem commodiorem, quàm ingentem illam planitiem *Edeniæ Regionis* quæ *Libanum* inter, & *Mesopotamiam* interjacet, *Euphrate* fluvio

fluvio terminatam. Rationes hujus rei sunt omni sensato viro manifestissimæ. *Primò* quia dictus Ager tum fluminibus irriguus, tum omni rerum ad victum necessariarum ubertate plenus est; *Secundò* quia *Babylonem* inter, *Syriam* & *Judæam*, primævorum ante & post *Diluvium* incolatu celebres regiones medium locum occupat, iique eam inhabitasse feruntur. Est enim etiamnum in radice *Montis Libani* qua *Damascum* respicit, pagus quidam, quem ab 8 hominibus id est ab 8 animabus qui postmodum *Arcam* ingressi fuerunt, in hunc usque diem ثمنين *Thamnin*, id est, ab 8 vocant; ibi enim *Noê* cum suis filiis uxoribusque filiorum habitasse pervetusta traditione referunt *Syri*. Ait & *Historia eorum* non ita hinc dissito loco qui *Hesron* dicitur terræ motu crepuisse disjectisque saxis reliquisque terrestrium portionum quisquiliis fossam inventam fuisse, quæ cedrina ligna complura probe dolata & perpolita sparsim exhibuerit; unde non inverisimili conjectura inferunt has ligneas trabes adeo bene dolatas alias esse non posse quam *Arcæ Noëticæ* ibidem extractæ superfluas reliquias quæ post *Diluvium* limo obductæ, & sedimento aquarum in clivos collesq; elato posteris tandem temporibus terræ motu detectæ, ut ex cedro confectæ, ita ab omni corruptione immunes extiterint, quin & *Adamum* post ejus ex *Paradiso* ejectionem, vicinam plagam *Edeniæ* incoluisse ex Textu 70 Interpretum luculenter ostenditur. Verba ejus sunt: Καὶ ἐξέβαλε τὸν Ἀδὰμ & κατῴκισεν αὐτὸν ἀπέναντι τ̃ Παραδείσε τῆς τρυφῆς. id est, *& ejecit* Adam, *& collocavit eum ante paradisum* voluptatis, ut videlicet consideraret Regionem omni felicitate plenam, à qua suâ culpâ exciderat, & peccatum suum unà pœnitendo deploraret; ex quo non incongruè *Tertiò* colligitur, *Paradisum* non intra *Armeniam* vastam, montibus & desertis confertam, neque in *Babylonia* multis Naturæ incommodis subdita; sed in *Mesopotamia* fuisse, quæ antiquæ felicitatis in hunc usque diem signa apertissima monstrare *Euphrates*, *Tygrisque Paradisi* flumina, quæ eam intercipiunt, sat superque docent; sed de hisce consule *Cartam Geographicam*, supra positam; de *Paradisi* vero loco & situ actum: vide verò l. 3. particulari capite. Sed ut ad *Noëmum* revertamur; *Quartò* addo aliam haud spernendam congruentiam, & est; quod sicut in ea Regione, in qua *Adam* per prohibitum à DEO ligni fructum, quem comederat, justitiâ originali privatus, totum humanum genus unà secum innumeris calamitatibus laboribusque involverat, eodem in loco lignum pararetur, quo genus humanum servaretur, & deindè à *Christo* per lignum crucis, cujus *Arca* typus fuit, id mirâ providentiâ à morte liberaretur, in *Monte Calvariæ*, in quo & *Adam* præcognito mortis suæ vicino tempore, *Edeniâ Regione* relictâ, Regionem ultramontanam, instinctu utique Divino, quam hodie *Iudæam* vocant, petiisse, & ibidem in *Monte Moria*, mortis pœnam à DEO sibi ob commissum peccatum pronunciatam, subiisse, eodem prorsus loco, ubi *Christus* peccatum mortemque *Adæ* suâ morte in ligno crucis destructurus erat. Quæ omnia pulchrè sanè prosequitur Tertullian. lib. 2. carminum, cap. 4. contra Marcionem.

> Golgotha *locus est, capitis* Calvaria
> *quondam,*
> *Hic medium Terra est, hic est Victoria*
> *signum*
> Os magnum, *hic veteres nostri docuêre,*
> *repertum;*
> *Hic hominem primum suscepimus esse*
> *sepultum;*
> *Hic patitur* Christus, *pia sanguine Ter-*
> *ra madescit.*
> *Pulvis* Adæ *ut possit veteris, cum san-*
> *guine* Christi
> *Commixtus, stillantis aquæ virtute lavari.*

CA-

Caput VII.

Noë, Arcæ fabricam incipit prævia exhortatione ad impiam gentem, quæ eum ad explorandam in tanto apparatu, causam intentionemque ejus, convenisse haud inverisimiliter asseri potest.

Noë quingentorum annorum ætatem agebat, quandò ei à Deo Arcæ construendæ cura demandata fuit, & in ea elaboranda conficiendaque, ipsos centum annos insumpsit, tempus utique à Deo ipsi præscriptum, partim ne festinanter & tumultuariè tanti momenti fabricam, sed cum summa deliberatione administraret; partim etiam ut hoc centum annorum spatium perversis mortalibus, ad pœnitendum, si vellent, pro sua infinita misericordia, concederet; quin vel ipsum Noëmum tanquam prophetam suum ad eos misisse, tradunt ferè plerique *Authores*, ut perversæ genti conclamatum istius temporis mortalium statum ante oculos proponeret, & ad pœnitentiam peccatores, & prævaricatores ad cor, si quo modo posset, reduceret, quod, nisi facerent, non aliud illis, nisi ultimum exitium restaret, omniumque per *Diluvium* interitus, atque hæc illis jussu Divino prænunciaret: hac uti verisimile est, apostrophe parænetica.

Exhoratio Noëmi ad eos qui ad cum Arcæ explorandæ causæ confluxerant.

Vos venitis ad me, ô perversa progenies Mortalium, non ad pœnitentiam agendam, quam vobis prædico, sed ut in me servo Dei, perversa vestra consilia expleatis. Videte quid agatis; Deus justus Iudex & Vindex jam extendit manum suam ad exercendam contra vos justitiæ suæ vindictam; Et quænam tanta vestra malitia, & impietas est, ut Deo terribili, & maximè formidabili resistere audeatis? quæ est temeraria vestra præsumptio, ut Omnipotenti Numini bellum indicatis? qui vobis cum innumera beneficia præstiterit, Cœlum, Terramque in usum vestrum unà cum summa rerum om- *nium ad victum necessariarum copia concesserit; Vos sanctitatem & justitiam ejus pedibus conculcare non verecundemini? Videte & considerate hujus primævæ ætatis statum; prospexit Deus de solio sancto suo, ut videret filios hominum, non est inventus, qui faceret bonum, non est usque ad unum. Religionem, quam à primo parente nostro Adamo successiva traditione per Sethum & Enos acceperatis, in abominabilem idololatriam convertistis; Instructionem cœlestibus documentis plenam, præcepta vitæ & disciplinæ, quæ vobis tradidére, expunxistis, conculcâstis, annihilâstis. Misti sunt filii Dei ex stirpe Sethi cum filiis hominum perversissimorum è maledicta stirpe Cain; unde ex sacrilego hoc conjugio Mundus inundatus, in omnium scelerum facinorumque intolerabilium sentinam evasit; sanguis sanguinem tetigit: Surgunt Gigantes, maledicta progenies, qui promiscuis & indiscretis hominum cædibus vel ipsam Terram effuso sanguine fœdârunt. Scelerum sacrilegorum incestuumque cum matribus, sororibus, ipsis brutis, uti nullus modus, ita proscripto omni Divini Numinis metu, lege naturæ cordibus vestris impressa conculcatâ, tam turpia, fœda, abominanda committitis, ut vel ipsa Terra eorum iniquitatibus corrupta vindictam clamet in cœlum, quem peccatorum vitiorumque fœtorem cum ampliùs sustinere non posset, Henoch atavus meus vir sanctus, justus, & Divini honoris Zelotes, raptus est à Deo, ne enormem hanc peccandi licentiam, & conclamatam hominum impietatem oculis ampliùs intueri liceret. Respexit & Deus, qui mentium humanarum corruptela expensâ, tanto furore & indignatione correptus fuit, ut eum se fecisse hominem, pœnituerit, & intrinseco cordis dolore, ut huma-*

humano more loquar, tactus subtracto spiritu suo mundum una cum hominibus in eo contentis, perdendum censuerit. Ecce restant vobis ad pœnitendum centeni adhuc anni; & scietis, Deum, *cujus essentia bonitas est, sinum misericordiæ suæ adhuc apertum habere, ejus gratiam vobis oblatam si respuatis; notum sit vobis, quod & vos per* Diluvium *aquarumque omnibus montibus altiorum inundationem & universam viventis animæ substantiam, ubi malitia vestra completa fuerit, perdet.. Hunc Mundi interitum ego jussu Divino vobis prænuncio, ne exitium vobis imminens nescisse dicere possitis. Quod vero risu me sibilisque excipiatis ob insanæ molis, uti vos dicitis, quam molior fabricam, illa illa erit* Arca à Deo *mihi præscripta, in qua ad Mundum, quem* Diluvio *perdet, in paucis hominibus instaurandum, me meosque conservabit. Valete verborum meorum haud immemores.* Hujusmodi admonitione ad eos habita, ipsi spretis *Noëmi* verbis, imò cum risu & sibilo exceptis in morum perversitate pertinaces & obstinati, voluptatibusque suis contenti perire maluerunt, quàm à perversa vitiorum consuetudine recedere. *Noë* verò serio tandem ad *Arcæ* fabricam extruendam juxta Leges à Deo sibi præscriptas eo modo qui sequitur, sese accinxit.

Ante omnia igitur in planitie illa vasta ad operis executionem sibi constituta, spacium trecentorum cubitorum secundum futuræ *Arcæ* longitudinem, & secundum latitudinem 50 cubitorum dimensus est. Verùm antequam ulteriùs progrediamur, quid per cubitum *Arcæ* mensuram communem intelligatur, explicandum restat, ut ex ea *Arcæ* symmetria & proportio una cum ejusdem necessaria capacitate perfectè cognoscatur; consistit enim in hujus veritate mensuræ, totius fabricæ capacitatis perfecta notitia.

Caput VIII.

De Cubito, Pede, Palmo, Mensuris Arcæ.

ET Cubitorum quidem numerus, utpotè à Deo præscriptus, per quos *Arcæ* symmetria constituenda est, in se certus & evidens est, sed longitudo ejus latitudoque, ne per cubitos nunc majores, & minores, nimis longa, aut nimis brevis evadat, omnium hucusque *Interpretum* ingenia mirè exagitavit. Qui enim hoc loco cubitum unum geometricum, sex pedum longum statuunt, toto cælo aberrant: quos inter *Origenes* unus fuit, qui timebat, ne *Arca* forsan, si cubitum communem adhiberet, ad tantam animalium multitudinem capiendam, nimis stricta videretur, sed uti geometricas mensuras non assecutus est, ita quoque portentosam *Arcæ* vastitatem exhibuit, uti jam demonstro. Cubitus, quem hic producit, cum sex pedibus constet, idem est, ac passus geometricus sex pedum, ac proinde *Arcam* longitudinem habuisse oportuisset 1800 pedum geometricorum, qui exæquant unum integrum milliare Italicum & præterea octingentos pedes; quæ vastitas adeò grandis est, ut ea concipi nullo modo possit: cui si latitudo ejusdem accesserit 300 pedum geometricorum, illa quasi ⅓ milliarii explebit; altitudo quoque in 180 pedes geometricos excurreret. Si porrò *Arcæ* longitudinem in latitudinem sub hoc cubito, id est, 1800 pedes in 300 duxeris, prodibunt 540000 pedes geometrici, qui per 1000 divisi, dabunt quadratam, *Arcæ* superficiem 540 milliarium; atque adeò *Arca Territorio Romano* multo amplior fuisset; imò in unius milliaris cubico receptaculo, omnes ferè animantium

Ingens error eorum, qui Origenis sequentes cubitum pedum geometricorum constituunt.

ARCA NOE.

tium species includi potuissent Si rursum quadratum 540000 per 180 altitudinem *Arcæ* multiplices, provenient 97200000 pedes cubici, qui per 1000 divisi, dabunt cubica milliaria 97200, & tot milliarium cubicorum *Arca* juxta *Origenem* fuisset, si cubitum geometricum sex pedum pro mensura *Arcæ Noë* sumpsisset; unaquæque trium contignationum habuisset 32400000 pedes, qui divisi per 1000 faciunt milliaria cubica 32400, quæ amplitudo, uti excedit fidem humanam & rationem, ita quoque inter fabulosas narrationes relinquatur; calculus sequitur.

   300 Longitudo *Arcæ*.
   6 Multiplices per 6 pe-
   ——— des, quibus unus
     cubitus constat.
Longitudo 1800 pedes geometrici u-
    nius cubiti.
 hi in   300 ducti dabunt
   540000 quadratam superfi-
    ciem *Arcæ* in pe-
    dibus.
   180 hi in quadratum du-
   ——— cti dabunt
   97200000 milliaria cubica
    totius *Arcæ*, quæ
    per 1000 divisa
dabunt 97200 milliaria Italica.

   50 Latitudo *Arcæ*.
   6 Per 6 pedes multipli-
   ——cata
dabunt 300 pedes geometricos, quorum cubitus unus te-
   net sex.

   30 Altitudo *Arcæ*.
  hæc per 6 multiplicata

dabit 180 pedes geometricos.

Unde vastitas *Arcæ* tam enormis fuisset, ut, non dicam animantium, sed & hominum insuper alicujus integræ provinciæ sat capax fuisset; quæ omnia ei soli patebunt, qui geometricarum artium haud imperitus fuerit; in quibus

Calculus longitudinis, latit. & altitud. Arcæ juxta Origenem.

subinde proportionum progressiones in tantum excrescunt, ut fidem humanam eludere videantur, quemadmodum in *Arte nostra Combinatoria* fusè demonstravimus.

Hanc oppidò exorbitantem granditatem cum viderent *Interpretes*, aliam sibi cubitorum ad pedes palmosque proportionem elegerunt; Sed & hi inter se plurimum dissonant. Nos ne in refellendis aliorum erroribus tempus perdamus, cubitum communem à veteribus *Romanis* usurpatum ad veram, appropriatamque *Arcæ* mensuram expediendam assumpsimus. In quo verò cubitus hic communis consistat, paucis explicandum duxi.

Collatio mensurarum ad humani corporis membra comparata, uti sanè mirabilis est, ita quoque non temerè aut casu constituta videtur. Veteres enim *Sapientes*, *Hebræi*, *Græci*, & *Latini*, mensuras non à quolibet homine desumendas censuêre, sed à tali homine, cui Natura dedisset veram & naturæ humanæ congruam omnium membrorum proportionem ad invicem perfectam, & omnibus numeris absolutam; ab homine, inquam, non monstruosæ & giganteæ magnitudinis, prout nonnulli *Interpretes* hoc loco, ex Gigantum ante *Diluvium* existentium cubito, desumendam perperàm existimarunt; neque ex Nanorum, Pygmæorumque corporum proportione, aliorumve hominum defectuosorum, & malè proportionatorum, sed ex perfecti hominis εὐρυθμίᾳ, quem natura sine defectu producere potuisset, mensuras desumpsisse, adeò certum est, ut de eo non nisi insensatus dubitare possit. Talis est cubitus, pes, palmus, quorum mensuras hic proponemus. Et cubitus quidem sesquipedem, pes sex palmos, palmus tres digitos continet. Nota tamen; nos hic non palmum Romanum, quorum unus & dimidius pedem, & tres cubitum adæquant, sed particu-

Cubitus Romanus seu verissimus ad Arcæ fabricam sufficit.

Mensuræ à proportione humani corporis desumptæ sunt.

Non ex Giganteo aut Nani corpore, sed proportionato corpore mensura desumitur.

las

las digitorum in transversum sumptas, pro palmo accipere, quam & palmam dicunt, estque latitudo transversa extensæ manus absque pollice, uti in *sequenti Schemate* patet.

DIMENSIO MANUALIS.

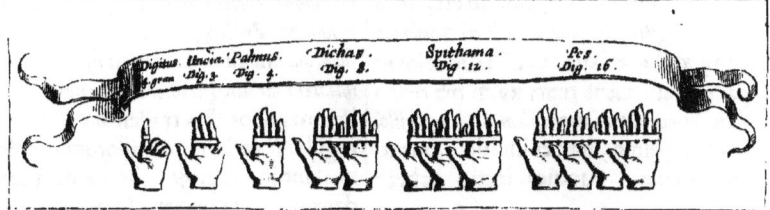

EPILOGISMUS

Partium mensuræ, unà cum speciebus ejus, in quas omnis mensura resolvitur.

Digitus habet 4 grana congruè disposita.
Uncia habet 3 digitos.
Palmus habet 4 digitos in transversum sumptos.
Dichas habet 2 palmos, sive 8 digitos.
Spithama habet 3 palmos, sive 12 digitos.
Pes habet 4 palmos, sive 16 digitos.
Sesquipes 6 palmos.
Passus simplex habet 2 pedes cum dimidio.
Passus geometricus 5 pedes.
Pertica, sive *Decempeda* 10 pedes.
Cubitus habet 6 palmos.
Stadium habet 125 passus.
Milliare Italicum habet 1000 passus.
Milliare Germanicum majus 4000 passus.
Milliare Germanicum minus habet 32 stadia, sive 3900 passus.

Atque hæ sunt mensuræ, quas partim ex *Vitruvio, Frontino*, partim ex *Appiano, Budæo* aliisque depromsimus, estque verissima & certissima mensurarum in suas legitimas partes, quæ à grano hordei usque ad milliaria extenduntur, distributio, & tam *Latinis*, quàm *Græcis* & *Hebræis* congruit. Frontinus inter cæteros pulchrè dictam mensurarum distributionem describit: *Pes*, inquit, *habet palmos* 4. *uncias* 12. *digitos* 16. *Palmus habet digitos* 4. *Uncias* 3. *Sextans sive dodrans habet palmos tres*, *uncias* 9. *digi-*

Frontinus de mensuris.

tos 12. Columella, *Omnis*, inquit, *area pedali mensura comprehenditur, qui digitorum est* 16. Cubitum quoque sesquipedali mensura definiunt plerique jam *citati Authores*. Græci inter mensurarum genera δάκτυλον, sive digitum faciunt minimum. *Dioscorides* herbarum radices, caules, frondes describens, plerumque earum latitudinem digitis definit, quod non de longitudine digitorum, sed ex indicis, eo in loco ubi palmæ jungitur, latitudine transversa intelligas velim, uti *suprà in Schemate* patet. *Hebræos* & digiti mensuram in minutioribus rebus adhibuisse, ex illo Isaiæ colligitur, *opus manuum suarum adoraverunt, quod fecerant digiti eorum*, Textus habet: באצבעתי. Jeremia de alterutra ex columnis æreis loquens; *porrò*, inquit, *crassitudo ejus* ארבע אצבעות *quatuor digitorum*. Huic proximè succedit palmus quaternis constans digitis, qui si *Romani* sint, tribus *Romanis* unciis sunt pares, quæ & *Græcis* δοχμὴ ab accipiendo dicitur, δοχμὴ ϑ', dicit *Pollux*, συγκλεισϑέντες οἱ τέσσαρες δάκτυλοι: id est, δοχμὴ sive palmus sunt quatuor conclusi digiti, transversa enim manu metimur, & δακτυλοδοχμὴ dicitur, quasi diceres digitorum palmam. Hæc eadem mensura Græcis παλαιςὴ dicitur; de qua *Hesychius* παλαιςὴ, inquit, τεσσάρων δακτύ-

Columella.

Dochme quid?

Παλαιςὶ quid Græcè.

ARCA NOE.

δακτύλων μέτρον, *Palæste quatuor digitorum mensura*, videntur Græci eam ab Hebræis accepisse, quam שפח *Tophahh* dicunt: ita habetur Exod. 25 vers. 25. ועשית מסגרת טפח סביב & *facies coronam interrasilem in* Tophah, id est, *altam quatuor digitis. Septuaginta*, Καὶ ποιήσεις αὐτῇ παλαιςὴν κύκλῳ. Ubi Onkelos in paraphrasi: תעביד ליה נדפא רומיה פושכה *facies ei coronam interrasilem altam pugillo*, id est, palmo, hæc enim idem sonant, *per circuitum.* Arabica lectio habet:

وتعمل لها حاسمية مقدار قبصة جالدور ⁂

Vides itaque ex hisce citatis verbis & *facies ei coronam trabalem mensurâ palmi in circuitu*. *Palæsten* Græcè; *Phusco* Chaldaicè & *Kaphte* Arabicè قبصة nil aliud significare, quàm palmum quatuor digitis constantem; & probatur ex *lib. Paralip. l. 2. c. 4. n. 5.* de crassitie maris ænei; ubi omnes versiones mensuram palmi habent, idque trium unciarum crassitudinem habuisse *Interpres vulgatus* tradit; est enim palmus, uti suprà ostendimus, quatuor digitorum; & trium digitorum uncia, ubi & pedem in palmos 4 digitos 16 unciasque 12 partiti sumus. Atque hîc palmi & palmæ tam celebris usus hucusque introductus & illius permutatio illud planè convincere videtur, quod superiori capite probandum suscepimus, & humana palma palmi nomen & mensuram ab initio desumptam fuisse, id quoque de cubito dici debere, jam restat explicandum.

Perspicua ex hisce satis sit Lectori *Romanorum* de hisce mensuris sententia, cum *Vitruvium* audierint asserentem, cubitum sex palmis constare, digitis 24 pedem palmos habere 4 digitos 16. Unde & nullo pænè negotio colligitur, cubitum pedem unum habuisse cum dimidio, toties enim senarius palmorum numerus, quem habet cubitus, continet quaternarium eorundem palmorum numerum, quem pes habet. Cubitus mensura pariter æquat humanum brachium quod πῆχυς Græcis dicitur, estque pedis unius & dimidii, ut Hesychius tradit: *Cubitus*, inquit, *est pes unus cum dimidio.* Et Suidas: *Cubitus est*, inquit, *extensio à cubito usque ad digitos manûs, cubitus verò habet pedem unum & dimidium.* Pollux, *Cubitus*, inquit, *est mensura, quantum à flexura cubiti usque ad summitatem medii digiti intervallum patet.* Non ignoro, alios alia tradere mensurarum regulas; verùm, uti illorum opiniones sunt incertæ, & nullo subnixæ fundamento, ita quoque liberè rejiciuntur, donec probentur. Nos secuti *Hebræorun, Græcorum, Latinorumque* & potissimùm *S. Hieronymi* documenta, constanter asserimus, palmum, de quo hoc loco agitur, esse quatuor digitorum, & consequenter cubitum 24 digitorum, id est sex palmorum, seu quod idem est, palmum esse sextam partem staturæ humanæ, spithamam autem, quam *Hebræi* זרת vocant, mensuram esse æquivalentem medio cubito, qui æquivaleat palmis, vel 12. digitis, quorum duplum, sive 6 conficiunt cubitum. Legat *de doro, dydoro, tetradoro, pentadoro*, quæ mensura palmorum est, à muneribus manu extensâ accipiendis sic dicta, *Plinium l. 36. c. 14.* Atque hanc mensuram hîc congruam, & *Arcæ* nostræ quàm aptissimam assumimus; neque timeant nonnulli *Origenis* sectatores, hoc nostro assumpto cubito dimensam *Arcam* nostram, multò minorem quàm ut tot animantibus capessendis sufficiens sit, futuram; nostrum erit in decursu operis, non solùm eam capacissimam, sed & superabundantem esse ὑπερευλικῶς ostendere. Si quis verò nostro repudiato cubito, geometricum cubitum assumere voluerit, hic *Arcam* immodicæ & oppidò exorbitantis vastitatis constituet. Qua de causa *Gnostici*, eorumque sectatores *Athei* plura ex *Sacris literis* deducta loca, historiasque sacras, prorsùs incredibiles faciunt, quod sic ostendo. Dicunt *Gnostici*

stici Haeretici unum cubitum continuisse 9 pedes; hos multiplicemus in 300 cubitos, longitudinis *Arcae*, prodibunt 2700 pedes, & 9 iterum in 50 latitudinis *Arcae*, & habebis 450 pedes, hosce multiplica cum longitudine, & prodibit 1215000. quadratum fundi *Arcae*. hanc summam multiplica per 270 pedes altitudinis, & prodibunt pedes cubici 328050000 ex quibus unusquisque horum constabit cubo uno pedum æqualium per longum, latum & profundum. Unde Lector resolutione facta in passus & milliaria, tantam fuisse hujus *Arcae* vastitatem reperiet, ut *Romana Urbs* cum toto circuitu, & Territorio suo vix ejus capax fuerit. Patet itaque absurdam esse hanc opinionem. Quam absurditatem ut luculentiùs demonstrem, producam mensuram duorum Gigantum, quorum mentionem facit *Sacra Scriptura*, *Og* videlicet Regis *Basan*, cujus lectum ferreum *Sacer Textus* scribit fuisse 9 cubitorum longitudine; & 4 latitudine; hoc loco ii, qui *Arcae* capacitatem enormiter grandem, uno scilicet cubito 9 pedum assumpto, se defendunt, utuntur; sed hallucinantur graviter, & fabulosis *Rabbinorum* narrationibus involuti, non possunt non in quàm absurdissima incidere; si enim multiplicaveris 9 pedes in 9 cubitos, quos longitudinem lecti ferrei *Oggi* Gigantis *Sacra Scriptura* obtinuisse dicit, & 4 cubitos latitudinis, sequetur, *Og* staturam fuisse 81. pedum, & 36 pedum latitudinem habuisse; atque adeò instar turris comparuisse, quod quàm contra naturam sit, quis non videt? cum illa humanis juxtà ac animantium corporibus certos consistentiæ terminos attribuerit, quos non excedit. Quæ verò more solito *Rabbini* fabulantur, risui potiùs, quàm fidei humanæ exponenda sunt. Ajunt enim, hunc lectum ferreum fuisse solummodò cunas *Oggi*, & cum esset adhuc pusio, in eo requievisse; ponamus enim puerum proportionem habere ad virum perfe-

ctum, ut 1 ad 3 necessariò sequitur, *Og* puerum habuisse 3 cubitos in longitudine, id est, fuisse 27 pedes longum, & 27 cubitos (ò egregium sanè puerulum!) cum ad perfectam ætatem & virilem venisset, habuisse, id est, 243 pedes, quo nil absurdius fingi & excogitari potest. Non igitur in mensura lecti ferrei intelligendi sunt cubiti 9 pedum, sed cubiti, quorum nos hoc loco mensuram descripsimus, ex quorum computu cognoscemus, lectum *Og* non nisi 13½ pedum longum fuisse & latum 6 quæ mensura melius sustinere potest etsi insolitam, & exorbitantem adhuc humanæ staturæ granditatem; neque enim verisimile est, *Og* præcise totius lecti longitudinem, & latitudinem explêsse, unde detractis à longitudine lecti duobus pedibus suprà & infra, *Og* non nisi decem pedum fuisse censebitur. Hunc autem cubitum à nobis propositum verum esse, mensura Hebraica, quæ per vocem אמה cubitum explicat, sat docet; neque dissonat Chaldæus Paraphrastes hisce verbis:

ועריסיה ערסא דברזלא תשע אמין באמת איש

id est, *Lectus ferreus ejus fuit 9 cubitorum, in cubito Viri*. Græca 70. ἐννέα πηχῶν τὸ μῆκος αὐτῆς & τεσσάρων πηχέων τὸ εὖρος αὐτῆς ἐν πήχει ἀνδρός. Cui *Hebræa* respondet: באמת איש. ubi lectio *Arabica* habet: على قياس ذراع جل رجل *ad mensuram cubiti manus hominis, sive virilis*; undè rectè concluditur, hic non intelligi cubitum *Og* Gigantis, sed cubitum viri perfecti, & optimè proportionati; aliàs enim cubitus ille non esset communis & legalis, sed exoticus, peregrinus & Gigantibus solummodò accommodatus, quem lex vetat, ut ex sequentibus patet. Legitur *lib. 1. Reg. c. 16. Goliath* altum fuisse sex cubitis & palmo, quos cubitos, si geometricos, juxta sententiam eorum, quos *suprà* refutavimus, dixeris, *Goliath* necessariò altus fuisse demonstrabitur 54 &
uno

uno palmo, quam mensuram si juxta corporis humani symmetriam & proportionem distribuas, clarum est, caput ipsius fuisse novem pedum, à menti extremitate ad verticem, ad quam proceritatem cum corpus humanum non possit pertingere, ita quoque fieri non potuit, *Davidem* caput ejus vastissimum, & seipso grandius, graviusque ad *Saulem* transferre potuisse; transtulit autem, & coram *Saule* id exhibuit. Patet ergò ex adversariorum argumento absurdum. Dicimus autem juxta cubitum à nobis assumptum decem pedum communium fuisse, id est, palmorum hodiè usitatorum 15 ad quam altitudinem vix homines pertingunt. Pari pacto in *Exodo* altare fieri præcipitur trium cubitorum, qui si pro geometricis sumatur 9 pedum, altare necesse est fuisse 27 pedum, ac proindè nullius in sacrificiis usûs, nisi scalis ad aram admotis, quod à sacrorum ritu prorsus abhorret; juxta nostrum verò cubitum non fuit nisi 4½ pedibus altum, quod rationi conformius esse, nemo nisi insensatus inficiabitur. Innumera hoc loco passim ex *Sacris Literis* de nostri cubiti certitudine adduci poterunt, sed hæc sufficiant.

Vera Goliath magnitudo.

Altare à Moyse exstructum.

Caput IX.

De Proportione Arcæ *ad symmetriam corporis humani, & de ejus capacitate.*

Est in proportione corporis humani nescio quid τὸ θεῖον, *Divinum* tanta omnium membrorum harmonia & symmetria constitutum, ut nulla in eo reperiatur vel minima portio, quæ non ad alias quàm exactissimas habeat analogiæ leges; verùm mirari desinet Lector, ubi primam humani corporis originem penitiùs expenderit; cùm enim Deus *Opt. Max.* pro infinita sua sapientia illud ex limo plasmaverit, ei utique eam membrorum ad invicem proportionem tribuit, ut quemadmodum homo plasma Dei, omnium corporearum substantiarum est excellentissimum, majoris Mundi compendium, Sacro Sanctæ Triadis signaculum, ita quoque in hoc unico manuum suarum opere, omnes corporearum rerum proportiones & mensuras complicasse videtur. Non dicam hîc de majoris Mundi ad minorem analogia perfectissima; sileo de admirandis omnium herbarum, plantarum, animaliumque virtutibus, quæ semper hominem in omnibus respiciunt, sed enim cum hæc compluribus argumentis in *Operibus* nostris, *Musurgia*, & *Mundo Subterraneo* quàm copiosissimè prosecuti simus, eò Lectorem ablegamus: solùm hoc loco agam de memorandis fabricis, quas nobis *Sacræ Literæ* exhibent; uti *Arcam Noë*, *Altare Mosaicum*, & *Templum Salomonis*; quæ fabricæ ad humani corporis symmetriam, utique Divino quodam instinctu Architectis dictarum fabricarum indito constitutæ fuerunt, ut in quibus homo Deo reconciliari debebat, vel ipsa fabrica mystico quodam typo hominem exprimeret; quæ ordine prosequamur.

Humani corporis fabrica uti à Deo constructa fuit, ita omnium proportionum, mensurarumque unicum prototypon est.

Primò *Arcæ* longitudo decupla erat ad ejus profunditatem, talis enim est proportio 300 ad 30. nam decies triginta dant 300. Rursum longitudo *Arcæ* erat sextupla ad ejus latitudinem, talis enim est proportio 300 ad 50. nam sexies 50 dant 300. Eadem est proportio dimensionum in corpore humano, secundum naturæ potestatem, quàm optimè proportionato, ut nimirum ejus longitudo, quæ sumitur à vertice usque ad pedes, sit sextupla ad ejus latitudinem, quæ sumitur à latere dextro in sinistram eundo per medium pectus;

Proportio Arcæ ad humani corporis fabricam.

E   Iterum

Iterum longitudo humani corporis decupla est, ad ejus profunditatem, quæ sumitur à pectore, & per pectus penetrando in dorsum ; ita S. *Augustinus*, & *Ambrosius*, ille *lib. de Civitate* Dei, hic libro *de Arca Noë*.

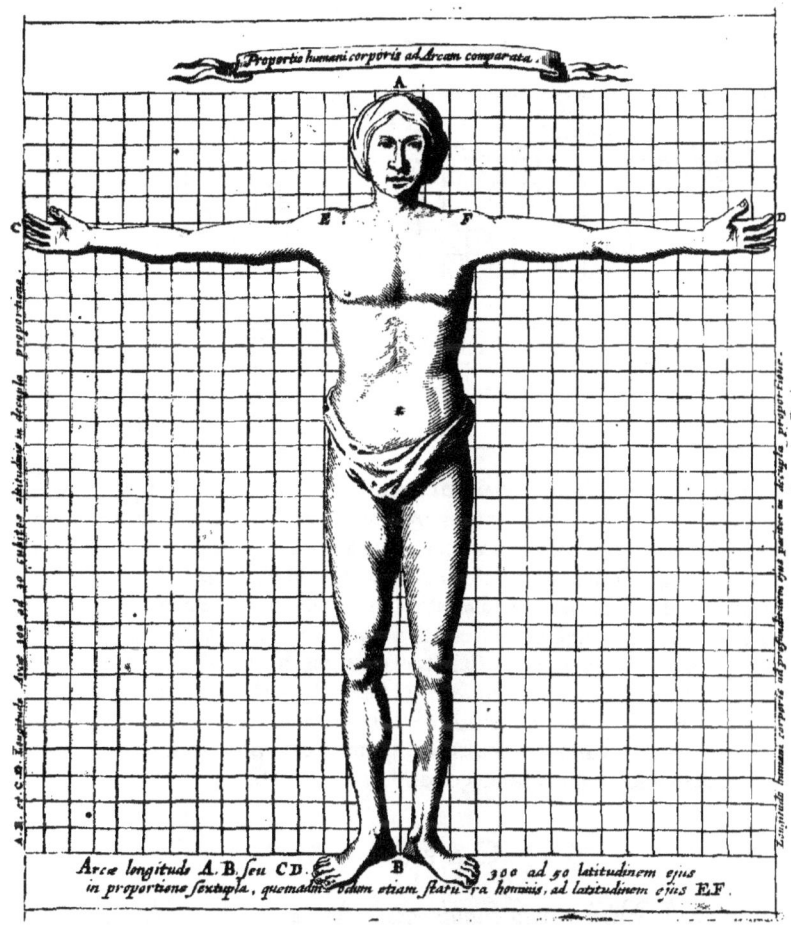

Proportio humani corporis ad Arcam comparata.

Arcæ longitudo A.B. seu CD. in proportione sextupla, quomadmodum etiam statura hominis, ad latitudinem ejus E.F. 300 ad 50 latitudinem ejus

His ita propositis, jam capacitatem *Arcæ* per assumptum à nobis cubitum, pedem & palmum architectonicum paulò minutiùs describemus.

Cum itaque, uti jam sæpius allegavimus, à Deo præscripta *Arcæ* longitudo constituta sit, 300 cubitorum, sive pedum 450 vel 670 palmorum, latitudo verò 50 cubitorum, ut aream sive quadratum *Arcæ* obtineas, multiplicentur 300 per 50 & prodibunt 15000 quadratum cubitorum in *Arcæ* area quæsitum, uti in præsenti figura patet, in quo singula quadrata decem alia in se continere censentur, quæ tamen ad vitandam ex tot linearum ductibus, confusionem, consultò omittendam duximus ; est igitur unumquodque latus 10, quadratulum verò 100 cubitorum quadratorum.

Qua-

Quadratum *Arcæ* in cubitis.

Soliditas, sive Altitudo Arcæ *in cubitis cubicis, quorum cuborum singula latera habent decem cubitos,* □ *cubitos* 100 *juxta longitudinem, latitudinem & profunditatem.*

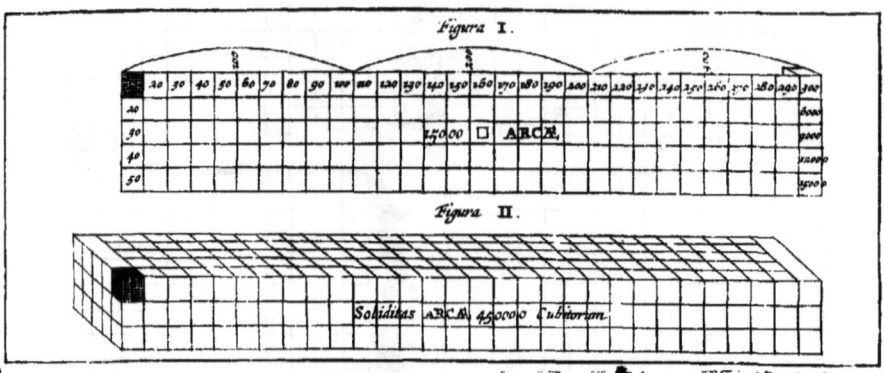

Quoniam verò altitudo *Arcæ* 30 cubitorum altitudinem habet, ut scias *Arcæ* soliditatem, sive quot cubitos cubicos contineat, sic juxta regulas in Geometria tradi solitas, procede. Ducatur altitudo in quadratum *Arcæ*, id est, 30 in 15000 prodibunt 450000 soliditas *Arcæ* in cubitis cubicis, uti in *secunda figura* patet; in qua singuli cubiti, decem alios cubitos continere censentur, uti cubus hic monstrat, quorum 450000 in *Arca* constituuntur. Atque hæc *Arcæ* capacitas considerata solummodò simpliciter sine ullis aliis interstitiis stabulorum, ambulacrorum, intermediorumque trabium, quæ contignationes & divisiones receptaculorum efficiunt, quæ ubi in *Arca* assignaverimus, tunc subtractis iis ab assignato jam capacitatis *Arcæ* numero, perfecta omnium earum in ea reponendarum rerum capacitas remanebit.

Soliditas *Arca*.

Caput X.

Quomodo Noë *primò Fundamenta* Arcæ *jecerit, id est, Fundum* Arcæ *ligneis subscudibus instruxerit.*

Quando itaque Deus mandavit Noëmo, ut *Arcam* faceret juxta propositum cubitum dimensionis, ex lignis, uti *Septuaginta* dicunt tetragonis, deindè fenestram, ostium, & deorsum cœnacula & tristega faceret, iis sanè verbis principalem solummodò & animantium receptioni aptissimam *Arcæ* dispositionem significasse videtur. Si quid porrò aliud ei addendum restaret, id *Noëmi* jam tum divinitùs illustrati ingenio, tum labori & industriæ, executioni mandandum relinqueretur. Cum enim *Noë* scire non posset, quantæ capacitatis *Arca*, ad tot differentium animalium binarios & septenarios recipiendos extruenda foret; Deus *Opt. Max.* sua ineffabili providentia

Multa *Noë* addidit *Arcæ* præter ea quæ à Deo ipsi præscripta erant.

E 2

videntia talem ipsi in cubitis, sive longitudinem latitudinemque, sive altitudinem spectes, *Arcæ* fabricam præscripsit, quæ ad animalia, quæ in eam introducenda erant, recipienda, esset sufficientissima. Quæ uti probè cognoverat *Noë*, ita quoque plurima ex se, quæ *Arcæ* fabricam commodam redderent, addenda invenit; de quibus tamen *Sacræ literæ* nullam mentionem faciunt.

Noë itaque Divino adjutorio fretus *Arcam* tandem orditus est, assumpto cubito, quem supra descripsimus, qui unum & dimidium pedis, sive quod idem est, tres palmos veterum *Romanorum*, qui præcisè ulnæ æquivalent, contineret, juxta lineam hîc appositam, quæ tertiam partem unius cubiti, sive palmum exprimit.

Primò itaque *Noë*, supra singula membra *Arcæ* extruendæ necessaria reflexione mentis factâ non statim in ipso solo, seu planitie fabricam constituendam censuit, sed ante omnia, substructionis opus effecit, ut supra istiusmodi, veluti supra fundamenta solidissima, *Arca* jam omnibus numeris absoluta quiesceret. Verebatur enim ne in ipso terrestri plano, immensâ onerum gravitate intra terrestres partes cum tempore subsideret, unde *Diluvio* veniente deinde expedire se non posset. Quarè primum substructionum opus molitus est, quod tamen partibus *Arcæ* non adnumeraretur, sed erant veluti fulcra quædam & sustentacula, quibus fabrica nixa insisteret; quæ ex ligno durissimo solidissimoque, uti robore, quercu, alno similibusque, elaborata, tanquam pali Terræ profundius juxta futuræ *Arcæ*

longitudinem latitudinemque infixa fuisse, verisimile est. Verùm cum hæc multo luculentiùs ex præsenti schemate, quàm ex multis verborum ambagibus, cognosci queant, hîc figuram appono.

Substructio *Arcæ*.

Atque hanc substructionem exposuimus juxta mentem quorundam, qui eam necessariam rebantur, ut *Arca* commodiùs supra illam exstrui posset; sunt tamen alii, qui hanc fulcimentorum molem minimè necessariam fuisse sentiant; atque hi *Arcam* in ipso terrestri plano, sine ulla prævia substructione, à *Noëmo* cœptam fuisse arbitrantur, atque murum primò pro substructione factum censent. Ego ne hisce opinionibus me intricem, relinquo unicuique suum ea de re judicium, & me ad ipsam primæ contignationis fabricam à *Noë* cœptam, exponendam accingo. Verùm antequam id fiat, de sentina *Arcæ* nonnihil dicendum restat.

Videbat *Noë*, in tanta immunditiarum, urinarum, excrementorumque animalium colluvie locum in *Arca*, in quem sordes derivarentur, prorsùs necessarium esse, eumque aliam partem occupare non posse, quàm imum ultimumque *Arcæ* fundum; hoc enim nisi fieret, animalibus unà cum hominibus fœtore, putore & intolerabili tot stercorum mephiti, in loco potissimùm undique & undique concluso pereundum esse prævidebat; carinæ itaque sentinam necessariam duxit, quam & sub eadem totius *Arcæ* capacitate quatuor cubitorum altitudine, in imo fundo confecisse verisimile est, tubis canalibusque in primam, secundam & tertiam contignationem erectis, in quos sordes in sentinam exonerarentur, instructam; fuit autem sentina nonnihil ventricosa, undique & undique assamentis & lignorum multitudine suffulta, nec non bitumine interiùs exteriùsque ita illita & obducta, nè

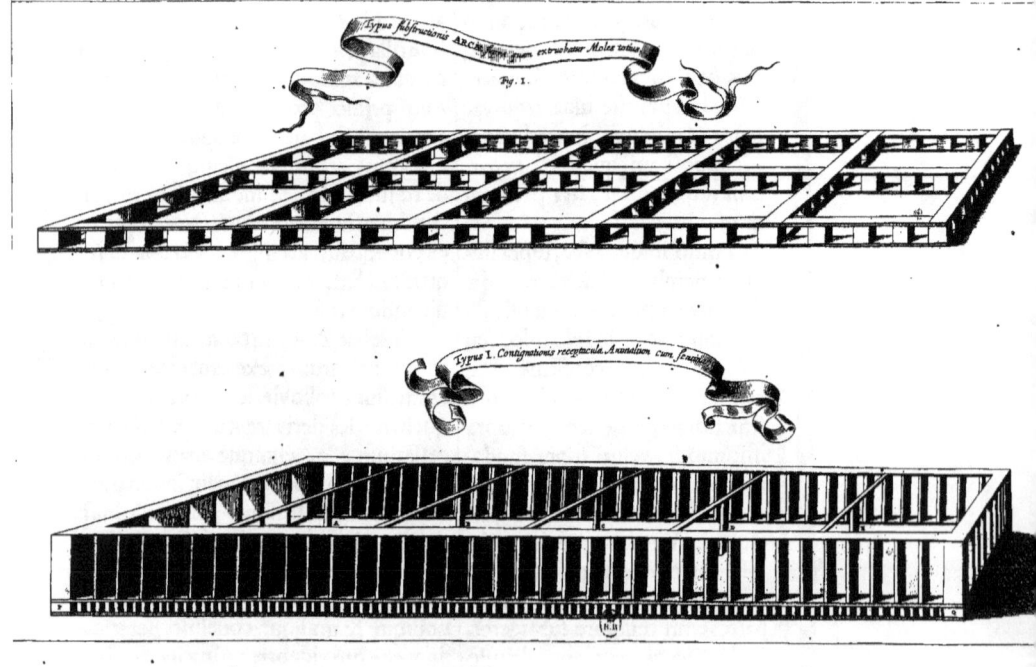

nè quicquam rimis omnibus obstructis aquæ subire posset; atque hujus sentinæ tabulatum superius, erat primus primæ contignationis fundus; quam qua arte, & quanta soliditate *Noëmum* extruxisse putemus, exponimus.

Longitudinem itaque *Arcæ* 300 cubitorum, id est, 450 pedum, quorum unus cum dimidio cubitum conficiunt, fuisse, jam sæpè dictum fuit. Latitudinem verò 50 cubitorum, sive 75 pedum; altitudinem verò 30 cubitorum, id est, 45 pedum, ex *Sacro Textu* patet, quæ in palmos, quorum unus cubitus, tres habet, quispiam facile in palmos Romanos redigere poterit.

Arcæ longitudo 300 cubitorum, qui æquivalent 450 pedibus.

Arcæ latitudo 50 cubitor. qui æquivalent 75 pedibus.

Altitudo *Arcæ* 30 cubitor. qui æquivalent 45 pedibus.

Juxta has itaque mensuras, *Noë* primò fundamentum *Arcæ* constituit, quæ tamen non extra *Arcæ* fabricam, sed intra opus ipsum accipi debent; uti verò in hujus primi fundi substructione totius *Arcæ* moles consistit, utpote supra quam oneris pondus universi, & moles ædificii tota recumberet, ita quoque præ reliquis partibus eam firmiorem solidioremque effecit, uti *Figura sequens* demonstrat. Non enim hîc tam quod factum est, loquimur, quàm quod id ita fieri potuisse & debuisse putemus. Quà verò ratione id fieri posse censeamus, quantum architectonicis rationibus, & conjecturâ assequi potuimus, explicandum restat.

Modus extruendi primi fundi Arcæ.

Primò itaque verisimile est, supra substructionis molem, id est, supra paulò antè descriptos truncos, seu palos, secundum latitudinem trabes cedrinas seu abiegnas crassitie cubitales, ordine sub æqualibus interstitiis positas fuisse, quibus aliæ æquales in longitudinem superextensæ, quæ eâ industriâ iis per incisuras adeò firmiter & validè commissæ fuerunt, ut nullo impetu à se divelli possent, atque adeò totus *Arcæ* fundus ex hujusmodi trabium firmissima connexione commissurarumque robore, solidissimam & indissolubilem consistentiam obtineret, quibus multum roboris addebant trabes διαγώποις, id est, diametralibus, tum transversis, tum directis trabibus insertæ firmiterque commissæ, quæ operis molem mirum in modum consolidabant. Verùm quia sine Schematismo res commodè percipi non potest, eum subjungam, in quo trabes transversæ sunt A H. BI. CK. D L. &c, cum intermediis trabibus. In longum porrectæ trabes sunt : A B. BC. CD. DE. EF. FG. & ex altera opposita parte correspondentes H I. IK. KL. &c: & reliquæ inter extremas hasce mediæ; Diagonales verò, quæ jam dictarum trabium veluti quædam retinacula ponuntur, ad concursum trabium, nè hinc indè vacillarent, solidiùs firmandum. Extremitates quoque trabium seu tignorum ita se strictim per incisuras clavis ligneis firmatas amplecterentur, ut dividi nullâ vi possent. Vide *Fig.* 1. Atque hâc arte, vel simili, meâ quidem opinione, primus *Arcæ* fundus constructus fuit, qui uti per incisuras æqualem nanciscebatur, sine ullâ exititiarum partium lignorumque apparentia, superficiem, ita quoque nihil aliud requiri videbatur, quàm ut hujusmodi strues tabulis & assamentis, haud secùs ac ossatura humani corporis carne & pelle, vestiretur, quod tabulis ex cedro, vel abiete, cæterisque similibus arboribus dissectis, dolatisque eâ industriâ & ingenio præstitum fuit, ut unitim connexæ & trabibus clavis quàm validissimè firmatæ, à pondere tot animalium, onerumque incubitu, ab omni rupturæ periculo immunes persisterent, sed hæc in *sequenti figurâ* 2. contemplare.

Fundo itaque primæ contignationis peracto, restant modò latera *Arcæ*, quæ secundæ

Figura 1.

secundæ contignationis fundum sustinere debent; atque adeò inter primæ & secundæ contignationis fundum totum illud spacium habeatur, in quo habitacula & stabula animalium collocari debebant; quod spatium, quomodò factum esse potuerit, ostendimus.

Primò supra abacos ligneos A B C D E F G. & H I K L M N O. Columnæ sive pylæ ligneæ 9 cubitorum altitudinis sursum ad perpendiculum erigebantur, supra quorum capitella transversim aliæ trabes superimponebantur; quoniam verò spatia longiora essent, quàm ut onera in secunda contignatione eis incumbere sine ruptura possent, hinc aliæ pylæ intermediæ, transversæ trabes illis impositæ non exiguam firmitatem fundo secundæ contignationis præstabant, uti in *sequenti figura* patet A B. C D.

C A. & B D. ordine pylas monstrant novem cubitorum altas, supra quas trabes tam in longum, quàm in latum transversim positæ, clavis trabalibus firmabantur, & posteà tabulato vestiebantur; hoc pacto C A B D totam inferiorem, sive primam contignationem exhibet, P Q. sentinam signat. Quomodò verò in hac primæ contignationis capacitate omnia animalia suas sedes obtinere potuerint, *in sequentibus* per opticam omnium stabulorum animaliumque in iis sitorum, projectionem exhibebimus.

Huic itaque primæ contignationi superposita fuit secunda contignatio, supra easdem sibi correspondentes pylas; & supra hanc tertia contignatio; & supra hanc tectum *Arcæ*, una cum fenestra & ostio, ut in *sequenti figura* patet.

Primæ contignationis Arcæ constitutio.

Secundæ & tertiæ contignationis ratio.

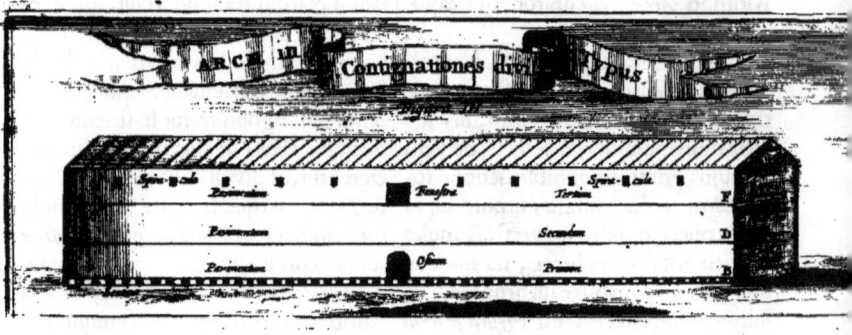

DE FENESTRA ARCÆ.

Genes. 6. vers. 16.

Dixit itaque D e u s ad *Noë*: *Fenestram facies in ea, & in cubito consummabis summitatem ejus*, ubi Hebræa Lectio habet:

צהר תעשה לתבה ואל אמה תכלנה מלמעלה:

Symmachus loco, *Tsoar*, dicit διαφανές, id est, fenestram pellucidam, seu diaphanam. De hujus fenestræ positione, mirè digladiantur inter se tum de ejus loco, tum de modo, quo ea constructa fuit; sunt qui ridicula sanè opinione putant, totum *Arcæ* tectum fenestram fuisse, totam *Arcam* illuminantem; sunt alii qui putant in antica aut postica *Arcæ* parte positam fuisse; non desunt, qui asserant, ipsi tecto *Arcæ* insertam fuisse; ut interim *Rabbinorum* fabulas omittam. *Rassi* enim putat, loco fenestræ Carbunculum seu Pyropum fuisse positum, qui luce à natura sibi insita totam illuminaret *Arcam* noctu diuque. Nos unicuique suam relinquentes opinionem, hoc loco solummodò asseremus, quod *Sacræ Scripturæ Textui*, & vel naturali rationis dictamini magis congruum fuerit. Dicimus itaque, fenestram non in tecto, non in antica aut postica parte positam fuisse, sed in maximè

De Fenestræ in Arca positione opiniones.

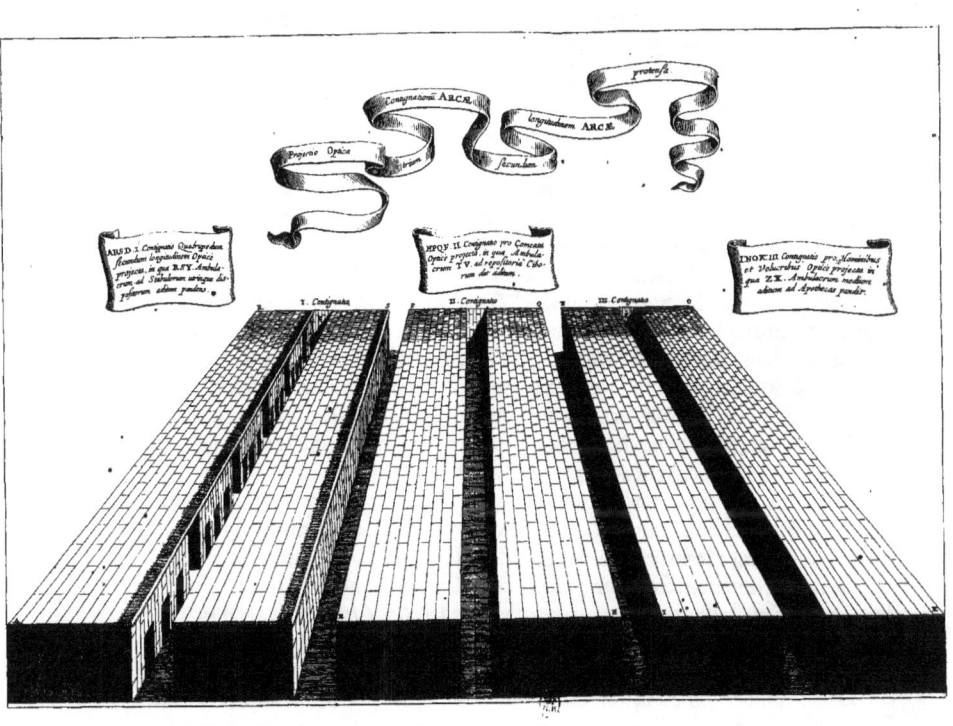

maximè eminenti & condigno loco, id est in tertiæ contignationis medio positam fuisse. Uti enim eodem in loco homines habitare maximè conveniebat, ita quoque lucem iis quàm maximè necesariam fuisse, nemo inficiabitur, qui ingentis momenti negotia quæ *Noë* cum filiis suis de humani generis salute, de animalium conservatione, nutrimentorum unicuique convenientium distributione, agitabat, penitiùs expenderit; fenestram autem ea arte constitutam fuisse, ut à *Noëmo* facilè aperiri posset, (quemadmodum cessante *Diluvio* eam aperuisse, & Corvum Columbamque per eam emisisse legimus) non ex tabulis ligneis, ut multi perperam sentiunt; hoc enim pacto lumen non admisisset, neque ex vitro facilè ad tempestatum insurgentium procellis resistendum nimis frangibili, sed vel lapidibus, quem Phengitem vocant, aut Cryftallo, vel etiam Selenite, similibusque lapidibus diaphanis pellustribusque corporibus elaboratam fuisse censemus; atque adeò firmiter tabulato laterali insertam, ut à tempestate *Diluvii* tempore nihil ei periculi esset, tomentoque rimis omnibus adeò obstructis, ut aqua penetrandi locum non reperiret. Rursùm non est ullum dubium, quin *Noë* quoque ad nonnullam lucem etiam mediæ contignationi immittendam, complures hujusmodi fenestellas minores ex eodem diaphano lapide confectas lateris tabulatis inseruerit; de quibus etsi in *Sacris Literis* nihil legatur, multa tamen DEUM *Noëmi* arbitrio reliquisse, ea adjungendi, quæ perfectioni *Arcæ* maximè convenire videbantur, haud incongruum videri debet, uti *in præcedentibus diximus*. His ita rectè propositis, summa modò nobis difficultas explicanda restat, quæ mirum in modum Interpretum ingenia torsit, & est: quod nonnulli fenestram unius tantummodò cubiti mensurâ consummatam fuisse putent, idque ex *Sacro Textu* evincere se posse sentiant; dum dicit: *Fenestram in* Arca *facies, & in cubito consummabis summitatem ejus*. Verùm qui Textum hunc probè ponderârit, is apertè videbit, cubitum illum, non ad fenestram, sed ad tecti altitudinem referendum esse; quasi diceret, fenestram in *Arca* facies amplitudinis convenientis, ubi nullus intelligi debet cubitus ejus quantitati assignatus, sed in cubito consummabis summitatem ejus, scilicet *Arcæ*, refertur ad tecti medianam altitudinem: undè in verbis uti non contemnenda amphibologia occurrit, ita eam facile solvit *Lectio Hebraica*, ubi in syllaba finali vocis תכלנה id est, *Na*, est fœminini generis, & significat affixum verbo תכל *Thecalna*, id est, *consummabis, perficies*, sive *absolves eam*, id est, *Arcam*; neque fieri potest, ut stante Hebraici Textus veritate hæc vox *Thecalna*, ad fenestram referatur, cum צהר *Tsoar*, id est, *Fenestra*, semper masculini generis sit: *Theva* verò seu *Arca* fœminini generis. Accedit hisce, quod sanè magni momenti est, ad demonstrandum id, quod assumpsimus, videlicet non hic per cubitum; quo consummanda dicitur, fenestram, sed altitudinem tecti *Arcæ* intelligi debere, tanquam fabricæ hucusque absolutæ ultimum complementum; siquidem sine tecto *Arca* quadamtenus imperfecta censebatur. His ipsis itaque verbis DEUS (cum aliàs tecti mentio nulla fiat) tectum in cubito consummari voluit, id est; tectum ex lateribus utrimque ita paulatim assurgentibus, ut media totius *Arcæ* longitudo, ultra supremæ contignationis summitatem, *Arcæ* tectum, non nisi cubito in altum elevaretur, quod Hebraica vox למעלה *milmagnela*, id est, *ab imo in altum* rectè exponit, nec abludit Chaldaica Paraphrasis:

ניחור תעביד לתבותה ולאמתא תשכללינה
מלעילא:

Id est, *Fenestram facies* Arcæ, *& hanc consummabis in cubito sursum*; cui Græcus textus

---

Marginalia:
- Vera fenestræ positio.
- Complures fenestellæ in Arca.
- Quomodo fenestra Arcæ intelligi debeat comparata ad tecti altitudinem.
- Genes. 6. vers. 16.

tus prorsùs consonat. Ποιων ἄγων ποιήσεις τὴν κιβωτὸν, ᾧ εἰς πῆχυν συντελέσεις αὐτὴν ἄνωθεν. id est, *colligens Arcam facies, & cubito consummabis eam sursum*. Ubi cum nulla fenestræ fiat mentio, certè 70 *Interpretes* ad solius tecti altitudinem unico cubito consummandam, respexisse videntur: Fenestræ verò magnitudinem arbitrio *Noëmi*, uti multa alia, reliquisse, censere debemus.

Fenestra ubi posita fuerit.

Fuisse autem à DEO, *Noëmo* fenestram in *Arca* præscriptam, ita accommodatam ut partim ad lucem sufficientem obtinendam, partim etiam, ut eâ apertâ, suo tempore tùm ad statum *Diluvii* extra *Arcam* considerandum, tùm per Corvi, Columbæve dimissionem, ad deficientium paulatim aquarum constitutionem explorandam, servire posset. Quamvis *Noë* quoque tum noctu, tum interdiu in obscurioribus *Arcæ* meatibus, multiplici lucernarum apparatu usus sit, sine quarum ope, nil in tenebrosis ambulacris rectè constitui poterat. Porrò non minus de ostii positura inter *Interpretes* dissidium est: sed qui inconcinnas multorum de eo opiniones nosse desiderabit, is adeat dictos hujus loci *Explanatores*. Nos hîc non tam quid factum sit, quàm quomodò ostium istud recto rationis dictamine fieri debuerit, explanandum duximus. Textus habet: *Ostium autem Arcæ pones è latere*: ופתח התבה בצדה תשים. *& portam Arcæ* בצדה *in latere pones*. Ex quo latere, dextróne an sinistro, quot cubitis mensuranda, uti *Sacra Scriptura* silet, ita quoque arbitrio & industriæ *Noëmi* illud constituendum permisit. Unde quidam ponunt in primo tabulato, alii in secundo, quia primam contignationem aquis submersam putant. Nos tanquam veriorem primam sententiam amplectimur: Ratio est, quia animalia, non natando *Arcam* ingressa sunt, uti secundæ sententiæ *Authores* asserunt, sed per pontem, (ut posteà ostendemus)

Ostii Arcæ positura.

Genes. 6. vers. 16.

Arcam ascenderunt, usque ad primæ contignationis tabulatum, ubi statim eorum nidi seu stabula disposita habebant, ne ex secundæ contignationis tabulato in primum descendere summo labore & difficultate cogerentur. Haud dubiè itaque porta *Arcæ* in infimo tabulato constituta fuit, satis ampla, pro maximorum animalium ingredientium capacitate. Qui amplitudinem ejus 15 aut 12 cubitorum faciunt, falluntur, sufficiebant octo, aut novem cubiti, qui faciunt 16 pedes seu palmos 24. congrua sanè altitudo ad Elephantes, animantium maximos recipiendos; utpote quorum altitudo octo aut novem cubitos, uti experientia nos docuit, non excedit. Qui verò plures cubitos ponunt, illi portam ejus incongruè secundæ contignationi inserunt. In medio verò longitudinis *Arcæ* veluti commodiori loco constitutam nemo dubitare potest, qui architectonicas rationes rectè expenderit. Multi porrò arbitrantur, ipsum ostium, sive portam unà serviisse pro ponte sublicio, per quem animalia in *Arcam* ascenderent quatuor cubitorum altum; idque probari posse putant, quod DEUS aforis clauserit ostium; id tamen verisimile non est, cum & porta ita aperiri potuerit, ut aforis reductis valvis facilè claudi potuerit. Congruentiùs itaque loquemur, si dicamus, pontem separatum fuisse ab ostio, uti posteà in *ipsa Figura* exhibebimus; ostium enim cum suis valvis adeò scitè accommodatum fuit à *Noë*, ut clausum, de nulla aquæ penetratione periculum esset, utpote quod bitumine intùs & extrà quàm exactissimè oblitum esset, quod de ponte sublicio dici non poterat. Restat ut jam varias *Arcæ* formas, quas varii hujus loci *Interpretes* ei attribuunt, exponamus; ut ex earum consideratione, quænam menti *Noë* congruant, patefiat.

Portæ Arcæ constitutio.

CA-

ARCA NOE.

CAPUT XI.

INTERPRETUM hujus loci,

De Forma Arcæ Noëmicæ Sententiæ.

INter cæteras *Interpretum* agitatas opiniones, nullam tam diversam, ac eam, quæ de *Arcæ Noëmicæ* forma & figura controvertitur, reperi, quarum nonnullas, uti abſurditate non carent, ita hoc loco refellendas cenſui.

Primò Origenes Arcæ figuram, talem fuiſſe imaginatur, qualem parallelopipedum in pyramidem ſectum refert, uti in *ſequenti Figura numero* 1. patet.

Forma Arcæ ab Origene præſcripta ſubſiſtere non poteſt.

Hâc *Origenis* opinione, quid abſurdius, quid incongruentius, incommodiuſque concipi poſſit, non video. Si enim talis figuræ *Arca* fuit, quis triſtega in ea rectè componet? ubi ſtabula juxta requiſitionem animalium rectè diſponentur? certè circa angulos A C. *Arcam* ad ſtabula animalium accomodanda ob declivitatem tecti, angulorumque anguſtiam prorſus inidoneam fuiſſe, quis non videt? ubi ſecunda contignatio D. intra *Arcam* plus æquo coarctata ſufficientem locum obtinebit? quomodo tertia contignatio F. G. pærte in nihilum redacta, tantam volucrium multitudinem hominumque habitationem capere potuit? Accedit, quod ſub hac forma conſtructa, ventorum flatibus, fluctuumque turbinibus facile ſubverti poterat, utpote quæ mole non ſtaret ſua, neque ſuis librata ponderibus commodè fluctuaret. *Arca* itaque hoc pacto extrui non potuit ob eam, quam diximus incongruam formam.

Arcæ forma ab Hugone Victorino præſcripta incongrua eſt.

Secunda de *Arcæ* forma ſententia fuit *Hugonis Victorini*, qui hoc pacto *Arcam* dividit; putat itaque *Arcam* compoſitam fuiſſe ex duabus partibus, quarum una inferior erat, cujus altitudinem 15 cubitorum facit, & continebat tria diſtincta receptacula, quorum *Infimum* Sentinæ, *Secundum* Penuario; *Tertium* ferocium animalium habitationi deſtinatum erat. Superior *Arcæ* pars altera 15 cubitis alta, quam ipſe tectum *Arcæ* ſuperpoſitum appellat, in qua *Noë* cum filiis, eorumque uxoribus, tum omnigenæ avium, tum terreſtrium animalium manſuetarum ſpecies continebantur. Sed utrum hìc *Arcæ* forma ſubſiſtere queat? inquiramus. Primò infimam *Arcæ* portionem 15 cubitis altam, in tria, ut diximus, receptacula diſtinguit: in Sentinam, in Penuarium, & in ferocium animalium habitationem. Ponamus autem, Sentinæ receptaculum fuiſſe quatuor cubitorum, uti & nos ponimus; Penuarium fuiſſe quinque cubitorum, & Zootrophii ſpatium fuiſſe ſex cubitorum; Jam quæritur, ubinam oſtium *Arcæ* locum ſuum habuerit? Si dices, in latere, ita ut ſtatim in Penuarium aditus conceſſus ſit, id concedi nec debet nec poteſt; ſequeretur enim animalia ferocia primò ingreſſa fuiſſe in penuarium, quàm in propriam iis deſtinatam ſtationem: Quæro jam, quomodò & per quas ſcalas ponderoſiora animalia ex Magazino in Zootrophium aſcenderint? Quod uti concipi non poteſt, ita quoque veluti incongruum facilè refellitur; Si verò oſtium *Arcæ* ad limen tertii receptaculi ſex cubitis alti, quod animalium ferocium habitationi deſtinabatur, poſitum fuiſſe dicat; hoc multis de cauſis pariter admitti non poteſt, cùm oſtium non niſi ſex cubitorum altum minus fuerit, quàm ut grandioris molis animalia illud ſubire, nec in ea, ſtabula reperire potuerint, proportioni eorum

Oſtium Arcæ incongruum ſitum.

F

eorum molis congrua. Accedit quod oftium *Arcæ* novem cubitis altius fuerit, quàm oportuerit, cùm illud in infima contignatione locum ad faciliorem quadrupedum introitum, habere debuiſſe, vel ipſa ratio dictet. Auget difficultatem, quod hoc pacto *Arca* non recte æquilibrata ponderoſius leviori ſuprà impoſitum habuerit. Diſpoſitionem itaque *Arcæ* hoc pacto ab *Hugone* factam veritati minimè conſentaneam eſſe, luculenter patet. Sed procedamus jam ad ſuperiorem contignationem tum hominum, tum volatilium, mitiorumque quadrupedum habitationi deſtinatam, quam ipſe pariter 15 cubitis altam fuiſſe aſſerit, & *Arcæ* tectum vocat; ſi *Arcæ* tectum, ergò nulli huic parti latera πρὸς τὰς ὀρθὰς directa, ſed totum tectum in pyramidis formam, cujus apex 15 palmorum erat adaptatum fuit, ubi pariter plurima ob incommoditatem loci incongrua occurrunt; *Primò* feneſtram in ipſo declivi tecto fuiſſe poſitam; *Secundò*, aditum animalibus quadrupedibus, in eam ſine oſtio non patuiſſe; *Tertio*, maximam hujus *Arcæ* partem, ob nimiam, quæ ex pyramidali *Arcæ* forma reſultat, coarctationem fuiſſe inutilem, incommodam & prorſus exigui uſus; *Quartò*, quod tectum 15 cubitorum altum *Arcæ* ſuperfluum, & ſecundùm artem vitioſum erat; quid plura? quis non videt, *Arcæ* tectum contra architectonicæ artis regulas improportionatum, turpe aſpectu, puſillum, & quaſi nanum propter anguſtias laterum ſemper magis magiſque vergentium in acumen; Domicilium enim hominum adeò hac tecti conſtitutione fecit incommodum, ut fermè tertiam partem capacitatis *Arcæ*, quam nos ſuperius 450000 cubitorum ſolidorum capacem fecimus, detraxerit; certè ipſa pyramidalis conſtructio tecti, etiam ſuper baſi ſolidâ fundata, adeò operoſa & ardua videtur, ut quomodò conſiſtere potuerit, vix quiſpiam diſpiciat, cum vel ipſa diſſimilium corporum, & inter ſe diſcordantium commiſſura, niſi robuſtis ſubſcudum colligationibus, nec non crebris tranſverſiſque trabium fulturis validiſſimè compingatur, inferiorem *Arcæ* partem immenſo teſtudinis pondere aggravatam, certo diſſolutionis periculo exponeret, ut proinde, quænam ex hiſce duabus *Arcæ* formis, *Origenis*, an *Hugonis*, abſurdior ſit, neſciam; ſed ne quicquam omiſiſſe videar, formam *Arcæ* ſupponam. *Fig.* 2.

Sed jam *Cajetani* ſententiam evolvamus, qui verbis Sacri Textus, *& in cubito conſummabis ſummitatem ejus*, deceptus, putavit eam *Arcæ* figuram fuiſſe, ut latera ejus in ſupremo adeò coarctarentur ſecundum latitudinem, ut licèt totam *Arcæ* longitudinem ipſa retinerent, attamen ſecundum latitudinem non amplius uno cubito diſtarent, ita ut ſuperficies in ſupremo vertice plana, & horizonti parallela, non niſi cubiti latitudinem haberet, per totam *Arcæ* longitudinem extenſam. *Cajetanus* itaque totius *Arcæ* molem ſub forma priſmatis truncati exhibet, cujus interiora latera cum pavimento angulos 60 graduum conſtituerent; forma ſane perquàm incongrua, & quoniam omnia illa incommoda incurrit *Arca*, quæ præcedentes *Arcæ* figuræ, ideò doleo, quod viro docto, & cæteroquin ſubtiliſſimo ſubſcribere nequeam. Sub hac enim forma tota *Arca*, non niſi tectum fuit, ſub quo, quomodo triſtega, id eſt, triplex concamerationum diſtinctio extructa eſſe potuerit, non capio; ut proinde auſim dicere, dimidiam capacitatis *Arcæ* portionem inutilem & prorſus ad tot animalia continenda ineptam fuiſſe. Nam ſi Geometriam conſuluiſſet, optimè cognoviſſet, quod dixi; cum omne priſma, ſui parallelopipedi obliquanguli, dimidium eſſe à Geometris demonſtretur; ſub hac forma; reliqua extructæ *Arcæ* incommoda facilè quiſque luculenter perſpiciet. Accedit, quod animalia per oſtium tecti, ut & volucres per feneſtram in tecto pariter

Tectum Arcæ prorſus inidoneum.

Cajetani de Arcæ forma ſententia, incongrua eſt.

ARCA NOE.

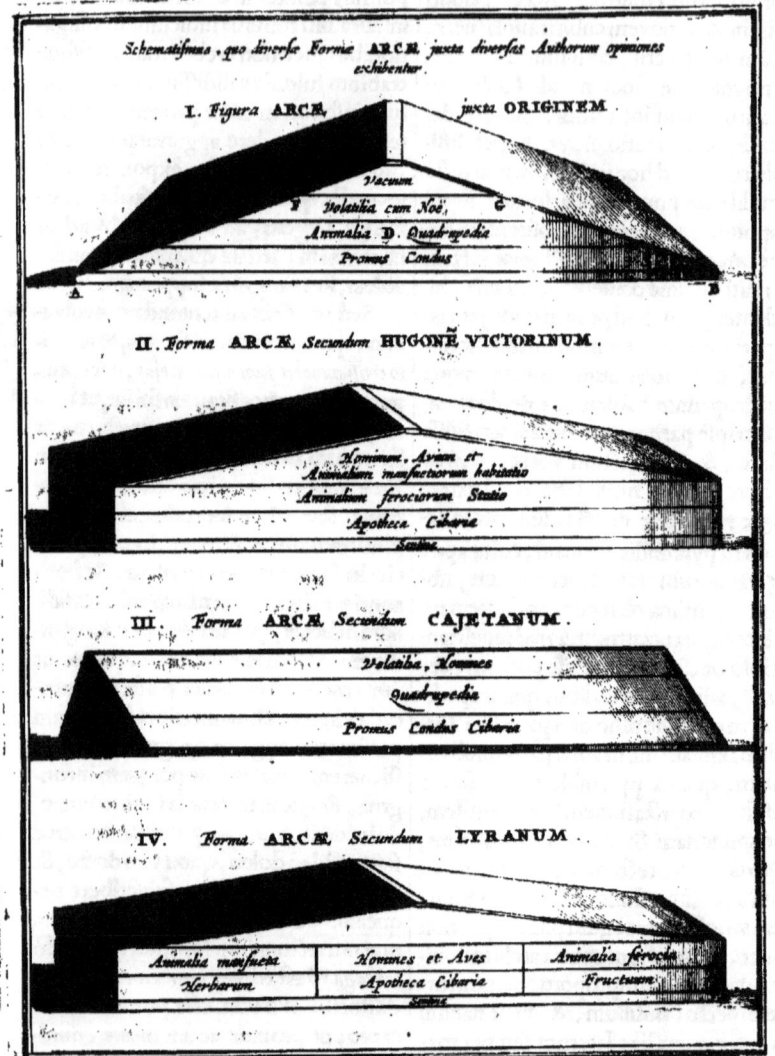

riter collocatam intrare debuerint, quod uti abſurdum eſt, ita latius ea deſcribere non expedit.

Lyrani de Arcæ forma ſententia abſurda.

Porrò *Lyranus* hoc loco *Arcæ* formam ſic deſcribit: primò pro baſi *Arcæ* ponit Sentinam; pro *prima* contignatione ponit Apothecam, ſeu Magazinum commeatûs; In *ſecunda* contignatione omnia animalia tam quadrupedia, quàm volatilia, una cum hominum habitatione com- miſcet; *Tertiam* verò ſtationem vacuam relinquit, utpote quæ tecti vice ſerviret, conjunctura verò laterum tecti, planum reliquit horizonti parallelum, cujus ſuperficies ſecundum latitudinem eſſet unius cubiti, juxta verba Moſis, *& in cubito conſummabis ſummitatem ejus.* Hæc ſententia pariter, uti ſubſiſtere non poteſt, ita errorem in ea commiſſum paucis demonſtrandum duxi.

Cùm *Arca* altitudinis fuerit 30 cubitorum; *Lyranus* verò tectum, altius quàm oportuerit, elevaverit, & tametsi nil de altitudine tecti dixerit, potuit tamen id ab eo sumi vel altius, vel humilius. Ponamus jam, illud ab eo elevatum 10 cubitos; constabant consequenter reliqua sub tecto triplicis contignationis receptacula 20 cubitorum; si itaque Sentinæ altitudinem demus quinque cubitorum, competent ex reliquis contignationibus Magazini, & Zootrophii singulis quinque cubitorum altitudines. Si itaque sic se res habet; quæri jam potest, quomodò majori corporis mole præditâ animalia, aut *Arcam* per portam adeò angustam ingredi, aut intromissa, sub adeò violento statu consistere potuerint? Quid plura? Cum ostium in hujus formæ *Arca*, 15 cubitis altum fuerit, quàm altum oportuit pontem fuisse, per quem animalia ingredi debebant? Rursùs, cum in superiori habitatione, totius naturæ seminarium constitutum fuisse, *Lyranus* opinetur; quis non videt, *Arcam* immenso hoc animalium, hominumque pondere aggravatam, vel ad primum ventorum aquarumque impetum, eversionis periculum evadere non potuisse, quemadmodùm in navibus fieri solet, in quibus pondera, non superiori navis regioni, sed carinæ, profundiori navis portioni ad æquipondium committuntur. Cùm itaque hæc eadem incommoda & difficultates præcedentium incurrat, eam unà cum illis repudiandam censeo. Quænam igitur vera *Arcæ* forma fuerit, nos *Buteonem* secuti, in *sequentibus* docebimus.

Editus præteritis annis *Ulmæ* libellus Germanico idiomate conscriptus ab insigni Mathematico, & Architecto *Josepho Furtenbach*; in quo pulchrè sanè & breviter *Noëmicæ Arcæ* fabricam descripsit; sed uti eam sub rotundâ & ventricosâ figurâ exhibuit; tectum quoque altius elevaverit, ac *Sacra Genesis* præscribat, ita quoque non undiquaque *Sacræ Scripturæ* sensui satisfecit; Cætera verò omnia quoad sentinam, 3 Contignationes, stabula, mansiunculas nidosque animalium, meæ prorsus congruunt descriptioni; hanc fabricam sub congruâ proportione, juxta mensuras & proportiones à *Mose* descriptas unà cum stabulis & mansionibus animalium, ligneo quodam prototypo, in lacu quodam, seu Vivario fluctuantem exhibuisse scribit; τέχνασμα sanè dignissimum, quod Principes opulenti imitentur. Sed jam ad alia.

SECTIO III.
De habitaculorum, nidorum, seu stabulorum in *Arca* Distributione.

CAPUT I.
De Noëmi *infusa Scientia circa ea, quæ in* Arcæ *constructione necessaria videbantur, & sine quarum rerum notitia* Arca *construi non poterat.*

I quis ingens hujus *Arcæ* Architectonicum opificium penitiùs expenderit, is admiratione utique attonitus hærebit in consideranda infinita ferè rerum scitè disponendarum multitudine & varietate; & proindè quacunque tandem humanâ industriâ & ingenio, sine supranaturali scientia illud fieri non potuisse apertè fatebitur. Nam uti id opus est ferè incomprehensibile, ita quoque humani intellectus limites longè excedit. Perficit tamen *Noë*, id DEO Magistro. Quomodò verò continuâ sui Divini Magistri assistentiâ id conficere potuerit, nemo facilè animo suo conceperit. Nosse itaque eum primùm oportebat, quot nidi, seu stabula, aut mansiunculæ in prima *Arcæ* contignatione constituendæ forent; & quoniam animantium in natura rerum, summa, sive vires & proprietates, sive corporeæ molis quantitatem spectes, diversitas est, scire debebat, juxta molem uniuscujusque, tum animalis, tum stabuli, pro binis & binis ex immundis, pro septenis & septenis ex mundis, locum ultra molem animalium, sat capacem constituere: quoniam verò inter dicta animalia, magna intercedit vel Sympathia, vel Antipathia, lis & concordia, ignorare non debebat, quænam consocianda, quænam dissocianda, ne unum alteri detrimentum cum destructione generis adferret. Verisimile itaque est, illum animalia, quæ socialem vitam amant, à ferocioribus separata in remotioribus *Arcæ* regionibus constituisse; quia tamen inter feroces nonnullas belluas irreconciliabile quoque odium intercedit, ut *Elephantem* inter & *Rhinocerem*; hisce pariter providentiâ suâ remedium contulisse, paulò post patebit; In stabulis quoque singulis animantibus appropriatis, eum præsepia, crateresque aquâ confertos, utpote ad animalium potum pernecessarios, ita aptè distribuisse credimus, ut singulis & omnibus nihil ad vitam sustentandam deesse potuerit. Quoniam verò ex ingenti excrementorum colluvie, quâ strictiora stabula explebantur, animalia magnum sanitatis damnum ex nimio fœtore, & fæculenta stercorum congerie, incurrere posse videbat, hinc de foraminibus aut craticulis ferreis in medio stabuli nonnihil declivis, ad sordes per eas in sentinam derivandas, efficiendis, modum quærebat: de canalibus quoque, & siphonibus antliâ instructis, quarum ope, aqua ex hydrophylaciis in constitutos crateres derivaretur, constituendis, seriò cogitabat. Norat etiam, quo artificio extruenda singula; sciebat antliæ vim motricem; rursum quantam stabulum unicuique animali constitutum, altitudinem, latitudinem, longi-

Solis naturæ viribus ab homine sine DEI *illuminatione fieri non poterat.*

Amor & odium Animalium.

Crateres aquarum.

Sentina.

Siphones ad aquas derivandas.

Antliæ.

Stabulorum sufficiens capacitas. longitudinemque habere debebat, nè animalia arctim & incommodè ſtarent, ſed uti neceſſitas requirebat, ſeſe nunc in hanc, modò in illam partem vertere poſſent; quod niſi fieret, animalia ex iſthoc nimis coacto & violento ſtatu, deficere poſſe certò providebat; & nequicquam ad neceſſariam victûs adminiſtrationem deeſſet; undè etiam per nonnulla interſtitia ſingulis ſtabulis adnexa, ut ad animalia facilis aditûs daretur, reliquit. Porrò in ſecunda contignatione optimè intelligebat, quomodò granaria, horrea, & annonæ penuaria conſtituenda, ut indè facilè commeatus, victuſque ſingulis animalibus congruus ſuppeditaretur. Sed de hiſce in *ſequentibus* pluribus. Certè ingenti providentiâ opus erat, non ſolùm quid quadrupedibus, ſed quodnam generi volucrum, quarum innumerabiles ſpecies ſunt, nutrimentum congruebat, diſcernere; & quomodò ſingulæ juxta naturam & proprietatem earum gubernandæ eſſent, nè mediis neceſſariis deficientibus, vitæ periculum ſubirent, quæ utique incredibilem phyſiologiæ notitiam requirebant; ut carnivora à baccivoris ſeparata, in mutuas inimicitiæ pugnas non inciderent; undè ſingulas ſpecies avium ſeparatis caveis incluſas fuiſſe nemo dubitare debet, exceptis iis volucribus, quæ omnem caveæ habitationem reſpuunt: amphibiis quoque animalibus, de receptaculis congruis, id eſt aquaticis providiſſe, haud incongruè ei videbitur, qui naturas hujuſmodi animalium rectè novit. Non dicam hîc de *Noëmi* habitatione in omnem uſum accommodata; cui proculdubio alia receptacula adjunxit, in quibus omnis generis inſtrumenta continebantur, & intra quæ tanquam in armaria quædam ruſtica, domeſtica, hortenſia, quæcunque tandem in renaſcentis Mundi primordio ad uſum humanum neceſſaria videbantur, congeſſit. De quibus in *ſequentibus* fuſior dabitur dicendi materia. Patet itaque ex dictis, quamnam rerum notitiam habere debuerit *Noë* in hoc Seminario Naturæ tam providè adornando.

Interſtitia ſtabulorum.

Commeatus receptacula.

Volucrium caveæ.

Habitatio Noë.

Caput II.

De Diſtributione Stabulorum, ſeu manſionum in prima Arcæ contignatione à Noëmo peracta, pro animalibus quadrupedibus & Reptilibus.

Geneſ. 6. verſ. 16.

Dixit *Dominus* ad *Noë*:
תחתים שנים ושלשים תעשה:
Cœnacula & triſtega facies in ea.
Ubi Septuaginta ſic habent: καταγεια διώροφα, καὶ τριώροφα ποιήσεις αὐτὴν. Id eſt, *inferiora bicamerata, & tricamerata facies eam.* Paraphraſis Chaldaica hoc modo habet:
מדורין ארעאין תנינין ותליתאין תעבדינה:
id eſt: *habitationes inferiores, ſecundas & tertias facies in ea.* Quænam ex hiſce Lectionibus cœptæ à nobis fabricæ melius congruat, jam exponamus.

Ubi *Hebraica Lectio*, Cœnacula, & triſtega habet, Symmachus δίςεγα & τρίςεγα, id eſt, *per duo, & tria tecta*, quod idem eſt, ac diceret, *facies eam duorum aut trium tectorum*. ubi per tectum non intelligitur tectum quod operit *Arcam*, ſed pavimenta contignationum, hoc enim pacto per δίςεγον ſignificari poteſt pavimentum ſecundæ & tertiæ contignationis, quæ ſunt veluti tecta quædam, ſeu tegumenta, quibus clauduntur habitacula contignationum, in quas *Arca* diviſa fuit; per τρίςεγον verò primæ, ſecundæ & tertiæ contignationis

Quid per diſtega & triſtega intelligatur.

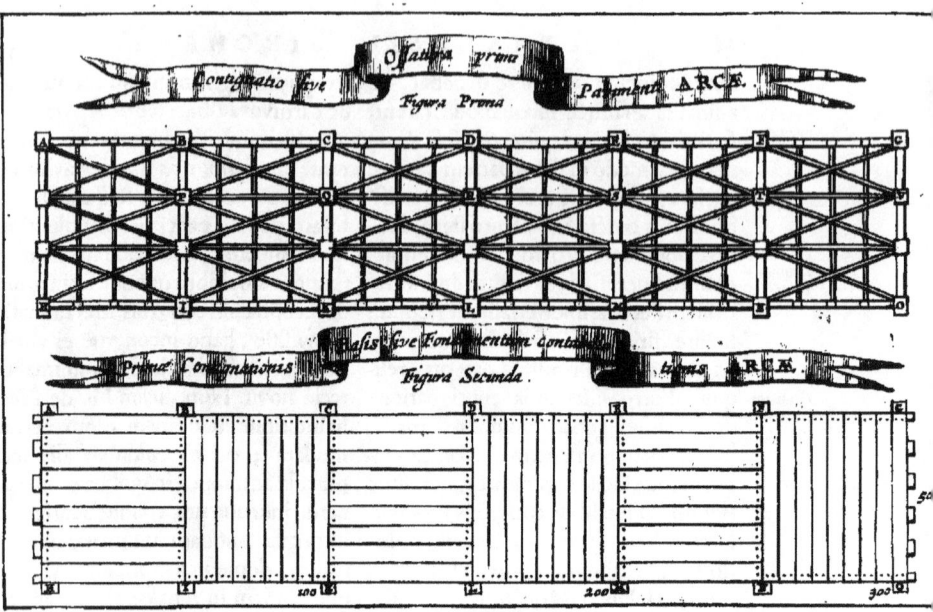

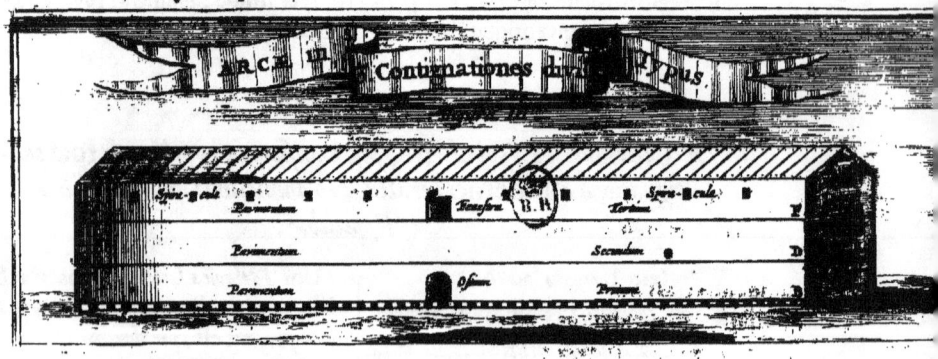

tionis tecta, sive pavimenta intelliguntur; ut in sequenti figura apparet, ubi *Arcam* divisam vides in tres contignationes, in quibus A B. primæ contignationis pavimentum, seu tectum, aut tegumentum sentinæ exprimit; D C. verò pavimentum, seu tectum, quo clauditur primæ contignationis in totius *Arcæ* longitudinem, extensum spatium Quadrupedibus destinatum; E F. verò tectum seu pavimentum, tertiæ contignationis pavimentum, seu tectum, quo secundæ contignationis spatium concluditur, ultimum verò tectum totius *Arcæ* complementum est.

Consentit hisce *Textus Græcus*, qui quod Symmachus διώροφον & τριώροφον dicit, 70 Interpretes exprimunt per διώροφα & τριώροφα, id est, *bicamerata & tricamerata*, quorum omnium sensus est, *Arcam* in tria interstitia, seu tabulata infima, media, & suprema, veluti in tres aulas amplissimas in totius *Arcæ* longitudinem extensas dividi; quæ pulchrè sanè *Paraphrasis Chaldaica* exponit, ut supra patuit, habitationes inferiores, secundas & tertias facies in ea; quibus quæcunque de tribus contignationibus hucusque dicta sunt, expositum habes. Huic trinæ contignationi adjungimus quartum receptaculum, quam Sentinam vocamus, de qua etiamsi *Sacer Textus* nullam mentionem faciat, ad eluendas tamen animalium sordes & excrementa divertenda, necessariam fuisse, suprà ostendimus, non à D e o quidem commendatam, sed *Noëmi* judicio arbitrioque relictam, forsan etiam saburram ad *Arcæ* libramentum continebat.

Primum itaque Interstitium, omissà sentinâ, in fimum, quod *Arcæ* longitudinem superficialem continebat, stabulum fuit, quadrupedibus reptilibusque destinatum, cui nos decem cubitorum, id est, 15 pedum altitudinem, longitudinem 300 sive 400 pedum; latitudinem 50, id est, 75 pedum, libenter concedimus; in qua facilè trecenta, id est, 150 stabula utrimque, & ampliùs exstrui poterant, suis cancellis, portis, asseribus, præsepiis, vasis ad cibum potumque præbendum necessariis, distincta & ornata, præter ambulacra per quæ *Noë* & filii ad animalia curanda & pascenda incesserint; quæ omnia commodè, in quadrangula illa *Arcæ* prima superficie 15000 cubitorum quadratorum constitui potuerunt.

Jam verò liberrimè concedimus pro viis interjectis, interstitiisque, tria millia cubitorum quæ dempta ex 15000, duodecim millia cubitorum, pro stabulorum dispositione relinquunt; duodecim millia verò, per duo millia divisa, relinquunt pro singulis animantibus stabula longitudinis 6 cubitorum, 6 latitudinis, 10 altitudinis; quod tamen minimè necessarium fuit, cùm pro ratione quantitatis animalium nunc majorum, nunc minorum extructa fuisse arbitremur, uti posteà ex recensione animalium patebit. Ex quibus luculenter patet, mansiunculas, sive stabula pro omnibus animalium quadrupedum speciebus fuisse sufficientissima, cum *Authores* etiam sagacissimi animalium species vix 130 numerent, Reptilium serpentumque vix triginta, uti apud *Gesnerum, Aldrouandum, & Gazam* aliosque videre est; undè & multa spatia vacua futura vides, licet unicuique speciei peculiare stabulum concesseris. Accedit, quod in ea non solùm adulterinæ animalium species, quas tamen ab *Arca* removemus, sed & Amphibia nidos suos habere potuerint.

In Secunda contignatione penum cibariorum, id est carnium fumo exsiccatarum penuarium, *Noë* constituit; variasque fœni, paleæ, frugum, frondium, pomorum, cæterorumque fructuum, item frumenti, seminum, leguminum, doliorum aquâ dulci refertorum Reconditoria, cum foraminibus & tubis fundo insertis, quibus cibum & potum

48   ATHANASII KIRCHERI

potum subministrarent animalibus, nec non providi patris-familias supellectilem rusticam, urbanam & domesticam post *Diluvium* usui futuram, hîc contemplari licet, quæ uti altitudinem magnam non requirebant, ita quoque non nisi 8 cubitorum altam fuisse conjicimus; quâ tantum commeatus condi poterat, ut ex eo etiam vel ingens civitas diu se sustentare potuisset.

In III. contignatione *Arcæ* hominum volucrumque habitatio.

In suprema contignatione collocabantur tum homines, tum volucres, ea ratione, ut *Arcæ* fenestra præcipuam lucis partem in aulam *Noë*, & filiorum infunderet. In hoc volucrum species, unà cum *Noëmo*, tanquam in lucidiori aëris regione habitabant, quarum *Ornithologi* cum non nisi 150 species recenseant, certe patet, caveas 150 non solùm sufficientes fuisse, sed & pro duobus millibus cavearum, quarum singulæ duos cubitos in quadro tenerent, capiendis; contignationem sat amplam fuisse. Fuisse verò & in hac contignatione præter dictas avium caveas, varias officinas hinc inde dispositas, uti culinam cum foco ex lapide strato; Reconditoria salis, vini, olei, aceti, carnis similiumque, quicquid tandem ad

Commeatus *Noë* prose & filiis suis.

vitam humanam unius anni decursu sustentandam, necessarium erat, congestum fuisse, ex ipsis *Sacræ Scripturæ* verbis patet. Molas quoque trusatiles cum clibano, lignorum ἀκάπνων, id est, benè siccatorum, ne fumo *Arcæ* claustra cum detrimento hominum animaliumque infestarentur, carbonum quoque congeriem hîc collectam cernere liceat. Ne verò ex ingenti animalium anhelitu, & sordium quisquiliarumque exspiratione aër vitiaretur; nulli dubium esse debet, in remedium spiracula facta cum subgrundiorum ecphoris, seu projecturis, quæ quidem eo artificio constitutæ fuerint, ut ex una parte mephitim *Arcæ* validasque, fumosasque excrementorum exspirationes foràs veluti per caminos quosdam egererent; ex altera verò parte, per alia spiracula seu pneumateria novi aëris, frigidique de foris attracti, auram interiorem attemperarent; ubi autem hujusmodi pneumateria in *Arca* aptè constitui potuerint, ex ipsius *Arcæ Figura* paulò post ponenda, cognosces. Restat modò ut *Arcæ* totius contignationes opticâ projecturâ exhibeamus.

Molæ trusatiles.
Lignile.
Carbones.
Spiracula *Arcæ*.

Caput III.

De omnibus & singulis Speciebus Animalium Quadrupedum, quæ in Arcam *introduci debebant.*

Quadruplex animalium genus in *Arcam* introductum fuisse Sacræ Literæ testantur: *Ingredieris Arcam tu, & filii tui, uxor tua, & uxores filiorum tuorum tecum, & ex cunctis animantibus universæ carnis bina induces in* Arcam, *masculini & fœminini sexus, ut vivant tecum, de volucribus juxta genus suum, & de jumentis in genere suo, & ex omni reptili Terræ secundum genus suum, bina de omnibus ingredientur tecum, ut possint vivere. Tolles tecum ex omnibus escis, quæ mandi possunt, & comportabis apud te, & erunt tam tibi, quàm illis in escam.* Fuerunt autem *Arcam* ingressi Homines octo, deinde Reptilia, Quadrupedia, Volatilia; Natatilium verò animalium, id est Piscium nulla fit mentio, cum ipsa & omne piscium genus in nativo aquarum elemento, uti vivere possent, ita quoque *Arcâ*, qua conservarentur, non indigebant.

Quæ genera iterum dividi solent; & primò sunt Reptilia, quorum plura sunt; quæ ex putri seminio solummodò nascuntur, uti insecta; quædam verò

Quatuor animalium genera *Arcam* ingressa.
Homines, Quadrupedia, Volatilia, Reptilia.
Reptilia quænam in *Arcam* introducta.

etsi

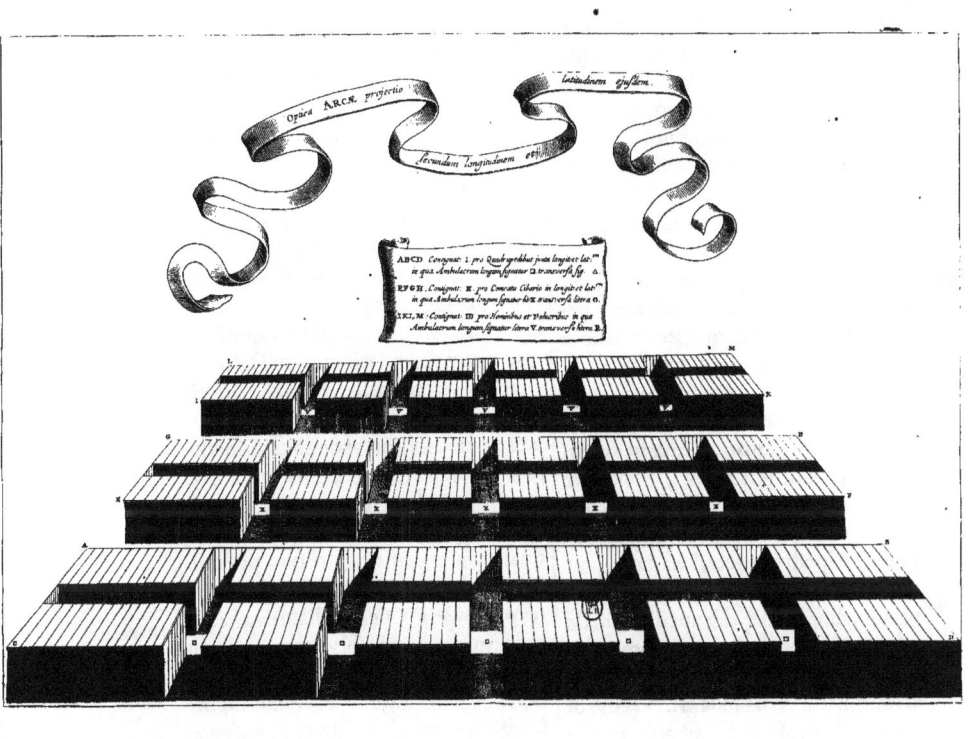

ARCA NOE. 49

etsi ex putri nasci soleant, quia tamen ex utriusque sexus copula quoque se propagare solent, luculenter patet, hæc in *Arca*, non illa conservata fuisse.

Variæ Classes Quadrupedum.

Rursùs, Quadrupedia dividuntur iterum in varias classes: sunt quædam σαρκόφαγα, id est, quæ *carnibus vescuntur*, plurima ἀσαρκόφαγα, id est, quæ *non carnibus, sed fœno, frumento, hordeo, avena; herbis, baccis, fructibus, pane, similibusque nutriuntur*; Suntque tum majoris, tum minoris corporis mole; Sunt iterum ex Quadrupedibus Animalia

Amphibia.

quædam Amphibia, quæ partim aquâ, partim terrâ gaudent; neque in uno & altero elemento perpetuò consistere possunt. Sunt denique nonnulla, quæ ex diversarum specierum commixtione originem suam trahunt, uti mulus ex equo & asina, & complura alia, de quibus in sequentibus.

Volatilia.

Si verò volatilia probè examinemus, illa iterum diversæ conditionis esse reperientur; Sunt aliqua quæ solis carnibus vescuntur; sunt quæ solis fructibus, frugibus, granis, baccis, vespis, vermibus, caseo, pane, similibusque nutriuntur; Sunt præterea Aquatica, quæ in humido natales suos sortiuntur; Sunt quæ planitiebus, sylvisque planioribus gaudeant; non desunt, quæ montium loco-

Spuria animalia in Arca non fuerunt.

rumque Alpestrium secessus ament; sunt præterea alterius, & incognitæ nobis Orbis animalium tam quadrupedum, quàm volatilium, reptiliumque innumerabiles species, quas omnes intra *Arcam* conservatas, haud verò simile est. Verum ut hæc paulò profundiùs ad assertionem nostram stabiliendam, discutiantur,

Situs cœli & astrorum Climatumque mutat animalia.

Suppono *primò*. Sub differenti Cœli, Solis, Lunæ, stellarumque ad Terrestrem globum positione, diversissimam oriri Climatum, Zonarumque Terrestrium constitutionem; siquidem omnes rerum naturalium tam vegetabilis, quàm sensitivæ Oeconomiæ species, ex uno Climate aut Zona in alteram translatæ, adeò disparem temperamenti constitutionem

sortiuntur, ut unius & ejusdem speciei illas esse, aut fuisse, vix tibi persuadeas; quæ omnia ex mira *Novi Orbis*, *Indiarumque* prioribus seculis detecti constitutione nobis innotuerunt.

Quàm stupendæ tam in vegetabili, quàm sensitiva natura metamorphoses sub Zona Torrida contingant, legat, qui volet, *Rerum Indicarum Scriptores*, uti & *Artem nostram Magnam Lucis & Umbræ fol.* 568. ubi omnia quàm uberrimè prosecuti sumus; cujus rei causam aliam non damus, nisi potentissimam illam solarium radiorum semper vertici alicubi incumbentium vim & efficaciam; potentissimam autem actionem, ingentem illam rerum monstrosarum mutationem, quam sub Zona Torrida positi contemplantur; necessariò sequi, neminem dubitare velim. Nam Terra præservido aëris ambientis calore percussa, ex intimis visceribus ingentem terrâ marique, vaporum copiam dum elicit, accidit, ut halitibus vaporibusque seminalium rationum miscela excitata, aërem variis quoque commistorum seminum, atque longè latèque unà cum resolutis vaporibus dispersorum seminiis gravidet, undè tanta mox sequitur monstrosarum rerum in vermibus, serpentibus, insectis multitudo, quam exteri satis mirari non possunt. Hinc vehementissimo Solis æstu arbores percussæ, in Olea, balsama variaque resinarum genera resolvuntur. Animalia quoque ex *Europa* dictis Regionibus illata, ita degenerant, ut vix amplius dignoscantur; Oves gibbescunt, & potentes aptæque ad onera ferenda fiunt Arietes; calvescunt Canes, aves colores mutant; molem corporis pro diversa Regionum natura nunc diminuunt, modò augent; ita ut in aliam prorsus speciem transmutata videantur. Quod idem in plantis nostræ Zonæ illic plantatis, accidere experimentum modernorum temporum docuit, dum pleræque in laciniosam foliorum fœturam degenerantes, præterquam

Sub Zona torrida omnia fere immutantur animalia.

Rationes metamorphoseos.

Quàm mira accidant sub Zona torrida.

Animalium Europæorum sub Zona torrida immutatio.

G

quam quod aromaticum quid sapiant, etiam proprietatibus, viribus, formaque exteriori prorsus immutatæ observentur. Contrà ex *India* allatæ plantæ, & in *Europa* consitæ, nostris arboribus quid simile cum tempore retulerunt; uti Cinnamomum ab *Lusitanis* plantatum, in Laurum, Piper in Hederam, Caryophyllum in Castaneam abiisse cum admiratione repererunt. Idem de hominibus sub dicta zona nascentibus judicium esto. Ita enim sub zona torrida, ex perpetua, & instabili rerum constitutione redduntur inclinatione varii, ut toto cœlo ab *Europæis* diversi constituantur. Hinc plerosque stultos, fallaces, mobiles, feroces, luxuriosos, superstitiosofque, nec ulla ingenii, prudentiæ, fortitudinis laude commendatos, vel etiam maximâ culturâ adhibitâ reperias. Loquor semper de indigenis origine barbaris. Contrà sub Zona frigida, omnia contraria ob caloris paucitatem deprehendes; plantæ pleræque tristi aspectu squalent, omnis foliorum fœtura indigesto humore luxurians veluti aquescit; temperatioris cœli plantæ illuc consitæ in aliam prorsus indolem degenerant, fructus non ferunt, nisi austeros & sylvestres, quam conditionem homines animaliaque sequuntur, cervis in Rangiferos, Bobus in Alces, Lupis in Gulones, Corvis, Ursis, Vulpibus, cæterisque animalibus mutato colore, pelle alba indutis, degenerantibus: homines locorum frigorisque intemperie ut plurimum stolidi, insensati, tardi, timidi, ingenii obtusi, & ad res tractandas inhabiles, animam, uti dici solet, pro sale sortiti sunt. Undè facilè à dæmonibus innumeris superstitionibus seducuntur. Sola itaque temperata Zona propter opportunum cœli situm, ex utraque Zona tum frigida, tum torrida pulchrè attemperata, omnes rerum species desiderata temperie, tum hominum, tum vegetabilis, tum sensitivæ naturæ systasin beat; undè quæcunque ab Orbe condito, in rerum inventione, in politicarum rerum, Regnorum, Imperiorumque administratione, ab hominibus consideratione digna unquam contigerunt, non torridæ, aut frigidæ, sed temperatæ Zonæ incolis acceptum feratur. Sub hac Zona primævi mortalium habitarunt, *Adamus* conditus, Paradisus plantatus fuit, *Arcam Noë* construxit, *Turris Babel* ædificata, quatuor Imperiorum, *Assyrii*, *Persici*, *Græci*, *Romanique* principium deduxit, Verbi æterni incarnatio contigit. Quæ omnia fusius legantur in *Arte Magna Lucis & Umbræ*, *de Transmutatione gentium*.

Suppono *secundò*. Ex dictis, non omnia animalia cujuscunque tandem generis ex toto Terrarum Orbe collecta intra *Arcam* conclusa fuisse: has ob causas, quarum prima est, quod pleraque animalia à D E O condita, illa sub determinata specie sapientissimus rerum opifex produxit, quæ posteà tamen in infinitum multiplicata; universam Terræ faciem repleverunt; ubi & ex supramemorato, diverso Climatum, Zonarumque situ, nec non ex diverso solis, Lunæ, Siderumque influxu, adeò differentem constitutionem sortita sunt, ut quasi à primo creatis, specie differre viderentur; D E O solo, mirarum transmutationum, quæ sub diverso cœli ad Terram adspectu, fieri possent, conscio. Undè & in *Arcam* ea sola introducta fuisse existimo, quæ deindè in universam Telluris superficiem dispersa, ex mutatione differentium Climatum, Zonarumque, differentem indolem Cœli situi accommodatam nancisci possent; frustra enim in *Arcam* introducebantur ea, quæ ex se, & sua natura in differentes species poterant degenerari. Dico semper de diversis Ovium, Boum, Caprarum, Hircorum, Equorum, Asinorum, Canum, Felium, similiumque speciebus, quæ non nisi à differenti locorum natura, suam diversitatem susceperunt, quod & de volucribus Serpentibusq; intelligi velim, de quibus paulò post in *recensione animalium* pluribus.

Sup-

ARCA NOE.   51

Non fuerunt in Arca animalia ex promiscuo diversarum specierum congressu nata.

Suppono *Tertiò*. Cùm successu temporis animalia in universum multiplicarentur, & sylvarum, montium camporumque recessus occuparent; accidit, ut commixta ex diversæ speciei animalibus, media quædam animalia nascerentur, quæ quidem in *Arca* non fuerunt introducta, cum ex differentium animalium congressu nata sint ; uti Mulus, ex Equo & Asina, & plurima alia, quæ paulò post adducemus. Quid enim opus erat, illa conservare, quæ posteà ex diversorum animalium coitu nasci potuerint? quod uti de terrestribus animalibus *Zoologi* omnes fatentur, ita quoque de volucribus omnis generis spuriis, & monstris idem dicendum est, cum infinita illa avium varietas aliundè non provenerit, nisi vel ex differenti natura regionum, vel ex commixtione diversarum specierum inter se per utriusque sexus copulam peractâ. Accedit, quod volucres vi imaginationis, dum ovis incubant, pullos suos ferè in omne colorum genus transmutent, uti experientiâ in Pavonibus, & Gallinis, aliisque constat. Testatur hæc *Plinius*, animantia *Africæ*, cum ad flumina potatum abeunt, ibique ingens animantium, tum terrestrium, tum volatilium copia stabuletur, ex mutuo diversarum specierum incubitu, monstra, id est, media quædam a-

Vis imaginativa in volucribus mutat aves.

nimalia nasci, nostris regionibus incognita. Quæ quidem si ritè expendantur, & ea sola animalia perfecta sub certis speciebus à Deo optimo Conditore determinata, unius videlicet speciei perfectæ, bina; ex immundis, masculum & fœminam, septem ex mundis, masculum & fœminam in *Arcam* introducta fuisse patebit; non verò ea, quæ ex spurio diversarum specierum concubitu posteà nasci poterant; frustra enim videbatur *Noë Arcam* aggravare iis animalibus, quorum semen in diversarum specierum commixtione conservari poterat. Sacer itaque Textus, cum dicit, *ex omnibus animantibus universæ carnis, &c.* Ita intelligendus est, ut omnia illa animalia perfecta, simplicia, & unius speciei, naturali ex masculo & fœmina congressu procreata in *Arcam* introducerentur, ut semen eorum posteà permaneret per propagationem factam super universam terram, non verò ea quæ ex spurio & illegitimo concubitu posteà produci poterant.

Certæ & determinatæ species animalium in Arcam introductæ.

His itaque jam ordine expositis, nil aliud porrò nobis explicandum restat, quàm ut omnia & singula animalia tam terrestria, quàm volucria, reptilisque naturæ, quæ in *Arcam* introducta fuêre, ut hic ordine recenseamus, ab imperfectioribus animalibus, quæ Reptilia sunt, initium ducturi.

Caput IV.

ΕΞΗΓΗΣΙΣ I.

De Reptilium Insectorumque Varietate, Natura, & Proprietate, & quænam ex iis in Arcam *intrarint.*

DUBIUM I.

Utrum Insecta in Arca conservata fuerint?

REspondeo. Cum omnia ferè Insecta, ut plurimum ex materiæ putris seminio nascantur, frustra ea ad generis sui propagationem in *Arca*

conservabantur. Nam uti in *Libro XII. Mundi Subterranei de seminiis rerum*, quàm amplissimè, & experientiâ rerum docti tradidimus, nullum ex Insectis in *Arca* studio propagandæ sobolis necessariò conservatum fuisse, sic ostendimus.

Certum

Certum est Dei jussu Reptilia intra *Arcam* fuisse recepta, quod si quis inficiatus fuerit, illum *Sacro Textui* pariter contradicturum, nemo negabit. Est autem Reptile omne id animal, quod pedibus destitutum solo ventre annuloso super terram reptare solet; cujusmodi Serpentes sunt : non omnes quidem, sed perfectioris naturæ Reptilia; quæ tametsi ex putri seminiis serpentinis infecto nascantur, ex promiscuo tamen coitu masculi & fœminæ, ut plurimum etiam nasci solent. Quod in Lumbricis, Julis aliisque non fit: cum inter ea nullum sit sexus discrimen, atque adeo immediate ex putri nascuntur, quæ adeò evidenti experimento comprobata sunt, ut de iis dubitari amplius non possit. Sed jam ad scopum.

Sex species infectorum ex putri nascentium.

Sex genera, præter innumera alia (quæ tamen ex vario diversissimarum materiarum confluxu nascuntur) numerant *Zoologi*. 1. Quædam enim ex vini novi, sive musti exhalationibus, uti illa quos Bibiones, aut Muscilinos vocant, repentino ortu conspiciuntur. 2. Quædam ex putrefactionibus terrestrium partium, uti Lumbrici, Juli, Limaces, & similia innumera in terra, & extra terram, è mucilaginosa materia genita. 3. Nonnulla ex aquarum corruptela genita; cujusmodi sunt, quas perlas aut Chamos vocant. 4. Præterea Papilionum, Muscarum, Formicarumque innumerabiles species, tam crustacea, quàm sine crustaceis alarum remigiis; fossis rivisque perpetuò supranatantes. 5. Sunt aliæ, quæ ex corrupto arborum, florum, plantarum, fruticum, radicumque humore nascuntur, quarum tot species sunt, quot diversæ plantarum arborumque species, cum unaquæque arbor, flos, fructus, aut planta, ex suo veluti excremento spermatico, aliquod vivens producat, uti Gurguliones ex fabis, Juli ex nucibus, ex lentisco Aranearum variæ species, ut in *citato Mundi Subterranei XII. Libro* per experimenta demonstravimus. 6. Sunt denuò plures infectorum species, quæ ex animalibus tam vivorum excrementis, quàm mortuorum cadaverosa putredine enascuntur; ut sunt Crabronum, Vesparum, Scarabæorumque ex Equis Asinisque, ex Bobus Apum, ex Asinis Ricinorum differentes species; quas vel in ipsis visceribus intestinisque natas per excrementa ejiciunt; quomodo autem hæc in animalibus nascuntur, in *citato Libro* exposuimus; seminia enim latentium Muscarum, Apum, Crabronum, Vesparum, Apumque in herbis, floribus, foliisque arborum, ubi ea comederint animalia, dum ecce illa unà introsumpta mox nativo animalis calore animata, per stercora excluduntur. Denique non est ullum animal, quod non in se, & ex se aliud animal quodpiam generet, neque ullum in corpore humano membrum, quod non ex corrupto humore vermes sub multiplici forma, pro nutrimenti qualitate, ex se generet, quod tot infesti domestici animalium hominumque hospites, Pediculi, Pulices, Cimices, Ricini, similiaque sat apertè docent, præter ea, quæ in internis corporis visceribus ex corruptela humorum nascuntur; quod nos per Smicroscopium, nobile hujus seculi inventum experientia docuit, de quo vide quàm amplissimè tractatum in *nostro de Peste Libro*. Patet itaque, illa sola animalia in *Arcam* introducta fuisse, quæ immediatè ex massa chaotica à Deo fuerunt producta, quæque mutui sexûs commistione sese propagare solent, non verò ea, quæ jam recensuimus, insecta; cum hæc posteà ex naturali rerum corruptione, juxta seminarias causas, vegetabilibus, aut sensitivæ naturæ, à Deo inditis, exorta sunt.

Quomodo intra viscera animalium infecta vermesque nascantur.

Smicroscopii experimenta.

His itaque expositis, jam ad Reptilia progrediamur: Itaque Quænam ex iis *Arcam* intrârint, meritò quis dubitare

Serpentes utrum Arcam ingressi sint.

bitare poſſet. *Dubium* itaque ſolvamus. Certum eſt, & indubitatum, quemadmodum in *XII. Libro Mundi Subterranei* per experimenta oſtendimus, pleraque Reptilia, uti non ſecus ac inſecta, ex putri naſcuntur, ita quoque, ut ea in *Arca* conſervarentur, non fuit neceſſarium, cum ex ſuis ſeminiis naſci potuerint. Quod ut manifeſtum fiat: Dico primò Serpentum, Reptiliumque per totius Corporis ſubſtantiam, ſemen in ſe ſibi ſimilis propagandi continere, ut ſi ſerpentem in minutiſſimas partes diſcindas, & deindè pluviali aquâ Soli expoſitas partes perluas, fieri cum tempore, ut indè infinita propemodum vermium, qui intra exiguum temporis ſpatium in Serpentes evadant, pullulago enaſcatur; quod & de cæteris inſectis dictum velim, idque per experientiam didicimus. Edidit non ita pridem *libellum de Inſectorum generatione*, doctus & perſpicaciſſimus *Franciſcus Redus*, Magni Ducis *Hetruriæ* Medicus, ſedulus naturalium rerum explorator, in quo animalia, quæ *inſecta* vocantur, ex putri generari negat, ac proindè mea in *Mundo Subterraneo Libro II.* experimenta propoſita etſi modeſtè, & honorificè, neſcio tamen, quo contradictionis pruritu ſtimulante, ſugillat; eò quod mea experimenta à ſe ad incudem reducta non ſubſtiterint. Ego ſanè, uti germano candore in experimentis ſumendis proceſſi, ita quoque nil in ſecreto receſſu, ſed in doctiſſimorum Collegii Romani Profeſſorum præſentia, (ne de mea fide, & ſinceritate dubii, ſed fidi, & oculati teſtes mearum operationum, præſertim circa Serpentum, Scorpionum, Ranarum, Xylophytorumque generationem, teſtes eſſe poſſent,) executus ſum; ut proinde ἐπιφώνημα falſiſſimum ſit, tale & tale experimentum à *Redo* factum ſucceſſum non habuit, ergo à *Kirchero* factum, falſum eſt. Ego ſane jam à 40 annis in hujuſmodi empiricis ſtudiis verſatus, innumerabilem pene multitudinem experimentorum Orbi literario propoſui, quæ uti non exiguam admirationem Viris curioſis rerum naturalium indagatoribus pepererunt, ita quoque ad veritatem propoſitorum experimentorum explorandam, tentandamque illos mirificè excitârunt; Et nonnullis quidem experimentorum tentamentum deſideratum effectum peperit, prout *Libellis* publicæ luci datis, mihi inſcriptis, conteſtati ſunt; apud alios verò, qui tumultuariè ſolummodo rem tentarunt, nullum ſucceſſum ſortita, mirati ſunt; ut proinde multi de fide mea dubii, literis, ad ſucceſſum obtinendum, de modo operandi me conſuluerint; quem cùm præciſius, exactiuſque præſcripſiſſem, tandem veritatem conſecuti, gratias mihi agere, non deſtitêre. Magnâ itaque cautelâ, invictâ patientiâ, & conſtantiâ experimenta ſumenda ſunt; imo neceſſe eſt, ut cumprimis circumſtantias loci, temporis, res ſingulas cum ſingulis combinando, ſemper ad Naturæ ἀρχέτυπον mentem indeclinabiliter reflectant; ut tandem deſideratum effectum producant. Quod tandem *Redus* ex putri nihil generari aſſerat, id cum moderatione intelligi velim, id eſt, non pure & ſimpliciter, ſed per ſemina rerum aliunde advenientium, quæ omnia cùm quàm uberrime in *citato Mundi Subterranei Libro II.* deduxerimus, illuc Lectorem remittimus, ut proinde nulla inter me, & *Redum* in ea de inſectorum generatione, differentia ſit, niſi in paucis, quæ facile tamen concordari poſſunt ab eo, qui æquum rerum judicem ſe interponet. Sed hæc ad mei defenſionem ſufficiant, nunc ad propoſitum nobis inſtitutum regrediamur. Cur itaque *Sacra Scriptura* Reptilia *Arcam* ingreſſa tradat, non inſecta verò, ad id ea qua fieri poteſt, brevitate verborum reſpondeo.

Dico itaque. Tametſi multa animalia etiam Quadrupedia, uti Mures, Talpæ, Rana-

Ranarum, Lacertarumque penè omnes species ex putri, id est, ex seminio istiusmodi animalium alicubi relicto, id est ex eorum putredinosis partibus nascantur, quia tamen etiam naturali fœminæ cum masculo commixtione sese propagare solent; Hinc multi *Interpretes* sentiunt etsi perperam, illa quoque cum cæteris quadrupedibus ad *Arcam* jus habuisse, atque intra eam admissa esse, eò quod mutuo coitu se propagare soleant; verùm cum illa ex multiplici sordium colluvie, vel in ipsa *Arca* ex putri nasci, & deindè etiam per utriusque sexus copulam sese propagare potuerint; non video, quomodò ea *Arcam* intrare debuerint; quod idem de Insectis supra memoratis intelligi velim, cum hæc sine illa sexus distinctione, ex solo excrementorum propriorum spermatismo ad proximam materiæ dispositionem, in animatum corpus excludantur. Qui verò dicunt, eas perfecto coitu masculi, cum fœmina se propagare, valdè hallucinantur, cum ille in Insectis coitus nil aliud sit, quàm pruritus quidam posteriorum partium, quo unum aliud per affrictum quendam à natura illis insitum ad sordes expellendas, ex quibus posteà simile iis, quoad speciem animal nascitur, instimulare solent, quemadmodum in Muscis videre est; ut proindè nec illa, nec hæc in *Arcam* intrasse, is solus nescire possit, qui arcana Naturæ ignorârit; cum hæc, uti dixi, vel in ipsa *Arca* unius anni decursu facilè in infinitum se multiplicare potuerint.

Cum itaque *Sacer Textus*, nullam Insectorum, animaliumque ex putri seminio infecto nascentium, mentionem faciat, sed Reptilium solummodò, jam examinandum restat, quænam illa Reptilia fuerint.

Mirantur multi, cur Divina bonitas ea animalia, quæ per veneni sui atrocitatem, tantum abest, ut conservari debeant, ut potiùs destruenda & tanquam humani generis exitia prorsus extermi-

Quæ ex putri nascuntur animalia, in Arcam non fuere recepta.

Quomodo Insecta congrediantur.

Cur ex Insectis sola Reptilia in Arcam recepta sint.

nanda sint, in *Arca* tamen conservare voluerit. Causæ hujus rei multiplices adferri possunt; quarum prima fuit ut homines ex horum animalium intuitu & consideratione, memores essent istius Serpentis, à quo totius humani generis ruina originem duxit, quæ tam grandis fuit, ut non nisi sanguine filii DEI reparari potuerit. *Secunda*, ut DEUS ea, quæ in primordio Mundi ex terra produxerat Reptilia, eadem in *Arca* conservarentur, non quod, uti *Philosophi* dicunt, tantummodò ad decorem universi sint, sed etiam, quod etsi virulentissimo toxico turgeant, & in exitium hominum animaliumque nata videantur, plurima tamen commoda, & utilitates quoque Mundanæ Oeconomiæ præstent. Cum enim Natura in perpetua rerum vicissitudine, nunc generando, modò quod genuerat, corrumpendo, occupetur; hinc fieri non potest, ut non subindè ex siderum malignorum influxu, variarumque quisquiliarum terrestrium ἀποῤῥοία, pessimæ & malignantis naturæ putredines in Terrestris Orbis visceribus oriantur, ex quibus posteà hujusmodi animalia ut plurimùm generentur; hæc verò ex naturali pronitate, cum illud, ex quo nata sunt, miro quodam magnetismo ad se allicientes, Terram à virulenta illa & herbarum plantarumque destructrice facultate liberent, id sane magnum naturæ bonum censeri debet; Quæ verò in aquis natales suos habent, idem in aquatico Regno præstant, quod prædicta in Terrestri, & Insecta volatilia in Aëreo; ex quibus aliud emolumentum resultat, quod tam Reptilia Terræ aquarumque, quàm Insecta tandem cedant in alimentum nonnullorum animalium, quæ sine illis vivere non possent, ut in Ciconiis, Corvis similibusque videre est. *Tertiò* cedunt hæc animalia in excellens medicamentorum alexipharmacum, uti ex Theriaca patet, & pestifera lue laborantibus in insigne remedium; de quibus quàm fusissimè actum vide in

Utilia ad multa Reptilia.

Magneticè trahunt humores venenosos Serpentes & alia.

Diatri-

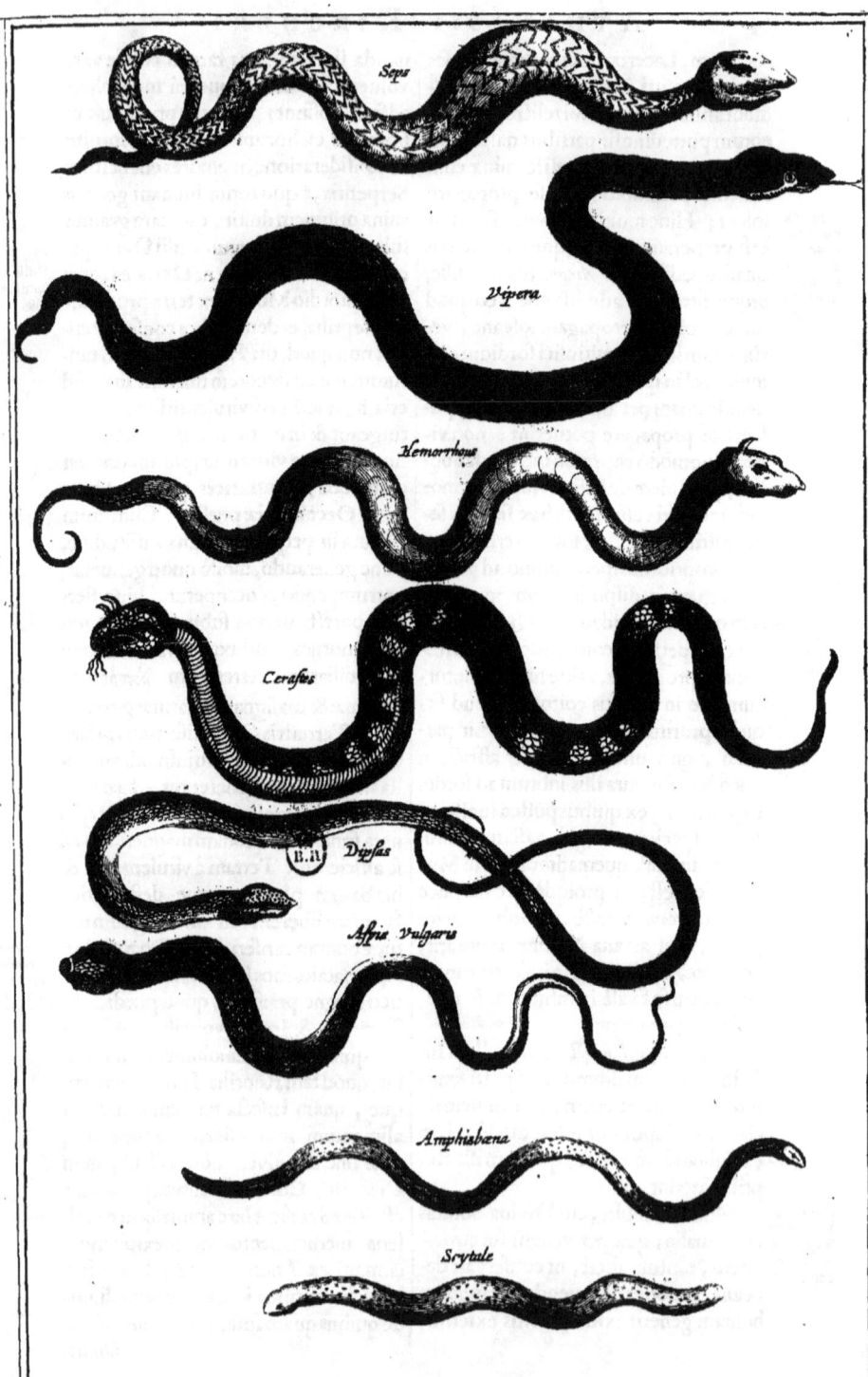

Diatribe nostra de Peste, quod *Scrutinium Physico-medicum* inscribitur. Accedit hisce *Quarta* ratio, quod dicta Reptilia sive Serpentes putrilaginosam alignitate in se derivata, vel ipsam *Arcam* ab exhalationum virulentarum, aërisque pernicie quadantenus purgarent, & una Ciconiis, aliisque ὀφιοφάγοις animantibus in nutrimentum cederent. Jam vero quænam illa sint, Reptilia, videamus. Suntque sequentia:

Vipera, Aspis, Cerastes, Dipsas, Hæmorrhois, Ptyas, Amphisbæna, Seps, Scytale, Jaculi, Boa, Draco; & hi Serpentes sunt; sequuntur *Salamandra, Lacerta, Stellio, Chamæleon, Rubeta,* quæ inter Reptilia quadrupeda recensentur. Serpentibus jungi poterant *Draco alatus, Basiliscus,* & similia; Verùm cum, quæ de *Basilisco* scribuntur, fabulosis potiùs, quàm veris Serpentibus adscribamus; ea non admittenda, duximus.

Vipera. *Vipera,* Græcis ἔχιδνα, notissimus Serpens, sesquipedalis longitudinis viviparum animal, tam ex putri, quàm ex utriusque sexus copulâ nasci potest, quæ etsi virulentissima sit, & morsu prorsus exitialis, innumeras tamen utilitates humano generi quoque confert, uti *paulò antè* docuimus; cum sit contra suum proprium venenum, antidotum infallibile, uti *Libro 3. Artis Magneticæ,* & in *Libro 9. Mundi Subterranei* ostendimus.

Aspis ejusque natura. *Aspis* Virulentissimus Serpens, in *Italia* rarus, in *Septentrione* prorsus ignotus, in *Ægypto* & *Lybia* frequentissimus, siderativa facultate morsu pollet; experientia tamen docuit, *Viperam* ab *Aspide* non distingui; eam ob causam, quod *Vipera* in *Ægyptum* translata in *Aspidem* degeneret, ob naturales *Ægypto* insitas terrestris glebæ proprietates venenosas, quibus attractis, *Vipera* in *Aspidem* virulentum convertitur.

Cerastes. *Cerastes* Κεράστης, à Cornibus, quibus caput protuberat, sic dictus serpens, ex differenti putredinis combinatione natus, morsu pruritum primò totius corporis, deinde vertiginem cum amentia, inflationemque tibiarum causat.

Dipsa. *Dipsas* Serpens à siti, quam morsu causat, sic dictus. quicunque enim ab ea morsus fuerit, is mox aquæ potu satiari non potest usque ad stomachi ventrisque rupturam, ob sitis inexplicabilis tormentum; differt specie à dictis ob effectuum, quos causat, diversitatem.

Αἱμόῤῥοις. *Hæmorrhous,* à sanguinis profluvio, quod causat, sic dictus. Morsu enim stupendæ virtutis, ex omnibus humani corporis membris sanguinem exsudare facit. *Americæ* proprius, post diuturnas pluvias ex nubibus bicaudata formâ decidens; qui cum ex putri, locique natura solùm nasci credatur, in *Arca* non est, cur receptus sit.

Ptyas. *Ptyas* Serpens est, sputo solo intoxicans homines, animantiaque cætera; veneno calorem naturalem extinguit, amentiam, paralysin, & apoplexiam, uno verbo, omnia interiora in tabum resolvit.

Seps. *Seps* Serpens est, virulento morsu ictos in putredinem resolvit, qui vel incautè calcatus mortem subitaneam adfert.

Amphisbæna. *Amphisbæna* Serpens binis capitibus, in utraque corporis extremitate instructus, cujus figura hæc est.

Scytale. *Scytale* Serpens innumeris coloribus tinctus, quorum consideratione fixos curiosiores veneno irremediabili conficit.

Sunt & Serpentes innoxii, quos *Itali, Cervioni* vocant, subindè quinque aut sex palmorum longitudinis, familiares Agyrtis & circumforaneis.

Boa. *Boa* Serpens est, sic dictus, eò quod Vaccis lac exsugere soleat, tantæ vastitatis, ut principatu *Claudii, Plinio* teste, cum in Vaticano occisus esset, intra ventrem infantem à se deglutitum exhibuerit.

Sunt

Sunt prætereà in *Africa*, *Indiisque* incredibilis penè magnitudinis serpentes, qui tamen uti natura Regionis, cœlique particulari influxu & natura loci ex Vermibus, vel quocunque alio Serpente illuc translato, in tantam longitudinem crescunt, ita quoque *Arcam* introductos non crediderim; cum plerique vel mutatione loci, ex pura puto nascantur putri spermatico.

Basiliscum quoque *Plinianum* tanquam fabulosum ab *Arca* rejicias; *Lacertas* tamen, *Salamandras*, *Stelliones*, *Crocodilos*, *Chamæleontes*; Reptilia verò quadrupedia ex naturali coitu genita admittimus, singulisque in *Arca* locum constituimus.

Hisce jungunt nonnulli *Ranas*, *Crocodilos*, *Rubetas*, quadrupedia, eo quod primo in Vermes reptiles, tandem in quadrupedia degenerent, quamvis nullum horum animalium in *Arca* fuisse, plerique *Zoologi* sentiant, excepto *Crocodilo*, eò quod inter mediæ perfectionis animalia computetur. Sed de his in *sequentibus* pluribus.

Porrò *Gesnerus*, & alii *Zoologi* Insectorum triginta species numerant: ego verò ad numerum ea revocari non posse assero, cum innumerabiles sint; tot videlicet, quot diversæ arborum, plantarum, tot; quot animalium quadrupedum diversæ species; generat enim omne vivens ex sui corruptela humoris, animal à cæteris differens; uti fusè in *Mundo Subterraneo* demonstravimus. Quæ verò ex Terrestrium aquearumque putredinum miscella nascuntur, sine numero pariter esse pronuntio, cum tot differentia quotidiè nascantur, quot novæ putredinum tum in Terrestri, tum in Aqueo elemento generationum combinationes fiunt; quæ uti olim & hodiè ex dicta seminalium rationum miscella nascuntur, ita quoque ea *Arcæ* includere voluisse incongruum, ne dicam ridiculum esse, nemo nisi insensatæ mentis inficiabitur.

Caput V.

De Quadrupedibus in Arcam *introductis*.

INtelligo primò per Animal quadrupes quod graditur, Capite, Collo, Dorso, Ventre, Pedibusque quaternis instructum, & ex se & natura perfectum, non ex putri, sed ex seminis utriusque sexus commixtione natum, cujusmodi sunt *Elephas*, *Camelus*, *Bos*, *Alce*, *Leo*, *Equus*, *Asinus*, *Tigris*, *Cervus*, *Ursus*, *Pardus*, *Panthera*, *Lupus*, *Canis*, *Porcus*, *Vulpes*, *Felis*, *Caper*, *Lepus*, *Cuniculus*, *Taxus*, *Sciurus*, *Martes* & similia.

Causæ efficientes Quadrupedum sunt, *Primò*, principium & finis omnium Deus *Optimus Maximus*, ad manifestandam Sapientiam, & Omnipotentiam suam; *Secunda* est ipsa Natura, quam singulis implantavit Conditor Sapientissimus, tum ut se per instinctivas cognitiones, & proprietates insitas iis conservarent, & à nocivis se munirent. *Tertia* stellarum influxus, quo sub diversis Climatis variam sortiuntur constitutionem. *Quarta*, sunt ipsæ species se multiplicantes, juxta illud Divinum præceptum, *Crescite & multiplicamini, & replete terram.* Finis tandem intermedius est homo, cui dant alimentum, victum, vestitum, & oblectamentum. Differunt verò indole cæterisque affectibus, dum quasdam mansuetas & domesticas, nonnullas feras & sylvestres conspicimus. Differunt præterea modo pascendi, dum quædam sunt ruminantes, quædam carnibus solùm, aliquæ solis herbis, nonnullæ παντοφάγα, id est, *omnivoræ* sunt. Aliæ differunt divisione pedum, uti bisulcæ, seu unguifidæ, & solipedæ. Differunt denique, dum aliæ mundæ, aliæ immundæ dicantur, non ratione essentiæ, sed ratione sensus, & usus; ut proinde

ARCA NOE.

proinde satis mirari non queamus Divinæ Sapientiæ altitudinem, dum in principio Creationis, tam provide, & tanto cum ordine mundo mundique filio homini providit, dum *primò* Terrâ & aquis stellisque productis, mox Terram herbis & arboribus, tanquam annonâ, & commeatu animantibus paulò post producendis parato instruxit: productis animalibus, subsecuta fuit hominis creatio, ut homo utroque & vegetabilis & sensitivæ naturæ subsidio, quàm firmissimè, tum ad victum, tum ad vestitum, oblectamentumque possessione perpetuò duraturâ uteretur. Atque hisce camporum sylvarumque recessus conferti sunt, hisce superbit civibus totius terreni globi ambitus. Quibus quidem breviter recensitis, jam ordine singula ex dictis in *Arcam* introductis, juxta naturam & proprietatem uniuscujusque describamus, à majoribus corporis mole ordituri.

Elephas ejusque Natura & proprietas.

Elephas omnium *Zoologorum* calculo, uti mole corporis cætera excedit; ita quoque meritò primum in *Arca* locum jure suo requirit. *Elephas* brutum quadrupes est, robustum, maximum, etiamsi horridum aspectu, docile tamen est, & nisi irritetur benignum; & materiali quodam ut ita dicam, judicio in rebus agendis pollens: omnium prudentissimum cujus vox naturalis est barrire, foliis arborum, herbis fœnoque, uti & fructibus, utpote Peponibus, imò placentis quoque mellitis pascitur. Delitiæ ejus sunt in *India* Arundines Saccharaceæ, & potus vinum crematum, vel quodcunque tandem aliud vini genus spirituosis halitibus generosum; Mirum tamen est, vitatis superfluis necessaria tantùm appetere; potu tamen aquæ paulò excedit, cum *Aristotele* teste, sex aut septem modios aquæ uno haustu facilè absorbeat; Vastitas tamen corporis id ab hac immoderata potus sumptione facile absolvit; in sociali commoratione, maximus cæteris præcedit; flumina transituri parvulos probissimè, ne absorbeantur, gestant; montes asperiores subituri, proboscide pro baculis utuntur; in Theatris quoque suas partes egregiè peragunt; *Mures* & *Muscas* timet, quas rugis pellis inhærentes, contractâ pelle enecat. Sed de his animalibus vide *Zoologos*.

Camelus est animal quadrupes, gibbosum, gramine, fœno & frugibus, spinosisque fruticibus vitam sustinens, famis sitisque patientissimum; mansuetum quoque, nisi quando in venerem initio verni temporis concitatur; injuriarum à rectore suo acceptarum memor, in illum vehementer sævit; vox ejus est stridere, ad onera etiam maxima aptissimum: unde proverbium: *Camelus* etiam scabiosus plurimorum

Camelus.

morum *Asinorum* fert onera, nec ea refugit, etiam morbo affectum.

Taurus,
Bos.

Taurus sive *Bos* est animal quadrupes mugiens; mugire enim bovino generi

maximè convenit; nutritur gramine, foeno, paleâ, hordeo, aliisque, ex mundis unum. Collo validissimo, ungulâ bifidâ, humano generi utilissimum, non agriculturæ solummodò laboribus; sed & carne sua nos sustentat, lacte alit, corio vestit, cornibus in variis humanæ vitæ usibus nobis servit; undè & *Ægyptiis* in summa semper veneratione fuit, *Bovemque*, tanquam vivam *Osiridis* imaginem innumeris superstitiosi cultus ritibus adorarunt. De quibus vide *Opera nostra hieroglyphica*; Dividiturque in varias species; scilicet in *Boves Asiaticos*, *Africanos*, *Indicos*, *Bisontes*, *Uros*; quæ tamen à coeli, & terrestris loci natura, uti in *præcedentibus* docuimus, omnem illam varietatem acquirunt.

Ægyptiorum in Bovis cultu stoliditas.

Monoceros.

Monoceros, sive *Unicornis*, proximè magnitudine, ut *Authores* sentiunt, ad *Taurum* accedit. Verùm cum nullus hucusque inventus sit, qui hujusmodi animal se vidisse attestari possit, ideò nos non immeritò ea inter fabulosa *Plinii* recensemus. Non nescio, multa animalia unicornia, ut *Asinos* & *Capras* in Regno *Tanchin*, *Pegin*, *Conchinchim*, *Rhinocerotes*, & in *Africa Boves* quoque unicornes reperiri; id

Monoceros Plinii non reperitur in natura.

verò unicorne animal, sicuti id *Plinius*, & *Scaliger* aliique describunt, nullum hucusque hisce potissimum temporibus, quo totus Terrarum orbis, si unquam, hoc seculo sanè frequentissimè, tum terrâ, tum mari susceptis itineribus lustratus fuit, visum fuisse, mirum non immeritò cuique videri possit. Rursus qui hoc animal Divinis humanisque literis convicti, aliquando fuisse sentiunt, & *Diluvio* periisse, id ex maximæ virtutis cornibus ex terra nullo non tempore effossis, demonstrare conantur, illi pariter hallucinantur; cum *Sacra Scriptura* iis in locis non de certa horum animalium specie, sed de animantibus unicornibus, quorum multa adhuc in *Indiarum* Regionibus cernuntur, in genere loquatur. Ad cornua verò quod attinet, intra terram relicta, illa utique, non cornua dictorum unicornium, sed vel vi, & efficacia naturæ producta, vel etiam ingentium piscium rostra (qui in ultima Insularum *Gronlandia* stabulantur) à *Danis* noviter detecta, censeri debent; quemadmodùm fusissimè in nostro *Mundo Subterraneo* docuimus, quem Lector consulat. Asserentes verò, tam celebrem animalium speciem in *Diluvio* periisse, Divinæ providentiæ contradicunt: Quasi verò DEUS istiusmodi animal conservare vel non voluerit, vel non potuerit; cum plura

Rostra unicornium, quæ tanto in pretio habentur, Rostra piscium sunt.

&

& minoris momenti in *Arca* animalia conservârit, uti de Reptilibus diximus; hoc itaque asseverare de Deo, blasphemiâ non caret. Non itaque alia ratio assignari potest, illud in *Arca* non fuisse susceptum, nisi quod tale, prout ab *Authoribus* describitur, nullibi in hunc usque diem visum sit. Per *Unicorne* itaque, alia similia huic speciei animalia suprà recensita intelligi debent, ut *Sacræ Scripturæ Textus* servetur. Ego per *Monocerotem* nil aliud intelligi existimo, nisi

Rhinocerus.
Rhinocerotem animal in naso cornu portans, estque paulò *Elephanto* minus, cum quo & bellum gerit, totum cataphractum.

Bubalus.
Bubalus sive *Bufalo*, vulgo Bovini generis, ex mundis unum, animal est

aspectu formidabile, cornibus præduris & inflexis, quibus pretiosa quævis conficiuntur; corollæ precariæ, reliquiarum capsulæ, vascula, similiaque conficiuntur; aquis & luto gaudet, ferox animal, nulli, ne quidem conductori, si quandoque irritetur, parcit, ex rubri coloris aspectu excandescit, caro olim

Sacris Literis testantibus, cibus reputabatur delicatus, & inter cæteras carnes, mensæ *Salomonis* deputabatur; hodiè non nisi *Judæis* in escam cedit, inter munda tamen animalia recensetur.

Alce animal quadrupes, velox, bisulcum, unde & mundis animalibus adnu- *Alce.*

merari potest; flebilem adinstar infantis vocem emittens: *Cervo* majus & hirsutius est; gramine & fœno vivit; ut plurimum in *Lituaniæ* & *Moscoviæ* sylvarum latibulis deprehenditur; Germanicè, *Elendt* à voce flebili: ab Italis *Gran bestia* dicitur, non tam à magnitudine, quàm ob eximiam virtutem, quâ Epilepticos, ungulâ suâ collo, aliisve membris appensa, sanare dicitur; cujusmodi in nostro Musæo videre est.

Equus animal quadrupes hinniens *Equus.* est, generosum, docile, fidele, hu-

manis usibus maximè aptum, gramine, fœno, paleis, avenâ, hordeo alitur.

Animal adeò salacitate concitatum, ut vel ad primum *Equarum* odorem vix cohiberi possit. Virgilius.

Corpora, si tantùm motas odor attulit auras,
Illos tum non fræna virûm, neque verbera sæva,
Non scopuli rupesque cavæ atque objecta retardant
Flumina correptos undâ torquentia montes.

Cæterùm nullum inter quadrupedia, bello aptius est, ob generositatem, quam in invadendis hostibus, sine ullo terrore exhibet. *Crabrones* & *Vespas* illum ex excremento proprio generare, experientia docet. Vide *XII. Lib. Mundi Subterranei.*

Tigris. Tigris animal est αἰλυρόμορφον, id est, *Felis formâ*, velocissimum, ro-

bustum, indomitum, & maculosum; vivit ex raptu; *Cervos, Boves, Oves, Equos* & *Canes* invadit, interimit, & devorat; olfactu nulli alteri ex quadrupedibus cedit; fame urgente, velocitatis sunt incredibilis, benè pastæ, nihil illis pigrius esse potest, ita ut vel etiam à quovis *Cane* in fugam facilè convertantur; pili circa os virulento, & irremediabili veneno pollent. Vide nostram *Chinam illustratam.*

Ursus. *Ursus* animal est quadrupes, mur-murans, ferox, robustum, & perniciosum, robur tenens in anterioribus pedibus & lumbis, cæterùm caput invalidum, fructibus omnis generis, melle, formicis, & cadaveribus quoque vescitur; homine viso statim in pedes se erigit, & amplexatum violentâ compressione occidit; coëunt humano more. Latet hyeme succo proprio, uti dicitur, vivens.

Leo est brutum quadrupes, rugiens, generosum, superbum & ferox; *Leo.*

vescitur animalibus, prædaque vivit, infestus est *Cervis, Apris, Bobus,* aliisque quadrupedibus, cadavera non tangit nisi fame coactus, quâ subindè ita cruciatur, ut nec armis, fustibus, lanceis, sagittisque terreatur, sed intrepidè oppida villasque ingressus, nulli, nec brutis, nec hominibus parcat: prædâ captâ, priùs sanguinem exsugit, deindè reliquum corpus, non una parte contentus, totum in partes discerptum dilaceratumque devorat, cumque nimio ciborum onere se aggravatum sentit, herbis assumptis se ad vomitum concitat, deindè ad biduum abstinentiâ ciborum sibi sanitatem restituit. Si ejus magnitudinem consideres, eum *Asino* haud disparem reperies; Capite firmo est, pectore amplo & valido, juba duriori, quæ pulchre armos & collum vestit; latera robusta habet, & nervis solidissimis compacta, ungues acutissimos, oculos terribiles, cauda pugnæ prænuncia, rugitus horribilis; Quod vero quidam dicunt, ossa eum habere sine

meatu

meatu medullari, falsum compertum fuit. Salacissimum animal, præsertim fœmina, quæ libidinis œstro percita, etiam *Pardum* admittit; quod si quando sentit mas, tota vi in ultrices pœnas exurgit; odoratu multum valet, indeque masculus femellæ adulterium agnoscit, quæ tamen astutiori instinctu, ne deprehendatur, aquâ se lavat, & hoc pacto marem decipit. Rugitum *Leonis* omnia animalia formidant, quo feras quascunque veluti fascino ligat. Imperterritus Venatoribus se sistit; à quibus si vulneretur, rectà in Venatorem irruit, eumque prosternit. Aliàs hominem nisi læsus ab ipso, aut extrema urgente fame non lædit. Fœminas verò etiam amat, & libenter conversatur cum iis, si quam noxam cæteris brutis intentat, facile à fœmina baculi minis à noxa abstinet.

Cervus. *Cervus* animal est quadrupes, velocissimum cursu, rancans, id est, vocem rancoram edens, quod tametsi vastis & ramosis cornibus constet, timidum tamen est: vescitur frugibus, oleribus, graminibus, aliisque agrorum, hortorumque fructibus, bisulcum est, & ideò mundis animalibus adnumeratur. Tempore mensis Augusti, ardentissima libidine agitatur; denique animal est ad omnes humanos usus aptissimum, car-

ne, corio, cornibus, pinguedine: in varias species dividitur.

Asinus notum animal, tardum, stupidum, salax, famis, laboris & verberum *Asinus.*

patiens; vox ejus propria ruditus est; vilissimo alimento contentum; tribulis, carduis, spinis, graminibus, paleâ, fœ-

Onager & no; aliisque vilissimis plantis vescitur. *Bonasus* etsi differentes aliquo modo
Bonasus. *Equus* ex *Asina* generat *Mulum. Onager &* quoad exteriorem formam sint, ejusdem tamen

tamen speciei censentur esse, solâ Cœli, tellurisque naturâ transformati.

Lupus. *Lupus* animal est quadrupes ululans, hominibus animalibusque infestum,

rapacitate & voracitate insatiabile, ita ut vel integra Ovium, cæterarumque animantium corpora, unà cum pilis & ossibus devoret potiùs, quàm comedat.

Pardus. *Pardus* carnivorum animal, maculis nigris per totum corpus à natura pul-

chrè depictum; ferox, robustum, astutumque; ex raptu animalium vivit, nulli parcens, nè quidem hominibus; salacissimum est; undè etiam diversæ speciei animalia admittit, ex quibus differentes species animalium exsurgunt, *Pardus,* uti posteà videbitur. *Pardus & Panthera,* *Panthera.* Plinio teste, unum sunt, & non differunt nisi sexu; *Pardus* enim mas est, *Panthera* fœmina. Sed alii aliter tenuerunt.

Caper, Capra. *Caper, & Capra,* in multas species dividuntur à nonnullis, quæ tamen non tam specie, quàm exteriori forma differunt, ex natura loci, alimentorumque differenti constitutione: ut *Capricorni, Ibices, Rupicapræ,* & similes: vescuntur

omnes graminibus, foliis, fructibus, corticibusque arborum, fruticumque, summitatibus foliorum maximè gaudent: si vocem spectes, blaterare dicitur; animal libidinosum est, & multiplici fœtu fœcundum; carne, corio, lacte, cornibus, quin vel ipsa lana pilosa magnam utilitatem præbet; & uti ex bisulcis, & ruminantibus unum est, ita quoque inter munda adnumeratur.

Est autem magna differentia inter *Ca-* Explicatio generis *Caprini.* *prum, Hœdum, Hircum, Capram, Capream, Capellam, Ibicem. Caper* enim notat marem castratum; *Hœdus* non castratum,

sed propagandæ speciei destinatum; *Capra* fœminam notat, quam init *Hircus; Capella* fœminam non expertam marem; *Caprea,* seu *Capreolus, Cervulum* sylvestrem exprimit; *Caper* sylvestris, *Capricornum; Rupicapra* verò Alpestribus assuetum scopulis animal est.

Ovillum pecus, sive *Ovis,* animal ti- *Ovillum* midum, patiens & mansuetum, voce *genus* balare dicitur: pascitur gramine & fœno; panem quoque, si ei porrigatur, avidè

ARCA NOE.

avidè arripit; uti bisulcum, ita & ex mundis unum; innumeras enim homini præstat utilitates; Carne siquidem & lacte caseoque nutrimur, corio, velleribusque, lanâque vestimur, aliisque notis omnibus ex ea susceptis emolumentis fruimur; simplicissimum animal est, natura sua inerme; non valet unguibus, non dentibus, non calcibus, non cornibus, ut non immeritò *Christi* ἔκτυπον semper expresserit: qui tanquam *Ovis* ad occisionem ductus, non aperuit os suum; & uti simplicissimum animal est, ita quoque facile in avia & devia abreptum *Lupis* cedit; multis quoque infirmitatibus exposita est, quas absente pastore, & non curante incurrunt; ut proinde non immeritò, inde Præsules Ecclesiæ, Pastores, & curæ eorum commissi fideles *Oves* dicantur & numerentur.

Σῦς, *Porcus.* *Porcus* animal est grunniens, lascivum, immundum, & vorax, luti volutabro assuetum; herbis & frugibus, potissimum radicibus plantarum, uti & glandibus, castaneis, pomis, pyris, similibusque fructibus delectatur: verbo, omnivorum est, & fame stimulante, non dicam cadaveribus, sed ne quidem propriæ soboli parcit; pro deliciis luto delectatur, & si quid luto foedius est; animam vero pro sale habet: vivens nemini prodest, mortuus multis: quamdiù vivit, omnes offendit torvo aspectu, foetore & grunnitu. Cùm mactatur, carnes ejus variis modis præparatæ, non exiguam voluptatem præstant gulosis; prosunt & lardo, farciminibus, setis, quorum ingens usus est, tum apud sutores, tum apud compactores librorum pellis. Lepram tamen facile contrahunt, & alios etiam esu continuo & frequenti suæ carnis leprâ inficiunt; unde tanquam immundum animal in Lege prohibitum est.

κύων, *Canis.* *Canis* est animal latrabile, sagax, vigilans, & fidele; nutritur carnibus, ossibus, pane, aliisque, fame stimulante omnia quantumvis vilissima & sordida devo-

Nullum Quadrupes differentiores species habet, Canc.

devorans, ne quidem cadaveribus parcit. Ad magnitudinem ejus quod attinet; dico inter omnia quadrupedia nullum reperiri, quod tanta varietate, sive molem corporis, sive colorum formæque diversitatem spectes, instructum sit, reperiri. Sunt enim *Canes* maximi, *Molossi* Anglicani; minimi uti *Melitæi*; sunt mediocres; sunt glabri; sunt varia pilorum differentia vestiti; sunt villosi, uti & aquatici: sunt alii ad venationem apti, ad custodiam pecudum alii, alii ad hominum præsidia à Sapientissimo conditore destinati. Venaticos Natura tibiis brevissimis & longissimis corporibus instruxit, eo fine, ut ferarum intima latibula subirent. Cursoribus vero longissimas & subtiles tribuit ad facilem cursum, pectus latissimum ad respirationem, longum rostrum ad aëris in currendo sectionem, caudam cæteris longiorem, ad inversiones in reciproco cursu regendas; quod uti libidinosum est, ita quoque minimè sua specie contentum, *Lupis*, *Vulpibus*, similibusque sæpe congreditur. Osseo pœne natura illud instruxit, ex quo post coitum sequitur adhæsio. Cæterum sagacissimum est, & Hero obediens ad nutum; docile ingenium habet, ad res ludicras discendas aptum: unde ad macellum mittuntur pro carnibus Hero comparandis. Verua vertunt; literas ad postam portant, & similia jam Mundo notiora, quàm ut quis in iis recensendis tempus perdat.

Mores Canum.

Ἀλώπηξ. *Vulpes.*

Vulpes est animal quadrupes gannibile, sive ganniens, callidum, & παμφάγον, ad damna inferenda natum; vescitur enim Gallinis, Anatibus, Anseribus, Muribus, Piscibus, Uvis, Vespis, & aliis quibuscunque tandem. Crudelitatem potissimùm exercet in Gallinis, quibus non nisi priùs occisis omnibus vescitur: animal & caudà, & pelle, dentibus acutissimis instructum; cauda villosa ad multas insidias animantibus, quas appetit, quas solità suà astutia venari solet, struendas, ei inservit: præter pellem & pulmonem, quod homini in usum aliquem cedere possit, nil aliud habet.

Felis sive *Cattus* animal domesticum, omne murium genus ad escam prose-

Αἴλερος *Felis.*

quitur: Quamvis etiam pane, caseo, carnibus similibusque vescatur; vocem ejus nonnulli exprimunt per maubare; quæ quidem vox pro interni affectus diversitate varia est, obscœna, cum libidine agitatur, terribilis ac dira, cum de fœminis certant, miserabilis cum fœmina marem advocat; multiparum est, & superfœtans; mollis & remissa, cum ab-blandire solet. Verùm mores actionesque *Cattorum* cùm nulli non notæ sint, easdem non ulteriùs describendas censui.

Lepus animal timidissimum, velocissimum, & fœcundissimum; vescitur herbis, oleribus, brassica, malva similibusque; & uti natura timidissimum est, ita quoque natura ad vitæ suæ consulendum, omnia membra ad velocissimum cursum adaptasse videtur. Multiparum est, & superfœtans; inveniuntur & teste *Plinio* hermaphroditi inter eos, mas tamen

Lepus. Λαγώς.

men uterum nunquam gerat: Caro à nonnullis improbi succi esse fertur; Martialis tamen reliquis carnibus præfert:

Inter aves Turdus, *si quis me judice certet,*
Inter quadrupedes, gloria prima Lepus.

Cuniculus. Cuniculus proximum *Lepori* animal, ut proinde id Leporini generis existiment, & quamvis quoad exteriorem formam prorsus similes sint *Leporibus Cuniculi*; quoad proprietates tamen Naturæ multùm differunt: habitant enim non in apertis campis, sed in locis, seu mæandris subterraneis, quorum suffodicatione, nonnullas urbes in summo ruinæ periculo fuisse, *Historici* memorant. fœcundissimum præterea animal est, dum semper fere ternos, & quaternos catulos pariat, atque etiam haud secus ac *Lepus* superfœtare soleat; unde brevi in magnam & damnosam multiplicationem propagantur.

Sciurus. Sciurus, animal est mundum, velox, inquietum, *Cuniculo* haud multum quo-

ad membrorum constitutionem dissimile, nisi quod caudam habeat sat longam & villosam, qua totum corpus contegere potest; utplurimum in Fagis, Quer-

cubus, Juglandibus, Castaneis cæterisque frugiferis arboribus habitat, quarum fructibus victitat, summaque velocitate ex ramo in ramum, & ex arbore in arborem, volare id diceres, se transfert, & cicuratum homini valde familiare est, & præsertim si Amygdalis, & Saccaro imbutis Nucibus alatur; jucundum est videre ejus operationes, gestus, mores in comedendo: Inclusum caveæ rotabili, illam continue versat, rota versata versat unà brachia flexilia statuarum axi rotæ applicatarum, ut statuæ rotam versare videantur, & complura hujusmodi ludicra spectacula exhibet.

Mustela animal quadrupes, audacis- Mustela. simum in Mures etiam majores, quibus

utplurimum vescitur, aviculis quoque insidias tendit, in antris habitat; inquietum semper hinc inde discurrit, mansuescit; cum *Bufone*, seu *Rubeta* immortale gerit bellum, cui tamen posteà succumbit, virulento halitu siderata; contra Serpentes verò in pugnam subitura, priùs rutâ se veluti antidoto quodam munire fertur. Vide de hoc animalculo plura in *lib. 3. Artis Magneticæ.*

Viverra animalculum, uti lucem odit, Viverra. ita ferè semper subterraneos mæandros

inhabitat, non nisi noctu ad prædam exit; vescitur hordeo, tritico, avenâ, cæterisque frumentis, & leguminibus, quorum pro hyberno commeatu acquirendorum collectrix est, supra modum studiosa, & industriæ laude conspicua ; undè veluti pro avaritiæ symbolo à quibusdam ponitur ; fœmina tamen Mare dolosior est. Mas enim ex avaritia fœminæ cibum negans, hæc clam sibi excavat foramen, atque aliunde ad commeatum aditum parat ; ut proinde quantò hic tenacior est, tantò illa voracior & liberalior est ; in antris suis audacissimum est, ita ut *Cuniculos* etiam multo majores se, invadat & interimat ; extra eam tamen timidissimum ; sicut *Gallus* in suo simeto plurimùm valet.

sum & πολύγονον, dormire dicitur tota hyeme , quod tamen experientiæ repugnat. Verum cum hoc animal notius sit, quàm ut pluribus describi debeat, Lectorem ad alios *Authores* remittimus.

Erinaceus, animal spinosum, sive aculeatum est, capite *Porco* assimilatur, Pomis, Pyris, Uvis, aliisque fructibus vescitur, spinis horridum, dum se capi sentit, in globum se colligit , ut vix tangi possit: serviunt quoque Spinæ, ut fructibus, Uvis, Pyris deciduis, quæ ore non potest, iis supervolutus, suis affixa spinis in foveam deportet, iisque domi pro sua commoditate vescatur. *Erinac*

Histrix alia *Erinacei* species est, toto corpore longis acutisque aculeis obsitus, quos in sui venatores, non sine periculo gravioris læsionis evibrat ; vocatur & ob formam & similitudinem *Porci*, *Porcus aculeatus*; generat lapidem, in febribus malignis curandis aptissimum ; vescitur iisdem, quibus *Erinaceus*. *Histri*

Taxus *Taxus* sive *Melis*, animal est somniculosum, lucem fugiens, perpetuò in abditis montium antris degit, noctu ad pabulum egreditur, obesum, totum pinguedine constans ; vescitur omnibus fructibus, potissimùm Pyris, quibus summe incrassatur : tota hyeme dormire dicitur, propria pinguedine vitam sustinens ; cæterum tardum, & pigrum est, præ pinguedine ægre se movens, quæ tamen pinguedo Luna crescente, augetur ; decrescente minuitur. Dissidium naturale cum *Vulpe* habet.

Glis *Glis*, magnitudine *Felis*, infestum *Gallinis*, ovisque, quæ absorbet, damno-

Ultimò *Simia* animal est, hominem externâ formâ ejusque actiones gestibus variis *Simia*

ARCA NOE. 67

variis exprimens: vescitur omni fructuum genere, Mellis potissimum avidissimum: Pediculos quoque inter condensa capillorum quæritans devorat; Vino quoque summoperè delectatur. Horum animalium summa est varietas: sunt magnæ, mediocres, parvæ, quæ tamen pueri staturam non facilè superant; inquietum animal est, perpetuis saltibus, & gesticulationibus distentum; formâ suâ humanæ quidem haud absimili, sed fœda; huic enim nates suppressæ, rugæ turpes, ubera fœda in pectore, corpus totum pilis densis stipatum, oculi profundi & cavi; ungues crassi; ex omnibus quadrupedibus solum caudâ caret; cujus loco glabricies clunium obscœnissima; verbo, ridiculum corpus ridiculam animam inclusam tenet. De quibus mira narrantur ab *Historicis*; hominum actionibus haud absimilia: animal prolium mirum in modum amans. Cæterum ad nil aliud à Sapientissimo conditore rerum, nisi ad delectationem hominum producta videntur: hinc hominis actiones & gestus perfectè imitatur; petulanti insuper membrorum agitatione, mira & ridicula patrat, humano more bipes incedit, bipes saltat: nunc fistula canit, jam aurigam agit, modò militem; scribere & pingere quoque affectat; pueris & infantibus delectatur. Sed hæc ut quotidiè hîc *Romæ* obvia sunt, ita quoque non ulterius prosequar.

Cercopithecus Simis caudata.

Sunt præterea *Cercopitheci* species Simiarum, caudâ instructarum, quarum iterum summa varietas spectatur. Sunt, quos *Cattos Mammones* vocant, omni colorum genere à Natura imbuti, uti & *Simiæ*; sunt albi, nigri, fulvi, maculati, virides, omnes astutiâ & malignitate insignes. Tota hæc *Simiarum Cercopithecorumq;* varietas aliundè provenire non potuit, nisi ex multiplici, & promiscuo unius cum aliis, & hæc cum aliis differentis speciei animantibus coitu. Unde non omnes hujusmodi species intra *Arcam* conservatas fuisse, certò tenemus; sed duas principales species, *Simiæ* propriè dictæ, & *Cercopitheci*, ex quibus posteà aliæ produci potuerunt.

De Quadrupedibus, quæ in Arca *non conservata putantur.*

Cum infinitæ propemodum animalium species sint ex promiscuo diversarum specierum coitu productæ, illas omnes intra *Arcam* introductas fuisse non est verisimile, cum illæ postmodum ex genuinis & propriis speciebus spurio congressu generari potuerint: sed nonnulla horum animalium innumeris aliis, quæ *India*, & *Novus Orbis* producit, omissis, recenseamus.

Mulus.

Et primo quidem loco se sistit *Mulus*, animal spurium, ex *Equo* & *Asina* generatum,

ratum, quem omnes *Interpretes* ab *Arca* eximunt, cum post *Diluvium* multiplicibus jam *Equis* & *Asinabus*, ex promiscuo congressu nasci potuerit.

Camelopardalis.
Ab hac quoque eximi potest *Camelopardalis* animal ex *Pardo*, & *Camelo* na-

tum: habet collum longum, & caput instar *Cameli*; posteriores pedes, breviores anterioribus; dorsum instar *Pardi* maculis albis insignitum. *Cæsaris* Dictatoris Ludis Circensibus primùm visa *Romæ*: animal mansuetum est; undè & *Ovis* ferè nomen apud *Barbaros* obtinuit.

Tragelaphus.
Tragelaphus, sive, *Hircocervus*, ex *Hirco* & *Cerva* genitum animal, & juxta

Phasidis undas ut plurimùm spectatur, eò quod ibidem magni *Hircorum Cervorumque* greges stabulentur; unde facile ex petulantis *Hirci* cum *Cervabus* commixtio sequitur; unde contrahit cornua cervina, reliqua *Hircum* olent.

Hippelaphus animal est ex *Equo*, & *Cerva* originem suam ducens, quasi di- *Hippelaphus.*

ceres, *Equicervus*; habet enim caput & cornua cervina, & mentum barbatum; reliqua equinum quid exprimunt, *Aristotele* teste.

Hippardium animal est ex *Equo* & *Hippardium.* *Pardo* genitum; ex specie *Equi* & *Pardi* constitutum.

Leopardus animal est, ex *Leone* & *Leopardus.* *Pardo* constitutum, vel ipsa forma monstrat animalis, capite jubato ad instar *Leonis*

Leonis infignitum, reliquum corpus maculis pulchris depictum *Pardum* refert.

Allopecopithicum animal ex *Vulpe* & *Simia* genitum, uti vox ipfa compofita notat. Hoc animal *Cardanus* in Æthiopia nafci fcribit, anteriori parte *Vulpi*, caudâ & pofteriori *Simiæ* caudatæ, pedibus anterioribus, humanis, auribus

Allopecopithicum.

Vefpertilioni fimile, crumenam habens fub ventre, quâ catulos gerit, nec dimittit nifi dum lactare vult. Videtur hoc animal *Cardanus*, cum *Chiurcha* animali *Indiæ Occidentalis* confudiffe; quod *Scaliger* muftellino generi adfcribit; dicitur effe *Viverræ* facie ac magnitudine, capite vulpino, catulofque in burfa fub alvo extenfa portare: cum *Chiurca* minimæ molis, illud verò vulpinæ magnitudinis in *Æthiopia* reperiatur. Quicquid fit, ego fanè audacter afferam, hoc animal, uti monftruofiffimum eft, ita quoque ex diverforum animalium congreffu, ortum fuum obtinuiffe.

Chiurcha.

fe contrahit, ita ut nulla ei noxa inferri poffit, ore roftrum *Porci*, cauda longa &

teftacea, lacertæ caudam exprimit; unde & ab *Hifpanis Armadillo* illi nomen inditum eft, à *Latinis, Erinaceus* cataphractus, five teffalatus, *Tato* à *Barbaris* vocitatum: *Tato* five *Aiotochli*, quod idem eft, ac *Cuniculus* cucurbitalis. Ego fane, quantum conjectura affequi poffum, ex *Teftudine* & *Erinaceo* originem fuam traxiffe, non invitus dicerem, cum teftudinacei generis, teffellato corpore, reliqua verò membra, morefque *Erinaceum* perfecte, excepto capite, quod *fuillum* eft, exprimat.

Armodillus.

Armodillus animal eft *Regni Mexicani*, quod in noftro Mufæo expofitum advenis monftramus, totum inftar *Equi* phalerati cataphractum, teffellis feu teftaceis corticibus à natura miro ordine diftributis inftructum, quibus ubi impetitur, mox in globum Erinaceorum more,

Marmota animal ex *Mele* & *Sciuro* natum. *Melem* enim capite, pilo, unguibus,

Marmota.

bus, reliquifque membris; *Sciurum* verò moribus exprimit, dum anterioribus pedibus sedens, manuum officio, uti *Sciuri*, utatur.

Leocrocuta. Leocrocuta animal ex *Leone* & *Hyæna* generatum; teste *Plinio*, esse *Asini* ferè

magnitudine, collo, cauda, pectore, *Leonis*, capite *Melium*, bisulcâ ungulâ, ore ad aures usque rescisso, humanos mores imitari. Verùm, quæ *Authores de Hyæna*, & *Crocuta* asserunt, fabulis similiora sint, quàm ut certæ alicui animalis speciei congruunt; ideò ea omittenda censui.

Corcobado. Corcobado animal *Americæ Septentrionalis* gibbosum, ex bovino genere, uti

testantur fere omnia genera *Tauro* simillima, nisi quod densis pilorum villis, jubisque sit toto corpore vestitum;

Turpe aspectu animal, currit, saltat feritque cornibus, formidine ferociæ animalia cuncta fugat, Indigenis tamen mirum, quàm multa commoda præstet: siquidem sanguinem in potum, loco panis carnem in escam, cornua ad conficienda pocula, pellem in vestitum & utres; corium in tegumenta casarum, funes, calceos ac vestes, ossa ad arma conficienda, nervis ad fila, stercus ad ignis fomentum præstat, atque adeò vel hoc unicum animal ad omnes ferè humanæ vitæ usus Indigenis conducit. Ego sanè non facile assererem, id ex diversæ speciei congressu natum, sed esse bovinæ speciei animal, vel cœli influxu peculiari, aut climatis locique natura, uti fere omnia animalia *Americæ*, in hanc formam transmutatum fuisse.

Innumera hoc loco alia animalia adducere possem uti monstruosa, ita quoque vel ex cœli apporrheâ, vel naturâ climatis, aut etiam ex promiscuo diversarum specierum congressu animalium nata; ut proinde ea in *Arcam* introducta minime putem; eum post *Diluvium* dictæ species animalium, dictis de causis nasci potuerint. Ne tamen quispiam putet, eam ob causam illa non me admittere, quod *Arca* illorum capax non fuerit: Ego ostendam, *Arcam* adhuc ad hujusmodi etiam recipienda, sat amplam capacemque fuisse. Ut verò, quæ hucusque adduximus, vera esse demonstremus, hîc Aristotelis testimonium adjungam lib. 2. de gen. animal. c. 5. ubi sic dicit: *Coëunt animalia generis ejusdem secundum naturam, sed ea etiam, quorum genus diversum quidem, sed natura non multùm distat, si modò par magnitudine sit, & tempora æquent gravidationis, raró id fit, sed tamen fieri, & in* Canibus, *& in* Vulpibus, *& in* Lupis *certum est;* Canes *etiam Indici ex bellua quadam simili &* Cane *generantur, sive ut in Græco est:* ἐκ ϑηρὸς τινὸς κυνώδες.

ARCA NOE.

DUBIUM II.

An illa Animalia, quæ Amphibia dicuntur, in Arcam fuerint introducta.

Amphibia animalia ea dicuntur, quæ partim in Terra, partim in Aquis degunt, ita ut neque in terra multo tempore, neque etiam in aquis vitam diu sustinere queant: sunt sequentia:

Hippopotamus, sive *Equus Fluviatilis*, quorum magna copia in *Mari Erythræo*, *Indiâ*, & *Meridionalis Africæ* Pro-

Hippopotamus.

vincia *Sofala* stabulatur, ingens animal fluviatile, seu marinum; in *Nilo* enim *Cuama*, *Nigro*, *Africæ* fluminibus, vicinisque maribus reperiuntur: informe animal, capite equino, cæterorum verò membrorum habitu à cæteris animalibus differentium multiplici dentium prægrandium ordine instructum, in aquis vitam ducit, ita tamen, ut sub eis longo tempore durare nequeat, sed noctu extra aquam emergit, & sibi prædando ad vitam pabulum quærit: herbis fructibusque in terra, piscibus in mari vescitur.

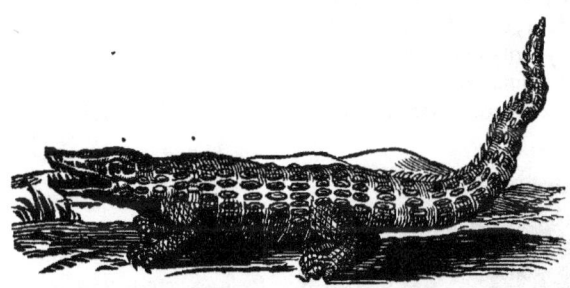

Crocodilus.

Crocodilus est animal quadrupes, *Lacertæ* simillimum, nisi quod totum ejus corpus testaceum, veluti cataphractum, loricatumque sit, impervium armis quibuscunque, nisi in ventre, ubi mollius est; Carnivorum est, nulli parcens animalium; fugit persequentes se, etiam pueros, & lachrymabundum: acriter persequitur fugientes; crescit in tantam longitudinem, ut vix statum consistentiæ habere videatur; inventi sunt 50 pedum longitudinis *Crocodili*: stabulantur maximè in *Indo*, & *Gange Asiæ*, in *Cuama*, *Nigro*, *Nilo Africæ* fluminibus; in fluviis *Marthæ Novæ Hispaniæ*, in *Peruanis Lacubus*, in *Moluccis*, *Insulis Philippinis*, & *Java utraque*, tantâ copiâ, ut nisi humanis viribus exterminarentur, Regiones hujusmodi deserere necesse foret; quod utrum tamen ex putri nascatur, nondum cognitum fuit; Ego dico, quod non, cum præ reliquis Reptilibus id unum sit, quod in speciei suæ perfectione consistat,

Lutra. Lutra Græcis ἔνυδρον, animal quadrupes, tam in aquis, quàm in terra na-

tales suos obtinens, vescitur in aquis piscibus, quas non secùs ac venaticus Canis terrestres feras, ita hoc aquatica in cibum sectatur animalia; in terra fructus sectatur, & cortices arborum rodendo comedit; Felem magnitudine exprimit. In Germania, Russia, Prussia, Polonia, Lituania, uti & Neapoli in Italia, in Indiis variis in locis, uti in Nova Francia, sed sub differenti forma reperiuntur: Esus carnium hujus animalis in quadragesima; diebúsque jejunii, uti piscium, omniúmque Amphibiorum, licitus est; pellem habet pilis delicatis instructam, unde & magno pretio in vestium hybernarum usum emitur.

Castor. Castor animal quadrupes Amphibium, si caudam spectes, piscis est,

quam & quasi semper, aut sæpiùs aquis ad sui conservationem, immersam tenet; cæterum corpus Lutræ non dissimile est, pretiosa pelle ornatum, ex quo pellicea vestimenta contra frigoris hyberni violentiam conficiuntur; dentes acutissimos habet, quibus & frutices & arbuscula, tum ad fructus, quos in cibum appetit, obtinendos, tum ad habitaculorum, quæ in specubus littori maris, aut fluminum adjacentibus fabricat, constructionem amputat: & quamvis nonnulli id piscibus vivere autument, experientia tamen docuit, ea pisces tantum abest, ut appetant, ut potius eorum odorem abominentur; Quod ego tamen non de omnibus, sed quibusdam intelligi velim, cum omne Amphibium ut in utroque elemento, cibum naturæ suæ proportionatum habeat, necesse sit. Ex eo nobile illud medicamentum, quod Castorium vocatur, & Theriacæ compositionem præter innumeros alios usus juvat; & nil aliud sunt, quàm Castoris testes, qui licet intolerabili pœne fœtore puteant, histericis tamen mulierum morbis, & odore & singulari medicamento unicè prosunt. Quod verò Canibus id persequentibus testes dentibus amputare dicatur, id in hunc usque diem experientiâ necdum innotuit.

Testudo: Sunt, qui Testudinem quoque inter Amphibia ponant; forsan eâ *Testu*

opinione inducti, quod duplex sit Testudinum genus, terrestre & aquaticum: Qui in mari vastissimæ molis testudines viderit, is asserere cogetur, eas Amphibias esse non posse, cùm vastissimo Oceano perpetuò inhæreant, nec ob tarditatem motus insulas appellendi commoditatem habeant; Terrestres verò perpetuò, Hyeme præsertim terræ insepeliantur, atque ex ea vivant, ita quoque præter terrestre aliud elementum non amant; imò experientia me docuit in hujus Collegii Romani horto, ubi plures aluntur, intra fontani crateris

teris fundam projectas durare quidem, sed intra aliquot dies mortuas reperiri. Animal est quadrupes, testaceo cooperculo à natura dotatum, undè & *Domiporta* vocatur, oviparum est, & saporis haud ingrati, ut proindè Principum mensæ eas admittere non dedignentur; è testis uti pulcherrima quævis toreumata conficiuntur, ita apud Tornitores aliosque jus caudam & ossa Musæum nostrum exhibet; ossa miram vim sanguinem sistendi habent. Vide quæ de iis in *Lib*. 3. *Artis Magneticæ*, & in *Itinerario terrestri C. de Navigatione submarina* de hisce tradidimus; ubi & Amphibium esse ostendimus, quo in terra deprehenso *Barbari* subindè abuti feruntur.

Atque hæc sunt præcipua Amphibia ex quadrupedibus, de quibus utrùm intra *Arcam* recepta sint, lis non exigua est inter *Interpretes*. *Oleaster* ea extra *Arcam* ad latera nidos suos habuisse existimat, sed uti in multis aliis, sic & in hoc summoperè hallucinatus est. Quid enim ipsis extra *Arcam* profuissent nidi, ubi clausâ *Arcâ* à *Noë*, nec ali, nec etiam aquis turbulentissimis procellarum turbinibus agitatis se committere poterant, nec etiam sine periculo dissipationis ab *Arca* nidis separata unius anni spacio intra aquas & vivere, & sine victu durare non potuerint. Accedit, quod *Sacræ Scripturæ* id aperte contrarietur, quæ animalia intra *Arcam* introducta atque intra suas unicuique distributas mansiunclas, non extrà persistisse docet. Alii putant, eas intra aquas toto Cataclysmi tempore remansisse, cui jam paulò ante respondimus. Nos intra *Arcam* conservata fuisse intrepidè affirmamus; cùm intra eam satis amplæ mansiones iis conservandis quàm aptissimæ à *Noëmo*, uti ex *ectypo Arcæ* paulò post patebit, constructæ fuerint, utpote in qua neque vastissimi aquarum crateres & vivaria, neque cibus Amphibiis ex utroque elemento consuetus iis alendis deesse poterant, cùm omnibus quàm sapientissimè provisum fuerit.

Phoca, Vitulus Marinus.

Artifices summo in pretio habentur. *Vitulum Marinum*, quæ *Phoca* dicitur, inter amphibia numerari, non est dubium.

Syrena.

Syrena, Monstrum marinum est, quod hodiè *Hispani pece Muguer*, Itali *Pesce*

donna vocant, animal est ἰχθυάνθρωπον, id est, supernè ad sexum usque, mulieris formam, infernè in piscis caudam terminatur; de quibus, quin dentur, nulli amplius dubium esse debet, cu-

Caput VI.

De Animalium Volatilium in Arcam *introductorum Ratione, Natura, & Proprietate.*

Præmissis Quadrupedibus, jam ad volatilium sive Avium œconomiam progrediamur, ut omnibus & singulis aptum in *Arca* locum constituamus.

Distinctio Volatilis ab Ave.

Est autem Avis animal volans, Oviparum, sanguine, rostro & pennis instructum. Distinguitur autem volatile ab Ave, quia inveniuntur nonnulla volatilia, quæ cum neque bipedia, neque rostrata, neque pennata sint, inter Aves adnumerari non possunt: cujusmodi sunt, *Vespertiliones*, animal quadrupes, dentatum, pilosum, mammisque instructum, alis cartilagineis aërem tranans, verbo, *Vespertilio* non nisi *Mus volatilis* est; Sunt etiam nonnulli serpentes alis non pennigeris, sed cartilagineis à natura dotati, de quibus fusè in *Mundo Subterraneo*; & *in Opere*, quod *China Illustrata* inscribitur; de *Cattis volantibus*. Horum animalium pennigerorum genera & species, in primordio rerum, Deus conditor & prima causa rerum est; *Dixit enim* Deus; *producant aquæ reptilia animæ viventis, & volatile volet supra terram in superficie*, ut cum Hebræo Textu loquar, *expansionis Cœli*. Causa secunda Natura est partim influxus siderum, partim insita à Deo ipsis facultas multiplicandi, hæ proximæ, illæ remotæ sunt. Finis primus & ultimus Dei gloria est, finis intermedius homo; homini enim dant alimenta, tegumenta, oblectamenta; proprium verò finem insuper habet Avis quælibet, quem nemini mortalium, nisi forsan Deus *Noëmo* illum revelare voluerit, quod, uti *suprà* diximus, vero haud absimile videtur. præsuppositum materiæ subjectum, ex quo ea Deus eduxit, aqueum elementum fuit, principium generationis, semen; constitutionis, partes corporis; forma Avium in genere sensitiva est, in specie forma cuivis Avi propria, à proprietate ea essentia uniuscujusque emanavit, qua à se invicem specificè, uti scholæ loquuntur, innumeris differentium formarum affectionibus, dotibusque distinguuntur. Sunt quædam volucres ad rapinam animantium natæ, feroces, & sylvestres, uti *Aquilæ, Accipitres, Vultures*; Nonnullæ mites & domesticæ, uti *Columbæ, Gallinæ, Anates*: Sunt & solivagæ & carnivoræ, uti supradictæ prædatrices; quædam granis frumentariis aluntur, uti *Columbæ, Gallinæ, Anates, Passeres*, & complures aliæ; Sunt præterea aliæ aquaticæ, aliæ terrestres, aliæ montes, aliæ plana sylvasque amant; prima itaque Avium origo, aqueum elementum fuit, ex quo Deus, non ex ovo primò; uti nonnulli insipienter dicunt, sed integra & perfecta singula in specie sua produxit; Regnum verò iis assignavit aërium, quemadmodum enim Pisces per aqueum elementum pinnis suis in alarum formam adaptatis, sic & Aves per auram, cujus incolæ sunt, volant. Motus itaque earum locus aër est, terra quietis: omne Avium genus bipes & sanguineum est, cor, hepar, pulmonem, arterias, venas, reliquaque sanguinis opificio, & officio subservientia membra habent, exceptâ vesicâ, quâ non indigent, omni humiditate in pennarum plumarumque ornatum à natura destinata, sed & testiculos habent, fœmina quidem vulvam juxta septum adjunctam habet; genua habent, sed secus ac homines in adversum inflexa, quæ non antorsum, sed retrorsum inflectuntur; cæterùm omnes pennis, rostris, caudàque præter

Diversitas Volucrum.

ter paucas à natura inſtructæ; Ova pariunt fœminæ, quæ ſubventanea dicuntur, prolificam vim mares iis imprimunt. Sed de his ſic Aldrovandus ſcribit: *Gallina quæ coivit cum Gallo, aut alia quævis volucris, ovum concipit ſuperiùs ad ſeptum transverſum, ubi primò minutum & candidum cernitur, mox rubrum cruentumque, deindè creſcens luteum flavumque efficitur totum, poſteà ampliùs auctum diſcernitur, ita ut intùs pars lutea ſit, foris candida ambiat; ubi perfectum eſt, abſolvitur atque exit putamine pariter molli, ſed protinus dureſcente, quibuſcunque erumpit portionibus, niſi vitio vulvæ defecerit.*

Mutatio Avium etiam unius ſpeciei pro diverſis climatis diverſam formam aſſumunt.

His itaque de Avium natura expoſitis, jam ſingulas Avium ſpecies ordine recenſeamus, ut deindè unicuique ſpeciei aptas in *Arca* caveas attribuere valeamus.

Antequam autem rem aggrediamur, Lectorem notare velim, non omnes hujuſmodi volucrium ſpecies *Arcam* ingreſſas fuiſſe, ſed eas tantum, quæ ex ſe, & ſua natura in perfecto ſpeciei ſtatu à ſupremo Opifice productæ fuerunt, cujuſmodi ſunt, quas jam recenſebimus. Hæ etenim, uti poſt conditionem rerum in diverſas Mundi plagas, climata, & zonas divino ductu diſperſæ fuerunt, ita quoque tum ex natura & ſitu locorum, influxuque ſiderum differentiſſimam quoad exteriorem formam conſtitutionem, tum etiam ex ſpuria diverſarum ſpecierum commixtione etiam monſtroſam quandam formam nactas eſſe, ex *præcedentibus* patuit. Nam

Nil in Volucrum genere facilius eſt, quam diverſarum ſpecierum concubitus.

quod de Quadrupedibus verum eſſe ſuprà demonſtravimus, multò verius id de volucrium genere aſſerendum cenſemus, idque triplici de cauſa: *primò* quia diverſarum ſpecierum in volucribus commixtio, ex una ſpecie differens omninò animal conſtituit, quæ in volucribus multò facilior eſt, quàm in quovis alio quadrupede, ob communem membrorum ferè omnium in iis conſti-

tutionem, & temperamentum. *Secunda*, volucres ex incubitu ovorum non legitimo duntaxat, ſed & ſpurio quoque, id eſt, dum una volucris ſuper alterius ſpeciei ova incubat, tum ipſa natura operante, tum etiam volucris verſatili imaginatione aliam ſpeciem naſci, nemo dubitare debet; & id luculentiſſimè demonſtrat experimentum paſſim uſitatum, dum uti in quadrupedibus *Equos* aliaque animalia variis maculis, coloribuſque artificioſo techniſmate, ſive coitûs, ſive graviditatis tempore, intra tegumenta eo colore, quo animal tingere volunt, imbuta concludunt; tandemque imaginativa animalis vi, & efficacia operante, deſiderati coloris animal excludunt; & ex *Hiſtoriæ Geneſeos* de ovibus maculatis à *Jacob* Patriarcha, per baculos variegatos artificioſè primùm, deindè quoque naturali induſtriâ tinctis, videre eſt; ita quoque idem in volucribus fieri experimento comperimus: Arte ſiquidem quàm pulcherrimè *Pavones* ex pulchro, & multiplici illo pennarum ornatu, in candidiſſimos *Pavones* accidentali quadam metamorphoſi convertuntur; quod & in *Gallinis*, *Columbis*, cæteriſque variegatis volucribus, ſolo imaginationis, ſive phantaſticæ facultatis vigore ſine arte accidere certum eſt. *Tertia*, ex promiſcuo & ſpurio volucrum congreſſu, medium aliquod animal ſpecie differens, quod tamen de una & altera ſpecie participet, naſcitur, quæ *in ſequentibus* enarrabuntur.

Ex hiſce itaque concluditur, non omnes illas Avium ſpecies, quas *America*, *Africa*, *Aſia*, *India*, toto, ut ajunt, cælo ab *Europæis* differentes, nec non prodigioſa quadam varietate ſtupendas producit, omnes intra *Arcam* concluſas fuiſſe; neque à conditore in primordio rerum ſub tanta diverſitate productas fuiſſe, ſed poſt earum, in univerſum Terrarum orbem diſperſionem dictis de cauſis tantam varietatem incurriſſe; quod idem de vegetabili

Climata diverſuſque cæli aſpectus mutat rerum ſpecies.

tabili Natura intelligi velim ; quemadmodùm *in præcedentibus* innuimus, quæ revera tantas subit mutationes ex natura loci, & diverso cœli aspectu, ut vix clima sit, quæ non vel unam & eandem plantæ speciem in aliis aliisque climatis plantatam, differentem faciat ; cui & omnes *Botanologi* experientiâ docti subscribunt. His itaque præmissis, jam ad volucrium recensionem nos accingamus.

CLASSIS II.
Volucrium in Arcam *introductarum enarratio.*

Aquila. Quod inter Quadrupedia *Leo* est, id inter volatilia merito suo *Aquila* ; Ani-

mal clangens, generosum, bellicosum, visûs acumine, & altivolatu principatum ducens. Vivit raptu, nullius non dicam volucris, sed ne ad quadrupedum aspectum pavens ; utraque magno impetu adoritur, & quà rostro, quà unguibus validissimis dilacerata devorat ; neque Piscibus quidem parcit. Fertur à *Zoologis*, *Gesnero*, & *Aldrovando*, in uno *Aquilæ* nido quandoque trecentos *Anates*, centum *Anseres*, quadraginta *Lepores*, plurimosque Pisces inventos fuisse: More aliarum volucrum aquam non bibit, sed loco ejus, calido animalium sanguine, cujus avidissimum est, sitim explet ; rostro adeò duro præditum est, ut ab ossium fractione nonnulla species Aquilina, *Ossifraga* dicta sit : cadavera non tangit, sed ex naturæ quadam generositate illis contemptis, vivorum animalium prædâ triumphat ; halitum fœtidum habet, unde reliquias cadaverum in nido relictas, nec eas, nec aliud animal absumit ; unde utplurimùm ex diversorum animantium putridis corporibus calore nativo fermentatis, *Dracones* illi *Volatiles*, de quibus in *Mundo Subterraneo* fusè egimus, originem sumunt. Sunt autem specie differentes : *Aquila* propriè in sua specie dicitur χϱυσάετ&, estque genuina, omnium fortissima & generosissima, nigricans, densissimis fulta pennis, rostro durissimo, quo facilè omnia frangat, alis longissimis, oculis igneis & profundis ; clangore suo omnibus animalibus formidinem incutiens. Sunt aliæ *Ossifragæ* ; aliæ caudâ candidâ in nigricante corpore, quas *Pygargos* vocant ; alia μόϱφν& dicta *Anatum* venatrix ; alia πεϱνοκόπε-ρ& ad *Vulturem* propè accedens, quamvis robore & magnitudine tum corporis, tùm animi, minimè ipsi par sit ; est etiam alia, quæ dicitur ἁλιάετ&, quasi diceres, *Aquila marina*.

Mores Aquilæ.

Diversitas Aquilarum.

Vultur est generis Aquilini, voracissimum animal, *Aquilâ* etiam grandius,

Vultur.

ARCA NOE.

dius, & tantæ fortitudinis, ut *Equos* etiam hominesque fame stimulante invadere audeat, uti ex variis casibus didicimus; vivitque raptu. Pater *Joannes Baptista Cysatus* celebris Societatis nostræ Mathematicus dum *Helvetiam* describeret, describendo lustraret, cum in inaccessi propè montis scopulosi verticem, à nemine unquam penetratum summo labore ascendisset, invenit eum ad instar crateris efformatum, in cujus centro quercum invenit, & in ea nidum prægrandem ad instar illorum, quos in tectis domuum *Ciconiæ* extruunt, & in iis tres pullos, quos cum exactiùs consideraret, eccè pullorum parentes advolantes, tanto cum impetu irruerunt, ut nisi armis probè fuissent instructi comites, de vita eorum actum fuisset, interempta matre, invenerunt longitudinem alarum sese ad duodecim pedes extendisse, à rostri verò extremitate usque ad ultimum caudæ terminum, septem pedes invenêre: majores in ala pennæ longitudinem ulnæ, seu cubiti magnitudinem æquabant; sub arbore verò nil aliud videre erat, nisi ingens cadaverum eorum animalium, quæ raptu illuc transportaverant, congeriem. Spectare licebat hìc crania puerorum, *Leporum*, *Canum*, *Agnorum*, *Caprarumque* exossatas pelles, quin & Piscium insignes reliquias; Quæ cum admiratione observata, posteà etiam typo, quæ viderat evulgavit. Est itaque *Vultur Aquila* major, calvo capite, rostro adunco, unguibus validissimis coloris grisei, cætera communia cum *Aquila* habet; non vivis solùm, sed & cadaveribus utplurimùm, quorum putorem ad multa milliaria sentit, vivit, quæ *Aquila* non tangit. Et cum paulò antè varias *Aquilarum* species adduxerimus, vero tamen simile est, omnes illas species ex promiscuo *Aquilæ* cum *Vulture*, aut ex istis prognatis, coitu natas fuisse; præsertim cum plerasque *Aquilas* vulturini generis esse asserant *Ornithologi*; quarum aliæ sunt cinerei, quædam castanei coloris, aliquæ Leporini, aliæ aurei coloris; & non nisi pennis, rostro, capite, unguibus, colore aliquantùm differunt: ac proindè primigenias tantùm species, *Aquilam* & *Vulturem* in *Arca* conservatas fuisse censemus, non cæteras *Aquilarum* species, quæ postmodum vel situ & natura locorum, aut adulterino congressu natæ fuerunt; voce non tam clangere, quàm pulpare dicitur, juxta illud:

Dum clangunt Aquilæ, Vultur *pulpare probatur.*

Gryphus. Utrum *Veterum Gryphus* in natura rerum detur, meritò *nonnulli* du-

bitant: prout enim describitur, non animal volucre chimæricum est ἱερακολεοντόμορφον, ex *Falcone* & *Leone* constitutum; sed nobis hîc non de Chimæris, sed de vera & reali volucrum specie, quam γρύφες vocant, sermo est.

Certum est ex *Geographorum*, & M. *Pauli Veneti* relatione, in *Riphæis* montibus, & ultimis *Asiaticæ Tartariæ* terminis, immensæ magnitudinis volucres reperiri, quas citatus *Author Grifalcos* vocat, quarum venatione, & aucupio maximè delectari fertur *Magnus Cham Tartarorum* Monarcha; Quæ eadem à nostris Patribus Chinensibus vera esse cognovi: verum cum nemo hodiè sit, qui eos se vidisse attestari possit, ego quoque meum de iis judicium suspendere malui, quàm aliquid de iis incerti determinare. Si vera sint, quæ de iis *Authores* referunt, ego eos vulturino aut Aquilino generi facilè adscripserim, qui vel

vel naturâ Regionis, vel influxu cæli in tantam magnitudinem excrescunt; undè eos etiam ab *Arca* eximimus.

Struthiocamelus sic dictus à *Passere*, & *Camelo*, quorum animalium formam

gerit; quamvis quoad *Passerum* parvitatem nihil commune habeat; ςρϰθίον enim, (sic enim à *Græcis Passerculus* appellatur) minorum Avium generi adnumeratur. *Struthiocamelus* Aves omnes magnitudine excedit, ut proindè ei nomen *Struthii*, non tam verè ac realiter, quàm κϑ' τλὼ ἀνϑ́φϱασιν obtigerit. Monstrosum animal est, quia ex Quadrupedibus partim, partim ex volucribus multum participat. Si molem spectes corporis, id gibboso dorso, colli longitudine, robore tibiarum, bifidâ ungulâ *Cameli* formam proximè accedit; si pennigerum corpus, si Oviparum consideres, Avium numero accedit. Nutritur seminibus, & sine delectu, quidquid offertur, devorat; ferro avidè inhiat, illudque devorat, uti experientia *Melitæ* me docuit, ubi passim ex *Africa* allati spectantur; imò non illud deglutit solummodò, sed & specificâ quâdam stomachi sui qualitate concoquit, uti ex ejus in stabulo excrementis comperimus; quamvis id non in nutrimentum ejus cedere existimem, eò quod nullum animal nutriri possit, nisi ab eo, quod primò vitam habuerit; Deglutit itaque avidissimè ferrum, vel ut corroboret stomachum, vel in abditæ infirmitatis medicamentum; siquidem experimento comperi, vel ipsas *Gallinas* æream monetam eodem fine appetere, & deglutitam per secessum, tametsi jam veluti rubigine quâdam consumptam reddere. Cæterùm est animal obliviosum & stolidum; insidias enim hominum cùm attentat evadere, caput inter condensos frutices abscondit, & phantasiæ persuasione delusum, capite non viso reliquum corpus pariter in conspectum non se dare sibi persuadet; & uti prælongis tibiis, ingentes passus facit, ita quoque homini non absimilibus in gradiendo passibus utitur; dum verò fugit, quà pedibus, quà alarum remigio se quàm celerrimè promovet; cæterum ad volatum aliarum volucrum more prorsùs ineptum, utpote carneæ molis pondere impeditum: Ova, quæ parturit ingentis magnitudinis non incubando fovet, sed arenæ ferventi commissa soli excludenda relinquit; Solitudines *Africæ* sabulosas amat; Atque hoc animal aligerum etsi ex diversis constitutum videatur, unam tamen & perfectam speciem constituere, certum est, ac proinde suum intra *Arcam* locum obtinuisse, nullus dubitare debet.

Accipiter ἱέϱαξ *Græcis* dictus, est animal volucre pipans, animositate, robore, volatu altissimo & cyclico ad instar *Aquilæ*, omnibus animalibus prædatione infestum, non *Gallinas* duntaxat, & *Columbas*, cæterasque minores Aves insectatur; sed & *Cervis*, *Capreolis*, *Agnis Leporibusque* bellum movet, victâque mox sanguine exsucto, deinde etiam dilaniatis corporibus, carnibus eorum saturatur; fame verò stimulante, *Muribus*, *Ranis*, *Serpentibus*, *Talpisque* vitam susti-

sustinet; dum sanguinearum volucrum copia datur, aquam non bibit, sangui-

nis suctu contentum; *Cicur* verò post siccioris alimenti usum, aquam etiam bibit, & imò arte mansuefacti, non solùm fruges, sed & panem comedunt. Hæc unica inter rapaces & feras volucres est, quæ, cicurrima & maximè familiaris fiat homini : Evolat enim ex manu heri sui, Aves ad nubes usque prosequitur, prædamque reportat ; unde Principes & Magnates eum passim in deliciis habent, & æstimatione; *Ægyptii* quoque eam unà cum *Accipitre* singulari apotheseos honore, primum inter D e o s suos locum dedere : De quo vide *Oedipum nostrum.*

Grus. *Gru* à gruendo sic dicta, volucris est, una ex majoribus, collum duos dodrantes longum, altitudinem verò ab imo pedis ad dorsum extremum quatuor ferè dodrantes habet; pedes ferè sesquipedales, rostro palmari; cinericei ut plurimùm coloris sunt; Quæ de *Gruibus* fingunt *Poëtæ,* uti experientia docet, in adversis sibi invicem auxilio sunt : siquidem inter volandum non confusum uti *Columbæ,* sed in cunei formam redactum ordinem, tum ad motum aëris confringendum, tum ad commodiùs se contra *Aquilas* defendendum, mirà naturæ industriâ observant; vescitur *Gallinarum*

more, frugibus, magno subinde consitorum agrorum detrimento; ex transmigrantibus Avibus una est.

Ciconia Avis est prorsus, quoad formam *Ciconia: Πἑλαργ۞٠* *Grui* similis, etsi paulò minor, verum quoad naturam & proprietates dissimilis

lis est, dum vocem emittit, *Glotterare* dicitur; juxta illud:

Glotterat immensa de Turre Ciconia *rostro.*

Proprietates Ciconiæ. Est animal altivolans, pium, prudens, & castum, magnas utilitates hominibus præstans, dum Provincias & Regiones noxiorum animalium peste liberat: vescitur enim *Ranis*, *Lacertis*, *Rubetis*, *Serpentibus*: hinc stagna & paludes ob nutrimenti copiam amat. In Urbibus & Pagis utplurimum, nidos suos supra tectorum extremitates, aut caminos etiam extruit, quos spinis & sentibus tantâ industriâ ad pullorum custodiam munit, ut nulla *Felis*, *Martes*, aut *Glis* illum facilè penetrare possit: nidus non concavus, sed planus est, ubi incubat ova fœmina, ubi educat prolem, interim mas de commeatu sollicitus, quem mirum visu, rostro implicato *Serpentibus*, *Ranis* similibusque, summâ alacritate nido importat, & depositâ prædâ veluti fœminæ incubanti de ea congratulaturus, variâ gesticulatione rostri, glotterare incipit; præterea insigni erga pullos amore feruntur, ut proinde φιλοςογία, quod de *Ciconiis* dicitur, id de parentibus filios magno amore, curâ & sollicitudine prosequentibus, symbolicâ significatione in adagium πελαργίζειν versum sit; ut proinde domus in qua nidificant, prospera ea de causâ dicatur, quod uti passim boni ominis & auspicii Avis est, ita eandem occidere nefas, ab omnibus censeatur. Novit præterea *Ciconia*, uti & *Hirundo*, teste Sacrâ Scripturâ, tempus abeundi ex Regione in Regionem, & tempus revertendi, quod adeò exactè tenent, ut 21 Martii circiter advenæ in *Germania*, discedentes verò circa 16. aut 18 Augusti observentur, per mare mediterraneum in viciniora *Græciæ* loca se conferentes, dorso secum unâ *Hirundines* portant volatu defessas, pro cujus obsequii præstiti beneficio, illæ cantillando *Ciconiarum* in volando labores veluti demulcere videntur.

Ardea Ægithus. *Ardea* volucris est, *Ciconiæ* sive colli pedumque longitudinem spectes, pror-

sus similis, etsi aliquantillum minor naturâ suâ altivolans, undè ab arduo volatu nomen habet; Piscibus, Anguillis ostreisque delectatur; paludum lacuumque incola; in iis venandis omni industriâ utitur; tempestates præsentit, quâ de causâ in sublimiora aëris spatia, supra ipsas nubes, ut ibidem ab omni tempestatum procellâ immunes, & liberæ sint avolant. Magnates hanc avem magno in pretio tenent, tum ob amœnissimum *Falconis* cum *Ardea* in sublimitate aëris pugnantis spectaculum; tum ob naturæ industrias, quas in pugnâ exercent, spectandas: *Ardea* siquidem quamdiù *Falcone* superior est, nil sibi timet, subjecta tamen, miro quodam naturæ instinctu, excrementa in *Falconem* evibrans, subindè vel *Falconem* excœcat, aut acrimoniâ sordium pennas ejus adurit consumitque; atque hâc astutiâ sæpe victrix evadit. Est autem multiplex *Ardearum* genus, inter quæ tamen **Industria in pugna do cum *Falcone*.**

Balea-

Baleonia primas obtinet ob præstantiam pennarum, quas capite portat, quas ne Principum quidem pileis dedignantur. Videtur & hæc species ex spurio congressu *Ciconiæ* & *Ardeæ*, ob similitudinem naturæ prodiisse; ut proinde solùm *Ciconiam, Arde.im* tamen, veluti differentem speciem, sub dubio in *Arcam* admittamus. .

men in sylvis *Poloniæ* & *Lituaniæ* subinde reperiri, quoad magnitudinem *Cygno* fe-

rè æqualis, collo, rostroque longo constat, cui adnexum habet veluti sacculum quendam magnæ capacitatis, quam ingluviem vocant, quo sive Pisces, sive alia animalcula capta in victus usum recondit. In *America* inveniuntur, & *Pelicano* haud absimiles *Onocrotali*, simili sacculo, at multò majori sub rostro instructi, etsi ratione climatis, quoad formam corporis non parum differant. Est & alia hujus volucris species ingluvie carens, rostro constans longo, cujus extremitas non acuminata, sed ad formam cochlearis dilatata cernitur, quæ proinde *Cochlearia* dicitur. Quæ verò de *Pelicano* Poëtæ, Pictoresque fingunt, fabulis adnumeramus.

Falco. *Falco* habitu & moribus non dissimilis est *Accipitri*: volucris fera, rapax, ad venationes maximè idonea; altivolans; vescitur avibus, suctuque recentis sanguinis earum gaudet; quarum innumeræ ferè sunt species, tum colore, tum corporis magnitudine differentes; quas ego tamen primogenias species non facilè dixerim, sed vel ex promiscuo *Accipitrum*, *Falconum*;que congressu, vel etiam ex natura locorum, regionumque, in quibus proveniunt, naturâ & proprietate natas existimem; unde non omnes intra *Arcam* conclusas autumo, sed uti dixi, primigenias tantùm species.

Pelicanus. *Pelicanus*, quem nonnulli quoque ὀνοκρόταλον, à ruditus asinini voce, non dissimili, sic vocant: est volucris uti peregrina, ita haud *Europæis* nota, audio ta-

Cygnus, volucris drensans, hæc est *Cygnus* enim vox ejus decantatissima aquarum incola,

incola, plùs natatum, quàm volatum amans; herbis & granis vescitur, *Anseri* simillimus; in pugna acriori, unus alterum irâ stimulante, uti *Aristoteles* tradit, devorat; robustum corpus habet, spissis mollibusque plumis undique vestitum; alas tametsi longas habeat, mediocriter tamen volat, ægre ambulat, optimè natat; ei cum *Aquila* antipathia intercedit & bellum, etsi unus contra hostem nil attentare audeat; plures tamen uniti *Aquilam* facilè conficiunt. Quæ verò de Cantu Cygnæo ante mortem suavissimo adferunt Poëtæ; illa fabulosis Mythologorum narrationibus jungimus; cum hucusque nullus fuerit, qui Cygnæam hanc Musicam se audisse, testari queat.

Anser. *Anser Cygno* magnitudine & moribus ferè similis est, volucris gingriens, herbis, frumentis, oleribus, & quicquid ferè occurrit, vescitur & devorat; utilissimum animal, mensisque gratissimum in locis *Septentrioni* magis subjectis; in *Meridionalibus* verò Regionibus, saporis præstantiam uti perdit; ita non facilè opiparis mensis apponitur *Anser*: pedes cartilagineos habet, ad benè natandum à natura ipsi datos; colore albo, vel albo-cinereo utplurimum nitet; sive bibat, sive comedat, aut volet, semper gingritu suo omnium aures molestat: sine aqua ægrè vivere potest: estque vel domesticum, vel sylvaticum; hoc transmigrat, illud non.

Pavo. *Pavo.* Nil inter volucres *Pavonibus* speciosius natura produxit, estque avis pipillans, hæc enim vox ei competit, pulcherrima, superba, libidinosa; nutritur omnis generis frumentis, maximè hordeo. *Pavo* pulcher est, quia cauda tanta colorum varietate, tanto oculorum nitore ornatur, ut neminem non in admirationem trahat. Accedit, quod incessu suo nescio quàm majestatem præ se ferat; superbus est, quia sui ipsius aspectu cum despectu quodam cæterarum volucrum, tripudiare videtur. Libidinosus est, quia libidinis œstro percitus uni vix quinque femellæ sufficiunt, imò fœminam ovis incu-

incubantem invadere non verecundatur. Est & hoc in *Pavone* admiratione dignum observatum, quod quasi cognoscere videatur, ubi maxima formæ suæ sita sit dignitas; hinc gemmatam superbo supercilio ostentat caudam, undique eam elevat, undique expandit; seipsum sui ipsis circumactione corporis spectantium oculis, veluti suæ pulchritudinis pompam agit, & exercet; & quoniam novit solaris lucis radios maximum pennarum, quibus intingitur, splendorem conciliare posse, unde istas soli exponit, variisque colorum ex lucis reflexione ortorum mutationibus, quoties gressum mutat, toties novam semper, novamque formositatis suæ speciem præbet. *Pavonem*, quem *China*, producit, tantæ pulchritudinis est, ut eum è cœlo delapsum esse putent, nec nisi Regio servit delectamento. Falsum est, quod de eo plebs tradit, pedum minus pulchrorum aspectu *Pavonem* contristari, caudamque dimittere.

Gallus Indicus. *Gallus Indicus*, Avis *Pavoni* simillima, unde & *Gallo-Pavo* passim dicitur: siquidem præter caudæ suæ pulchritudinem, pennarumque splendorem in rotam collectarum, mensis quoque Principum haud ingratum gulæ irritamentum præbet; Avis ex *Calecuto Indiæ Orientalis* primùm in *Europam* præterito seculo translata, ubi jam ubique communis est; Vescitur communi cum *Gallinis* & *Anseribus* cibo: Capite constat duro, cui ad instar carneæ molis appendiculam adnexam tenet, dimidio palmo longam, quam cum cibum capit, contrahit, cum irascitur, totus inhorrescit plumis, caudamque in rotam versat, gradusque arrogantia spectantes exterret; libidinis tam ardentis est, ut si suæ specici desint fœminæ, *Gallinas* etiam, & *Anates* invadat, ex quorum commixtione nova semper & *Anatum* & *Gallinarum* species emergit.

Gallus & Gallina, uti Aves domesticæ, ita omnibus passim notissimæ sunt, illa

cucurrire, hæc glocitare dicitur. De *Galli* in pugna animositate pectorisque constantia; de *Gallorum* salacitate, *Gallinarumque* in ovis ponendis fœcunditate, de cantu cæterisque affectionum proprietatibus, uti omnibus nota sunt, ita non attinet dicere: quarum iterum infinita

nita propemodum varietas est, pro natura loci, & Regionis, quarum incolæ sunt. In *China* lanigeræ reperiuntur, non quod loco pennarum lana tectæ sint, sed quod plumis instar lanæ crispatis vestiantur. Vide *Chinam* nostram *Illustratam.*

An.u. *Anas* Avis aquatica à strepitoso clamore garrire dicitur, uti domestica est,

ita omnibus notissima, omnivorum est, ut nè quidem à *Rubetis*, *Araneis*, aliisque animantibus venenosis abstineat; salacissima est, ita ut vel unam foeminam mares complures plerumque certatim inire attentent, & subindè præ nimia salacitate etiam *Gallinas* invadant; ex quarum adulterino congressu, aut etiam ex ovorum *Gallinis* suppositorum, aut contra, exclusione, ea deindè nascitur *Anatum Gallinarumve* varietas, quam subindè satis admirari non possumus. Quod & *Plinius* observavit; ait enim: *Super omnia est Anatum ovis Gallinæ subditis atque exclusis admiratio; primò non planè cognoscentis fœtum, mox incertos incubitus sollicitè convocantis, postremò lamenta circa piscinæ stagna, mergentibus se pullis naturâ duce.* Estque vel domestica, vel sylvestris, quæ tamen specie non differunt, cùm una tam iis, quàm hisce sit natura, proprietas & affectio.

Corvus. *Κόραξ.* *Corvus* animal volucre sat notum, nigerrimi coloris (quamvis in ultima Septentrionis plaga etiam albi, uti & *Ursi, Vulpesque* reperiantur) voce grocire, quod ab aliis quoque *crassare* dicitur; natura sua animal voracissimum, cadaveribus verò maximè delectatur, quamvis fructibus quoque, Piscibus, pane, similibusque vescatur, furtivâ quadam astutiâ præditum, dum *cicur* est, præter reliqua obvia monetam amare videtur, à qua etiam abripienda, ubi eam invenerit, non abstinet. Est & hoc non exiguum *Corvi* prærogativum, quod præ omnibus cæteris animantibus *Noë* primò ad decrescentis *Diluvii* statum explorandum, *Corvum* emiserit, deinde *Columbam. Cumque transissent* 40 *dies, aperuit* Noë *fenestram* Arcæ*, quam fecerat, dimisit* Corvum*, qui egrediebatur, & non revertebatur, donec siccarentur aquæ super terram.*

Cornix Κορώνη *Corvo* haud degener, *Cornix Κορώνη* & moribus, colore, & ingenio similis;

Dividitur ab *Aristotele* in tria genera, in *Pyrrocorvum, Monedulam, & Coraciam,* sive *Graculum.* Verùm si rectè ea expenderis, omnes *Cornices* corvini generis esse reperies, minimè primævas species.

Columba simplicissimum, mundum, *Columb.* mite, & sine felle animal volucre, cui propriè gemitus convenit, & frequens in Sacris Literis ejus sit mentio: uti, *Estote prudentes sicut* Serpentes, *& simplices sicut* Columbæ; & in Canticis Cant. *Veni* Columba *mea, speciosa mea,* &c. frugibus

bant, suos excludant fœtus. Triplicis generis sunt *Columbæ*: Domestica, sylvestris, & *Turtur*; quæ colore quidem, habitatione, loco, & quantitate, specie tamen non differunt, quia in dotibus naturæ, & proprietatibus eandem conficiunt speciem, quemadmodum *Canes* maximi, mediocres, & minimi. *Accipitrem* metuunt, vel ad ejus umbram perhorrescunt; unde ad se contra violentiam ejus defendendas, gregatim volant; pernicitate volatus plerasque Aves superant, unde *Accipitrum* conatus facile fugiendo eludunt. Regius quoque Psaltes, considerata ejus in volando pernicitate, canebat: *Quis mihi dabit pennas sicuti* Columbæ *& volabo, & requiescam*.

gibus & granis nutritur; varietate colorum mirè decorantur, quem ego imaginationis, dum ovis incubant, effectum esse censeo; etsi verò animal salax sit, castitatem tamen in juribus conjugii observandis, eximiè exhibent; mirificè fœcundum est; cum singulis pene mensibus coëant, concipiant, pariant, incu-

Phasianus. *Phasianus* nil aliud, quam *Gallus* sylvestris est; & dividitur in tres species: *Phasianum* à *Phasidis* undis, quibus accolis ita dictus; *Urogallus* pariter, similitudine caudæ simili *Galli* nostri *Gallinacei*, *Tetraon* prorsus cum *Urogallo* non nisi caudæ Urogallus. Tetraon.

Tetraon.

Grigallus.

caudæ brevitate differt; quæ tamen hæ tres species adeò pro climatum, locorumque differenti natura differunt, colorum varietate, formaque corporis, ut etsi una species, toto tamen cœlo diversæ videantur. Coëunt passim cum *Pavonibus* & *Pavogallis*, unde mox aliæ species nascuntur; *Grigallus* & *Attagen*, *Attage.*

Gallinago. *Gallinago*, mira varietate colorum à natura depictæ volucres, quæ tamen o-

mnes vel à *Gallo*, vel à *Pavo-gallo*, vel *Pavone* originem ducunt; unde non necesse fuit, omnes hujusmodi species intra *Arcam* fuisse. Est & *Gallinæ* species, quam Numidicam dicunt, quæ & ab *Ægyptiis Gallina Pharaonis* vocatur, corpore rotundo, & globoso, sine cauda, capite *Galli*, cæterùm totum corpus sub cœruleo colore, miro quodam naturæ artificio nigris punctis conspersum nitet; nos veras *Meleagrides* esse, ex hieroglyphico earum schemate demonstravimus.

Perdix volucris est, ob lautitiam mensarum sat nota, tot differentia nomina habet, quot Regiones sunt, in quibus natales *Perdix. nicdig.*

ARCA NOE.

natales suos habet; harum innumerabiles penè species ab *Ornithologis* recen-

sentur; quæ tamen plerumque, *Aristotele* teste ex *Perdice*, *Gallo* cæterisque similibus procreantur, vel etiam sola climatum diversitate mirum in modum, colore, forma, moribus immutantur. In *Chio Insula* sunt rubræ, *Gallinæ* magnitudine, alibi albæ, in *Hispania* diversicolores; In *Æthiopia* & *India*, toto, ut ajunt, cœlo diversificantur. Quænam verò sint spuriæ, quænam solummodò loci naturâ transmutatæ; istius signum habeto: quod spuriæ *Perdices* præter fruges & grana, carnibus quoque delectentur, quæ verò mutationem à loci natura acceperunt, tantùm frugivoras specie indistinctas esse censebis; Quam regulam in omnibus cæteris Avibus tibi servandam putes.

Coturnix. *Coturnix.* Magna inter *Interpretes* S. *Scripturæ* de vera & genuina hujus

Avis specie controversia est, variis varias de ea sententias referentibus. Nos quænam ex variarum textuum, de hac volucri, lectione colligere potuimus, nihil aliud *Ortygometram* esse dicimus, quam *Coturnicem*, tùm quia sicuti hodiernâ die, tanta abundantia ex ultramarinis partibus, potissimum in *Italiam* advolant, ut vel ipsa littora & Insulas contegere videantur, magno utique Aucupum lucro. ita quoque *Israëlitis* in deserto, nullæ aliæ volucres, quàm *Coturnices*, tàm copiosum alimentum, DEI providentia præstare poterant.

Passer est volucris astuta, fallax, garrula, locis habitatis vicina, frumentaceis *Passer.*

granis vescitur; quorum iterum ingens differentia est; si colores spectes, sunt albi, flavi, maculati, & pro ratione Regionum diversicolores: sunt præterea sylvestres. *Indici Passeres* etsi quoad colorem, & corporis formam differant, quia tamen cum nostris, naturæ dotibus concordant, unius generis esse existimantur, vel similitudine quadam naturæ sic dicti, vel cœli situ, vel etiam spurio congressu cum aliis speciebus haud dissimilibus, in alias formas transmutati.

Psittacus, volucris ex *Indiis* primò in *Psittacus.* *Europam* allata, natura sua garrula, & humanæ voci addiscendæ aptissima, viridi & rubro colore imbuta capite firmissimo, ita ut ad discendas humano more voces, claviculâ ferreâ converberetur. Mimicos mores præ omnibus aliis exhibet; nihil illis loquacius, nil astu-

astutius, dociliusque, quorum ingens quoque differentia est. Sunt, uti in Ca-

nibus, majores, mediocres, minimi, omnes tamen rostris aduncis, iisque durissimis instructi; vescuntur Aviculis, granis, fructibus, & potissimùm delicatioribus carnibus delectantur. Verùm qui plura de hac volucre desiderat, is *Ornithologos* consulat, apud quos complura admiratione dignissima circa hanc Avem reperiet.

Noctua. Ulula. Γλαυξ. ωτ.

Noctua animal volucre nocturnum, carnivorum, solitarium, cæteris Avibus invisum. Vescitur *Muribus*, *Ranis*, *Lacertis*, Aviculis, *Vespertilionibus*: Qui *Bubones* vocantur, *Lepores* quoque, &

Cuniculos invadere non absterrentur. Et quemadmodum in cæteris Avium generibus sub multiplici differentia considerantur: Majores sunt, *Ulula*, *Bubo*, *Otus*, quorum aliquæ montium inaccessas rupes, fabricarum, turriumque veterum fastigia incolunt, quædam sepulchra, meatusque subterraneos, aut tecta Templorum, arborumque concava inhabitant. Sunt & mediocres, quos *Barbecianos*, & *Stryges* vocant; sunt minores, quas *Noctuas*, & *Civettas* vocant, & ad aucupium reservantur: artificio prorsùs noto; omnes tamen ejusdem sunt speciei, etsi quoad formas, ob causas jam sæpius allatas, differentes. Ingens eorum nullo non tempore multitudo *Athenis* viguit; unde Proverbium: γλαῦκας εἰς Ἀθλύας. *Noctuas Athenis inferre*, de iis dictum, qui Caproni Capram addere volunt.

Pica, Græcis Κίοσα, vel Κίτϊα, Italis hinc fortè *Cutta*; volucris est albo- Pica. Κίτϊα.

nigro pennarum ornatu, nec non cauda longa instructa; animal garrulum, astutum, inquietum, furax, ad hominum animaliumque voces aptissimum; Cæterùm πάνφαγον, omnibus enim rebus pascitur: unde forsan Mulierum prægnantium depravato appetitui Κίτϊα vox accidit, quâ *Medici* appetitum illum ad res etiam non naturales in gravidis Mulieribus denominant; animal nullo loco stabile, & in operationibus inquietum. Hostes experitur *Aquilam*, & *Ululas*, quibus utplurimum in prædam

ARCA NOE.

dam cedit. Quod verò ad differentiam attinet *Picarum*, certe in *Europa* omnes pene sunt similes, sive formam spectes, sive colores, cæterasque naturæ dotes. *Indicæ* valde variant, non tam quoad corporis constitutionem, quàm ob caudæ longitudinem, *Pavoni* non dissimilem. Ea verò, quam *Brasilia* nobis exhibet, tota nostrati similis est, excepto rostro, prodigiosæ magnitudinis, quod

Onocrotali.

Pica Indica.

omnia cum *Picis*, quoad naturam, communia habent; ita quoque non nisi ex loci naturâ, uti diximus, hanc μεῖα-μόϱφωσιν incurrère, ut proinde eam *Arcæ* inferre necessarium non fuerit. Hujusmodi monstrosæ formæ alites producit Terra *Freto Magellanico* vicina, quas *Peguinos* vocant *Hispani*, Ornitho-

Peguini ad mare Magellanicum erecto corpore incedunt.

reliquam corporis molem in nonnullis non parum superat; reliqua cum *Pica* communia habet si colorem excipias; hujus volucris aliquot rostra in Museo nostro Collegii Romani, ostendere soleo, quæ sane monstrosa *Picæ* constitutio, aliunde provenire non potuit, nisi ex cœli influxu, soli aquarumque natura; ex æquo enim terrestribus, aquaticisque venationibus insistit; ne verò rostrum prægrande animal aggravet, natura ex osse quasi diaphano levissimo, subtilissimoque ita instruxit, ut dena hujusmodi rostra, reliquæ corporis moli æquiponderare videantur. Sunt & nonnullæ aliæ hujus generis, quæ sacculum rostro affixum tenent, quos *Onocrotali* suprà annumeravimus; Sunt & aliæ, quas *Rhinocerotes* appellant, à cornu, quod ex rostri extremitate exurgit. Hujusmodi volucres, uti

Rhinocerotes.

logi quoque *Anserem Magellanicum* nominant. Admiratione dignum in hac volucri est, quod non Avium, sed Hominum more erecto corpore, pedibusque incedat, ad volatum ob alarum brevitatem cæteroquin ineptum, quibus tamen in fuga, quàm velocissime se proripit: neque alibi quàm in dictis *Freto Magellanico* vicinis sive Insulis, sive continentibus, reperitur; Luculentum indicium, alitem hanc corporis sui à reliquis volucribus constitutionem, non nisi à natura loci, obtinuisse; quemadmodum & giganteæ magnitudinis homines in iis locis.

M Varia

Picus Martius.

Varia sunt genera & species *Picorum*; quorum tamen omnium eadem pene natura est, non nisi colore & forma diversæ. Omnium tamen proprietas genuina est, arborum cortices rostro, cum valido sono pertundere, excavare, vermiculorum, quibus vescuntur, sub iis latentium causa; undè & à *Græcis* δευδροκολάπίαι, id est, *Arborum Excavatores* appellantur. Dicuntur *Martii*, eò quod *Marti* sacræ sint volucres; & milites ad bellum ituri, hac Ave in Auspiciis uterentur, vel etiam quod valida & robusta Avis sit, quæ durissimo suo rostro etiam arbores excoriet, subvectetque. Suntque varia genera, tùm colore, tùm formâ, tùm magnitudine & parvitate distincta. Ad hujusmodi revocantur omnes ferè illæ volucres, quæ arbores scindunt, cortices perrumpunt, & nidum ex ramo suspendunt; cujusmodi sunt, quas *Sittas, Chlo-*

Spens. Sittæ.

Galguli.

Chloriones. Merops. riones, *Galbulas*, sive *Galgulos* vocant. Est autem *Galgulus* idem, quod *Icte-*

rus, totus flavo imbutus colore, ac proindè summum in *Ictericis* flavæ bilis humore suffusis, medicamentum dicitur.

Turdus est volucris granivora, mediocris, inter *Columbam*, & *Perdicem* magnitudinis, cujus ab *Ornithologis* innumeræ species recensentur. *Turdus* proprie dictus, est, qui in *Germania* Juniperi granis vescitur, cibumque præbet non minus gratum, quàm salubrem, ita ut *Turdus* meritò ornamentum & delitiæ mensarum vulgò dicatur; tametsi ejus in variis Regionibus, tum quoad victum, & colores, tum quoad formam sint differentes; in proprietatibus tamen utplurimum concordare videntur, exceptis iis, qui aliquantulum ab iis declinant; ut sunt, qui aquis gaudent; inde *Turdi Marini* dicti, & ex *Turdo*, cum *Fulica*, congeneri volucri, nata videntur. E *Turdorum* familia

Turdus Κίχλη.

ARCA NOE. 91

Merula. lia esse censentur, *Merulæ* & *Trussellæ*, sic Germanicè dictæ; quorum iterum variæ sunt species; quarum illa humanas cantilenas edocta ad vivum cantando exprimit; ac proindè sonoris ac cantatricibus avibus annumerari solet.

Upupa.   *Upupa* volucris pulcherrima, & crista diversicolore, eaque versatili, instructa; rostrum habet acinacis instar in longum porrectum. Undè & *Theseum* in eam transformatum *Poëtæ* fabulantur; & quamvis pulchro illo colorum amictu splendeat quàm nitidissime; turpissimam tamen volucrem esse ex eo *Ornithologi* censent, quod fœtore, quem exhalant, vix sustineantur; quodque nidos suos utplurimùm ex humano stercore conficiant; eo fine, ut venatores fœtore intolerabili à nidis ulterius inquirendis deterreant, vel aliqua alia naturæ proprietate, quam hanc ego esse existimo, quod humanis sordibus, in infirmitatibus, ipsis solis cognitis, veluti antidoto quodam, & salubri alexipharmaco utantur. Videat Lector *Opera* nostra *Hieroglyphica*, in quibus quàm uberrimè de *Upupa Ægyptiis* sacra, egimus.

Hirundo.
Χελιδών.

Hirundo. *Hirundinis* domesticæ volucris sat notæ variæ sunt species: Mari-

næ, Urbanæ, Montanæ, Ripariæ, & similes, quarum tamen una omnium proprietas est nidificare; & sunt transmigratrices; quamvis pleræque aliæ mare non transmigrent, aliæ enim in lacubus, in concavis montium, arborumque hyberno tempore conglomeratæ reperiuntur, ex quibus deinde Sole Æquatorem transeunte, ad verni temporis tepiditatem denuò evolant. Omnium ferè communis cibus sunt Muscæ, Vermes; & similia minoris molis insecta. Vox ejus trussatus est: caveas ad mortem usque abhorrent: quia libertate aëris unicè gaudent.

Alcyon.
Ἀλκυών.

Alcyon. Volucris pariter omnigeno colorum nitidissimorum vestitu amicta, juxta mare, & flumina condensis arboribus inumbrata, vivens: *Aristotele* teste, non multò *Passere* amplior, colore tum cæruleo, tum viridi, tum etiam leviter purpureo, variè toto corpore refulgens, rostro longo & tenui, nec non exiguâ caudâ instructa, Piscibus vivit, parit ova

quinque, qui circa Tropicum hyemalem esse solet, dies sereni 14 navigantibus auspicatissimi, unde *Alcyonia dies & sacra* vocata; notissima avis est, cum vix flumen præsertim arboribus stipatum, ubi non occurrant, reperias.

Luscinia. Inter Aves Canoras, quæ carmine oblectant, *Lusciniæ* meritò pri- *Luscinia* Φιλομ

mum locum obtinent. In cujus descriptione *Plinius*, dici vix potest, quàm Poëticâ lascivierit licentiâ. Verùm cum nil *Lusciniæ* cantu tritius sit, & verno tempore vix sit, qui non ejus cantu delectetur. Modulos quos gutture format, Musicis notis expressos vide *in nostra Musurgia*.

Lusciniæ proximè succedit *Carduelis,* *Cardu* Ἀκανθίς; *Græcè* dicta, quam natura Θεγπ

præterquàm quod suavissimè cantet, pulcherrimo quoque pennarum ornatu dotavit: suntque plurimæ species.

Alauda, à laudando sic dicta volucris, *Alau* ex granilegis una est, inter segetes, & Κορέλ sectæ cristæ stipulas, ut plurimùm degens, quamdiù granis in agro colligendis distinetur, ferè semper sine voce est, ubi tamen in altum elevatur, tum enim verò sine interruptione Deo conditori
suos

ARCA NOE.

certo anni tempore pectus rubrum, in caudam rubram commutet: cui tamen

suos modulos, veluti laudes quasdam in aëris summitate, quasi clavo affixa, continuâ alarum concitatione persolvit. Magno utique exemplo omnibus, quid eos deceat, proposito.

opinioni adstipulari non possum, cùm distinctæ speciei volucres, & *Rubeculam* & *Phœnicurum*, eodem anni tempore diligenti inquisitione præmissa, me reperisse meminerim.

Ficedula.
Συκαλίς.

Ficedula Avis est, à ficubus, quibus Autumni tempore avidissimè vesci solet, sic dicta. *Germanis* vocatur, *Grasmuck*, ubi ficus non proveniunt, similibus tamen ficui fructibus vescitur. *Italis Beccafico* dicitur, Avis notissima.

Pulchra pariter Avicula *Fringilla* est, *Fringilla.* Σπίζα. & Caveæ inclusa ob cantus suavitatem gratissima; cujus *Ornithologi* varias species adducunt, quæ tamen ad unum genus facilè revocari possunt. Ad hoc tanquam genus facilè revocari poterunt *Agythelus: Fringillago*, quam αιγίτλω vocant, κυυπολίγ©, à granis colligendis sic dicta & similia.

Rubecula.

Rubecula Avis est, pectore rubicunda, unde & *Pettorosso* dicitur: & gustui, & auditui ob certam suavitatem gratissima.

Φοίνιξρ©. *Coda rossa.* *Phœnicurus* à cauda rubra sic dicta Avis, quam alii *Aristotelem* secuti, eandem cum *Rubecula* volunt, utpotè quæ

Parix Avicula est, in multas species *Parix.* divisa, ex iis, quæ canoræ vocantur, non infimum locum tenet, quæ tametsi quoad colores & formam distinguantur, naturalibus tamen dotibus, prorsus conveniunt.

Motacilla.
Οἰνάνθη.

Motacilla Avicula est, ripis fluminum saxosis gaudens, caudâ tremulâ;

Coda tremula Italis dicitur, ob perpetuam caudæ agitationem subsultationemque; verum cum illa nulli non nota sit, tempus perdam, si in ea describenda longius immorer.

Regulus.
Τύραννος.

Regulus Avium minima, Rex Avium dictus, eò quod *Aquilæ* bellum movere, & vincere dicatur. Cæterum sepibus ut plurimum remisque murorum gaudet; & hîc *Romæ* in Templo Divi *Petri*, quod vastissimis constat loculis, passim videtur, & nullo non tempore dulcedine cantus sui, devotioni intentis singulare augmentum præstat.

Præter hasce, innumerabiles ferè aliæ species, tum in *India Orientali*, tum *Occidentali America* reperiuntur, quæ uti à nostris, tum colore multivario, tum corporis forma valdè distinguuntur, ita quoque ad primigenias species, ex quibus primam suam originem duxerunt, non nisi, ex naturæ dotibus, proprietatibus, & operationibus, conjecturâ factâ, reduci possunt.

Confectarium Apodicticum.

Quo ostenditur, à Deo, primo cuncta animalia sub certo, & determinato numero, condita fuisse, quæ vel Natura loci & Climatum, Cœlorumque influxu, aut promiscua differentium specierum copulâ deinceps in universam terram dispersa, in infinitam animalium multitudinem & varietatem excreverunt.

Incomprehensibilis Dei potentia in creatione rerum.

DEUS *Optimus Maximus* totius Mundi, & omnia quæ in ejus ambitu continentur, sapientissimus conditor, quemadmodum primò massam chaoticam, sub qua veluti sub potentiali quadam abysso, & seminario naturæ virtute continerentur, produxit, ita quoque nullum vegetabile, aut animal immediatè, præter homnis animam ex nihilo, sed ex præsupposita chaoticæ massæ materia secunda, produxisse censeri debet; in quo quidem maximum Omnipotentiæ, & infinitæ sapientiæ suæ specimen edidit: quod ut demonstremus,

Suppono *primò*. Quicquid in universa natura rerum, ex materia & forma compositum humanæ menti occurrere potest, id totum ex chaotica quatuor elementorum πανσπερμία, sive cælorum vastissima corpora, sive Stellarum compositionem, sive denique Mineralium, Vegetabilium, Animalium, tum Brutorum, tum Rationalium excepta

Omnia e 4 Elementis composita.

cepta anima rationali univerſam œconomiam ſpectes, primævam ſuam originem traduxiſſe, id eſt, ex quatuor elementorum combinativa μίξί, ſeu miſcella, producta fuiſſe.

Suppono Secundò. Omnia illa corpora, quæ ſub triplici naturæ gradu continentur; Mineralia, Vegetabilia, Animalia, tametſi ex quatuor elementis primò compoſita, poſteà tamen, ſub diverſo Cælorum Aſtrorumque ad Terram aſpectu, eas, quas miramur metamorphoſes incurriſſe; Et experientia nos docet primò in Mineralibus, quæ in quibuſdam melioris notæ, quàm in aliis, id eſt, Aurum, Argentum, Æs, Ferrum, Stannum, Plumbum, probioris inquam, notæ; in hiſce, quàm in illis Regionibus lapides pretioſos, Adamantes, Rubinos, Smaragdos, Amethiſtos producunt; quæ tamen aliunde, quàm ex natura locorum non proveniunt. Sed de hiſce fuſe actum, vide in *Mundo Subterraneo*.

Si Vegetabilia ſpectemus, immenſam mox intuebimur, Metamorphoſeos varietatem; Siquidem experientiâ Magiſtrâ docemur: grana tritici, terræ congruæ inſita, optimum triticum proferre; aliis verò in agris ſeminata, prorſus vel in ſiliginem, vel etiam in avenam, à tritici ſpecie diſtinctam degenerare. Item Caulium, quas *Capitatas* vocant, ſemina differentibus agris inarata, eandem metamorphoſin experiri: imò ſi in uno eodemque loco per aliquot annos reſtiterint, eas in rapas degenerare experimur. Petroſelinum ubi multis annis ſine cultura extiterit, herba cæteroquin ſaluberrima in cicutam exitialem tranſmutatur. Dein Plantæ noſtrates ſub aliis aliiſque Climatibus plantatas, differentes ſpecie plantas producent: ita, quemadmodùm *ſuprà* diximus, Cinnamomum in *Luſitania* plantatum in Laurum; Piperis plantam in Hederam: Caryophyllum Muſcatum, in Caſtaneæ ſimilem plantam tranſmutatum cum admiratione invenerunt: Titymallum planta tenella in *Germania*, & in parte *Italiæ*; in *Sicilia* & *Africa*, in frutices & arbores aſſurgere vidimus: Cypreſſus in *Septentrionales* oras tranſlata, Savinæ herbæ formam aſſumens arboreſcere detrectat; Mala Perſica quondam venenoſa in *Europam* tranſlata optimi ſaporis fructus producit. Innumeras hoc loco hujuſmodi metamorphoſes adducere poſſem. Verùm nè longius hiſce immoremur, Lector curioſus *Botanologos* conſulat, & quod dixi, verum inveniet.

Suppono *Tertiò*. In animalium Regno idem evenire. Quotidiana nos experientia docet; & *Authores Indicarum Relationum* abunde teſtantur, & tantò quidem in iis majores transformationes fieri, quantò à reliquis jam dictis Naturæ gradibus ad dictam transformationis varietatem, majorem diſpoſitionem habet. Dico itaque, Quatuor animalium genera, quæ ſunt Reptilia, Quadrupedia, Volatilia, Natatilia, Reptilia, & Inſecta primò ingentes tranſmutationes ſubire, tum quia ex putri utplurimum, tum etiam, quia ex heterogenea copula naſci ſolent, uti in præcedentibus retulimus. Quadrupedia verò, quia ab initio Mundi ſub certa & determinata ſpecie, à DEO glorioſo & benedicto producta fuerunt, quadruplici de cauſa, ingentes tranſmutationes incurrerunt; quarum *Prior* eſt, uti ſæpe ſæpius jam diximus, Aſtrorum in differentes Terrarum, Regionum, Climatumque diſpoſitiones influxus, quâ uti *paulò ante* docuimus, miræ efficiuntur rerum mutationes. *Secunda* eſt, phantaſtica animalium tum Quadrupedum in coëundo, tum Oviparorum in incubando vis & poteſtas; ſi enim tantum poſſit in fœmina gravida imaginatrix facultas in immutando fœtum in monſtroſas formas, certe id brutis denegatum fuiſſe, is ſolus inficiabitur, qui in brutis, & in operationibus naturalibus rite obeundis

dis pernecessariam imaginatricem vim non recte expenderit. Miri igitur effectus tum ex congressu naturali quadrupedum, tum ex concubitu oviparorum, effectus metamorphoseos emanare luculenter patet. *Tertia* causa est, ex homogeneo unius speciei congressu, quo ex imaginatricis facultatis potentia, si non speciem, saltem formam extrinsecam cum multiplici colorum varietate mutant. Hoc pacto, in ultima *Septentrionis plaga*, experientiâ, & relatione *Batavorum*, omnia penè animalia, *Ursi, Vulpes, Corvi*, cæteræque animantes, quæ sub Zona temperata stabilem colorem sortitæ fuerunt, multæque ob perpetuæ nivis candentis aspectum ex nigro, & rufo, colore in candidissimum colorem mutantur. *Quarta* causa est, heterogeneus diversarum specierum congressus, quo non extrinseca tantum forma, sed & intrinseca medium diversumque quoddam, ex diversis speciebus natum animal resultat. Ubi tamen notandum, hanc heterogeneorum animalium copulam, non cum quovis animali fieri, sed cum iis, quæ naturæ quadam similitudine inter se concordant; aut etiam odoris, quo solo in brutis prolificus appetitus ad generandum concitatur, convenientia, impelluntur.

Dubium hoc loco non exiguum oboritur: *Utrum quemadmodùm* Mulus *ex* Equo *&* Asina *productus, sterilis sit, ita & cætera animantia spuria?* Respondeo, quantùm quidem ex animalium genealogia annotare potui; id solùm in *Mulo* compertum fuisse, non tamen æquè in aliis: *Tragelaphus* enim, etsi ex heterogenea *Hirci*, & *Cervi* copulâ natus sit, is tamen plurimùm se propagare, notius est, quàm ut dici debeat: idem de cæteris animantibus dicendum existimem. In volucribus tamen heterogenea hæc propagatio legem non habet; cum volucres ex adulterino congressu, aut ovorum incubitu, non secùs ac reliquæ volucres se propagare soleant. Undè in Volatilibus multò major, quàm in quadrupedibus multitudo & varietas cernitur.

Ex hoc quadruplici causarum complexu patet, animalium numerum quasi in infinitum auctum esse, & quotidiè augeri ab eo tempore, quo à DEO producta fuerunt: quod vero *cap. 3. Genes.* DEUS adduxit ad *Adam* omnia animalia, ut videret, quid vocaret ea; id intelligi debet, non omnia ea animalia, quibus successu temporis Mundus terrestris impletus fuit, ad eum ducta fuisse; sed illarum, quæ DEUS produxerat, certas & determinatas animalium species; aliàs enim nullus finis animalium adducendorum, nullus finis nominum iis imponendorum fuisset. Quæ omnia si quis paulò profundiùs expenderit, is fateri cogetur, maximam animalium partem in *Arcam*, dictas ob causas non introductam fuisse; sed solùm primævas illas animalium species, quæ tum in *Edeniâ Regione* extabant, aut ex aliis Regionibus remotioribus, Angelorum singulis speciebus præsidentium ope ductuque intra *Arcam* admissa sunt: cum DEI Opt Max. solùm illa animalia, quorum species à *Diluvio* perire poterat, intra *Arcam* conservandi fuerit intentio; non verò, quæ post *Diluvium* ob causas suprà adductas sine speciei jacturâ nasci poterant. Patet tandem non solùm ex hisce hucusque adductis, sed ex accurata quoque omnium animalium *paulò antè* descriptorum recensione, non omnes animalium species intra *Arcam* introductas fuisse; quod hucusque demonstrare conati sumus, atque proindè *Arcam* ad omnes Animalium species primigenias conservandas capacissimam fuisse.

Verum cum jam occurrat *Phœnicis* memoria, restat exponendum, utrum hæc avis in *Arca* locum repererit? Avis scilicet non *veterum* duntaxat, sed & *recentium Scriptorum Relatione*, supra fidem celebrata; Dicitur autem unica &

& solitaria solo suo contenta individuo & maris & fœminæ formam retinens, ætate 500 annorum prægravata nido ex pretiosis *Arabiæ* lignis constructo, ardoreque Solis incenso unà combustam emori, deinde ex cineribus, rore & pluvia fermentatis vermem nasci, novæ generationis *Phœnicis* seminarium. Quis hic tam insanæ mentis est; qui hujusmodi fabularum figmenta concipiat? Quis non videt, hoc *Ægyptiorum* monstrosum animal fuisse, cujusmodi complura hieroglyphicis suis inserunt, uti quam amplissimè de iis, & inprimis de *Phœnice* egimus, continentur, quorum proprium erat, ut quanto monstrosiores figuras exhibebant, tanto minora sub iis latere mysteria jactitarent. Quibus accedit ut illa fabulosa *Phœnicis* narratio in omnium passim *de naturalibus rebus Scriptorum Monumenta* irrepserit. Quod vero hujus volucris etiam mentionem faciant S S. P P. id eos non tam fecisse censendi sunt, quod talem verè volucrem extare arbitrarentur, sed ut inde occasionem sumerent, ad hujus avis similitudinem, demonstrandi communem carnis resurrectionem adversùs eos, qui eam negarent, & tamen *Phœnicem* non alio modo, quàm ex cineribus suis propriis renascendi originem sortiri crederent, quemadmodum de *Unicornu* & *Pelicano*, qui pectore aperto, sanguine suo pullos enutriret, allusione facta ad *Christum* sanguine suo fideles suos enutrientem. Qui verò tempore *Tiberii Phœnicem Romam* allatam, inde *Phœnicis* veritatem adstruunt, summopere halucinantur; dum facilè iis illudi potuerit, rarioris speciei phœnicoptero qui præter nomen *Phœnicis* nihil aliud haberet. Quis enim istam volucrem 500 annos vixisse, observavit? quis collectis ex aromaticis sarmentis nidum, quo se combureret, vidit unquam? Quis sufflatione alarum ligna ardore Solis succensa fuisse credet? Quis ex cineribus natum vermem ad speciei instaurationem intuitus est? nemo sanè mortalium. Chimæricum itaque & prorsus propudiosum figmentum est, omnes *Hippocentauros* & *Sphingium* Monstrum excedens. Ex quibus tanquam infallibilibus rationibus constat, *Phœnicem*, uti in rerum natura nunquam extitit, ita quoque in *Arca* non fuisse, quin & hoc Sacro textui repugnare, vel ex hoc comprobabitur, cum avis hæc unica, neque mas, neque fœmina, in *Arca* alias inutilis fuisset, & contra finem, quem D E U S ad instaurationem speciei intenderat, ac proindè apertè dicat non unum aliquod animal, sed bina, masculum & fœminam ex omnibus animantibus, *Arcam* quæ ad speciei seminarium conservarentur, ingressa censeantur.

Excusamus tamen S S. Patres de *Phœnice* agentes, qui non ex ignorantia, sed argumentum mysteriis confertissimum altioris contemplationis causâ, juxta inveteratam Poëtarum, Oratorumque enarrationem, pulchris conceptibus exornatam, libris suis inseruerunt; quemadmodum non pauci ex iis fabulis, etiam poëticas, ad mysticos, & anagogicos sensus transtulerunt. Vide *S. Augustinum de Civitate* D E I.

Caput VI.

Noë *infusâ Animalium Scientiâ dotatus à* Deo, *juxta præcepta Domini*, *tandem* Arcæ *stabula*, *nidosque unicuique*, *sive quadrupedibus*, *sive volucribus convenientia exstruere orditur.*

Expositis in *præcedentibus Capitulis* omnium eorum animalium, quæ *Arcæ* destinabantur, viribus, & proprietatibus à natura iis insertis, quorum omnium notitiam *Noë* probè possidebat, tandem Divini Numinis Angelorumque assistentiâ fretus, *Arcam* in stabula, nidosque partitur, juxta molem corporis unicuique convenientem. Verùm cum hæc sine schematismis concipi non possunt, primò totius primæ contignationis amplissimum spatium quadrupedibus destinatum in mansiones, seu receptacula pro immundis bina & bina, pro Mundis septena & septena propria distributum, sub majori forma, ante oculos ponemus curiosi Lectoris.

Quoniam verò magna inter *Interpretes* circa bina & bina, septena & septena animalia dissidium est; quid de iis sentiendum sit, paucis aperiamus. Sunt nonnulli, qui dicunt, bina, & bina ita intelligi debere, veluti duo paria: quidam verò per unum marem & fœminam intelligi debere asserunt. Verùm cùm lis non nisi ex sensu Sacrarum Literarum decidi possit, varios hîc Textus adducam, ut ex iis sensus veritas elucescat.

Dixitque Dominus *ad Noë, Ingredere tu, & omnis domus tua in* Arcam *&c. Ex omnibus animantibus mundis tolles septena & septena masculum & fœminam; de animalibus verò immundis* Duo *&* Duo, *masculum & fœminam; sed & de volucribus cœli septena & septena, masculum & fœminam, ut salvetur semen super faciem universæ Terræ.* Ubi ex omnibus mundis septena & septena:

Gen. 7.
vers. 2. מכל הבהמה התהורה תקח לך שבעה שבעה

Ex omnibus animantibus mundis accipies tibi septem, septem: id est, septem masculos & septem fœminas; & ex bestiis non mundis duo, masculum & fœminam, ubi apertè ostenditur, septenos masculos & septenas fœminas ex

ומהבהמה לא התהורה הוא שנים:

bestiis mundis ingressa esse; & ex mundis שנים, id est, duo paria, masculum & fœminam, quæ quaterna animalia conficiunt. Sic enim habet Lectio 70. ἀπὸ δὲ τῶν κτηνῶν τῶν καθαρῶν εἰσάγαγε πρὸς σὲ ἑπτὰ ἑπτὰ ἄρσεν ἓ θῆλυ· καὶ ἀπὸ τῶν κτηνῶν τῶν μὴ καθαρῶν, δύο δύο ἄρσεν καὶ θῆλυ; quæ prorsus *Paraphasi Chaldaicæ* congruunt. Congruit & Arabica Lectio:

وخذ من جميع البهائم الطاهرات سبعة
سبعة الواحد وزوجه ❊

Et quoniam *Lectiones* ubique concordant, rectè concluditur à primæ sententiæ *Interpretibus*, per bina & bina, per septena & septena, duo paria immundorum, & septem paria ex mundis animalibus, duos videlicet masculos & duas fœminas ex immundis, & septem masculos & totidem fœminas ex mundis intra *Arcam* admissa fuisse; si enim unum tantùm par ex immundis, & septem solummodò ex mundis introducta fuissent, sequeretur, *Noë* post *Diluvium* non habuisse, quod salvâ propagatione speciei, Deo in sacrificium offerre potuisset; Atque hæc est quorundam sententia. Altera sententia est, unum tantùm par introductum fuisse, marem & fœminam, quod ex voce Hebraica שנים dualis numeri colligunt; *Hebræi*, enim per שנים non quatuor, sed Duo, quem-

quemadmodum in vocibus dualis numeri, אונים/ידים/צינים membra gemminata exprimunt, ita & ex voce: שנים Schanaim, duo tantum animalia, vel unum par ex immundis in *Arcam* introductum fuisse, censent; ex mundis verò animalibus septem tantum introducta fuisse, tria videlicet paria, masculum & fœminam, septimum verò sacrificio post *Diluvium* à *Noëmo* perficiendo, reservatum. Verùm qui vim & energiam in *Textibus* prorsus concordantem ritè expenderit, is sanè vel violenter se à primæ sententiæ *Authoribus* trahi sentiet: Qui secundæ sententiæ subscribunt, ii sanè id non alia de causa fecisse censendi sunt, nisi quod, si duo ex singulis immundis animalibus paria, ex mundis verò septem paria admitterent, vererentur, nè *Arca* tot animalibus recipiendis minimè capax foret, & ne *Arca* ex nimio onere, ob tantam animalium multitudinem aggravata succumberet : Sed nos uti utramque sententiam probabilem censemus, ita quoque, sive intra *Arcam*, unum solummodò animalium par, sive duo ex immundis paria, ex mundis verò licet septem solummodò, sive bis septem ponamus, *Arcam* tamen semper adhuc sat capacem fuisse, nec quicquam à nimio pondere metuendum fuisse. Quod ita ostendo. Novimus ex 11 *Levitici*, & 14 *Deut.* quænam munda, quænam immunda animalia sint : Verba adducam : *Nè comedatis quæ immunda sunt: hoc est animal, quod comedere debetis,* Bovem, & Ovem, & Capram, Cervum, & Capream, Bubalum, Tragelaphum, Pygargum, Orygem, & Camelopardalum : *Omne animal, quod in duas partes findit ungulam, & ruminat, comedetis ; De his autem, quæ ruminant, & non dividunt ungulam, hæc omnia comedere non debetis,* Camelum, Leporem, Chærogryllum, *quia ruminant, & non dividunt ungulam, immunda erunt, vobis ;* Sus *quoque, quoniam dividit un-* *gulam, & non ruminat, immundus erit.* Deinde vers. 11. Mundas & immundas volucres recenset. *Omnes*, inquit, *aves comedite, immundas ne comedatis :* Aquilam *videlicet,* & Gryphum, & Haliætum, Ixion, & Vulturem, & Milvum *juxta genus suum, & omne corvini generis, &* Struthionem *ac* Noctuam, & Larum *atque* Accipitrem *juxta genus suum,* Herodium *ac* Cygnum, & Ibin, *ac* Mergulum, Porphyrionem & Nycticoracem, Onocrotalum, & Charadrium *singula in genere suo,* Upupam *quoque,* & Vespertilionem. Atque hæc est animalium tam mundorum quàm immundorum recensio, quam *Sacer Textus* nobis proponit ; estque veluti compendium omnium eorum, de quibus hucusque egimus. Quadruplici itaque combinatione, quod ex animalibus mundum sit, quod immundum, ita determinat, ut nullus de iis amplius dubitandi locus relinquatur.

Combinatio Quadruplex, ex qua

Omne quod ruminat, & ungulam bisulcam habet, mundum est ; ut Ovini & caprini generis animalia.

Omne animal, quod et si ruminet, ungulam tamen solidam habet, & indivisam, immundum est ; ut Camelus, & cætera.

Omne animal, quod nec ruminat, neque bisulcam ungulam habet, immundum est : ut Equus, Asinus.

Omne animal, quod ungulam quidem bisulcam habet, sed non ruminat, immundum est ; ut Sus, & similia.

Sed quodnam in Avibus mundarum immundarumque signum sit, expressè *Sacer Textus* dicit: omnes videlicet Aves carnivoras & rapaces, quæ carnibus cæterorum animalium, & sanguinis suctu vivunt, neque etiam hodiè facilè in cibum cedunt, & sunt omnes eæ, quas *Sacra Scriptura* paulò ante recensuit : omnia scilicet animali a; id est Aquilinum,

Accipitrinum, & Corvinum genus, & noctuarum genera & species: Cùm verò mundarum volucrum mentionem non faciat, significare voluit, præter dicta carnivorarum rapaciumque volucrum genera, reliqua omnia comedi posse, ac proindè munda esse, & septena ex quovis genere intra *Arcam* admissa fuisse, quamvis etiam ex immundis volucribus, non duo tantùm mas & fœmina, sed septem in *Arcam* introducta fuisse, indè concludatur. Quod si *Noë Corvum* volucrem immundam extra *Arcam* ad *Diluvii* diminutionem explorandam dimisit, isque non reversus dicitur; certè corvinam speciem eo ipso, defectu alterutrius sexus destructam fuisse, quis non videt? *Corvum* autem dimissum cum non reperiret in tantis aquarum turbinibus, ubi requiesceret pes ejus, neque *Arcam* amplius aquarum voluminibus veluti coopertam reperiret, uti nonnulli volatu tandem defessum, aquisque involutum periisse, existimant perperam: potuit enim is divino nutu conservari, modo nobis incognito. Nos tantum hic quid fieri potuerit, physico more ratiocinamur. Verum de *Corvo* in 2 *Libro* fusius, uti & de *Corvo* non redeunte & redeunte iterum totam difficultatem ex mente *Sacri Textus*, enodamus. Verum ut singulis animalibus tam mundis, quàm immundis propria stabula in *Arca* extruantur, hic catalogum omnium supponendum duximus.

Animalia ex Quadrupedibus.

Munda:	Immunda, quæ licet ruminent, Solipeda tamen sunt:
Boves.	
Oves.	*Camelus*, ruminat, sed non bisulcum.
Capræ.	*Lepus*, bisulcum, sed non ruminat.
Cervi.	*Chœrogryllus.*
Alce.	*Sus*, dividit ungulam, & non ruminat.
Bubuli.	*Struthiocamelus*, nec ungulam dividit, nec ruminat.
Tragolaphi.	*Canes.*
Oryges	*Feles.*
Camelopardali.	*Vulpes*, & cætera in catalogo animalium recensita.
Et omnia genera & species, quæ ex hisce productæ sunt.	

Volucres immundæ.	*Volucres mundæ.*
Omnes quæ carnibus & raptu vivunt.	Omnes eæ, quæ frumento, baccis, frugibus, & vermibus vivunt, uti
Aquilinum. ⎱	*Galli, Gallinæ.*
Accipitrinum. ⎰ genus.	*Columbæ.*
Corvinum. ⎱	*Passeres.*
Omnes nocturnæ.	*Perdices.*
Noctuæ.	*Attagenes.*
Bubones.	*Phasiani.*
Nycticoraces	*Urogalli*, & quicquid hisce simile est, de quibus vide *Catalogum animalium suprascriptum.*
Ascories, & similia.	

ARCA NOE.

NOMENCLATURA ANIMALIUM.

Animalia Munda
nt quæ ruminant & ungulam bisulcam habent & sunt infra scripta.
Appellationes.

Immunda Animalia.
Sunt quæ ruminant quidem sed vel solipeda vel multifida sunt vel etiam quæ bisulcam ungulam habent, sed non ruminant, uti sunt supra scripta.

Latina.	Græca.	Hebræa.	Chaldaico-Syriaca.	Arabica.	Latina.	Græca.	Hebræa.	Chaldaico-Syriaca.	Arabica.
os, Tau-us, Vitu-s, Vacca.	Βᾶς, ταῦ-ρος, μό-χος.	שור	תור תור	البقر الثور	Camelus ungula solipeda ruminat.	Κάμη-λος.	הגמל	גמלא	الجمل
Ovillum genus.	Ἀμνοὶ ἐκ προβάτων.	שה כבש נחל	אמרין	حمل حمل الضان	Lepus ruminat sed multifidus est.	Δασύ-πας.	ארנבת	ארנבא	لاربا ارنب
aprinum genus.	Χίμαροι ἐκ αἰγῶν.	עז עזים	גדיי דעז חזו	المعز جدي تيس	Chæro-gryllus ruminat sed multi-fidus est.		השפן	טפזא	القنفليه
rvinum genus.	Ἔλα-φος.	איל	אילא אלא	العزلة	Sus bisulca sed non rumi-nat.		החזיר	חזירא	الخنزير
Caprea, apreolus.	Δορκάς.	צבי	טביא	الصابل	Canis non ruminat nec ungulam habet bisulcam.	Κύων.	כלב כלבים	כלבא כלבא	كلاي كللي
ubalus, fulus.	Βύβα-λος.	יחמור	יחמורא	الجمار	Felis, Cattus animal multifidum.	Αἴλ-ερος.	סנור	סנורא	السنور
agela-phus.	Τραγέ-λαφος.	אקו	כעלא	الوعل	Ursus multifi-dus.	Ἄρκτος.	דוב	דובא	الدوب
gargus.	Πύγαρ-γος.	דישון	רימא	الروى	Vulpes multifi-da.	Ἀλώ-πηξ.	שועל	תעלא	ثعلب
Oryx.	Ὄρυξ.	תאו	תרבלא	الشيمال	Leo, Leones.	Λέων, Λέοντες.	אריה	אריחא	السد الاسد
melo-arda-us.	Καμη-λοπάρ-δαλος.	זמר	דיצא	الزرافة	Tigris.	Τίγρις.	נמר	נמרא	نحيل
Alce.	Bisons.	Urus.	Rupicapra.	Capricor-nus.	Equus, Asinus.	Ἵππος, Ὄνος.	סוס אתון	סרתא אתנא	فرس حمار

NOMENCLATURA VOLUCRUM
Tam Mundorum quàm Immundorum.

Ex Volucribus Mundis sunt sequentes.   *Ex Volucribus Immundis sunt sequentes.*

Latina.	Græca.	Hebræa.	Chaldæa.	Arabica.	Latina.	Græca.	Hebræa.	Chaldæa.	Arabica.
Gallus. Gallina.	Ἀλέκτωρ.	תרנגיל	תרניגולא	ديك	Aquila.	Ἀετός.	נשר	נשרא	نسر
Columba.	Περιστερά.	יונה	יונא	حمام	Gryps.	Γρύψ.	פרס	ער	عقاب
Turtur.	Τρυγών.				Haliætus.	Ἁλιαῖτος.	עזיה	העזניה	
Perdix.	Πέρδιξ.	קוראה		حجل	Ixion.	Γύψ.	הראה	בתכנפא	
Attagen.	Ἀτταγῶ.	פסרנה		درج	Vultur.	Γῦπῶν.	איה	טורפיתא	
Turdus.	Κίχλα.				Charadrius.	Χαράδριος	הדיה	דיתא	
Phasianus.	Φασιανός.	פשרנה		درج	Corvus.	Κόραξ.	עורב	ערבא	
Passer.	Στρουτός.	צפרה		عصفور	Struthio-Camelus.	Στρούθιον.	יעבה	נעמיתא	
Ficedula.	Συκαλίς.				Noctua.	Γλαύξ.	תחמס	ציצא	
Pavo.	Ταῶν.	טוסה		طاووس	Larus.	Λάρος.	שחף	שחפא	
Parix.					Accipiter	Ἱέραξ.	הנץ	נצא	
Alauda.	Καλάνδρη	קבשינה		قفبر	Herodius.	Ἡρώδιος.	הכום	קדיא	
Anser.	Χήν.	וזה		وز	Ibis.	Ἴβις.	ינסוף	קיפופא	
Anas.	Νῆττα.				Ciconia.	Πέλαργος.	רחמה	רחמא	
Fulica.					Mergus.	Καταρράκτη	קאת	רקריקא	
Cygnus.	Κύκνος.	דדרה		راחם	Porphyrio.	Πορφυρίων.	שלנונא	ינשובא	
Coturnix.	Ὀρτυγομήτρα.				Nycticorax.	Νυκτικόραξ.	שלך	רחיתא	

CA-

Caput VII.

Explicatio Ichnographica, primæ Contignationis Arcæ *in qua Quadrupedum stabula, & mansiones ordine sunt positæ.*

IDem accidere videtur iis, qui de *Arcæ* incapacitate dubii, capere non possunt, quomodò illa tantam tamque innumerabilium animalium multitudinem, & varietatem continere valuerit; ac illis, qui Astronomicarum rerum ignari, stellati cœli faciem lucibus refertam, stellarum, siderumque multitudinem sub numerum cadere non posse, simplicius sibi persuadent; cum tamen in universa cœli facie nulla stella oculis non armatis sensibilis adeo parva sit quæ Astronomis non sit cognita; omnes verò si ad calculum revocentur, non nisi 1022. recenseantur ex iis, quæ innumerabiles putabantur, ut proindè complures olim Hæretici, & hoc tempore ἄθεοι Epicuri de grege porci; uti *Sacræ Scripturæ* libros, eo loco habent, quo quamlibet aliam profanam historiam, ita quoque pro stultis ac monstrosis opinionum suarum dogmatis, omne id, quod capere non possunt, pernegant, pro nugis & fabulis tenent omnia; Deo ipsi omnipotenti rerum Conditori, Angelisque suis apertum bellum indicunt; ἀθανασίαν animarum destruunt, humanam animam à bestiis, & brutis non differe, demonstrare, ipsis belluis deteriores contendunt; qui utique in opinione hac omnium perniciosissimâ, tantò sunt obstinatiores, quantò indoctiores; tantò in hujus satanicâ persuasione, sententiæ asserendæ faciliores, quantò in Epicuræorum oblectamenta magis fuerint effusi. O intolerandum genus hominum non nisi igne flammisque à facie terræ exterminandum! Atque hi sunt, qui nullâ aliâ faciliori ratione *Scripturæ* nullitatem evinci posse, diabolicâ fraude dementati, sibi persuadent, quàm per *Arcam Noëmicam*,

quam uti capere non possunt, ita eam cæteris veterum fabulosis narrationibus jungunt. Ego verò hisce, me belluinam eorum inscitiam, Divini Numinis adspirante gratiâ, ita hoc loco evicturum confido, ut, velint, nolint, ultrò veritati palmas præbere cogantur. Sed jam ad rhombum.

Ut itaque quàm penitissimè hoc de *Arca Noëmica* argumentum discuterem, omnium primò Zoographorum monumenta examinanda censui; Animalium omnium quadrupedum, quæ in universo Telluris orbe hucusque cognita fuerunt, nomina annotavi, vires, proprietates, corporeæque molis magnitudinem singulis competentem, cæterasque circumstantias ἀκριβεστάτως expendi, stabula & mansiones singulis & omnibus, binis vel septenis proportionatas, in *Arca* longitudinis 300 cubitorum, & 50 latitudinis assignavi, uti in *præsenti Schematismo* videre est.

Ichnographia itaque primæ Contignationis *Arcæ* Animalibus quadrupedibus destinata, longa est, uti dixi, 300 cubitos, lata 50 quod spacium superficiale primò in ambulacrum A. B. 300 cubitis longum & octo cubitos latum distribui; quod per quinque alia ambulacra transversa LM. IK. CD. EF. GH. octo pariter cubitorum latum & 50 cubitis transversa latitudine discrevimus, quæ accessum ad omnium animalium stabula præberent; Inter hujusmodi ambulacra, posita sunt, ex utroque latere stabula omnibus & singulis animantibus proportionata; quorum quidem receptaculorum si longitudinem spectes, eam in omnibus æqualem, id est, 20 cubitorum longam reperies; si latitudinem, pro animantium quantitate,

*nunc

nunc majorem, nunc minorem, prout numeri fingulis adfcripti docent. Per majus & principale ambulacrum aditus utrimque datur in cellas feu ftabula animalium per portas numeris fignatas, qui tamen latitudinem cujufvis ftabuli unà notant; undè & ambulacrum hoc, octo cubitorum latum conftituimus, ut *Elephantem* quadrupedum omnium maximum non ftrictè, fed amplè quoque & commodè reciperet; quoniam verò hæ portæ ftabulorum non fufficiebant, alias arcanas portas, in fine tranfverforum ambulacrorum pofitas effecimus, & fignantur hifce literis, a. b. c. d. e. f. &c. quæ aditum præbebant ad pofteriorem ftabulorum partem, ubi per feneftras fingulis ftabulis proprias, animalibus quotidianus cibus & potus in vafa & præfepia in hunc finem ibidem difpofita fine periculo fubminiftraretur, uti *in Schemate* videre eft.

Stabuli Elephantorum quantitas.

Jam itaque ftabula explicemus, ab Elephantum, qui funt animalium maxima, ftabulo, literâ A fignato ordiamur, & primum locum à dextris obtinet intra medietatem *Arcæ*, eâ commoditate, ut *Arcam* per portam D. ingreffi, ftatim deputatam fibi manfionem per 20 numerum fignatam ingrederentur; eft id ftabulum 14 cubitorum latum, 16 longum, altum octo; quod fpacium binis *Elephantis* aut quaternis etiam recipiendis adeò fpaciofum eft, ut ibidem non ftrictè, fed amplè, & quàm commodiffimè commorari queant. Eft & poft ftabula p. q. fpacium aliud, in quod per portam q. ex ambulacro ingreffus datur, ut ibidem illis pabulum potufque per feneftram fuggeri poffit.

Sequuntur modò ftabula cæterorum animalium, majorum & minorum ufque ad *Leporum Cuniculorumque* ftabula, è latere dextro; ex finiftro verò, animalium ferocium ftabula fequuntur, uti *Rhinocerotum, Leonum, Urforum*, cæte-

rorumque ordine expofitorum, quæ omnia *in fequenti Pinace* tibi confideranda relinquo.

Atque hæc ftabulorum pro omnibus & fingulis animantibus quadrupedibus, juxta numerum Mundorum, Immundorumve, nec non fecundum capacitatem uniufcujufque fpeciei in *Arca* difpofitio eft, quorum quidem habitacula tam laxa funt, ut in unoquoque horum, complura adhuc paria poni poffint; Unde nos, ut ob *Arcæ* amplitudinem, loca omnia repleri poffent, etiam illa animalia, quæ *Arcam* intrare non neceffarium erat, pofuimus, uti funt, quæ ex diverfæ fpeciei congreffu oriuntur, & quæ ob Climatum diverfitatem, afpectumque coeli differentem, aliam formam quoad extrinfecam apparentiam nacta funt, quamvis tamen fpecie non differant. Si verò Lector obfervaverit nonnullius alterius animalis fpeciem, quæ hîc non contineretur, is certò fibi perfuadeat, tam amplas adhuc reftare manfiones, ut iis, non dicam una, fed plurimæ quoque fpecies collocari queant; ut proinde ex hoc animalium epilogifmo Lector apertè videat, non tantam effe animalium multitudinem, quam fibi perfuadere poffit quifpiam. Quicquid enim *Aldrovandus, Gefnerus, Jonftonus*, in vaftiffimis fuis *Operibus Zoologicis*, de animalibus quadrupedibus attulerunt, id totum in hoc brevi compendio, monftra etiam contineri certum eft, uti unum cum altero comparanti luculenter apparebit.

Reftant modò Serpentum, aliorumque Reptilium ftabula exponenda, & ut paucis nos expediamus; dico non neceffarium fuiffe, ut iis particulares ftabulationes affignarentur, cum iis fuppedanea ftabulorum vacua loca hunc in finem relicta, ad commorandum fufficerent; ibidem enim præter victum ordinarium, etiam fuctu pinguis humidi, & ex fordibus animalium vivere poterant.

Porrò

ARCA NOE. 105

PINAX STABULORUM.

Immundorum Animalium Stabula.			Mundorum, & Amphibiorum Stabula.		
Stabulum signatum literâ { A B C D E F G H	} Continet {	Elephantes. 2 Camelos. 2 Dromedarios. 2 Equos. 2 Asinos. 2 Onagros. 2 Varias *Felium* Species. Varias *Simiarum* Species, binæ Singulæ.	Stabulum signatum litera { ♉ ♊ ♋ ♌ ♍ ♎ ♏ ♐ ♑	} Continet {	Castores. 2 Lutras. 2 Crocodilos. 2 Hippopotamos. 2 Tragelaphos. 7 Bubalos. 7 Alces. 7 Uros. 7 Capras cum capris. 7 } Amphibia, & Immunda.
I K L M N O P Q R S		Cercopithecos. 2 Lepores. 2 Sciuros. 2 Cuniculos. 2 Porcellos marinos. Stabulum vacuum. Rhinocerotes. 2 Leones. 2 Ursos. 2 Tigrides. 2 Pantheras & Leopardos. 2	♒ ♓ ☽ ☉ ♀ ♂		Arietes cum Ovibus. 7 Boves cum Vaccis. 7 Cervos. 7 Rangiferos. 7 Capras Sylvestres. 7 Oryges. 7 Ibices. 7 Rupicapras. 7 Canes Domesticos. Canes aquaticos. Canes Leporarios. } Munda.
T V X Y Z		Animalia quæ Monocerotes vocantur. 2 Lynces cum Gulonibus. 2 Lupi. 2 Vulpes. 2 Apri cum Porcis domesticis. 2	♃ ♄ ☊ ☋ ✱		Canes Molossos. Melites. Canes Indicos. Vitulos Marinos. Testudines. Ericeos, Histrices. Taxos, Glires, Martes, Mustelæ. } Immunda. } Amphibia.

O   Porrò

Porrò *Noë* cum prævidisset, ingentem sordium excrementorumque colluviem ex tanta animalium coacervatione nascituram, datâ operâ sentinam fecit in infimo *Arcæ* loco, uti *in Præcedentibus* diximus. deindè craticulas ferreas quarum quinque in hoc præsenti Schemate exhibuimus hoc signo ▦ notatas, ita scitè sagaciterque disposuit, ut in dictam sentinam per has è stabulis extractæ sordes, in sentinam devolutæ, *Arcam* ab immunditiis liberam, immunemque relinquerent; habebant autem hæ ferreæ craticulæ coopercula sua, ut claudi & aperiri, claudi quidem ne fœtor ex sentina exhalans, animalia hominesque mephiti conficeret; aperiri verò in sordium projectionem possent. Posuimus & binas cisternas in extremitatibus *Arcæ*, signo γ & ☊ notatas, in necessarium *Arcæ* usum; de quibus *in Sequenti* capite fusius.

Caput VIII.

De Commeatu omnibus & singulis Animantibus in Arcam *introductis, sufficienti & necessario, & de Penuariis, Reconditoriisque, ea de causa in* Arca *extructis.*

Quanquam absoluta, & immensa Dei potentia *Noëmum* cum universa sua familia, quin & omne animal quod vivebat, & movebatur super terram, sine ulla *Arcæ* fabricâ, & sine ullo ciborum apparatu, sine ullo corporeæ necessitatis subsidio aliundè allato, conservare potuisset, magis tamen Divinæ providentiæ consentaneum videbatur, non purè supernaturali modo, sed humanæ providentiæ captuique congruo, magnum hoc pietatis sacramentum, ad divitias gloriæ suæ demonstrandas, peragere; ut videlicet Mundum ob peccatorum enormitatem, perditum per *Noëmi*, Dei assistentis auxilio Divinique influxus gratiâ instructi cooperationem restauraret, *Arcam* fabricari, voluit loculos in ea pro animalium diversitate & multitudine constituere, *Reconditoria* ciborumque *Penuaria* distribuere, de alimentis omnibus & singulis animantibus, tum pro se, tum pro illis congruis hac providentia conservare, utque hoc pacto humanum genus, quod ob impietatem perierat, non solius Dei opitulatione, sed cooperatione hominis justi & perfecti, restitueret; quod posteà à *Christo* Θεανθρώπῳ, cujus *Noë* typus erat, miro & ineffabili modo completum fuit. Dixit itaque Deus ad *Noe*:

קח לך מכל מאכל אשר יאכל ואספרת *Genes.*
אליך והיה לך ולהם לאכלא: *vers.*21

Tolles igitur tecum ex omnibus escis, quæ mandi possunt, & congregabis apud te, & erunt tam tibi, quam illis in escam.

Ex hujus Lectionis contextu luculenter patet, pro omnibus & singulis animantibus, cujuscunque tandem generis, de cibis & alimentis unicuique propriis, queis sustentarentur, providendis *Noëmo* præceptum fuisse, de quo mirum in modum altercantur *Interpretes*. Nonnulli volunt, omnibus commune fuisse alimentum; quorum error uti vel ipsis Sacri Textus verbis (*Ex omnibus escis, quæ comedi possunt*) contradicit, ita is quoque error plusquàm palmaris explodendus est. Quidam hanc sententiam admittunt quidem, sed ad sola carnivora animalia restringunt; Et hoc quidem ut asseverent, alia causa non fuit, nisi quod vererentur, ne *Arca* tot aliorum animalium, præter ea quæ in semen destinarentur, coacervatione in alimenta cedentium multitudine & copia aggravata, neque satis capax, neque oneri ferendo sufficiens foret; unde ut *Arcam* ab hac quorundum rapacium animalium σαρκοφαγίᾳ liberarent,

rent, fingunt, nescio quo fundamento, dicta animalia, quæ carnivora nominant, ante *Diluvium* ab esu carnium abstinuisse, & solis herbis & frugibus victitasse. Sed uti hæc gratis fictasunt, ita facile quoque repudianda sunt. Anne ante *Diluvium* animalia diversæ speciei fuisse ab illis, quæ post *Diluvium* ex iis, quæ *Arca* continuit, propagata fuerunt, extitisse putabimus? Anne differentem naturam proprietatesque post *Diluvium* induisse credemus? minime gentium; Animal enim cujuscunque generis & speciei sit, illam naturam, proprietatem, vires, potentiamque quam à sapientissimo Conditore in primordiis rerum sortitum fuit, eandem semper, & olim tenuisse, & in hunc usque diem inseparabiliter tenere, quisque intentionem conditoris, & invincibile Naturæ jus recte penitiùsque expenderit, luculenter fatebitur. Neque sufficit, id quod cuique naturale est, diversis modis considerare; sive enim specificam consideremus naturam, sive individualem cujusque, semper verum erit, *Leonem*, *Aquilam* & similia, implantatum iis à natura ad carnium esum, appetitum, sine quo vivere non possent, habere; unde & sagacis Naturæ providentia, illa rostro ad dilaniandum durissimo, unguibus ad prædandum robustissimis, volatu celerrimo, visu acutissimo ad necessaria & congrua sibi nutrimenta acquirenda aptissimo instruxit, quæ sarcophagiæ, sive ad carnium esum pronitas adeò iis naturaliter insita est, & fuit, ut sine totius speciei destructione ab eadem separari non possint.

Objectiones dissolvuntur.

Objiciunt hoc loco Adversarii, nimiùm de *Arca* incapacitate anxii; idem animalibus carnivoris accidere potuisse ante *Diluvium*, quod pueris, qui in tenero primæ ætatis flore, pro nutrimento non carnes, & alia duriuscula edulia, quæ ob stomachi debilitatem abhorrent, sed pultibus & lacte materno, usque dum robustiorem stomachum acquisiverint, tandem carnibus nutriri. Quod argumentum magni roboris esse, ad convincendum, dicta animalia ante *Diluvium* carnibus abstinuisse, sibi persuadent: perperam: neque enim id pueris tantùm, sed & omnibus quadrupedum speciebus commune esse in ætate teneriuscula, lacte materno nutriri, quis non videt? *Lupus* enim vix natus, statim non ad carnes, sed ad lac *Lupæ* genitricis sugendum naturali fertur instinctu; quod & de cæteris tam carnivoris, quàm non carnivoris intelligi debere, nemo nisi mentis inops inficiabitur. Volucres verò rapaces cum lacte mammisque careant, suos pullos non carnibus quidem, sed calido animalium sanguine, usque ad ætatem quâ sibi ipsis de victu providere possint, loco lactis nutriunt; quod & nidi *Vulturum*, *Aquilarum*, *Accipitrum*, similiumque, diversis animalium cadaveribus referti testantur, ubi præter carnes nil aliud reperitur. Sed jam ad alia.

Quidam denique dum de *Arcæ* incapacitate nimium solliciti sunt, ad miraculosam hujusmodi animalium sustentationem confugiunt; videlicet dicta animalia toto *Diluvii* tempore sine ullo cibo carnium vixisse, aut saltem fame compulsa, quævis obvia devorasse, perperàm dictum. Quis nescit, hoc expressè Sacræ Scripturæ Textui repugnare, cum ille expressè dicat; (*sumes tibi ex omnibus escis &c.*) frustrà autem hæc dicerentur, si miraculo sustentata fuissent: non minùs miraculo proximum fuisset, si *Lupus* paleis, fœnoque vitam contra naturalem sibique insitum appetitum cum *Bobus* & *Vaccis* victitasset, cum eum mori malle certum sit, quàm insolitis & naturæ suæ repugnantibus cibis nutriri. Ex quibus, ni fallor, luculenter apparet, & carnivoris, & non carnivoris animantibus intra *Arcam* sine ullo incapacitatis *Arcæ* metu, sufficientissimo

commea-

commeatu à *Noëmo* provisum fuisse. Quod ut pateat, id scitè sanè Arithmetica demonstratione confirmandum censuit Pererius noster: *Si omnia*, inquit, *carnivora animalia redigantur ad numerum* 100 Luporum, *cuilibet* Lupo *octava pars* Ovis *in quotidianum alimentum satis erat; neque enim Arcæ locus* Lupinæ *voracitati explendæ idoneus erat; ad quotidianum itaque centum* Luporum *victum,* Ovibus 12 *& dimidiâ opus fuit; qui numerus per unius anni* 365 *dies multiplicatus,* Oves 4562 *continet; quarum Ovium Arcam sat capacem fuisse indè deducitur, quod de trecentis mansionibus habitationi animalium comparatis, vacuæ relictæ sint centum triginta, in quibus magna pars istarum cibariarum* Ovium *stabulari potuit. Est & hoc annotandum, numerum hujusmodi* Ovium *in victum cedentium multùm in dies singulos diminutum fuisse, quotidiè scilicet deficientibus plus duodenis* Ovibus, *quæ quotidiano carnivororum animalium cibatu absumebantur. Accedit, quod etiam certus tum* Ovium, *tum reliquorum animalium numerus in hunc finem auctus, qui tam animalibus carnivoris, quàm Noëmo & familiæ ejus solùm in cibum cederet, deputatus fuerit.* Sed nos in *sequenti capite* id non arithmeticâ solummodò, sed & geometricâ demonstratione, ex distributione Penuariorum, Lectori rem ad oculum exhibere conabimur.

Arithmetica ratio pro cibo carnivororum.

Pererius l. de Arca.

Caput IX.

De Commeatu pro omnibus & singulis animalibus in Arcam *introductis in particulari.*

EXposito jam dubio de carnivororum animalium commeatu carnium oborto, nil restat, nisi ut paulò strictiùs universalem animalium commeatum exponamus: Et primò quidem totum victum animalibus omnibus necessarium in quinque Classes partie mur; quorum primum locum obtinet victus carnivororum, ubi carnivora intelliguntur non ea solùm, quæ carnibus animalium quadrupedum, volatiliumque, sed illa quoque, quæ Piscibus, Serpentibus *Ranis, Rubetis, Muribus,* cæterisque insectis vermibusque vescuntur, uti pleraque volucrum rapacium genera, ea tamen differentia, ut sola rapacia quadrupedia, & volatilia rostro adunco, & validis unguibus instructa intelligantur, non ea verò, quæ in aquis alimenta sua quærunt, aut piscibus vivunt, aut quædam, quæ inter πάμφαγα, sive Omnivora recensemus, uti sunt nonnulla ex frugivoris.

Secunda Classis eorum animalium est, quæ frumentaceis, uti siligine, hordeo, avena, herbis quoque, fœno, paleis, foliis arborum exsiccatis, uti omnia ferè ovilli, caprini, cervini, bovinique generis animantia victitare solent.

Tertia classis animalia continet, partim quadrupedia, partim volatilia, quæ præter fruges, & frumentacea edulia, partim leguminibus, oleribus, farre, viciâ, cicere, lentibus, uti gallinaceum, & columbinum genus nutriri solent, partim fructibus arborum, Lauri, Olivarumque granis, Uvis, Ficubus, Baccis, Nucibus, Castaneis, Glandibus variarumque plantarum seminibus, uti omnia ferè avium genera, exceptis rapacibus, vescuntur, ex quibus nonnullæ sunt, quæ πάμφαγα, Omnivora dicuntur, uti *Gallinæ, Anates* & similia.

Pro Animalibus frugivoris commeatus.

Animalia πάμφαγα.

Noëmum itaque verum & prudentem Oeconomum, ex omnibus hisce cibariorum speciebus, omnibus & singulis animalibus, per unius anni spacium, copiosum uberemque commeatum congessisse, nulli dubium esse debet, qui Sacri Textus verba rectè expen-

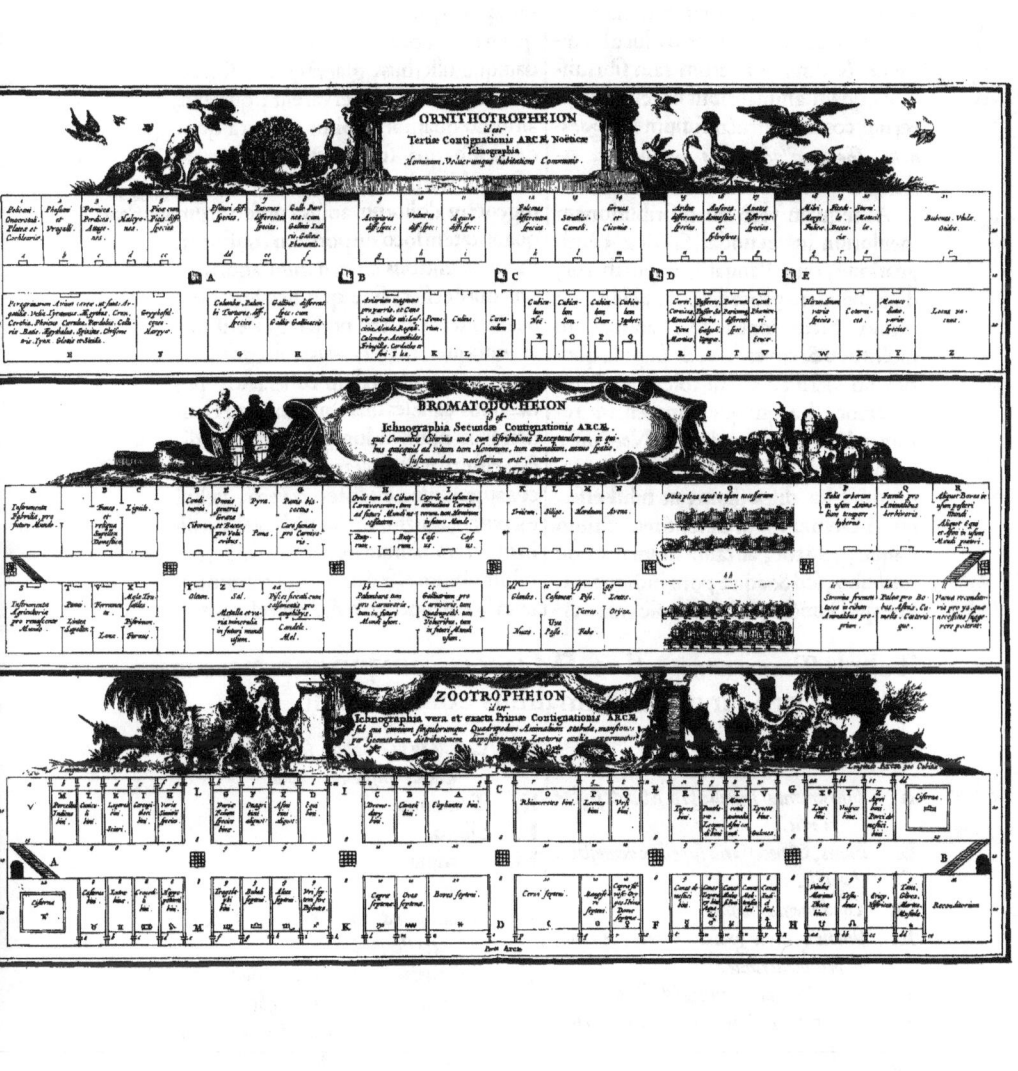

ARCA NOE.

penderit; quem & pro ea à Deo insita sibi sapientia tanto ordine, & dispositione digessisse verisimile est, ut sine errore, statim obvium foret, quod unicuique animali, sive quadrupedi, sive volatili ad victum congruum, adeóque necessarium erat; uti ex secunda contignationis fabrica, in varios loculos digesta, & omnium rerum tam sibi suisque, quàm animantibus necessariarum rerum copiâ instructissimum *Magazinum* βρωμαΤοδοχεῖον luculenter ostendit.

Sapientia Noë in exacta rerum dispositione.

Antequam verò ad distributionem loculorum in secundæ fabricæ contignatione, quæ Penuariis deputabatur, describendam procedamus: Sciendum primò. Sicut ingens fuit animalium multitudo & diversitas, & singula quotidiano victu ad vitam tolerandam indigerent, ita quoque, inmensam rerum edulium congeriem à *Noë* fuisse intra *Arcam* introductam, locisque opportunis ita dispositam, ut nihil esset, quod Divino jussui dissentiret. Primo itaque, quia tot, ac tanta animalia non solo cibo, sed & aquæ potu indigebant, sine quo cuncta perire necesse erat: Aquarum itaque ingens multitudo per unius anni spatium necessaria erat. Vero itaque haud absimile est, *Noëmum* primò, & ante omnia duas cisternas fecisse, quæ concavo sentinæ eâ industriâ inserebantur, ut & ab omnibus sentinæ quisquiliis, sordibusque immunes, aquam & limpidam, & frigidam mundamque silicibus, glareáque in fundo earum positis, conservarent; quarum altitudo quatuor cubitos, latera quadrati sub qua forma constituebantur octo cubitorum essent; præterea *Noë* ingentem doliorum aquis confertorum quantitatem loco opportuno constituit, nè deficientibus cisternarum aquis, id unicum deesset, sine quo nec homines, nec animalia vivere possent. Verisimile quoque est, *Noëmum* suggrundia, quæ aquam pluvialem collectam, per occultos canales suis epistomiis ad claudendum aperiendumque aptis, in dictas cisternas deducerent, *Arcæ* forinsecùs apposuisse; ex cisternis verò, veluti ex puteis, aquam, vel haustris, vel antliis in usum animalium extractam fuisse, nemini dubium esse debet, qui œconomicum hoc negotium rectè considerârit.

Provisio aquæ potabilis pro uno anno.

Dolia aquis plena.

Tabula *Penuariorum*, sive *Magazini*, in quo commeatus pro omnibus animalibus continebatur.

LATUS I.

A. *Instrumenta fabrilia pro Mundi posteri usu.*
B. *Funes, & necessaria supellex domestica.*
C. *Lignile.*
D. *Condimenta ciborum.*
E. *Omnis generis grana, baccæ, semina, pro volucribus.*
F. *Pyra, Poma, recentia & sicca.*
G. *Panis biscoctus, cum carne fumata pro carnivoris.*
H. *Ovile, ad usum, tum ad cibum carnivororum, tum ad posteri Mundi necessitatibus subveniendum Lacte Butyro Caseo instructum.*
I. *Caprile in prædictum finem, Lactis & Casei sufficienti copia.*
K. *Triticum.*
L. *Siligo.*
M. *Hordeum.*
N. *Avena.*
O. *Dolia plena aquis in usum maximè necessarium.*
P. *Folia arborum sicca pro animalibus non carnivoris, tempore hyberno: vites & germina fructiferarum arborum, in posteri mundi usum plantationis prompta.*
Q. *Fœnile.*
R. *Aliquot Boves, Equi & Asini, in usum renascentis Mundi.*

S. *Instru-*

S.	*Instrumenta Agricultoria pro futuro Mundo.*	cc.	*Gallinarium pro Carnivoris, & in usum Mundi posteri.*
T.	*Panni & lintea supellex, pro vestitu.*	dd.	Glandes & Nuces.
V.	*Ferramenta & Lana.*	ee.	Castaneæ. Uvæ passæ.
X.	*Molæ trusatiles. Pistrinum cum furno.*	ff.	Pisa. Ciceres. Fabæ.
Y.	Oleum.	gg.	Lentes. Oryza.
Z.	Sal, Metalla, & *varia Mineralia, in futurum usum.*	hh.	*Dolia aquis plena.*
		ii.	*Stramina frumentacea pro Bobus.*
aa.	*Pisces siccati, & torrefacti, cum salsamentis pro amphibiis.*	kk.	*Paleæ pro Bobus, Asinis, Camelis.*
bb.	*Columbaria pro carnivoris, & in usum Mundi posteri.*	ll.	*Vacua reconditoria, pro iis animalibus, quæ occurrere alicui possunt.*

Caput X.

Explicatio secundæ Contignationis Arcæ *in qua ciborum necessariorum apparatus continetur.*

Diligentia Noë in expediendis rebus.

CErtum & indubitatum esse debet, omni œconomicæ disciplinæ non imperito; *Noëmum* juxta præceptum *Domini* in procurando sufficientissimo pro omnibus tum hominibus, tum animantibus ciborum unicuique propriorum, proportionatorumque commeatu, non tumultuario, uti dici solet, & præcipiti mentis judicio processisse, sed uti erat Divini luminis affluxu perfusus, ita quoque negotium summà curà & sollicitudine peregisse, nec non exquisità mentis trutinà omnia & singula ponderàsse; deinde pro varietate cibariorum, esculentorumque copiâ, quæ ad unius integri anni decursum, omnibus sufficerent, loculos, reconditoria ac *Penuaria*, adeò dextrè in hujus secundæ contignationis fabrica constituisse, ut sine ulla confusione in tantarum rerum congerie statim occurreret, quod adeò omnibus necessarium foret; præterea cum tanto ordine in quotidiano cibo animalibus subministrando, cum per se, tum per filios, filiorumque uxores processisse, ut œconomia hæc, non tam humanâ, quàm divinâ industriâ & directione, adminstrata fuisse videretur. Undè ego sane paulò altiùs stupendum hujus œconomiæ apparatum considerans, totum umbratili quadam delineatione, hîc ob oculos curiosi Lectoris proponendum censui, non quòd eo prorsus modo, & ratione, quâ ego illa in præsentibus Schematismis exhibui, constituta fuerint, sed eâ, quâ summum *Arcæ* œconomum in ea constituenda procedere potuisse existimaverim; tanto enim omnia & singula ingenio constituta fuêre, ut non dicam verbis explicari sed ne mente quidem satis comprehendi possint. Ac proindè in tanto instaurandi Mundi seminario quicquam defectuosum, imperfectum, confusumque fuisse, uti de hujus Divini operis Architecto nefas est, cogitare, ita quoque modus, quo processit, omnem nostram fandi, scribendique facultatem longè excedit. Tametsi verò nemo sit, qui veram interiorem *Arcæ* fabricam à *Noëmo* constitutam viderit, ex Eloquiorum tamen Divinorum oraculis nonnulla nobis lux oboritur, quâ illustrati, hoc vel simili modo, mirificum hoc *Arcæ* τέχνασμα, transactum censemus, non quod reverà uti nos posuimus, talem præcisè fuisse asseramus, sed quod juxta rectæ rationis dictamen, talis & talis esse potuerit & debuerit. Quod ut luculenter pateat,

Sup-

ARCA NOE.

Suppono *primò Noëmum* pro infita sibi à DEO sapientia non tantùm animantibus in *Arca* conclusis de commeatu per annuum spatium sufficienti providisse; sed etiam de iis rebus necessariis, quæ renascentis Mundi seculo, usui esse poterant. Præviderat enim, se agros immensa limi coacervatione oppressos ad culturam, sine instrumentis ad id necessariis reducere minimè posse; undè eum magnam eorundem à nepotibus *Tubalcain* fabris ferrariis, ante *Diluvium* elaboratorum copiam comparasse verisimile est, quæ etiam intra *Arcam* opportuno loco reposuit, ut loculi A. B. docent.

Secundò. Quoniam verò fine seminibus, granis frumentaceis, omnis generis leguminibus Agrorum cultura otiosa foret; nec Terra statim sponte sua frumenta producere posset, de magna eorundem abundantia, tum in animalium cibum, tum in Agrorum posteri Mundi sementem necessarium providit; quæ receptacula K. L. M. N. & dd. ee. ff. gg. *in Schemate* monstrant.

Tertiò. Quoniam vero octo personæ jam laboribus in *Arca* exantlatis fracti, incultam Terram, sine jumentorum ope ad frugem reducere non posse videbat; verisimile est, eum nonnullos *Boves*, *Equos*, aut *Asinos* solùm in hunc finem in *Arca* conservasse, ut agri per aratrum culti, proventum facerent, subitaneæ multiplicationi hominum sustentandæ convenientem.

Quartò. Quoniam rursus universa Telluris facies limo oppressa, omnesque plantæ, frutices, arboresque frugiferæ intra limosam terrestrium quisquiliarum congeriem altùm suppressæ, non statim primo post *Diluvium* anno germinare, fructusque desideratos proferre poterant; Verisimile est, *Noëmum* pro sua providentia nonnulla hujusmodi arborum fructiferarum germina in hunc finem *Arcæ* opportuno loco inseruisse, ut ea finito *Diluvio*, illi statim in plantationem unicè servirent: atque luculenter patet ex vitibus plantatis post *Diluvium*; cum difficile videatur, statim post *Diluvium* eum hujusmodi vitium germina, utpotè luto sepulta reperisse, cùm germinatio arborum, non nisi multis post annis perfectè effloruisse, vero haud absimile sit: undè ea data opera intra *Arcam* conclusa secum detulisse, ex dictis constat; quod & de cæteris hisce similibus intelligi velim, de quibus etsi *Sacer Textus* sileat, ex unico tamen hujusmodi exemplo, quid de reliquis actum sit, cognoscimus. Verùm de hisce quàm fusissimè in *Tertio Libro de Mundi renascenti statu* agetur.

Porrò quemadmodum in humanæ vitæ transactione aquâ nil magis necessarium fuit, ita quoque de magno aquarum commeatu per unius anni curriculum sufficienti *Noëmum* providisse, nemo dubitare debet, nisi is forsan, qui hujus elementi necessarium usum non nôrit.

Primò itaque duas cisternas, uti *suprà* ostendimus, in extremis *Arcæ* angulis posuit, quæ per suggrundiorum canales tempore pluviarum replebantur; verùm cum hæc minimè sufficere posse viderentur; in secunda hac Contignatione, quæ *Magazinum* refert, plurima plena aquis dolia eum imposuisse, à vero haud abludit, ex quibus uti singulis diebus pro quadrupedibus potandis, unum insumi poterat, ita quoque ad numerum 365 facilè, ad tot nimirum, quot dies in anno, pertingebant; Cum vero aqua non solùm in potùs usum distribueretur, sed & in diluendis *Arcæ* sordibus, mundandisque stabulis, & ambulacris, necessario impenderetur, vix indies unum ex doliis, nisi insigni capacitate præditum, in multiplicem usum, in quem aqua adhibebatur, sufficiens videbatur nisi defectum cisternæ supplerent. Qui verò animalia intra *Arcam* sine potu perstitisse audaciùs asserunt, hos ipsis bestiis adnumerandos

dos cenfeo, nifi miraculo id accidiffe velint, quod tamen fupervacaneum cenfemus, cùm miraculo opus non fuerit, ubi humana induftria de fufficienti aquarum copia facilè providere poterat.

De Galli-nis, Columbis pecoribus pecudibufque provifio.

Quod verò *Gallinis, Columbis*, pecoribus pecudibufque in *Magazino* locum affignaverimus, & quidem præamplum, id non fine ratione præftitimus: cum enim in Zootrophio quadrupedum jam feptena & feptena ex dictis mundis animalibus; in pofteri Mundi femen locaverimus, fupervacaneum effe videbatur, in *Magazino* eadem animalia, nova Stabulorum conftitutione cohoneftare; Veruntamen qui *in precedentibus* expofitam *Noëmi* intentionem rectè ponderârit, is haud dubiè, id optimè factum, non inficiabitur. Vir enim fapientiffimus cum non tantum de animalibus in *Arca* annuo fpatio confervandis, fed etiam de rebus poft *Diluvium* ad humanæ vitæ neceffarium ufum comparandis follicitus effet, ne confumptis jam omnibus alimentis, præter feptena mundorum animalium quorum tria paria in femen fpeciei propagandæ, feptimum in facrificium D E O offerendum reftabat; præter hoc Ovillum, Caprinum, Bovinumque genus præ omnibus aliis maximè neceffarium, optimo fane, & prudentiffimo confilio confervandum ftatuit, ne ftatim poft

Oves, Boves, Capræ compluresin Arcam introduxit Noë in neceffariam vitæ fuftentationem.

Diluvium neceffariis deftitutus, renafcentis Mundi propagatio retardaretur. Hæc enim & carnem, Lac, Cafeumque ad cibum; Lanam verò, & Pelles in veftimenta magnis jam laboribus in *Arca* attritis præbebant; eademque de caufa jumenta quoque in culturam agrorum unà cum omnibus inftrumentis tum fabrilibus, tum agricultoriis ad operandum neceffariis, refervanda cenfuit. Sed hæc mea quidem eft fententia de qua unicuique liberum fit judicare.

Præter ea quæ in fpeciei propagationem confervabantur in poftero mundo.

Cur verò nonnihil ex Gallinaceo columbaceoque genere unà confervandum judicàrit, ea de caufa factum fufpicor, ut illa ftatim infigni ovorum partim ad accelerandam propagationem, partim in victum, paucis iftis novi Mundi colonis cederent. Idem de feminibus magnâ copiâ comparatis intelligendum eft, ut videlicet ftatim poft *Diluvium* jactis omnis generis feminibus Agri fœcundati defideratas fruges ad vivendum neceffarias producerent. Verum reliqua quæ in *Magazino* continentur, alimenta, fi Lector bene cum animalium multitudine cibandorum contulerit, *Noëmi* in providendo de omnibus & fingulis fapientiam non poterit non fatis admirari, utpote qui D E O infpirante, actionefque ejus fuâ perpetuâ affiftentiâ dirigente tam provide omnes boni œconomi partes expleffet.

Gallinarum provifio.

CAPUT XI.

De Tertia & fuprema Contignatione Arcæ, *quæ octo homines unà cum volucrum fpeciebus inhabitabant, &* Ὀρνιθο-τροφεῖον *dicitur.*

HAbes in hoc Schematifmo Caveas omnium volucrum de quibus aliqua notitia haberi potuit, unà cum habitationibus, Cubiculis, Cœnaculo, Culina, Penuario pro *Noëmo*, & Uxore ejus, deinde pro familia trium filiorum *Sem, Cham, Japhet*, totidemque Uxorum; & optima quidem ratione, octo homines fupremæ contignationis in *Arca* locus, unà cum omnibus volucrum generibus decebat. In hac enim juffu D E I feneftra ex materia diaphana, ad illuminandam hanc fuperiorem *Arcæ* portionem, eum in finem

ARCA NOE.

Fenestra diaphana lucem præbebat habitaculo Noë.

finem posita erat, ne perpetuis damnati tenebris, & horrore carceris perterriti, fumantiumque lucernarum tetro odore infestati paulatim viribus animoque deficerent. Uti enim vel minimus lucis radius in caliginosis locis commorantes valdè recreat, & mœstitia oppressos spiritus mirum in modum excitat atque corroborat; ita quoque valdè consentaneum erat, *Noëmum* eum in *Arca* habitationis locum seligere, ubi lux tum hominibus, tum volucribus, quæ lucem aërisque lucidissimam regionem naturaliter amant, copioso affluxu se diffunderet. Quoniam verò in remotiores *Arcæ* terminos lux per fenestram immissa pertingere non poterat, verisimile est, *Noëmum* Architectum peritissimum, tum in utrisque *Arcæ* lateribus juxta longitudinem, tum in extremis lateribus juxta latitudinem complures fissuras, quæ & unà loco spiraculorum servirent, eo ingenio adaptasse, ut & lucem nonnullam in omnes *Arcæ* partes, sine ullo aquarum sese intra *Arcam* insinuantium metu & formidine immitterent, & unà *Arca* in tanta sordium colluvie, immensum fœtorem per fissuras, veluti aperta lateris spiracula egererent; modò per alterius rimas novi aëris attractione *Arcam* à pestifera evaporatione liberarent; siquidem penitùs ex omni parte *Arcâ* clausâ, fieri non poterat, ut sine manifesto miraculo, ex tot animalium halitibus, excrementorumque denso vapore, vitam per integrum unius anni curriculum sustinere valerent. Sed jam singula paulò fusiùs exponamus. Habitationem *Noë* in medio *Arcæ* ex ea parte, qua lux per fenestram immissa intensior erat, disposuimus. Cœnaculum, sive Aulam exprimit litera M. Cubiculum ejus, ubi cum uxore noctu cubabat, signatur literà N. cui ordine sequebantur tria cubicula portis suis instructa, & literis O. P. Q. signata, in quibus cum uxoribus suis, à laboribus fessi morabantur; Sem

Spiracula in Arca facta.

Distributio habitationum tum Noë, filiorum, uxorumque, tum avium in Arca defunata.

Cham, & *Japhet*, in quibus & reposita habebant cariora quæ ante *Diluvium* in *Arcam* secum intulerant, unà cum instrumentis, quibus in *Arca* administranda utebantur. Cœnaculum, in quo prandio cœnaque reficiebantur, atque unà relaxationi mentis, mutuis colloquiis indulgebant; Sequitur culina camino haud dubiè instructa, per quem fumus egeri posset, ne per *Arcam* diffusus, damnum notabile tum hominibus, tum volucribus inferret. Culinæ jungebatur penuarium cibos continens mensæ *Noëmicæ* filiorum uxorumque necessarios, ne semper ex universali *Magazino* cibos apportare cogerentur. Ita *Buteo*.

Huic A viarium literâ I. signatum jungitur, in quo omnes illæ volucres minoris molis, & voce canorâ præditæ, uti sunt *Lusciniæ*, *Alaudæ*, *Merulæ*, *Reguli*, *Calandræ*, *Acanthides*, *Fringillæ*, *Cardueles*, similesque, differentibus caveis, tum ad conservationem speciei, bina, tum ut *Noëmi*, filiorumque curâ, & sollicitudine, laboribusque suppressorum animos nonnihil dulci suâ symphoniâ recrearent. Credibile quoque est, in hisce octo hominibus constitutis cubiculis, *Canibus* & *Felibus* innoxii tamen avibus liberam huc illucque cursitandi potestatem, tum ut tempore prandii, & cœnæ de superfluis, quæ projiciebantur, micis, de mensa *Noë* saturarentur, tum ut blandimentis suis nonnullam recreationem optimo Seni adferrent, concessam fuisse.

Porrò ex opposito culinæ latere in tribus mansiunculis signatis literis *g. h. i.* *Aquilæ*, *Vultures*, *Accipitres*, juxta differentes eorum species, carnivoræ volucres binæ & binæ commorabantur, ad quas per portas *g. h. i.* ad eas pascendas aditus dabatur; discretæ ab invicem erant, ne de carnibus intromissis, acre nasceretur inter voracissima animalia, prælium & conflictus, cum periculo, ne se mutuò conficerent.

Sequuntur modò tres aliæ mansiones *d. e. f.* quarum prior diversis speciebus

bus *Pfittacorum*; fecunda *Pavonum*; Tertia *Gallopavonum* cum *Indicis Gallinis*, deputabatur.

Manfio fignata literis *a.b.c. cc.* quarum prima *Pelicanis*, *Onocrotalis*, *Plateis*, feu *Cochlearibus Anferibus*: fecunda *Phafianis* & *Urogallis*; Tertia *Pernicibus*, *Perdicibus*, *Attagenibus* juxta differentes earum fpecies; quarta *Halcyonibus*, quinta *Picarum Picorumque* habitationi parata erant.

Ex oppofito verò harum manfionum, ingens Aviarium patet fignatum literâ E. in quo differentibus caveis omnis generis peregrinæ volucres, uti funt *Argatilei*, *Veliæ*, *Tyranni*, *Ægypti*, *Cireges*, *Carthiæ*, *Colluriones*, *Batides*, *Ægythali*, *Spizitæ*, *Enipolegi*, *Glottides*, & fimilia includuntur. Et ficuti nulla harum ab altera, naturæ quadam diffimilitudine diffidet, ita quoque inter fe fine pugna amicè degunt. Vicina verò literâ F. fignata manfio fervit majoribus avium fpeciebus, quas *Gryphofalcones* vocant unà cum *Harpyis* non fabulofis, fed veris volucribus rapacitate immanibus, de quibus *fuprà* actum eft.

Receptaculum literâ G, & H. fignatum continet varias *Columbarum*, *Turturum*, dein & *Gallinarum*, *Gallorumque* differentes fpecies, quæ uti munda funt animalia, ita quoque ex iis feptena & feptena ad pofteri Mundi femen deftinantur. Quæ ita intelligi velim, ut ex mundis animalibus, non nifi feptem affumerentur, id eft, tria paria, mafculus & fœmina & ultimum ex omnibus feptenis refervaretur ad facrificium finito *Diluvio* à *Noë*, Deo offerendum.

Aviarium magnum. De Aviario magno I. in quo omnes parvæ aviculæ promifcuè diverfabantur, *fuprà* dictum fuit, vicinumque habitationi *Noë* conftituitur, ut quantum nobis imaginari poffumus, vocibus fuis, animum *Noë* ingentibus curis diftentum nonnihil relaxarent.

Poft habitationes *Noë* filiorumque, fequitur receptaculum *Corvorum* literâ R. fignatum, in quo unà *Cornices*, *Monedulæ* fub variis fpeciebus bina & bina concluderentur. Sequitur receptaculum, in quo *Pafferes* domeftici unà cum folitariis, *Galgalis*, *Upupis*, fimilefque diverfæ fpecies continebantur.

Receptaculum T. *Paros*, *Paricefque* fub differentibus fpeciebus continet. Receptaculum V. *Cuculos*, *Phœnicuros*, *Rubeculas*, *Erucafque* pariter fub variis fpeciebus tenebat. Litera W. fignat *Hirundinum* manfionem nidis fuis inftructam, earundemque varias fpecies; hoc uti volucrum genus eft, caveis includi nefcium, ita quoque verifimile eft, iis liberam per longitudinem *Arcæ* volandi, nidofque fabricandi poteftatem conceffam fuiffe. Manfio X. *Coturnicibus* & *Ortygometris* deputatur. *Manucodialis* verò Manfio fignata literâ Y. Ultimum Receptaculum literâ Z. notatum, vacuum reliquimus, ut fi cuipiam aliæ adhuc volucrum fpecies nobis incognitæ occurrerent, eas intra illud concludere poffet; eft enim capaciffimum, & locum præftare poteft vicenis etiam & amplius diverfarum avium fpeciebus recipiendis, aptum.

Sed jam ad oppofiti lateris receptacula progrediamur. Manfio, quæ K. fignatur, varias *Falconum* fpecies continet. Altera fignata literâ L. *Struthiocamelos*, ampliori ob corporis molem, ftabulo dignos. Tertia fignata literâ M. *Grues*, *Ciconias* & *Ibides* exhibet. Manfio quæ literâ N. fignatur, *Anferes* domefticos & fylveftres; fignata literâ P. *Anatum* diverfas fpecies continet. Manfio Q. *Milvos*, *Mergos*, & *Fulicarum* varias aquaticarum volucrum fpecies exhibet. Litera R. notat caveas *Ficedularum*, & quas *Beccacias* vocant, lautum menfis epulum; Quæ verò fignatur literâ S. *Sturnorum*, *Motacillarum*, fimiliumque volucrum manfionem notat. In ultimo tandem *Arcæ* angulo, diri ominis nocturna animalia, *Bubones*, *Ululæ* & *Otides*, *Nycticoracefque* fuam fortiuntur ftationem.

Habes

ARCA NOE. 115

Habes hîc Lector ob oculos propoſita omnium volucrum Receptacula juxta *Arcæ* longitudinem utrinque diſpoſita, adeò ampla, ut non dicam una ſpecies, ſed & decies bina, & ſeptena in unoquoque eorum contineri poſſint; quemadmodum ex dimenſione ſingularum manſionum per ſubjunctam cubitorum ſcalam experiri poterit; ut proinde impius quiſpiam capacitatem hujus Contignationis, tot ac tantis, & propè innumeris avium ſpeciebus recipiendis veluti impoſſibilem, cavillari deſinat. Ego ſanè multùm laboravi, ut omnes volucrum ſpecies ad hanc ſuperiorem *Arcæ* partem ſupplendam ſufficientes reperirem, quæ cum non occurrerent, primigeniis ſpeciebus eas quoque jungendas cenſui, quæ uti ex diverſarum ſpecierum congreſſu naſci poſſent, ita eaſdem *Arcæ* includere non erat neceſſarium; ne tamen magna cavearum pars vacua maneret, & *Arca* repleretur, ſpurias cum legitimis, & eas quoque, quas clima, diverſuſque cœli aſpectus quoad formam exteriorem diverſas reddiderat, unà impoſuimus; ſtabula, ſeu nidi ſinguli tam ampli ſunt, ut vel in unius Aquilini receptaculi pavimento 240. *Aquilæ* conſiſtere poſſint, quod ſic oſtendo: cum longitudo Aquilini ſtabuli in longitudine habeat 20 cubitos, in latitudine 12 quæ in ſe ducta dabunt 240 cubitos quadratos, quorum unuſquiſque cubus unius *Aquilæ* capax eſſe poteſt.

Ambulacrum verò in longitudinem *Arcæ* excurrens, uti & ambulacra quinque in tranſverſum poſita, octo cubitorum latitudinem habent, ad ambulationem tum hominum, tum quarundam volucrum domeſticarum commodiſſima; ex his quoque per portas ad ſingula nidorum receptacula iis, qui volucrum curam habebant, aditus datur, ut ex *Ichnographia* patet.

Quoniam verò difficile erat, ex Bromatodochio inferiori ciborum copiam ſemper ſingulis volucribus aptam aſportare; hinc ad labores moderandos, in ſingulis ambulacris tranſverſis clathra ferrea A. B. C. D. E. aptavimus, per quæ pro volucribus ſufficiens commeatus attrahi poſſet, & unà *Magazinum* undique clauſum, nonnullum lumen, & unà gravem mephitim per ea exſpirare poſſet. In ultimo quoque quinque tranſverſorum ambulacrorum angulo, quæ hoc ſigno * notantur, occultos ſiphones uſque in ipſam ſentinam deduximus, ut per eos, tum hominum, tum animalium ſordes & ſtercora exonerarentur, & exoneratione peracta cooperculis ſuis iterum ad fœtorum exſpirationem impediendam, clauderentur. Reſtat modò tectum, quod uti in præcedentibus diximus, non niſi unum cubitum, juxta præceptum *Domini* elevabatur, uti figura hîc adjuncta docet; ubi ex plano *Arcæ* tectum uno cubito, *b. a.* exaltatum vides. In hoc tecto, ſuggrundia haud dubiè diſpoſita erant, per

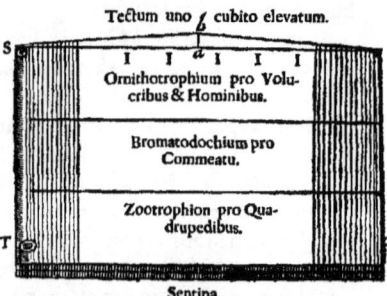

quæ tempore pluviæ aqua devolveretur in primæ Contignationis ciſternas, per canales epiſtomiis ſuis ad claudendum aperiendumque aptis inſtructos uti S. T. canalis docet. Veriſimile quoque eſt, tectum fiſſuras ſuas habuiſſe, ita diſpoſitas, ut & aquarum penetrationem impedirent, & craſſis, denſiſque aëreis impreſſionibus, in *Arcæ* clauſtro expirandi commoditatem præberent.

P 2 TA-

TABULA ORNITHOTROPHII
Qua Nidi volucrum, hominumque habitationes ordine describuntur.

Nidi.   I. LATUS.

a. *Pelicani, Onocrotali, Plateæ.*
b. *Phasiani* & *Urogalli.*
c. *Pernices, Perdices, Attagenes.*
d. *Halcyones.*
cc. *Picæ, Picique*, variæ differentiæ.
dd. *Psittaci*, differentes species.
ee. *Pavonum*, differentes species.
f. *Gallopavones*, cum *Gallinis Indicis.*
g. *Accipitrum*, differentes species.
h. *Vulturum*, differentes species.
i. *Aquilarum*, differentes species.
k. *Falconum*, differentes species.
l. *Struthiocameli.*
m. *Grues* & *Ciconiæ.*
n. *Ardeæ*, differentes species.
o. *Anseres* Domestici, & sylvestres.
p. *Anatum*, differentes species.
q. *Milvi, Mergi, Fulicæ.*
r. *Ficedulæ, Beccaciæ.*
s. *Sturni, Motacillæ* & similes.
t. *Bubones, Ululæ, Otides, Nycticoraces.*

II. LATUS.

ABCDE. Spiracula Ambulacrorum.
E. Aviarium magnum ex peregrinis volucribus.
F. *Gryphofalcones*, & quas *Harpyias* vocant.
G. *Columbæ, Palumbi*, differentes species.
H. *Gallinarum, Gallorumque* differentes species.
I. Aviarium pro parvis & canoris aviculis in recreationem *Noë.*
K. Penuarium *Noë* privatum.
L. Culina pro familia *Noë.*
M. Cœnaculum *Noë.*
N. Cubiculum *Noë.*
O. Cubiculum *Sem.*
P. Cubiculum *Cham.*
Q. Cubiculum *Japhet.*
R. *Corvi, Cornices, Monedulæ, Pici Martii.*
S. *Passeres*, & *Solitarius, Galguli, Upupæ.*
T. *Parorum, Paricumque*, differentes species.
V. *Cuculi, Phœnicuri, Rubeculæ, Erucæ.*
W. *Hirundinum* variæ species.
X. *Coturnices.*
Y. *Manucodiatæ.*
Z. Locus vacuus pro aliis, si fuerint, recipiendis.

Verum ne nihil in hac præmissa descriptione ad Lectoris curiositatem omisisse videremur, hic opticam projectionem trium Contignationum unà cum animalibus ad vivum expressis, eorumque stabulis & nidis, magno labore adumbratam, apponendam duximus.

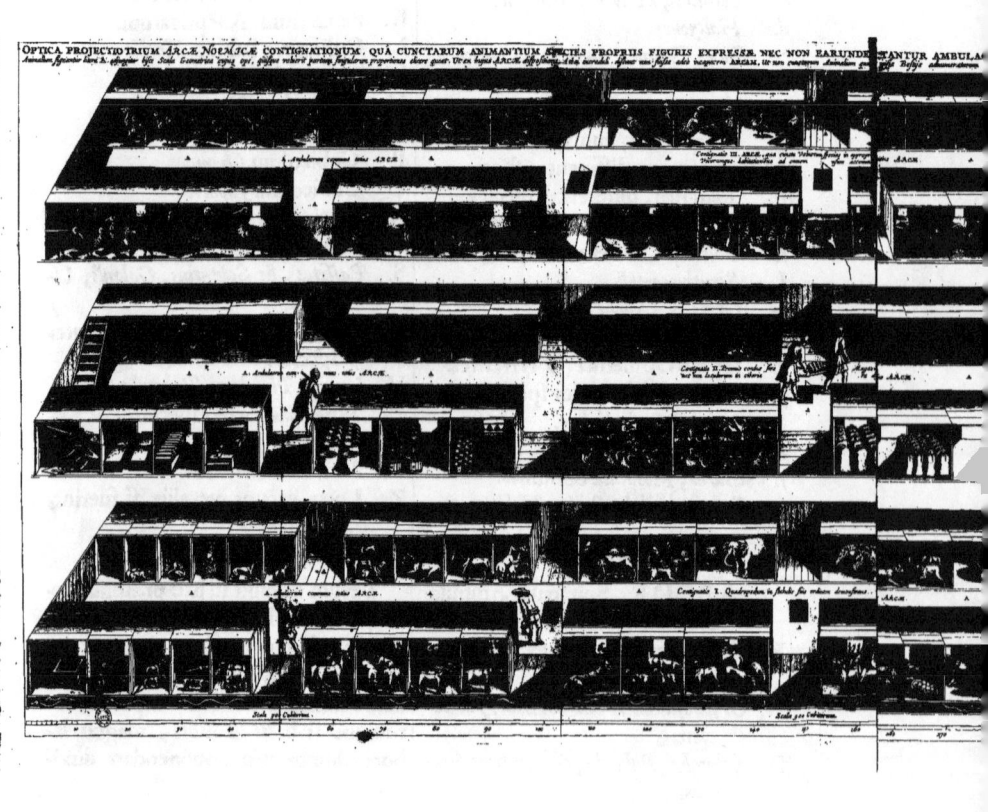

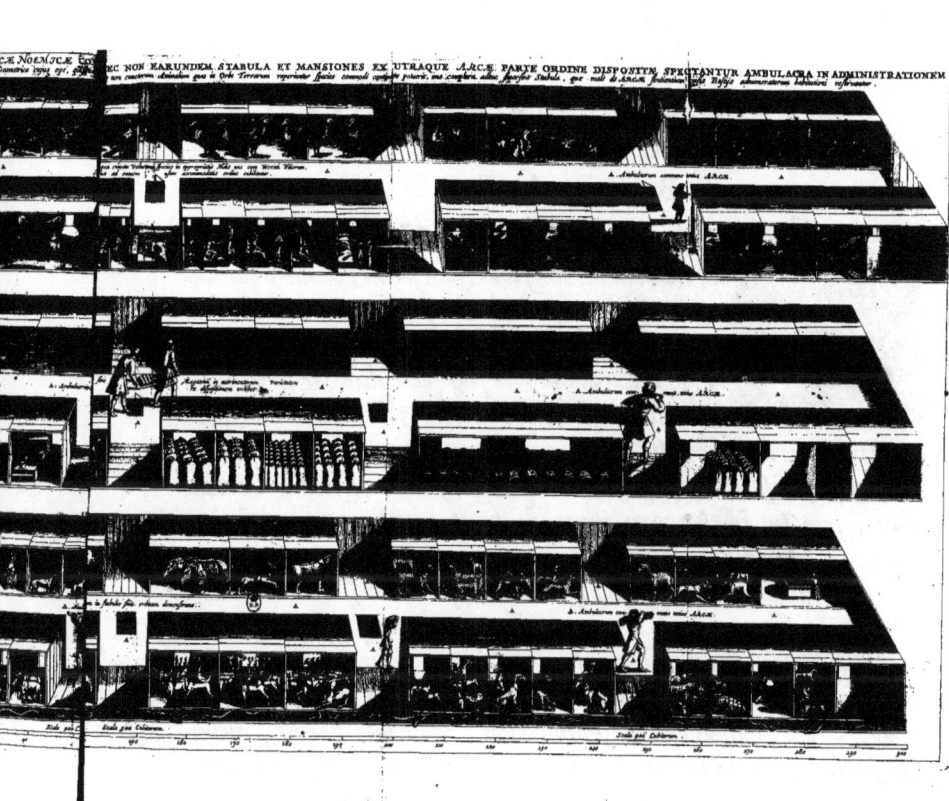

Athanasii Kircheri
ARCÆ NOËMICÆ
LIBER SECUNDUS,
CATACLISMUS,
SIVE
DILUVIUM UNIVERSALE.

PRÆFATIO.

Arcâ, in qua construenda Noë centum annorum curriculum insumpserat, jam finita, omnibusque numeris absoluta, Stabulis quoque pro animantibus quadrupedibus, Reconditoriis pro cibario, commeatu, Habitaculis pro Se suisque Filiis, Filiorumque Uxoribus, nec non in eadem regione Caveis Nidisque avium, ordine & dispositione mirificâ extructis, nihil aliud restare videbatur, nisi ut congregatis cunctis, quæ sub Cœlo sunt, animantibus, jam sui in Arcam ingressûs fieret exordium; quod Sacer Textus adeò dilucidè, distinctè & copiosè describit, ut nil ferè, quod ad eam rem, vel dignum cognitu, vel scitu necessarium pertinet, desiderari possit, quod non ab eo expressum indicatumque sit, vel non ex iis, quæ ab eo prodita sunt, facilè conjici, comprehendique possit. Exposuit enim temporis momentum, quo cœptum sit Diluvium, quomodo factum, quibus ex causis profectum, quam latè patens, quamque super terram in sublime elatum, quantum damni & exitii importaverit, quanto tempore terram aquis oppressam tenuerit, quandò diminui cœperit, quo primùm in loco, & quanto tempore ab initio Diluvii Arca consederit, qua arte, & ingenio Noë aquarum decrementum exploràrit, quandò denique finitum fuerit, & Noë cum suis, atque cum animantibus egressus, & quomodò sacrificio Deo ex cunctis mundis animantibus oblato, lætissimus à Deo promissis recreatus sit, & confirmatus. De quibus omnibus & singulis in hoc Secundo Libro, Deo adspirante acturi sumus.

Quam pulchrè Moses, quam minutim res ad Arcam & Diluvium pertinentes descripserit.

Sic enim habet 7. caput Genesis.

Anno sexcentesimo vitæ *Noë*, mense secundo, septimo die mensis, rupti sunt omnes fontes abyssi magnæ, & catarractæ cœli apertæ sunt; & facta est pluvia super terram quadraginta diebus, & quadraginta noctibus. In articulo diei illius ingressus est *Noë*, & *Sem*, & *Cham*, & *Japhet* filii ejus, & uxor ejus, & uxores filiorum ejus cum eis in *Arcam*, ipsi & omne animal secundum genus suum, universaque jumenta in genere suo, & omne quod movetur super terram in genere suo, & cunctum volatile secundum genus suum; universæ aves, cunctæque volucres ingressæ sunt ad *Noë* in *Arcam*, bina & bina ex omni carne, in qua erat spiritus vitę, ea quæ ingressa sunt, masculus & fœmina ex omni carne introïerunt, sicut præceperat illi *Deus*, & inclusit eam *Dominus* deforis; factumque est *Diluvium* quadraginta diebus super terram, & multiplicatæ sunt aquę, & elevaverunt *Arcam* in sublime super terram, vehementer enim inundaverunt, & omnia repleverunt in superficie terrę, porrò *Arca* ferebatur super aquas; & aquæ prævaluerunt nimis supra terram, opertique sunt omnes montes excelsi sub universo cœlo. Quindecim cubitis altior fuit aqua super omnes montes quos operuerat; consumptaque est omnis caro, quæ movebatur super terram, volucrum, animantium, bestiarum, omniumque reptilium, quæ reptant super terram, universi homines, & cuncta, in quibus spiraculum vitæ est in terra, mortua sunt; mansit autem solus *Noë*, & qui cum eo erant in *Arca*, obtinueruntque aquæ terram centum quinquaginta diebus.

Arca Noe.

Pars I.
De ingressu Animalium in *Arcam* è superveniente *Diluvio*.

Caput I.
Quid Noë cum sua familia ante ingressum in Arcam *egerit*.

CErtum est & indubitatum, Noëmum non unâ aut alterâ die ante *Diluvii* initium, *Arcam* ingressum esse, sed septem omninò diebus ante *Diluvium* sese ad ingressum præparasse; idque Sacer Textus apertis verbis testatur c. 7. v. 4. *Adhuc autem & post septem dies ego pluam super terram quadraginta diebus, & quadraginta noctibus, & delebo omnem substantiam, quam feci, de superficie terræ.* Ubi *Dominus Noë* septem dierum tempus concessisse videtur, ut in eo de omnibus ritè disponeret, seque ad ingressum *Arcæ*, meliori, quo poterat, modo præpararet. *Cumque transissent septem dies*, uti habetur 10. vers. *aquæ Diluvii inundaverunt super terram.*

<small>Quid Noë septem istis diebus ante Diluvium egerit.</small>

Quæri itaque hoc loco posset, quid hoc septendio *Noë* egerit. Dico, verisimile esse, toto hoc tempore pontem illum, per quem animalia *Arcam* ingredi possent, prorsùs necessarium accommodâsse, deindè in commeatu intra *Arcam* transportando occupatum fuisse. Nam ut humano more loquamur, à veritate non abludit, *Noëmum* filiis suis, uxoribusque primò plenam de omnibus stabulis quadrupedum, volatiliumque nidis, uti & repositoriis magni penuarii per tabulas, quibus nomina animalium cibariorumque continebantur, portis singulis affixas, instructionem, modumque ad cuncta rectè administranda, præscripsisse; & ne animalia statim ad primum ingressum *Arcæ* attonita necessario pabulo destituerentur: credibile est, eum præsepia, loculosque

<small>Noë suos de totius Arcæ cura diligenter instruebat.</small>

cibarios ad nonnullam recreationem largiori pabulo unicuique animali proprio adornâsse, aquæ potu crateres hydroticos instruxisse, eâ denique industriâ omnia peregisse, ut post clausam portam, dum exitus non daretur, omnia sine defectu juxta *Domini* præceptum voluntatemque, tum pro octo hominibus, tum pro animalibus, providè constituta, summo ordine, omni confusione proscriptâ reperirentur.

<small>Animalia ad primum ingressum Arcæ liberaliter à Noë tractantur.</small>

Credi quoque non sine ratione potest, *Noëmum* primò tribus filiis suis totius *Arcæ* œconomiam commisisse, singulis suam in *Arca* regionem, quam administrare debebant partitis juribus distribuisse; uxoribus rem suam strenuè quoque agentibus; & nè unus nimiis laboribus in animalium quadrupedum & penuarii administratione succumberet, omnes unitis viribus ad labores moderandos concurrisse: cura administrandi Ornithotrophii, sive in suprema contignatione de Avibus pascendis fœminis relictâ. Ridiculum est, quod de hoc septendio fabulantur *Rabbini*, septem hosce dies à *Noëmo* in luctu propter mortem avi sui *Mathusalæ* consummatos fuisse, quem quidem etsi constet, ipso *Diluvii* anno excessisse, an is tamen septem tantùm diebus, an multò pluribus diebus, aut mensibus ante *Diluvium* defunctus fuerit, incertum est. Accedit, *Noëmum* in tam ardui, & formidabilis negotii à DEO sibi commissi executione alias cogitationum molestias, quibus ob æstuantis animi angustias

<small>Arcæ administratio.</small>

<small>Rabbinorum fabula.</small>

ſtias tantùm non opprimebatur, quàm de obitu avi ſui habuiſſe. Ego ſanè hæc *Sacri Textus* verba, quod nec plures, nec pauciores quàm ſeptem interpoſiti fuerint dies, tot videlicet, quot in conſtitutione Mundi fuerunt, uti minimè otioſa eſſe cenſeo, ita quoque ea myſterio non carere exiſtimo. Sed explicemus illud. Sex enim diebus factus eſt Mundus, ſeptima autem die D E U S requievit ab operibus ſuis; quo ſanè haud incongruè innuit, ſe & Mundi eſſe Authorem, & *Diluvii*; illum ob ineffabilem bonitatem condidit, hoc effecit noſtrorum merito delictorum; ut Mortales vel ex numero dierum, quibus Mundus conditus fuit, immenſam D E I bonitatem, liberalitatem & beneficentiam erga genus humanum, quem continuo religionis cultu revereri, & adorare debebant, ab illo degeneres neglectoque Divini Numinis cultu, vitam horrenda omnium ſcelerum immanitate cum irremediabili D E I offenſa contaminarunt. Et quia D E I eſt proprium, miſereri ſemper & parcere, ideo hoc ante *Diluvium* ſeptendium ipſis ad pœnitendum conceſſiſſe videtur, ut imminentis *Diluvii* formidine perculſos ad veniam poſtulandam cogeret; atque ſic impietatis & injuſtitiæ operibus renunciantes, hoc pacto miſericordiam D E I conſequerentur. Neque enim ullum dubium eſt, quin ultimis anni diebus *Arcâ* jam extructâ, ad tam admirandam, vaſtamque molem, & nunquam viſam, auditamque fabricam huic ſimilem contemplandam, ingens hominum confluxus factus fuerit; atque adeò dum luculenter viderent, otioſum non eſſe, quod à centum annorum ſpatio, tanto cum ordine, & ſingularum partium ſymmetria à *Noëmo* conſtructum fuerat, hujus ſanè ſtupendæ machinæ finem à *Noëmo* explorare contenderint. *Noëmum* verò fidelem D E I ſervum, ne quicquam Divinæ voluntatis executioni proficuum

Cur dies 7. conceſſerit ante Diluvium Noëmo D E U S.

Confluxus hominum ad Arcam jam abſolutam ſpectandum.

conſentaneumque omiſiſſe videretur: hoc vel ſimili verborum tenore eos allocutus videtur.

O Infelices Mortales, ad vos hodiernâ die diriguntur verba oris mei. Videtis Arcam hanc, centum annorum fabricam, jam tandem conſummatam; intueamini & obſtupeſcite opus dextræ Excelſi, cujus finem tam anxiè à me quæritis. Hoc eſt vas illud magnum, quod benignus & miſericors D E U S ad ſemen Mundi in ea conſervandum à me extrui juſſit; univerſam verò reliqui Mundi faciem unâ cum hominibus & animantibus, quæ extra eam exiſtunt, ob immanem ſcelerum atrocitatem, quâ vitam veſtram cum irreconciliabili D E I offenſâ contaminâſtis, univerſali Diluvio perdere, & exterminare conſtituit; & ne de immenſâ ejus bonitate & miſericordiâ conqueri poſſetis, centum annorum ſpatium vobis ad pœnitendum conceſſit, quin & ultimò hoſce ſeptem dies, centum annis adjecit, ſi quis fortaſſis foret, qui pœnitentiâ ductus, novâ bonorum operum exhibitione ad D E U M Opt. Max. converſus, concepto contra humanum genus Divinæ indignationis furori, frenum injiceret, & hoc pacto à conclamatâ Diluvii mox venturi calamitate, & horrendâ morte liberaret. Sed video corda veſtra ad pœnitendum ſaxis ipſis duriora; neminem veſtrûm intueor, qui ſublatis in cœlum oculis, imminentem mox Divini Numinis vindictam conetur avertere interno animi dolore compunctus. Erit, erit inquam tempus, tempus jam paucorum dierum proximum, quo ab hâc Arcâ excluſi, iram Divinam fugietis, nec ullus vobis dabitur, horrendâ miſeriarum abyſſo abſorptis, fugiendi locus. Tunc memores meorum verborum, vos ipſos ob commiſſum incredulitatis errorem, contra vos inſurgetis, & impœnitens cor veſtrum accuſabitis, ſed fruſtrâ: Juſto D E I judicio, formidabilis Diluvii turbinibus involuti, debitas peccatis veſtris pœnas, cum univerſi humani generis interitu æternum luetis. O Miſerabilem, & Infelicem hominum ſortem. Ite, ite tandem brevi duram D E I manum ſupra vos experturi.

Exhortatio Noë ad turbam Arcæ ſpectandæ gratiâ concurrentem.

C A-

Caput II.

De Animalium ex toto Orbe paucis ante diebus congregatorum modo & ratione.

Noë non congregavit animalia, sed constituto tempore ipsa nutu Dei, angelorum ministerio venerunt ad Arcam.

VEritati omninò consentaneum esse, is solus, qui verba *Sacri Textus* penitiùs inspexerit, comperiet; *Noëmum*, quemadmodum *Philo* perperàm sentit, eorum animalium, quæ *Arcam* ingredi debebant, congregatorem minimè fuisse; quomodò enim fieri posset, unicum hominem, qui nativitatis suæ terram *Edeniam* nunquam egressus fuerat, per totum Orbem congregandorum animalium causâ divagatum fuisse, Insulas, continentesque diversissimas, animalium speciebus consertas, tam exiguo temporis spatio, *Arcâ* suâ, quam ingenti centum annorum decursu jam construxerat, in manibus inimicorum relictâ, orbem peragrare, lustrare, tantamque peregrinorum animalium multitudinem congregare, & tam ex longinquis Regionibus, cum omnium, per quos transire debebat, stupore populorum rei novitate perculsorum, nec non sine maximo hominum istius ævi ferocissimorum; qui *Noë* jam dudum ad mortem *Philone*, *Oleastro* & *Mose Bartepha* testibus quæsiverant, persecutionis vitæque periculo, adducere potuisse; aut quomodo, aut qua ratione, tam differentis naturæ volucres cœli, ad se ex aëre vocare, & unà secum in itinerum socias adsciscere potuerit, nemo est, qui capere possit; undè hanc sententiam, opinionemque tum *Philonis*, tum nonnullorum quoque *Recentiorum Interpretum*, tanquam absonam, imò *Sacri Textus* verbis repugnantem rejicimus reprobamusque. Quemadmodum enim dicta Animalium congregatio omnem excedit humanæ potestatis laborem, curam & industriam; ita quoque hujusmodi

Ex Sacris Literis probatur animalia non operatione Noë sed Dei nutu ad Arcam venisse.

animalium congregationem, non nisi Divino nutu, Angelorumque ministerio contigisse, expressè *Sacra Verba* innuunt; sic enim Hebræa Lectio habet:

מהעוף למינהו שׁינם ומן הבהמה למינה
מכל רמשׂ האדמה למינהו שנים מכל
יבאו אליך להחיות:

Genes. 6. vers. 20.

Ex volucri secundum genus suum bina, & ex bestiis secundum genus suum, ex omni reptili terræ juxta genus suum bina ex omnibus, בּאוּ אליך *venient ad te, ut vivant.* Cui consentit Græca Lectio 70. εἰσελεύσονται πρὸς σὲ τρέφεας μέτα σε. *Ingredientur ad te, ut nutriantur tecum.* Et Arabica id expressè per vocem جدخلون اليك *ingredientur ad te.* Et Syriaca per verba ܡܥܠܝܢ ܠܘܬܟ *intrabunt, ascendent ad te.* Unde quoque tanquam falsam eorum sententiam reprobamus, qui putant animalia natando ad *Arcam* venisse; quo quid stultius dici possit, non video. Quomodò enim animalia, sive vastioris, sive minoris corporis natando in horrendis illis *Diluvii* procellis durare, aut *Arcæ* portam jam altius ab aquis elevatam, sine ponte intrare potuerint, quis credet? aut quomodò Aves cadentium imbrium nimborumque violentiam volando sustinere valuerint, quis concipere poterit? Undè insanæ mentis dicam non effugerit, qui talia & tam absona proferre non verecundabitur. Quis nescit, *Mosen* expressè dicere, priùs cuncta animantia in *Arcam* ingressa fuisse, quàm *Diluvium* inchoaverit, quin imo ante aquarum inundationem, & post ingressum animalium in *Arcam*, dicitur expressè, tunc Deum foris ostium clausisse; natando verò plerasque animalium species procellarum

Absurda opinio, vel ingruente jam Diluvio animalia natando intra Arcam pervenisse docet.

mole-

molestiâ vel oppressas, aut aquarum impetu retardatas, post clausum jam ostium, non nisi longo tempore, & summa cum difficultate ad Arcam pervenisse. Repudiatâ itaque hac sententiâ, nos verius asserimus, non humano consilio, industriâ & curâ, sed nutu Dei totam hanc animalium congregationem contigisse; non enim Noë aut capta, aut hinc inde collecta intromittebat, sed suapte sponte venientia & intrantia admittebat, juxta Textum suprà allegatum: *Venient, & intrabunt ad te*, non scilicet hominis actu, sed Dei nutu. Cajetanus, hæc verba: *Venient ad te*, ponderans: *Clarè* inquit, *Deus absolvit Noëmum à cura congregandi animalia. Divino siquidem nutu, ministerio Angelorum venerunt ex omnibus animalibus, mas & fœmina ad Noë, ipsius autem Noë cura, & opera fuit, efficere, ut quæ venerant animantia, ingrederentur in Arcam, & invenirent nidos, sive mansiones in ea, & ibidem pascerentur ab ipso.* Quemadmodum enim Deus Adamo in Paradiso deliciarum omnia animalia, ad iis genuina nomina imponendum, adduxit; ita quoque ad secundum humani generis instauratorem, Noëmum, cuncta animalia, ad seminium universæ naturæ in Arca conservandum, adduxit; eo quo imaginari nobis possumus modo, & ratione, biduo, aut triduo ante *Diluvii* principium. Nam Noë cum extra Arcam curis, & laboribus fessus, saxo insidens, rerum gerendarum magnitudinem intimo cordis affectu expenderet, atque Divinæ voluntatis executionem anxio animo exspectaret; Ecce derepentè ex quadripartiti Mundi plagis undique, & undique omnis generis animalium, Arcæ appropinquantium, veluti exercitum quendam vidit, quæ pulchro ordine, absque ulla confusione, nunc bina, nunc septena, sese veluti à Deo missa Noëmo eorundem conservatori exhibuêre, & paulò post, universam cœli faciem innumerabili pæne

Mira animalium congregatio.

volatilium multitudine oppleri, intuitus est, quæ pari ordine sine ulla confusione, simul vel bina, vel septena Arcæ tecto, veluti Noëmi directionem exspectatura, insedêre.

Intereà in hac novorum semper, novorumque animalium coacervatione, alia Noëmo veluti obsequium præstitura, caudarum agitatione abblandiebantur, alia manus pedesque dulciter lambebant, alia pedibus ejus se prosternendo, cuncta prout poterant, quà gestibus, quà vocibus, amicisque membrorum motibus se Noë veluti unici servatoris directioni, & obedientiæ submittere videbantur. Rursus paulò post hinc ex vicinis fluminibus, & lacubus, immania Amphibiorum monstra, illinc ex montium cavernis, varia reptilium, serpentiumque genera horrenda visu erumpentia, Arcæ appropinquare visa sunt. Quorum ingenti multitudine, & copiâ attonitus perterritusque Noë, genubus innixus, oculisque in cœlum erectis, expansisque ad cœleste Numen brachiis, Deum Optimum Maximum, hoc vel simili verborum tenore affabatur: *O summe Conditor omnium rerum, cujus natura bonitas, cujus voluntas posse, & perficere est; en adduxisti ad me, pro ineffabili providentiæ tuæ dispositione, hanc animalium, quorum non est numerus, multitudinem; Et quis ego vilis terræ vermiculus, cui universam hanc Naturæ viventis substantiam in hac Arca tuo nutu constitutam, conservandam committere dignatus es? Et quis ego sum homo peccator, atque indignus tuæ Majestatis conspectui, ut me totius Naturæ custodem constitueres? Et quisnam adeò grandi ingenii sublimitate præditus esse poterit, qui hoc totius Naturæ seminium renascentis Mundi propagini destinatum sine te, regere & gubernare queat? Cuinam innumerabilium animantium, tot tantisque naturæ dotibus, proprietatibus, temperamentisque differentium multitudinem congruis ciborum alimentis unius anni spatio conservandi*

Animalia Noëmo abblandiuntur.

Apostrophe Noëmi ad Deum.

ſervandi, animus ſufficiat? Tu igitur humanarum rerum Arbiter, qui uti ſolo voluntatis tuæ nutu, univerſam Mundi machinam cum omnibus in ea contentis, ex nihilo in Eſſe ſuum eduxiſti, ita quoque exiſtente jam Diluvio, quo Mundum ob nefandam hominum impietatem perdere conſtituiſti, ſolo nutu tuo, & me, & meam familiam, una cum univerſa hac totius naturæ viventis ſubſtantia à Diluvii pœnis conſervare poteras. Quid ergò opus erat, in hac Arca, *quam ego indignus ſervus tuus, te dictante, extruxi, humano more univerſum Naturæ viventis ſemen te conſervare in* Arca *voluiſſe, quid inquam opus erat? Quia tamen Tuæ infinitæ bonitati, & miſericordiæ viſum fuit, per me humilem ſervum tuum, hoc ineffabile Divinæ juſtitiæ tuæ ſacramentum exequi; en ego ante tremendæ Majeſtatis tuæ ſolium proſtratus, te humili & ſupplici corde, eo, quo Creatura Conditori ſuo debet, affectu, animique reverentia ſuppliciter rogo, obſecro, atque obteſtor, ut quemadmodum Divinæ voluntatis tuæ beneplacito viſum eſt, hujus me infandi operis executorem conſtituere & gratia tua permovere, ita quoque pauperi & humili ſervo tuo, tum directione tua continuò aſſiſtere, ac in negotio, quo nulli unquam hominum majoris momenti commiſiſti, utpote à quo totius humani generis ſalus dependet, humilitatis meæ imbecillitatem tua virtute, & opitulatione fulcire, & ſuſtentare non digneris; ut tandem hoc Divinæ potentiæ opus, quod perdito per Diluvium Mundo, hoc præſens viventis naturæ ſeminium, in renaſcentis Mundi inſtaurationem deſtinaſti ad Divini Numinis tui gloriam, unicè cedat. En promptum me habes cum familia mea ad tuæ voluntatis beneplacitum, non eo, quo vellem, ſed quo imbecillitas mea poteſt, modo, humili mentis obſequio exequendum. Da igitur ſervo tuo humillimo, quod jubes, & jube, quod vis.*

Noë apoſtrophe ad ſuos.

Hiſce à *Noëmo* ad Deum magnâ cordis profuſione prolatis, illicò ſurrexit, & accitis filiis cum uxoribus, eos ad forti animo Divinæ voluntatis beneplacitum exequendum, admonuit, Gratiæ Divinæ, operiſque proſequendi magnitudinem expoſuit, & ne malorum calamitatumque formidandis turbinibus, quibus paulò poſt Mundus involvendus eſſet, terrerentur, eo, quo potuit verborum vigore mœrentium animos erexit; neque viribus humanis in hujus *Arcæ* adminiſtratione inniterentur, ſed in Divinæ aſſiſtentiæ directione omnem ſpem fiduciamque ſuam repoſitam haberent; in tribulationibus conſtitutis non defuturum benigniſſimi Dei auxilium, ut negotium, quod ejus juſſu cœptum erat, ejus quoque ope deſideratum exitum ſortiretur.

His itaque præmiſſis, ipſe cum uxore ſua extemplo pontem, per quem in *Arcam* aditus dabatur, conſcendit, & in medio oſtii conſiſtens, animantium primò quadrupedum progreſſionem orditus eſt, at ne confuſio inter tot animalia naſceretur, duos filios ſuos ad initium pontis una cum uxoribus conſtituit, qui juxta ordinem præſcriptum ſingula bina, aut ſeptena ad ſubeundum pontem ſollicitarent. Intra *Arcam* verò majorem natu filium conſtituit, qui ſingula bina, aut ſeptena ex animalibus ex inſtructione patris, in conſtituta cubilia ſingulis propria, & primò quidem majora, & ferociora animalia, deindè alia quoque manſuetioris naturæ, introducerent; quæ deindè ſuapte ſponte ſequebantur reptilia, inter ſuppedanea ſtabulorum, locum ſuum deſtinatum repertura. Reſtabat avium, quæ in tecto *Arcæ* reſidebant, *Noëmi* voluntatem expectantium genus multiplex. Hæ enim uti per oſtium *Arcæ* in ſtationem quadrupedibus deſtinatam, ſine periculo ingredi non poterant; ita *Noëmus* feneſtram, quam in ſuprema contignatione ſibi, & volatilibus conſtituerat, mox aperuit, & dato ſigno, quo-

Modus quo Familia diſpartitis officiis, animalia intra Arcam *ducebat.*

quocunque tandem modo: Eccè omnes volucres tecto relicto per fenestram binæ, vel septenæ ejusdem speciei, Dei nutu, sine confusione ingressæ, singulæ opportunum sibi locum sortitæ fuerunt.

Omnibus igitur animantibus hac diligentiâ & sollicitudine, nullo deficiente, unà cum Noë filiis uxoribusque Arcæ inclusit, Dominus aforis clausit ostium. Verùm ut velut ἐν τῷ τύπῳ Lector hanc admirandam faciem, id est, ingressum animalium in Arcam, luculentius comtempletur, hîc totius ἔκτυπον exponendum censui, vide Iconismum, Folio 120.

Caput III.

De Cataclysmi, seu Diluvii omnibus seculis memorandi, formidanda Catastrophe.

ANno itaque sexcentesimo vitæ Noë completo, coactis jam intra Arcam cunctis animantibus, ex omnibus speciebus, quæ erant in universa superficie Terræ, binis & septenis; Noëmo quoque, & tribus filiis, uxoribusque eorundem intùs receptis, clausit quoque Deus deforis ostium: Tempus horrendum dictu, aderat, quo Deus Opt. Maxim. obstinatum hominum, quibus jam pro infinita sua pietate, & misericordia, centum ad pœnitendum annos concesserat, in peccando pertinaciam, & obduratam impœnitentiam Mortalium, atque in abominandis sceleribus prosequendis malitiam, horrenda Diluvii strage, vindicare constituerat. Erant tunc temporis, juxta Christi verba, homines comedentes & bibentes, toti in celebrandis conviviis, toti in omne luxuriæ genus effusi, sine ullo impendentium malorum metu, & formidine tuti & securi. Cum eccè repentè turbato cœlo, & veluti atrâ quâdam, & luctuosâ caligine oppleto, mox formidanda ex nubibus murmura, totum tremefecerunt Orbem Terrarum, fulgurum, fulminum, tonitruorumque horrendi, inexplicabilesque fragores, veluti imminentium malorum prodromi, metu & formidine, totum penè exanimârunt genus humanum. Conglomerabantur immensa, & nunquam aliàs experta nubium, & in immensum crescentium vaporum volumina, ex quibus caligo immensa cum Cimmeriis tenebris exorta, in luctum, mœrorem, & ultimam desperationem, perversissimos peccatorum animos deduxerunt. Siquidem hisce præmissis, mox omnibus fontibus Abyssi magnæ reseratis, cataractisque cœli apertis, pluvia quadraginta dierum & noctium universam Terræ faciem super omnes, qui sub cœlo sunt, montes, quindecim cubitos alta inundantibus aquis operuit. O horrendum, & formidandum spectaculum! vidisses hîc homines mente confusos, & omnis consilii expertes: quosdam altioris domûs, crescentibus undis supercilia ascendere, quosdam de pretiosioribus rebus sollicitos, iisque onustos in sublimiora deferre: spectâsses hîc quosdam altissimos arborum apices conscendere, hîc tutos se fore frustrà sibi persuadentes. Nonnulli domibus arboribusque jam undarum incremento coopertis, ad altiora clivorum montiumque culmina natando properabant. In hac ineluctabili calamitate cerneres quosdam tabulis veluti unico in naufragio medio, & subsidiis effugium quærere; quosdam altissimarum arborum ramis inhærentes, proximorum opem miserabili voce, precibusque implorabant; aliquos natando defessos aliorum natantium pedes, & bracchia arripientes, utrosque pondere

Hominum in initio Diluvii actiones.

Repentinus Diluvii eventus; & formidabiles calamitates.

Hominū ex reperitino Diluvio evadendi conatus.

dere preſſos, miſerabiliter ſine ulla ſpe ſalutis ſubmergi. Accedebat fluctuantium undarum impetus, & violentia, quâ natantes, dum emergere conabantur, veluti horrendis aquarum gurgitibus, turbinibuſque involuti, horrido cum ejulatu peribant. Non audiebatur hîc aliud, niſi luctuoſus, & horrificus pereuntium clamor, lamentatio deſperantium, & Væ æternum eructantium, dum memores verborum Noë, quêis eos toties ad pœnitentiam adhortatus fuerat; memores *Arcæ*, quam exſtruxerat, quod tam luctuoſæ tragœdiæ veluti ectypon quoddam erat, & cui fidem habere noluerant, jam incredulitatis ſuæ pœnas terrifico mortis genere ſe luere cernebant. In univerſa aquarum inundantium ſuperficie, non aliud videre erat, quàm confecta hominum, animaliumque cadavera; camporum ſylvarumque arbores, aquarum vehementia eradicatas, hinc inde fluctuantes, in quorum ramis naufragi effugium quærentes, ſe nonnihil tuebantur, attamen mœrore viribuſque exhauſti, ſine ulla ſpe ſalutis ibidem fame ærumniſque confecti, miſerè interibant; Omne quoque volucrum genus cùm non reperirent, ubi requieſceret pes eorum, quædam aquarum turbinibus intra aquas præcipitatæ, nonnullæ in arborum fluctuantium ramis, cadaverumque congerie dum requiem quærerent, ibidem vel reciprocantium fluctuum violentia, vel pluviarum ventorumque impetu vel oppreſſæ, vel fame enectæ vitam miſerè conſumebant. O horrenda Divinæ juſtitiæ ſpectacula! Advertant hîc omnes mundanarum deliciarum amatores, quid in ſimili caſu conſtitutos ſe egiſſe vellent: quàm ardenter deſpecta Mundi vanitate, repudiatis honoribus, divitiis, & dignitatibus ſoli Deo unicè ſerviſſe, quanto cum dolore à peccatis abſtinuiſſe! Certè majora ſuperſunt nobis in conſummatione Mundi, calamitatis ſpectacula, majores Cataſtrophæ, quandò cœli movendi ſunt & terra, quandò *Chriſtus* veniet judicare ſeculum per ignem. Operemur itaque bonum, cum tempus habemus, faciamus id, quod tunc nos feciſſe vellemus.

Hujus *Diluvii* calamitati optimè congruunt, quæ Ovidius de *Diluvio Deucalionio* cecinit.

Pœna placet diverſa, genus mortale ſub undis
Perdere, & ex omni nimbos demittere cœlo.
Fit fragor, & denſi funduntur ab æthere nimbi.
Nuncia Junonis varios induta colores
Concipit Iris aquas, alimentaque nubibus affert.
Sternuntur ſegetes, & deplorata colonis
Vota jacent, longique perit labor irritus anni.
Nec cœlo contenta ſuo eſt Jovis ira, ſed illum
Cœruleus frater juvat auxiliantibus undis,
Convocat hic amnes, qui poſtquam tecta Tyranni
Intravere ſui, non eſt hortamine longo.
Nunc, ait, utendum, vires effundite veſtras,
Sic opus eſt: aperite domus, & mole remota
Fluminibus veſtris totas immittite habenas.
Juſſerat: hi redeunt ac fontibus ora relaxant,
Et de frenato volvuntur in æquora curſu.
Ipſe tridente ſuo Terram percuſſit, at illa
Intremuit, motuque vias patefecit aquarum.
Exſpatiata ruunt per apertos flumina campos
Cumque ſatis arbuſta ſimul pecudeſque viroſque
Tectaque cumque ſuis rapiunt penetralia ſacris
Siqua Domus manſit, potuitque reſiſtere tanto
Indejecta malo, culmen tamen altior hujus
Unda tegit, preſſæque latent ſub gurgite turres.
Jamque mare, & Tellus nullum diſcrimen habebant.
Omnia pontus erat, deerant quoque littora ponto.

Sed jam statum interioris *Arcæ* exponamus.

Calamitatem extrinsecam vel ipsa animalia Arca inclusa sentiebant.

Sentiebant & hanc inexplicabilem Naturæ luctam vel ipsa animalia, unà cum rationali creatura in *Arca* conclusa; siquidem ex horrendis ventorum mugitibus, fragoribusque tonitruorum, fulgurumque, quæ in omnia *Arcæ* spiracula penetrabant irradiatione, timor & tremor cecidit super ea, deindè aquarum catarractæ, veluti flumina quædam ex sublimi in *Arcæ* tectum præcipitata, præter horrendos, inauditosque fragores & strepitus, aërisque irati ululatus, sævientium ventorum flatibus, continuaque fluctuum insultantium agitatione, *Arca* nunc in hanc, nunc in illam partem impulsa, animantia quietis nescia unà secum miro commotionis impetu exagitabat; undè ex insolito rerum eventu, trepidatione, metuque consternata in summa & densa caligine horrendis vociferationibus veluti summersi Orbis ruinam contestabantur;

Vociferantium animalium strepitus & tumultus.

hinc rugiebant *Leones*, illinc *Elephantes* barriebant, mugiebant *Boves*, *Canes* latrabant, balabant *Oves*, *Lupi* ululabant, grunniebant *Sues*; cætera omnia animalia ad luctuosas hujusmodi vociferationes, & clamores excitabant; undè totius *Arcæ* œconomia in confusionem ducta, veluti infelicem mox perituri Mundi statum lugere videbantur: clangebant *Aquilæ*, *Corvi* crocitabant; *Bubones*, & *Noctuæ* luctuoso carmine ululantes sui generis casum lugebant: cunctæ volucres canoræ, omisso dulcis modulationis exercitio, non nisi gemebundo pipitu Orbis cladem deplorare videbantur. *Sem*,

Desolatio summa familiæ Noë.

Cham, & *Japhet*, hoc terribili patientis Naturæ catastropha, horribili timore perculsi, jam *Arcæ* dissolutionem metuebant; uxores verò evulsis capillis, scissis vestimentis, omnis consolationis incapaces, modò ex præsenti deteriorique *Arcæ* constitutione, exteriorem Mundi faciem metiebantur; siquidem parentum, fratrum, sororum, cæterorumque cognatorum extra *Arcam* memores, infælicem eorundem sortem, & inevitabilem ruinam deplorare non cessabant; quin vel *Noëmus* ipse, à Deo constitutus *Arcæ* custos & conservator, hac Mundi catastrophe perculsus, constanti tamen in Deum fiduciâ fretus, ardentissimis precibus hoc pacto Numen sollicitabat.

Noëmi apostrophe ad Deum.

O supreme Mundi Conditor, & Moderator, en ego indignus tuus famulus ante Divinæ justitiæ tuæ Tribunal prostratus, totus timore & tremore concussus ad te, benignissime Deus, *in hujus* Arcæ, *cujus curatorem & ministrum me figmentum tuum constituere non dedignatus es, extrema necessitate confugio, ut exaudias vocem servi tui: circumdederunt enim me gemitus mortis, dolores inferni invenerunt me. Equidem novi te justissimum esse vindicem scelerum contra infinitam bonitatem tuam commissorum multitudinem & copiam; Expavesco inscrutabilem judiciorum tuorum abyssum, quâ Mundum ob Divinæ Legis tuæ mentibus nostris insculptæ contemptum, & enormium delictorum acerbitatem, Orbem Terræ, & unà omnem animam viventem in eo delere & exterminare voluisti. Sed ô tremenda Majestas, quid sibi vult justus ille furor tuus? quo non Mundum duntaxat, & omnem animam delere, & disperdere à facie tua constituis? sed & hanc* Arcam, *cujus curam pauperi & humili servo tuo commisisti, tanto tremore concutis, ut vel ipsa bruta animantia tot prodigiorum ostentis perculsa præsentem eorum ruinam, ultimamque dissolutionem; horrificâ hac vociferationum confusione, & tumultu metuere videantur. Vide quæso afflictionem populi tui; Respice nos octo animas, quas pro immensa tua providentia, ab Orbis ruina, in renascentis Mundi semen conservare voluisti, compatere infirmitatibus nostris, nobisque in ingenti hac tribulationis necessitate, ad te clamantibus aures præbe; Exaudi miseros tuos in tua bonitate & clementia confidentes, ut excluso omni metu, proscriptâ omni diffidentiâ, opus, quod imposuisti nobis, tuo adjutorio,*

&

Arca Noe.

& gratiâ prosequi sine periculo possimus; Concede animantibus tranquillitatem, & quietem, debitam tibi mihique obedientiam, & subjectionem iis impera, spe & fiduciâ corda servorum tuorum corrobora, ut in solâ bonitate tuâ inexhaustâ innixi, hunc lamentabilem Orbis perituri statum, tuæ præsentiâ gratiæ sine periculo eluctari valeamus.

Apostrophe Noë ad familiam suam. Agedum filii mei, confidite in Domino, viriliter agite, & confortetur cor vestrum, ne timeatis à tantâ rerum confusione, aderit nobis ipse, qui uti nos ad nostrum meritum in hac tenebrosa domo, in renascentis Mundi instaurationem inclusit, ita quoque potenti dextrâ suâ nobis adstiturus, servorum suorum in necessitate constitutorum vota & preces audire non desistet.

Hisce prolatis, & filii, uxoresque filiorum mirum in modum consortati, atque firmâ in DEUM conceptâ fiduciâ, animalibus quoque omni mox deposito furore in tranquilliorem statum reductis, solerti & diligenti curâ, Arcæ administrationem orditi sunt.

Caput IV.

Quid sibi velint verba Sacri Textus: Fontes Abyssi magnæ & Cataractæ Cœli.

Genes. 7. vers. 11.

נבקעו כל מעינת תהום רבה:

Rupti sunt omnes fontes Abyssi magnæ. Græca sic: ἐρράγησαν πᾶσαι αἱ πηγαὶ τῆς ἀβύσσου.

Chaldaica sic habet:

אתבזעו כל מבועי תהומא רבא:

Anno sexcentesimo vitæ Noë completo, mense secundo, septimo die mensis, rupti sunt omnes fontes Abyssi magnæ, & Cataractæ cœli apertæ sunt; & facta est pluvia super Terram 40 diebus, & 40 noctibus. Magna *Lis dirempta de initio Diluvii.* sane controversia est circa sexcentesimum annum vitæ Noë, utrum inchoatus fuerit, an completus: nos quicquid alii contrà sentiant, sexcentesimum completum asserimus; & patet vel ex ipsis Sacræ Scripturæ verbis quàm luculentissimè: cum dicit; Noë cum moreretur, habuisse ætatem nongentorum quinquaginta annorum; quod falsum foret, si Diluvium venisset in fine quingentesimi, & in principio sexcentesimi inchoati; tunc enim Noë non nongentorum quinquaginta annorum ætatem habuisset, sed octingentorum quinquaginta annorum tantùm, quod Sacris Literis prorsus repugnare videtur; Incepit enim Noë jussu DEI Arcam in principio sexcentesimi anni, & centum annos in eâ fabricandâ transegit. Sexcentos igitur annos vitæ, cum Diluvium veniret, Noë habuit, & trecentis & quinquaginta annis post Diluvium vixit, quæ simul juncta dant 950. annorum ætatem Noë. Sexcentos itaque, veniente Diluvio, annos completos Noë habuit; *Quo tempore anni contigerit Diluvium.* quicquid contrà ogganniunt nonnulli malè fundati Sacrarum Literarum Interpretes. Pari errore hi secundum mensem anni sexcentesimi, non Verno tempore, sed Autumnali attribuunt, Rabbinorum fabulis delusi, eò quod tunc opportunior humentis aëris constitutio esset, ad Diluvium producendum. Nos contrà cum melioribus Interpretibus Diluvium contigisse Verno tempore asserimus. Cur autem DEUS verno potiùs tempore, quàm alio tempore Diluvium adduxerit, causa duplex assignari potest; Prior est, quod DEUS eo tempore Mundum destruere voluit, quo eum condidit, videlicet Verno tempore: Altera fuit, ut nequissimi istius temporis homines, acriori cum doloris sensu in Diluvio perirent, scilicet acerrimè dolentes se per id tempus ex mundo, tam duro mortis supplicio extrudi, quo tempore Mundus ipse pulcherrimus, amœnissimus, & jucundissimus est, Verque

que homines jucundo rerum statu atque per se ad delicias voluptatesque perfruendas invitet alliciatque, quorum maxima est id temporis copia & varietas: *Tunc enim*, teste D. Ambrosio, *Diluvium* adduxit Deus, *quando augentur nascentia, ager parturit, terrarum pariter atque animantium fœtura se fundit; tunc enim dolor eorum, qui in abundantia sua puniebantur, major fuit, tunc ultio terribilior tanquam dicentis* Dei: *Ecce omnia secundum liberalitatis Divinæ gratiam dives Natura generavit, omnia in usum hominum germinavit terra fœcundior, segetes spectantur, tritico & hordeo replentur campi, comæ arborum, venturi fructus floribus vestiuntur; non deest Terra obsequiis suis, bestiæ non desunt muneribus, quæ frequenter solvuntur in partus, & ut homini nihil desit, homo solus partibus suis deest, nescit authorem suum, à quo ei omnia ministrantur; negligit conditorem. Pereant igitur cum homine omnia, cujus gratiâ condita sunt omnia; in suis divitiis consumetur homo, cum sua dote moriatur.* Ita Divus *Ambrosius*. Accedit & illud, ut videlicet homines apertiùs cognoscerent, & sine ulla dubitatione crederent, hocce *Diluvium* non ex solis naturalibus causis, sed maximè per supernaturalem Dei omnipotentiam, esse factum, eò quod Verno Æstivoque tempore, contigit *Diluvium*, quo, calore solis omnia ad siccitatem tendunt, pluviæ utplurimùm cessare soleant; Autumnali autem, & Hyemali tempore, quo omnia humentis naturæ ubertate, pluviarumque copia diluuntur, *Diluvium* sit sublatum, utroque scilicet tempore, tam procreando, quam abolendo *Diluvio*, contrario.

Hisce itaque præmissis, jam de *Diluvium* efficientibus causis agendum restat, ut num naturales causæ ad *Diluvium* constituendum, sufficere potuerint. Dico itaque, triplicem considerari posse causam alicujus *Diluvii*: Primò est continuatus imbrium nimborumque immodicus casus, niviumque conden-

<small>Triplex causa alicujus Diluvii.
1. Causa.</small>

satarum in altissimis montibus dissolutio; unde flumina, magna aquarum mole onusta, qua data porta ruunt, per apertos planitierum campos, torrentiumque ex altissimis montibus devolutio rapit sylvas, & saxa revolutis remissa compagibus rotat; urbes & implicitos trahit montibus suis populos, ruinam, an naufragium querantur, incertos, atque semina, & quod opprimeret, & quod mergeret, venit; & uti Seneca ait. *Illuc cum liberis, & conjugibus fugient homines, actis ante se gregibus, dirempto inter miseros commercio, & transitu; quoniam quicquid submissius est, id unda replevit. Editissimis quibusque adhærebunt reliquiæ generis humani quibus ad extrema perductis, hoc unicum erit solatium, quod transibit in stuporem metuo, nec dolor habebit locum, quippe vim suam dolor perdidit in eo, qui ultra sensum mali, miser est.*

Altera *Causa* est, supra modum tumescentis maris in terris effusio, quod quomodò fiat, paulò post dicetur. <small>2. Causa.</small>

Tertia *Causa* est concursus siderum in signis, quæ vim habent imbriferam. <small>3. Causa.</small> Hasce causas *Diluvii* assignant *Naturalium rerum Scriptores*, quæ quidem in particularibus *Diluviis* plerumque concurrere solent; at in universali illo *Noëmico Diluvio*, quo aqua supra altissimos universi montes, altiùs quindecim cubitis ascendit, id utique non naturalibus causis, sed dextrâ Dei Excelsi contigisse, solus is inficiabitur, qui determinatam naturæ in hujusmodi *Diluvio* conficiendo potentiam non penetraverit. *Sacer Textus* duas causas adducit *Diluvii* effectrices. Primò enim dicit, Ruptos esse *fontes Abyssi magnæ, & Cataractas cæli* apertas esse. Quidnam verò Magna illa *Fontium Abyssus* sit; quid *Catarractæ Cœli*, quantum ingenii mei debilitas permiserit, exponamus. <small>Quid sit ruptura Abyssi magnæ quid apertura Catarractæ Cœli.</small>

Hydrophylacia fontibus, amnibus, lacubusque producendis intra altissimorum montium profundos recessus constituta sat superque in *Mundo* nostro

Sub-

ARCA NOE. 129

Subterraneo demonstravimus. Esse autem inter Geocosmi viscera, talia Hydrophylacia, quas abyssos Aquarum vocamus, adeò certum est, ut vel ipse *Sacer Textus*, uti hîc, ita alibi apertis verbis id innuat, Psalmo 41. *Abyssus abyssum invocat in voce Cataractarum tuarum.* Est itaque *Abyssus magna* hoc loco nil aliud, quàm profundissima aquarum vorago, cujus fundus explorari nequit, in intimis terræ penetralibus constitutus; Intra hanc enim Mare per immensa internorum scopulorum præcipitia devolutum ingentes fremitus fragoresque excitat, juxta paulò antè citata verba, *in voce Cataractarum tuarum.* Et hujusmodi Abyssos, quas nos Hydrophylacia vocamus, plurimas intra intima terræ montiumque viscera conclusas, quam amplissimè in dicto *Mundo Subterraneo* docuimus: quas *Abyssos* hoc loco omnes sub nomine Abyssi magnæ *Sacra Scriptura* comprehendit; Omnes enim Lectiones in Ruptura fontium *Abyssi magnæ* conveniunt, uti sequitur.

Hydrophylacia quid?

Lectiones omnes concordant.

נבקעו כל מעינות תהום רבה׃	Hebræa.
Ἐῤῥάγησαν πᾶσαι αἱ πηγαὶ τῆς ἀβύσσου.	Græca.
יתבזעו כל מבועי תהומא רבא.	Chaldaica.
انشقّت جميع عيون للبحور الكبير	Arabica.
ܐܬܦܬܚ ܟܠܗܘܢ ܡܒܘܥܐ ܕܬܗܘܡܐ ܪܒܐ	Syriaca.
Rupti sunt omnes fontes Abyssi Magnæ.	Latina.

Genes. 7. vers. 11.

Atque hujus *Abyssi Magnæ* cæterarumque particularium Abyssorum fontes ad *Diluvium* producendum ruptos esse memorat; quod uti solis naturæ viribus effici non potuit, ita quoque ruptura hæc non nisi omnipotentis Naturæ conditoris dextrâ effecta fuit; eo, quo imbecillitas nostra concipere potest, modo & ratione. Cum itaque magnam esse hujusmodi Abyssorum cum Oceano cæterísque Maribus communicationem, & corresponsum nos in *Mundo Subterraneo* ostenderimus, atque ex Oceano, virtute accessus & recessus, veluti Naturæ follibus per occultos Terrarum meatus, hujusmodi Abyssos in montium altissimorum Hydrophylacia ad fluminum lacuumque cursum conservandum perpetuò, stupendoque Naturæ opificio propellantur. DEUS *Diluvio* puniturus Mundum, habenis Abyssorum laxatis, tum per affluxum refluxumque Maris, tum per ventorum in Oceanum violentissima pressione, aquæ in Abyssis stabulantes jam contineri nesciæ per intimas terrestris substantiæ fibras, montiumque occultos canales sollicitatæ, quâ datâ portâ ruentes, ac instar fluminum per universæ Telluris rimas, foramina, fontiumque orificia cum impetu exoneratæ, brevi tempore universam Terræ superficiem inundarent. Atque hoc pacto sensum Scripturæ, circa hæc verba: *Rupti sunt fontes* Abyssi magnæ, id est, omnia interiora Terræ Hydrophylacia, quæ sunt veluti fontes quidam *Abyssi magnæ*, id est Oceani, intra viscera terræ, in fontes Hydrophylaciorum coacti, juxta illud Psal. 32. *Qui congregat sicuti in utre aquas Maris, ponens in thesauris suis Abyssos.* Hisce itaque hoc pacto expositis, jam quid per *Cataractas Cœli*, quæ in *Diluvio* apertæ dicuntur, intelligatur, pari modo & ratione exponamus.

Latina Lectio habet: *Et* Cataractæ Cœli *apertæ sunt.* Græca: καὶ αἱ καταῤῥάκται τοῦ οὐρανοῦ ἠνεῴχθησαν. Chaldæa, וכוי שמיא יתפתחו *Et fenestræ cæli apertæ sunt.*

R Cui

Cui consentit Arabica:

وطمْقانَ السَّما انفتِحوا ❋

Quæritur itaque, *quid per* Catarractas, *vel fenestras cœli intelligatur.*

Quid Catarracta, seu καταδύπη.

Catarracta, sive quod idem est, καταδύπα, nil aliud est, quàm integri alicujus fluminis prægrandis, per rupes in scopulosam vallem præcipitatio: hoc pacto *Authores* loca edita & prærupta, è quibus aquæ magno sonitu & fragore deorsùm ruunt, nomine Catarractarum vocare solent, cujusmodi sunt Catarractæ, sive καταδύπα Nili fluminis in finibus *Æthiopiæ.* Verùm cum vix sit Regio celsis montibus instructa, quæ non hujusmodi Catarractas exhibeat. Inter cætera *Italiæ* illa famosissima est in *Agro Reatino*, ubi *Velinus* fluvius per ingens præcipitium in *Naris* præruptam vallem sub forma arcus devolvitur, quam in *Mundo Subterraneo* cum iis, quæ *Tibure* visuntur Catadupis, descriptam reperies.

Quomodo Diluvii aquæ Catarractæ Cœli dicantur.

A similitudine itaque hujusmodi Catarractarum *Moses Catarractas Cœli à* Deo apertas esse dicit; hoc pacto, in media Aëris regione (ubi à *Meteorologis* Pluviæ, Grandines, Nives, & similia generari dicuntur, *Catarractæ cœli*, aut uti *Arabica*, & *Chaldaica Lectio* habet, fenestræ cœli non incongruè dicuntur) nubes immensa aquarum mole aggravantur, quibus discissis, utplurimùm in particulari aliqua regione valida inundatio sequitur: Undè & Germanica voce pulchrè sanè hujusmodi Catarractæ, *ein Wolkenbruch*, id est, ruptura nubium dicitur. In nostro verò *Diluvio*, ex vaporibus, tum ex vasto Oceano, tum ex Telluris universa superficie extractis, atque in altum elevatis, Deus universam aëriam regionem, quam & cœlum *Sacra Scriptura* vocat, immensa harum nubium conglomeratarum moles ambitum Orbis terrarum ita circumdedit, ut quemadmodum hæ nubes aquarum fœturâ erant gravidæ, ita quoque à Deo ruptæ & dissolutæ adeò invaluerunt, ut non guttatim, sed Catarractarum more, integra flumina continuata quadraginta dierum, totidemque noctium effusione evomere viderentur; undè mox tantus aquarum cumulus exortus fuit, ut intra breve tempus Mundum obruerit universum. Fontibus enim *Abyssi Magnæ* inferiùs, per totius Terreni globi canales, fissuras, poros, meatusque in omnem Terræ superficiem magno impetu exoneratis, superiùs verò per Catarractarum aëriarum aperturam, pluviis ad instar fluminum deorsum præcipitatis, accidit, ut hæ fontibus *Abyssi Magnæ* jam pariter effusis, junctæ, tale & inauditum aquarum incrementum effecerint, ut non universam duntaxat Terræ superficiem, sed & universos, qui sub cœlo sunt, montes, quindecim cubitis altiùs obtexerint: *Dominus enim*, uti Nahum Propheta ait, *in tempestate; in turbine viæ ejus; & nebulæ pulvis pedum ejus; increpat Mare, & exsiccat illud, & omnia flumina ad desertum deducit.* Quæ appositè sanè de aquis *Diluvii* dici queunt; tantam enim vaporum copiam extraxit, vaporesque fluminum lacuumque multitudinem in desertum aëriæ regionis locum deduxit, ut Mare quasi exsiccatum videretur.

Pluviæ è cœlo non guttatim sed veluti effusione fluminum in terram cœlo devolvebantur.

Undè luculenter patet, hoc *Diluvium* minimè solis naturæ viribus, sed solius Dei nutu in scelesti, & impii Mundi exterminationem accidisse. Quæ enim Naturæ vis tanta esse potest, ut inaccessos *Abyssi Magnæ* fontes aperiat? aquarum flumina sursùm per innumeras rupturas montium contra naturalem cursum ascendere faciat? aut quis derepente tantam vaporum nubiumque molem ex Terraquei globi superficie in mediam regionem aëris educat? Erat sanè, uti paulò post Geometrico ratiocinio demonstrabitur,

Diluvium viribus naturæ fieri non potuit.

tur, hoc aquarum incrementum, tantum, tamque grande, ut si aqueum, quo Orbis terrarum ambitur, elementum non superârit, saltem ipsi æquale fuerit. Valdè igitur hallucinantur; qui hujusmodi *Diluvium Noëticum* magnæ Siderum humidæ naturæ, Planetarumque in Aqueo Dodecamorio conjunctioni adscribunt. Certum est, hujusmodi Planetarum Syzygiam in efficiendis particularium Regionum inundationibus multum posse, sed quæ fontibus *Abyssi Magnæ* ruptis, *Cataractisque Cœli* apertis, continuâ aquarum mole, fluminum adinstar universam Terræ faciem, quadraginta diebus ac noctibus profundat; id sanè effectus naturalis siderum dici nec potest, nec debet, sed effectus D E I Excelsi, & omnipotentis dextrâ productus. Falluntur quoque omnes ii, qui puerili imaginatione delusi, censent, *Diluvium* ex supracœlestium aquarum descensu contigisse. Hi si scirent, hujusmodi aquæ ad descendendum, quantum temporis, tum propter inexplicabilem earundem à Terrestri globo distantiam, insumpturæ essent, tum propter diversos intermedios cœlos, quos transire debebant, & propter differentes qualitates illarum aquarum à nostris, utique insipientiam suam riderent; cum tanta sit eorum altitudo, ut si Adamantinus globus ex illa immensâ altitudine projiceretur, dico illum multorum annorum spatio cadentem, ad centrum terræ non perventurum. Quæ omnia ἀποδεικτικῶς, si opus esset, ostendere possemus, si id in 1. *lib. Mundi Subterranei* non præstitissemus, ut interim sileam aquarum hujusmodi descensum, quæ uti ad scindendum in lapsu, ob fluxilem naturam aptissimæ sunt, ita quoque, vel unius diei spatio, eas in minutissimas veluti roris cadentis guttulas, sectas discissasque, tandem evanescentes prorsus in ætheris substantiam, conversas fuisse, satis ille novit, qui acceleratam motuum rationem penitiùs expenderit. Lector curiosus, quæ de hoc argumento, tum in *Mundo Subterraneo,* tum in *Itinerario Extatico* quàm amplissimè adduximus, consulere non gravetur.

Diluvium fieri non potuit virtute influxus siderum, uti Astrologi somniant.

Diluvium non potuit augmentari ex supracœlestibus aquis, ut multi pueriliter opinantur.

Caput V.

De Aquis Diluvii quindecim cubitis supra omnes montes, qui in Universo sunt, sese extollentibus.

Antequam hujusmodi Argumentum prosequamur, satis mirari non possum, nonnullorum *Interpretum* temeritatem, ne dicam inscitiam, qui quod ipsi sibi imaginari non possunt, nec mente concipere, tanquam falsum, & veluti ἀδύνατον, non obstante *Sacrâ Scripturâ*, id expressis verbis testante, in dubium vocare non verecundentur. Quorum nonnulli contra apertam *Mosis* mentem, non omnes totius Orbis terrarum montes, sed minores tantummodò cooperuisse opinantur; Rationem hujus rei aliam non assignant, nisi quod nonnulli montes, uti *Olympus, Atho, Caucasus* adeò alti sint ut ibidem nec ventus, nec pluvia, ullo unquam tempore sentiantur, idque ex nonnullis maleseriatorum hominum figmentis, & malè fundatis relationibus de cinere sacrificiorum in *Olympo*, nec pluviis macerato, nec ventorum flatibus dissipato, confirmant; *Diluvium* itaque ex consequenti, illuc pervenire non potuisse, sentiunt; quasi verò inportentoso hujus *Diluvii* eventu, Divinæ manus in aquis altiùs elevandis ligatæ fuerint.

Dicere non omnes montes aquis tectos Sacræ Scripturæ repugnat.

Con-

Impugnatio perpetuaram sententium.

Contra hosce, veluti injustos Sacræ Scripturæ Censores, eorundem vanitatem apertè confutaturus insurgo. Dicunt itaque ii, ultra mediam regionem aëris *Diluvium* non ascendisse; Cur? quia ultra eam nullus pluviis, nivibus, grandinibus, imbribusque locus est: Sed quis illis hoc dictavit? aut ubi simile quid legerunt? An non altissimos sub cœlo montes perpetuis nubibus, nivibusque obtectos sensatâ & quotidianâ experientiâ spectamus? Quid enim nubes aliud sunt, quàm aqueus vapor; aut quid nives, nisi aqua ex frigore in candidos floccos condensata? cum itaque excelsissimi totius Orbis montes, ubique perpetua nive candentes spectentur, nives verò, & grando, uti diximus, pluvia in corpus solidum condensata sit, omnium opinione amens habebitur, qui pluvias illuc pervenire non potuisse, audaciùs assereret. Cum enim communi *Meteorologorum Mathematicorumque* calculo suprema mediæ aëriæ regionis portio vix quinquaginta milliaribus Italicis à terræ superficie distare censeatur; vix in Orbe quoque tantæ altitudinis mons reperiatur, qui ad altitudinem tertiæ regionis aëris pertingat; nubes autem eò pertingere, & consequenter pluvias ibidem generari posse, quis jam negabit?

Montes totius Orbis altissimi Andes sunt in America meridionali.

Si Montes *Europæ*, *Asiæ* & *Africæ* cum *Andibus Americæ meridionalis* altissimis totius Orbis terrarum montibus comparemus, illi sine dubio veluti viburna inter cypresfos esse reperientur; & tamen hi quemadmodum ex Patribus Nostris, qui hosce montes, ex Regno *Chile*, in Regnum *Paraquaiæ* profecturi transcenderunt, nivibus, vaporibus, nebulis confertos, experti sunt; hæc autem pluviarum ibidem dominantium indicium manifestum præbent. Quis hujusmodi montes extra omnem pluviarum regionem constitutos esse negabit? fassi tamen sunt, aërem ibidem serenitatis tempore adeò exilem, subtilemque

esse, ut spongiis vino generoso refertis opus sit, queis naribus admotis, respirationis Organum nonnihil reficiant; inveniri & ibidem hominum jumentorumque cadavera, nescio ob quam montium abditam qualitatem, prorsus incorrupta. Sed hæc de pluviarum in altissimis montibus, generatione sufficiant. Ad nostri igitur Argumenti filum progrediamur.

Quæri igitur non immeritò hoc loco posset, *quomodò aqua* Diluvii *quindecim cubitos super omnes Orbis Terrarum montes ascenderit?* Dico totum illud aërium spacium usque ad supremam regionem aëris, præpotentis D E I virtute, in aquas per inexplicabilem coacervatarum nubium multitudinem, quâ replebatur, conversum esse; cujus ubertas tanta fuit, ut aër supremus cum inferiori, in Oceanum commutatus videri potuerit, non naturæ viribus, sed illius, cujus voluntati, & imperio cuncta subsunt, ac proindè mirum non est, D E U M usque eò, id est; quindecim cubitos super omnes montes extulisse aquam, ne videlicet dici posset, nonnullos montes fuisse, qui ab omni aquarum offusione immunes, aliquos homines & animalia, quæ unà cum Mundo perdere constituerat, à *Diluvio* servaverint.

An naturali vi aqua in tantam altitudinem super omnes Montes ascenderit.

Sed antequam ulteriùs progrediamur, insigne hoc loco oboritur dubium de *Diluvio* quindecim cubitis super altissimos montium universæ Telluris vertices exaltato. Si enim quindecim cubitis supra dictos vertices, aquarum elevatio fuit, verisimile est, *Arcam* tantis aggravatam ponderibus non in extima aquarum superficie præcisè fluctuàsse, sed aliquo usque summersam fuisse. Si itaque *Arca* ex pondere aggravata quindecim cubitis submersa fuit; utique jam altissimi montis verticem tetigisse videtur; Si verò ultra quindecim cubitos ad 16. 18. 20. ut nonnulli volunt, submersam dicamus, jam haud dubiè illa in nonnullorum montium vertices, ventorum impetu,

Causa cur Deus Diluvium super omnes montes evexerit.

ARCA NOE. 133

Hugonis Victorini de submersa Arcæ intra aquas opinio.

impetu, & aquarum turbinibus agitata, non sine dissolutionis periculo illidere poterat; Quod periculum ut evitaret, *Hugo Victorinus* perperam duas solummodo mansiones in *Arca* ponit aquis immersas: *primò* Sentinam, quam stercorariam vocat, quatuor cubitorum altam, *deindè* Apothecæ mansionem, quam cibariam vocat, quinque cubitorum altam, quæ cum novem cubitorum altitudinem præbeant, novem tantùm cubitos aquis submersam esse dicit; atque hoc pacto Arcam ab illisione montium liberam fuisse putat.

Lyrani opinio.

Lyranus tredecim cubitis submersam censet, id est, ab altissimi montis vertice non nisi duobus cubitis dissitam. Delirasse præterea videtur *Lyranus*, cum dicit, Arcam quocunque tandem motam, semper super altissimorum montium catenas, id est per aquas, quæ quindecim tantùm cubitis verticeseorum excederet, fluctuasse; Et uti hoc rectæ rationis dictamini repugnat, ita quoque facilè eliditur.

Lyrani sententia absona.

Quasi verò omnes altissimi Telluris montes, cujusmodi ille montem *Ararat* esse putat, non nisi quindecim cubitis infra aquam demersi fuerint, cum unus tantùm in toto Orbe præ omnibus altissimus extiterit, supra quem aqua quindecim cubitis, juxta *Sacræ Genesis Textum* elata censeri debeat, cujusmodi montem *Ararat* non fuisse complures multò *Ararat* altiores, uti sunt *Caucasus, Athon, Taurus*, & cæteri, quos in *Præcedentibus* adduximus, sat testantur. Non igitur per catenas montium, aut ut ipse putat, supra altissimos vertices montium *Arcam* hæsisse, sed hinc indè supra camporum planities, supra vallium profunditates, & supra collium montiumque juga & vertices, tam excelsos quam humiles, prout à fluctibus agitabatur, nunc in hanc, nunc in illam partem motam incitatamque fuisse, ita ut nonnunquam quindecim cubitis, modo centum, aliquandò mille, aut etiam decem millibus passuum à loco, cui incumbebat, distiterit. Quid igitur *Lyrano* in mentem venerit, quod *Arcam* semper supra altissimorum montium vertices rectà promotam voluerit, non capio; forsan timuerit, ne fortè in crepidine montis alicubi hærens peracto *Diluvio* unà cum omnibus in ea contentis everteretur. Verum an non idem & in omnibus montium verticibus periculum occurrere poterat? quomodò enim *Arca* 300 cubitorum longa supra apicem montis consistere possit sine eversionis periculo, nemo concipit; Sed de hoc dubio *in sequentibus* fusiùs. Debebat *Lyranus* curam DEO relinquere, qui uti *Arcam* duxit, quo voluit, ita quoque eandem quiescere fecit, ubi voluit. Idem & alium errorem priore non minorem commisit, dum aquarum decrementum omni quatriduo uno cubito decrevisse opinatus est; sane perquam imperitè; si enim motus accelerationis notitiam habuisset, tale quid comminisci ausus non fuisset; sequeretur enim ingens inde absurdum, id est, 150. dierum spatio usque ad finem *Diluvii* aquam tantùm 37¼ cubitis diminutam fuisse; ut ex regula proportionum constat: si enim quatuor dies dant unum cubitum, 150 dies quid dabunt? operatione peractà prodeunt 37¼ cubiti. Cum verò nos *in sequentibus* ostendamus, ultimum terminum altitudinis *Diluvii* 40000. cubitorum fuisse, sequitur necessariò, singulis diebus non unum cubitum sed 266 +100 cubitis aquas decrescere debuisse. Accedit, quod non æquali proportione aqua decreverit, sed secundum proportionem motus accelerationis, de qua fusissimè Lib. 1. *Mundi Subterranei*, Tractatu *de Arte Cosmocentrica*, quam consule, egimus.

Decrementum aquæ decrevit juxta porportionem motus accelerationis.

Sed jam argumentum, quod assumpseramus prosequamur, id est, quomodò tam immensa aquarum copia supra omnes montium vertices elevari potuerit; & quanta istiusmodi altitudo esse debuerit, quantus aquarum

R 3 glo-

globus geometrico ratiocinio demonstremus.

Suppono itaque primò, juxta meliorum *Mathematicorum* calculum, ambitum globi Terraquei, in circumferentia sua

continere	milliaria	Germanica	5400
		Italica	21600
Diametrum ejus esse	milliaria	Germanica	1720
		Italica	6880
Semidiametrum	milliaria	Germanica	860
		Italica	3440
Convexam Globi Terraquei superficiem in milliaribus quadratis esse	milliaria	Germanica	9288000
		Italica	148608000
Soliditatem verò ejus in Cubicis milliaribus esse	milliar.	Germanica	2501560000
		Italica	170403840000

Hæc in cubitos resoluta, quorum 2000 unum milliare Italicum conficiunt, dabunt soliditatem in cubitis cubicis qui sunt cubiti cubici 24080⁻6800000000.

At hæc est Globi Terraquei, à centro Terræ usque ad ejus superficiem semidiameter continuatus.

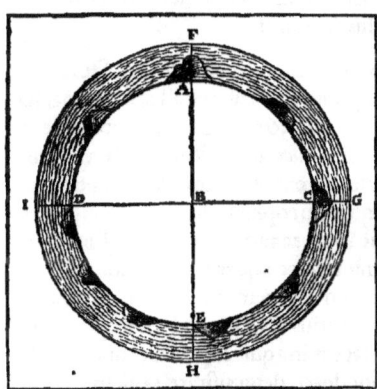

His positis, sit globus Terraqueus A. C. D. E. deinde annulus F A. I D. E H. & C G. sit annulus seu spatium ambiens globum Terræ, sive aquarum cumulus, qui in *Diluvio* supra omnem Terræ superficiem, montiumque altissimorum vertices 15. Cubitis sublimiùs fuit elevatus. Quæritur, *quantus fuerit aquarum istius annuli cumulus in milliaribus Germanicis?* Sit A B. semidiameter globi Terraquei, quam *paulò antè* determinavimus esse 860 seu 3440 Italicorum milliarium, sive cubitorum 688000. Sit deinde A E. spatium aërium, quo

aquæ *Diluvii*, ultra omnium montium vertices exaltatæ dicuntur. Sit præterea A. mons omnium, quæ sub cœlo reperiuntur, maximus, videlicet 10 milliarum Germanicorum, & 15 Cubitorum, quamvis vix in universa terræ superficie, majorem reperiri putem. Hisce ita positis jam aquarum *Diluvii* ultra Terræ superficiem exaltatarum quantitatem, in cubicis milliaribus Germanicis demonstremus.

Cum itaque ambitus Orbis Terræ juxta meliorum *Astronomorum* calculum sit 5400 milliarium Germanicorum, in quantum scilicet uni gradui cœlesti, 15 dicta milliaria correspondent. Semidiameter verò sit 860 milliarium Germ. à Terræ centro usque ad superficiem ejus, restantque spacium aquæ *Diluvii* 10 milliaribus Germanicis ultra omnium montium vertices exaltatæ : Si semidiametro terræ 860 junxeris 10 milliaria & 15 cubitos ; erit à centro Terræ usque ad supremam convexitatem aquarum *Diluvii* 870 milliarium Astronomicorum & 15 cubitorum, in altum ad 10 milliaria exaltatarum semidiameter B A F. congregata ex semediametro Terræ, & aquarum superficiem terræ excedentium altitudine ; hujus verò ambitum habebis in millia-

milliaribus Germanicis, si fiat ut 7. ad 22. ita 1740. ad aliud ; id est si integram diametrum 1740. per 22. multiplicaveris, prodibunt 38280 ; hæc per 7 divisa dant 5468 milliaria Germanica, est qui ambitus sphæræ aqueæ FIHG. Cujus convexam superficiem habebis, si circumferentiam FIHG jam inventam id est, 5468 in diametrum 1740. FBH duxeris, prodibunt enim 9514320, totius sphæræ convexitas; Iterum si tertiam partem convexitatis sphæræ, quæ est 3171440. in semidiametrum BAF, id est, in 870 duxeris, prodibunt 2759152800 soliditas totius sphæræ FIHG. in milliaribus Germanicis.

Ut itaque jam annulum aquarum FA. ID. EH. CG. id est, aquarum *Diluvii* ex terræ superficie super omnes montium vertices quindecim cubitis elevatarum quantitatem in Germanicis cubicis milliaribus habeas, subtrahe ADEC. sphæræ soliditatem à sphæra majori FIHG. & habebis quæsitum, juxta paradigma subjunctum.

 FIHG. 8277458400. Soliditas Sphæræ majoris in milliar.
 ADEC. 2662560000. German. cubicis, à quâ subtracta
  ――――――――― Sphæræ minoris globi terreni soliditas in mill. Germ.
  A.
 5614898400. Manet aquarum in *Diluvio* supra terram elevatarum quantitas in milliar. Germanicis cubicis, uti calculus A. monstrat.

Me explico : Si fieret cubus unius milliaris Germanici, cujus latus 4000

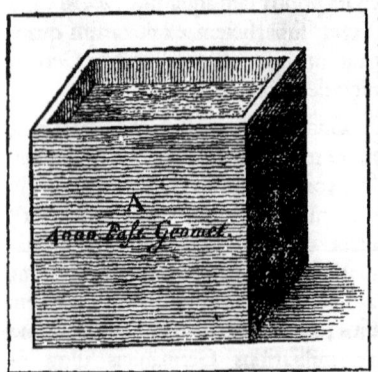

passus contineret, uti est cubus A. & ille repleretur aquâ ; Dico in toto illo annulari spacio FH. ID. EH. CG. quod aquarum *Diluvii* à superficie terræ, super omnes montium vertices elevatarum, aqueam circa Orbem Terræ aream exhibet) continere milliaria cubica aquea, uti *paulò antè* expositum fuit, cujusmodi A.cubus milliaris Germanici unus est) 5614898400. cubos aqueos.

Ex hisce deducitur, nulla vi naturalis potentiæ, tam inconceptibilem aquarum copiam, sed sola omnipotentis DEI manu, congestam fuisse. Si enim hunc aquarum cumulum ad calculum revocemus, certum est, ipsam vel totius Oceani, Mariumque quantitatem in aquis superare, quod facilè hoc loco demonstrare possem, si id aut necesse foret, aut ex dictis veritas Lectori, unum cum altero exactiùs comparanti, non constaret.

Concludo tandem, tantam fuisse *Diluvii* super omnium montium vertices exundantis magnitudinem, ut spatium illud, quod annulus ille aqueus occupat, non nisi supernaturali, & omnipotentis DEI, cui nil ἀδύνατον, virtute, miraculosa quadam aquarum multiplicatione impleri potuerit.

CA-

Caput VI.

Utrum apud Veteres Scriptores Gentiles, aliqua hujus Diluvii, *&* Arcæ Noëticæ *notitia habeatur.*

Video hoc argumentum sat controversum apud multos. Ut itaque lis, & discordia Scriptorum concordetur, nonnihil fusiùs eam exponendam censui. Mirari autem satis non possum, esse quorundam tantam in antiquitatum notitiâ ignorantiam, ut quod ipsi vel non legerunt, aut in evolvendis Veterum monumentis non reperêre, falsum omninò, & fictitium asserere non vereantur. Inter hos nonnulli fuerunt, qui de *Diluvio Noëmico,* aut de *Arca,* nihil in toto antiquitatis penu reperiri audaciùs asseverant; tales ut vel ipsâ ex tota antiquitate deprompta eruditione convincantur; primò de *Diluvii,* deinde de *Arcæ* apud veteres, vestigiis, rem D<small>E</small>o dante ita decidemus, ut imposterum nulli ampliùs dubium esse possit.

Noëtici itaque *Diluvii* apud complures veterum Ethnicorum, memoriam reperiri adeò firmatum est, ut sine contumacia negari non possit. *Berosus* primò, apud *Josephum,* sic scribit: *Fertur,* Beroso *teste, navigii hujus pars in Armenia apud Montem Gordæorum superesse, & quosdam bitumen indè abrasum secum deportare, quo vice amuleti, ejus loci homines uti solent.* Melon etiam apud *Eusebium* adversus Hebræos, hujus mentionem facit: κỳ τὸν Κατακλυσμὸν ἀπὸ τ͂ Ἀρμενίας ἀπελθεῖν τὸν ϖελειφθέντα ἄνθρωπον μ͂ τῶν υἱῶν ἐκ τῶν ἰδίων ἐξελαυνόμενον ὑπὸ τῶν ἐγχωρίων, διανύσαντα τε τὴν μεταξὺ χώραν ἐλθεῖν εἰς τὴν ὀρεινὴν τ͂ Συρίας τὴν ἔρημον. Id est, *Virum quendam, qui cum filiis suis Diluvium effugerat, ab Indigenis* Armeniâ *pulsum, atque ædibus, possessionibusque suis ejectum, intermediam Regionem, id est,* Mesopotamiam *transgressum, in desertos* Syriæ *montes secessisse.* Ubi expressè *Noë* cum filiis suis exprimi, quis non videt? etsi more Ethnicis solito, rebus Sacræ Scripturæ non congruis, intermistis. Aliquanto luculentiùs Historiam sacram exprimit *Abydenus,* pervetus Scriptor apud *Eusebium,* etsi uti assolent, variâ fabularum miscellâ contaminatam; Sysithrus, (ita enim vocat *Noëmum*) principatum deindè accepit, cui Saturnus magnam aquarum vim futuram significavit; Quare se servare cupiens, ad Armeniam navigio confugiebat: Καὶ Σείσιδρος ᾧ δὴ Κρόνος ϖεσημαίνει μ͂ ἔσεσθαι πλῆθος ὄμβρων, Δεσίε πέμπτῃ ἐπὶ δέκα κελεύει ᾗ πᾶν, ὅτι γραμμάτων ἦν ἐχόμενον ἐν Ἡλίε πόλει τῇ ἐν Συππαρίων ἀποκρύψε, &c. Sisydrus *in Regno successit, cui cum Saturnus imbrium vim maximam decimo quinto mensis* Desii *fore prædixisset, & quicquid literis comprehensum erat apud* Heliopolim Sypariorum *occultari, & is* D<small>EI</small> *mandatis obsecutus, continuò navigationem Armeniam versus instituit, in qua continuo Divinæ prædictionis eventu occupatur; Tertia autem die, postquam aquæ cessassent, aves emisit, ut per eas sciret, ubi terra esset, quæ cum omnia pelagi facie tegerentur, ad* Sisithrum *reversæ sunt; post aliquot dies similiter factum fuit; Tertiò emissæ, reversæ ad eum venerunt, pedibus limi sordibus infectis: Tunc Dii ab hominibus rapuerunt* Sisythron. *Navis autem adhuc invenitur in* Armenia, *cujus ligna remedium hominibus adversus multos morbos mirabiliter conferunt.* τὸ ᾗ πλοῖον ἐν Ἀρμενίῃ ϖεϊαπτα ξύλων ἀλεξιφάρμακα τοῖσιν ἐπιχωρίοισι παρείχετο. Quid hìc per Sisydron aliud, quàm *Noë* intelligitur, quem

---

Censentur ii, qui nil apud Antiquos de Arca Noë reperiri audacius asserunt.

Berosus.

Melon.

Abydenus apud Eusebium.

quem à motu navis in aquis, *Phœnicum* linguâ vocitatum fuisse reperio, & etymon nominis haud obscurè ostendit, reliqua Sacræ Historiæ *Mosis* partim congrua, partim incongrua sunt.

Nicolaus Damascenus.

Quin etiam Nicolaus Damascenus lib. 96. de Diluvio refert his verbis. *Est*, inquit, *super Regionem Miniarum ingens mons in Armenia, nomine Baris, in quo multos profugos Diluvii tempore servatos ferunt, & quendam Arcâ vectum in montis hujus vertice hæsisse, ac reliquias lignorum ejus longo tempore durâsse, qui forsan is fuit, de quo etiam Legislator Judæorum Moses scribit.* Hæc Damascenus.

Cyrillus Alexandrinus.

Cyrillus Alexandrinus lib. 1. contra Julianum, ad idem probandum, testimonium adfert *Alexandri polyhistoris, Ipse* Plato, inquit, *obscuram ejus Diluvii significationem dat, cum in* Timæo, *Sacerdotem quendam Ægyptium inducit ex sacris Ægyptiorum libris referentem* Siloni, *ante particularia Diluvia Græcis nota & celebrata, fuisse antiquitus maximam quandam aquarum inundationem, terræque vastitatem, quod quidem aliud non fuisse videtur, quàm* Noëmicum Diluvium.

Plutarchus.

Item Plutarchus in libro de solertia animalium, tradit *proditum esse ab iis, qui de* Deucalionis *Diluvio scripserunt Columbam missam ex* Arca *à* Deucalione *cum egressa esset, tempestatis; cum iterum avolans non revertisset, serenitatis fuisse indicium*; quod quidem non nisi ex Noëtico Diluvio desumptum fuit. Quæ ut paulò clariùs exponantur,

Duplex Diluvium apud Antiquos celebratum.

Notandum est, duo à veteribus memorari Diluvia, utrumque in *Græcia*; unum in *Attica Ogygium*, alterum in *Thessalia Deucalionis*. De *Ogygio* primo dicam. Contigit hoc *Ogygis* Regis *Atticæ* tempore, regnantibusque apud *Argivos Inacho* & *Phoroneo*, de quibus, si placet, lege *O Edipi* primum *Tomum*, ubi de hisce fusè disceptatum est; quo universa illa Regio ita aquis submersa, atque adeò vastata fuit, ut eam per 200. annos ferè incultam, inhabitatamque reliquerit; referunt autem *Hellenicus*, & *Philochorus, Annalium Atheniensium Scriptores* apud *Eusebium de præparat: Euangelica*, hoc *Diluvium* contigisse mille & viginti annis ante primam Olympiadem; cui non dissentiunt *Castor* & *Thallus Syriacæ historiæ Scriptores*; & *Diodorus Siculus*, qui Orbis historiam in Bibliothecas contulit, nec diversæ sententiæ fuisse putandus est Orosius, qui *Ogygium Diluvium* 1040. annis ante *Romam* conditam contigisse tradit: Roma, inquit, *siquidem condita fuit, 24 annis ante primam Olympiadem, qui annus proximè incidit in annum octavum Regis* Judæ, *id est*, 283. *annis post inceptam* Templi Salomonis *ædificationem, uti ex* Libro 3. & 4. Regum *patet. Fuit autem prima Olympias*, 763. *annis post egressum filiorum* Israël *ex* Ægypto; *siquidem ab eo egressu usque ad ædificationem Templi Salomonis lib.* 3. Reg. c. 6. *numerantur anni* 480. *Ex hisce concluditur*, Diluvium *præcessisse egressum* Israëlitarum *ex* Ægypto, *annis* 263, *& incidisse in annum ætatis* Jacob *Patriarchæ circiter nonagesimum*; ex hoc computu Orosiano non exiguus error nascitur, dum dicit *Romam* conditam ante 1. Olympiadem, 24 annis, cum tamen communis sententia teneat 7. Olymp. conditum fuisse; *hunc præcessit* Diluvium Noëticum *annis ferè* 540. Sed hæc de *Ogygio Diluvio* sufficiant.

Ogygium Diluvium quo anno mundi acciderit.

Sequitur modò *Diluvium Deucalionis*, quo nil apud *Veteres Poëtas* & *Historicos* celebrius est, quod & sub *Attica* Rege contigisse traditur. *Eusebius* ait, *Cecropem* 400 fermè annis Trojanum bellum antecessisse, & medio illo tempore inter *Cecropem*, & bellum Trojanum contigisse *Diluvium Deucalionis*. *Varro* apud S. Augustinum de civit: *Diluvium Deucalionis* sub Rege *Cranao*, qui *Cecropi* proximè successit; *Justinus* autem Historicus hoc *Diluvium* accidisse tradit sub Rege *Amphictyone*, qui tertius à *Cecrope* regnavit; cui consentit Orosius: *Anno*, inquit o*ctingentesimo decimo ante* Romam *Conditam*, Amphictyon Athenis *tertius à* Cecrope *regnavit*,

Diluvium Deucalionis.

gnavit, cujus temporibus aquarum illuvies majorem partem populorum Thessaliæ abſumpſit, paucis per refugia montium ſervatis, maximè in Monte Parnaſso, in cujus circuitu tunc Deucalion Regno potiebatur, qui ad ſe ratibus confugientes, ſuſceptos per gemina Parnaſſi juga fovit aluitque, à quo propterea genus humanum reparatum ferunt. ſic Oroſius. contigit autem Eufebio, jam citato teſte, Deucalionis Diluvium poſt Ogygianum, videlicet 230 annis poſterius circa annum ætatis Moſis, quinquageſimum, vel ut alii, ſexageſimum, aut ſeptuageſimum, poſt Noëticum Diluvium 770 annis. Plagas verò Ægypti contigiſſe ait, ante Romam conditam 805 annis; Deucalionis verò Diluvium 810. Hiſce jam deſcriptis, ad alia arcanioris notitiæ monumenta progrediamur.

Diluvium Deucalionis quo Mundi anno acciderit.

Utrum apud veteres notitia ſit de Arca Noë.

Veterum Scriptorum gentilium teſtimoniis de Diluvii, Arcæque Noëmicæ notitiâ, jam adductis, addam quædam veterum Numiſmata, ex quibus quàm luculentiſſimè dictorum veritas & certitudo demonſtrabitur. Tria maximè Numiſmata paulo infra allegandus recenſet Noëmicæ Navis ectypo ſignata; primum tenet Muſæum Magni Ducis Hetruriæ; alterum Cardinalis Ottobonus; Tertium, quod inter rariora ſua ſervat Excell.mus Princeps Auguſtinus Ghiſius; Quorum omnium luculentiſſimæ interpretationis, in Opuſculo reconditioris doctrinæ argumentis confertiſſimo (quod Diſſertatio de Nummo Apanienſi, Deucalionæi Diluvii typum exhibente inſcribitur) ſpecimen præbuit, non minus nobilitate quàm ingenio, morumque ſplendore illuſtriſſimus, Octavius Falconerius; ubi ſanè, quæ de hujuſmodi Numiſmatum expoſitione attulit, ita ingenio meo, & antehac conceptæ de vera hujuſmodi numiſmatis ſignificatione congruunt, ut unus alteri mentem ſuam ex æquo communicaſſe videatur, ut proindè Numiſmata hoc loco, ad noſtri inſtituti argumentum liquidius confirmandum, apponenda cenſuerim.

Hæc Numiſmatum ſchemata, Arcam Deucalionæam ſub figurâ Arcæ Noëmicæ olim adumbratam fuiſſe, luculenter demonſtrant. Primum Numiſma exhibet Philippi Cæſaris Auguſti ectypon ſub hac deſcriptione: ΑΥΤ. Κ. ΙΟΥΛ. ΦΙΛΙΠΠΟC. ΑΥΓ. id eſt, αὐτοκράτωρ ΚΑΙCΑΡ ΙΟΥΛΙΟC ΦΙΛΙΠΠΟC ΑΥΓ. Imperator Cæſar Julius Philippus Auguſtus. In ſecunda facie manifeſtè comparent Noëticæ navis, quam, quiſquis tandem hujus ſchematis author fuit, cum Deucalionis Arca, quâ Atticæ Diluvium effugit, confudit. Vides ibidem intra Arcam Deucalionem cum Pyrrha, vel quod idem eſt, Noë cum uxore ſua, quam alii Rheam, quidam Noriam dictam fuiſſe autumant; vides & ſupra Arcam columbas binas, & unam cum ramo, quem unguibus tenet, tecto Arcæ inſidentem, cum

inſcri-

ARCA NOE.

inscriptione: ΕΠ Μ. ΑΥΡ. ΑΛΕ-ΞΑΝΔΡΟΥ. Β. ΑΡΧΙ. ΑΠΑ-ΜΕΩΝ; id est, *M. Aurel. Alexandro II. Pontifice Apamensium.*

Alterum Numisma est *Julii Sept. Severi Pertinacis*; uti Inscriptio primæ faciei, & cum ejusdem effigie luculenter docet: ΑΥΤ. Κ. Λ. ΣΕΠΤ. ΣΕΟΥ-ΕΡΟΣ ΠΕΡΤΙ. id est, *Imperator Cæsar, Lucius Septimius Severus Pertinax.* Altera facies, paucis exceptis, ferè prorsus cum præcedenti Numismate in omnibus convenit, exceptâ inscriptione, quæ plurimùm differt; ut unum cum altero comparanti patebit. Viden' *Arcæ* figuram, *Deucalionem* cum *Pyrrha* uxore continentem; viden' columbas à *Deucalione Noëmorpho* extra *Arcam* dimissas, quarum prior volando redux cum ramo olivæ unguibus inserto: Inscriptio sic se habet: ΕΠΙΑΓΩΝΟΘΕΤΟΥ. ΑΡ-ΤΕ. ΜΑΓΝΗΤΩΝ ΑΠΑΜΕΩΝ; id est, *sub Agonotheta Artemidos Apamensium.* Putat hic doctissimus *Falconerius* per vocem ΑΡΤΕ, numerum significari istius anni, quo Nummus iste juxta *Fastos Apamensium* cusus est: Ego verò existimo, per vocem ΑΡΤΕ denotari *Artemidem*, id est *Dianam*, in cujus honorem apud *Apamenses* instituebantur *Agones, Pausania* teste, qui in *Eliacis suis Dianæ* mense *Elaphobolion* Ἐλαφηϐόλια gymnasmata instituta refert, idque multis aliis argumentis comprobare possem, si instituti mei ratio postularet. Quare jam ad propositum nobis thema continuandum progrediamur.

Meritò quis hoc loco mirari posset, quid *Cæsaribus*, quid *Apamensibus* cum *Arca Deucalionis*, aut *Noë* commercii esse possit. Quod ut pateat, paulò altiùs ordiri visum fuit. Inter complures hujus nominis *Apameas* urbes, duas potissimum celebres fuisse *Mesopotamiæ*, & *Syriæ*, quæ & colonia olim *Romanorum* fuit; quamvis alii *Bithyniæ Apameam Romanorum* coloniam fuisse velint. Prima olim dicta *Mesene*, eò quod inter duo flumina *Tigrim* & *Euphratem* media fuerit; ita Strabo apud Stephanum: Ἀπομαία πόλις, ἡ ἐν τῇ Μεσηνῶν γῇ τῷ Τίγριδι περιεχομένη, Apamea *Urbs est quæ Misene*, *Tigride circumdatur*. Altera *Syriæ*, civitas Ἀπομεία Συρίας πόλις ὑπὸ Ἀπάμης τῆς Σελεύκου μητρός. De cujus conditione, varia apud Authores lis est, quam vide apud suprà laudatum *Falconerium*. Quicquid sit, & *Mesopotamiam*, & *Syriam*, *Bithyniamque*, *Romanorum* Imperio subjectam fuisse, fusè docent *Antiquitatum Rom. Scriptores.* Notandum itaque est, hosce nummos vel in *Syria*, vel *Mesopotamia* à subditis in gratiam Cæsarum cusos fuisse. Quoniam verò dictus in Regionibus nihil erat *Diluvio Noëmico* celebrius, nil in populari sermone frequentius, utpote in quibus *Noë* natus, enutritusque fuerat, *Arcam* construxerat, humanum genus servârat, facilè contingere potuit, ut ob tam admirandos in *Diluvio* rerum eventus, per manus longa seculorum serie posteris traditas, quicquid de *Noëmo* admiratione dignum audierant, id *Deucalioni* in Græco, aut *Ogygio* Cataclysmo fabularum Architecti attribuerint; ut proinde plerique melioris notæ Scriptores *Deucalionem*, non alium quàm *Noëmum* indigitatum fuisse existiment; nec desunt ad id probandum authoritates. Primò enim *Deucalionem Japheti* filium fuisse, Apollonius lib. 3. asserit:

ἔνθα Προμηθεὺς
Ἰαπετιονίδης ἀγαθὸν τέκε Δευκαλίωνα.

His namque *Prometheus filius* Japeti *clarum edit* Deucalionem.

Secundò. *Berosus Noëmum Scytham* fuisse ait; Lucianus verò etiam *Deucalionem* l. *de Dea Syria* refert: οἱ μὲν ὦν πολλοὶ Δευκαλίωνα τὸν Σκύθεα, τὸ ἱερὸν εἴσασθαι λέγουσι, τοῦτον Δευκαλίωνα, ἐπὶ τοῦ, τὸ πολλὸν ὕδωρ ἐγένετο. Mul-

Multæ urbes sub Apamea nomine insignitæ.

Fama celebris apud posteros Syros & Mesopotamiæ populos de gestis studendis Noë, impulit indigenas ad cudendos hujusmodi nummos.

2.
Noë cum Deucaleon idem refertur.

ti sanè Scytham Deucalionem, *Sacellum hoc erexisse* inquiunt, *eum ipsummet Deucalionem, cujus tempore fuit inundatio*. Quæ additæ sunt ad vitandas hujus nominis æquivocationes; fuerunt enim multi *Deucaliones*, quorum origines vide apud *Comitem Natalem*.

3. Sub Noë & Deucalione magna hominum perversitas.

Tertiò. Fuisse, *Noë* tempore, ingentem hominum perversissimorum multitudinem *Sacræ Literæ* testantur. *Andro Tejus* pervetus scriptor, magnam sceleratorum hominum frequentiam *Deucalionis* tempore, cum frequentes essent ubique homines. Est enim ista consuetudo, ut cum difficiliùs in magna hominum multitudine vivatur, difficultas victus, & astutiores & pejores homines efficiat. Nam fames neque Deorum religionem, neque majestatem legum, neque authoritatem Principum veretur; quarè omnia scelerum genera per annonæ difficultatem oriuntur. Hinc nascitur, uti *Tejon* refert, Deorum indignatio & acerbitas bellorum, quam sequitur *Jovis* ira & furor ad exterminandam hominum perversitatem, per furias *Jovis* solio assistentes expressus. Est enim eadem civitatum, quæ corporum etiam singulorum hominum natura; ut cum multis malis hominibus tanquam noxiis humoribus repletæ fuerint, ita statuente providentia per ingentes calamitates famis, pestis, belli expurgantur; cum nihil humanum in summo vertice diu consistere possit, & proxima semper sit peccatorum eximiæ magnitudini Divina ultio.

4. Noë justus & perfectus. Idem Deucalion.

Quartò. *Noë* vir justus & perfectus in sua generatione fuit. Ovid. l. 1. idem de *Deucalione* canit:

— *Non illo melior nec amantior æqui*
Vir fuit, aut illâ (Pyrrha uxore ejus)
reverentior ulla Deorum.

5. Noë primus regnavit. Idem Deucalion.

Quintò. Apollonius de *Deucalione*: πρῶτος ἢ ἐ ἀνθρώπων ἐβασίλευσε, *primus mortalium regnavit*, quod idem tanquam humani generis instauratori *Noëmo* post *Diluvium* scitè adaptari potest.

Sexto. *Noë* Dei jussu instructus rerum omnium ad vitam tum hominum, tum animalium sustentandam necessariarum copiam, intra *Arcam* comportavit, idem de *Deucalionis Arca* recitat, quam & κιβωτὸν vocat *Lucianus in Timone*. *Andro Tejus* verò *Arcam* hanc λάρνακα appellat, unde *Parnassus* mons, quod illuc scapha illa primò appulerit, *Larnassus* anteà dictus, deinde mutatâ primâ literâ, *Parnassus* sit appellatus.

6.

Septimo. *Noë*, decrescente jam aquarum illuvie, columbam primò ad explorandum aquarum decrementum emisit, quæ cùm non reperiret, ubi requiesceret pes ejus, reversa est ad eum in *Arcam*, & posteà aliam emisit, quæ sub vesperum ad eum reversa fuit cum viridi olivæ ramo, quem ferebat. Hæc omnia *Deucalioni* adscribit Plutarchus in Libello de Industria animalium suprà citato: οἱ μὲν μυθολόγοι τῷ Δευκαλίωνι φασὶ περιστερὰν ἐκ τῆς λάρνακος ἀφιεμένην δήλωμα γίνεσθαι χειμῶνος μὲν εἴσω πάλιν ἐνδυομένην, αἰθίας δὲ ἀποπτᾶσα. Sanè qui fabulas narrant, ii *columbam ajunt ex Arca emissam Deucalioni certum indicium detulisse tempestatis, cum rursus ingrederetur; serenitati verò, cum avolâsset.* Quis hîc *Deucalionem* cum *Noë* passim confundi, non videt? ita sanè, ut vel ipsum *Noë* nomen in *Philippi* nummo *Arcæ* lateri inscriptum conspiciatur, nisi forsan, uti *Falconerius* conjicit, illæ ultimæ tres literæ, inverso ordine notent NOEMAPA, id est, ΑΠΑΜΕΩΝ. Sed cur reliquæ inscriptionis literæ, non inverso, sed recto ordine expressæ spectentur? Cur prima litera N. non pariter inversa N. cernitur? nihil igitur dubito, quin per hanc vocem NΩE, cujus nomine in ore hominum nihil in *Syria*, & *Mesopotamia*, quemadmodum in *præcedentibus* docuimus, erat frequentius, ubique à primævis istorum locorum hominibus ad posteros traducto, nativo nomine indigitaverint.

7. Columbæ emissio.

Plutarchus.

Octavo.

8. *Octavo.* Lucianus, si quis alius fabulo-
Lucianus. sum *Deucalionis* Cataclysmum ad *Noëmi*
exemplum expressit, Syntagmate de
Dea Syria:

Δευκαλίων δὲ μόνος ἀνθρώπων ἐλί-
πετο εἰς γενεὴν δευτέρην, δι' εὐλίης δὲ,
καὶ δι' εὐσεβέος εἵνεκα, ἡ δὲ τῆς σωτηρίης
ἥδε ἐγένετο. λάρνακα μεγάλην, τὴν
αὐτὸς εἶχε, ἐς ταύτην ἐσβιβάσας παῖ-
δάς τε καὶ γυναῖκας ἑαυτοῦ ἐσέβη,
ἐσβαίνοντι δέ οἱ ἀπίκοντο σύες καὶ ἵπποι,
κ) λεόντων γένεα, κ) ὄφιες, κ) ἄλλα,
ὁκόσα ἐν γῇ νέμονται πάντα ἐς ζεύγεα,
ὅ δὲ πάντα ἐδέκετο, καί μιν οὐκ ἐσίνοντο
ἀλλά σφισι μεγάλη διόθεν φιλίη
ἐγένετο, κ) ἐν μιῇ λάρνακι πάντες
ἔπλωσαν, ἔςε τὸ ὕδωρ ἐπεκράτεε.

Id est, *Deucalion autem solus hominum re-
lictus est, in secundam generationem, prudentiæ & pietatis causâ, servatus autem est
hoc pacto. Magnam quandam Arcam, quam
ipse habebat, liberis & uxore in eam impositis conscendit; Ingredientem secuti sunt Porci, Equi, Leones varii generis, & alia quæcunque pascuntur in terra, bina cuncta, quæ
omnia excepit, nec ipsum lædebant, sed magna inter eos divinitus erat concordia, unáque
in Arca omnes navigarunt, quamdiù aqua
superfuit.* Quis hîc non videt, hæc omnia

Omnia si- ex *Sacris Geneseos* libris de *Arca Noë*
gna, qui- deprompta fuisse? *Noë* siquidem in-
bus Noë
describi- gruente *Diluvio*, atque *Arcâ â* D e o in-
tur, docti clusus, solus ex hominibus cum suis re-
Deucalioni lictus fuit, in renascentis Mundi instau-
adscri-
bunt. rationem, eò quod ipse solus ob fidem,
& pietatem invenerit gratiam in conspectu Domini; qui & præcepit ei, ut
Arcam hanc magnam, in qua ad in ea
semen tam hominum, quàm animalium
conservandum construeret; liberis &
uxoribus illi unà impositis; juxta illud:
*Ingredereturu, & filii tui, & uxores filiorum
tuorum, & ex omnibus animantibus, quæ
vivunt super terram, bina ad te venient, ut
serveris tu, & filii, & uxores filiorum tuorum, unà cum animantibus.* Ut proinde
nulli ampliùs dubium esse debeat, quæ

de *Noëmo Sacra Scriptura* dicit, ea *Deucalioni* esse afficta: Quin & Plato expressis verbis ait: Τὸν ἐν Ἕλλησι μὲν
Δευκαλίωνα, Χαλδαῖοι δὲ Νῶε ἐπονο-
μάζουσι, ἐφ' οὗ τὸν μέγαν κατακλυσμὸν συνέβη γενέας. *Quem Græci Deucalionem, illum* Chaldæi Noë *nominant,
cujus ætate ingens illud Diluvium accidit;*
cui subscribit Theophilus Antiochenus *Theophilus*
in Libris ad Autolycon, Νῶε κατ' ἀγ- *Antiochenus.*
γέλων τοῖς ἀνθρώποις μέλλειν κατα-
κλυσμὸν ἔσεσθαι; καλεῖ ὑμᾶς ὁ Θεὸς
εἰς μετάνοιαν, διότι οἰκείως Δευκαλίων
ἐκλήθη. *Noë mortalibus Diluvium præ-
dixit, hortans: Venite,* D e u s *nos ad pœnitentiam vocat; inde propriè* ἀπὸ τοῦ *Deucalion*
καλεῖν, *id est, à vocando* Deucalion *à καλεῖν*
dictus fuit. Sed hæc jam de Numismatis expositione sufficiant. Restat modò,
ut quid binæ illæ figuræ *Arcam* in Numismatis præcedentes significent, pro
modulo nostro exponamus. *Falconerius*
hanc *Deucalionem*, & *Pyrrham* uxorem
ejus coniicit, qui ex *Themidis* Oraculo
magni parentis post tergum ossa ve-
ctant. Verùm ut hæc fabula penitiùs
elucescat, eam hîc ad meliorem Numismatum propositorum comprehensio-
nem, exponamus.

Itaque *Mythologus* fabulam refert *Fabula.*
hoc pacto: *Deucalion* cum jam post columbam emissam, neque ampliùs re-
deuntem comperisset, siccum jam alicubi esse Terræ solum, idque non longè abesse, eò cum scapha trajecit, quò
cum *Pyrrha* egressus *Themidis* Oraculum
quæ tunc responsa dabat, adiit sciscita-
turus, quo pacto, si ita *Diis* placeret,
humanum genus reparari possit, hoc
verborum tenore apud Ovid. lib. 1.
Metamorph.

Dic Themi, *quâ generis damnum repa-
rabile nostri*
*Arte sit, & mersis fer opem mitissima re-
bus.*
*Mota Dea est, sortemque dedit; disce-
dite Templo*

Et velate caput, cinctasque resolvite vestes
Ossaque post tergum magnæ jactate parentis.

Propositio fabulæ.

Sors itaque fuit, velato capite jactare post tergum ossa magnæ matris. Quibus diù cogitatis cum partim difficillimum cognitu id esse judicarent, locis omnibus limo obductis, partim etiam impium Deæ responsum videretur, si etiam mortuorum ossa, quæ ubinam essent locorum, nescirent, effodere & movere juberentur. At venit tandem in mentem *Deucalioni*, communem omnium matrem, & altricem esse Terram, cujus ossa dici non incongruè saxa ob duritiem possint; quæ pulchrè Ovidius citato loco explicat.

Obstupuére diù, rumpitque silentia voce
Pyrrha prior, jussisque Deæ parere recusat.
Detque sibi veniam, pavido rogat ore,
pavetque
Lædere jactatis maternis ossibus umbras.

Verum *Deucalion* cum resistentem vidisset *Pyrrham*; id mysterio non vacare, quod Dea jussisset, suspicatus, statim subjunxit, nodumque *Pyrrhæ* exposuit, hisce verbis:

Magna parens Terra est, lapides in corpore Terræ
Ossa reor dici; jacere hos post terga jubemur.

Quibus verbis, ex saxis homines instaurandos innuit: Græcis enim λαοὶ populi, & λαὸς Lapis quoque dicitur, uti ex sequenti patet.

Ἐκ ᾗ λίθων ἐφύοντο βροτοὶ λαοὶ ᾗ καλεῦνται.

Ex Saxis homines sunt nati, Laique vocantur.

Hanc fabulam *Juvenalis in Satyra* paucis versibus comprehendit; & *Arrianus l. 2. Rerum Bithynicarum*, quamque in suprà propositis Numismatis per duas illas figuras, quæ *Deucalionem* & *Pyrrham* notant, velato capite, brachiisque in cœlum sublatis *Arcæ* prodromas expressas vides. Quæ, ut dixi, *Juvenalis* paucis complexus, hoc pacto describit.

Ex quo Deucalion *nimbis tollentibus*
æquor
Navigio montem adscendit, sortesque
poposcit
Paulatimque animæ caluerunt mollia saxa
Et maribus nudas ostendit Pyrrha *puellas.*

Cæterum quæ *Arrianus lib. 2. Rerum Bithynicarum* de *Deucalionis* Ara Jovi liberatori in monte erecta, & de voragine quadam juxta Templum Jovis Olympii, in quam aquas *Diluvii* exoneratas fuisse, narrat, ac proinde annuâ sollennitate polentam cum melle, & farina triticea proiicere consueverint; vide *Alios* fusius tractantes. Quid verò, ex saxis homines natos intellexerint Mythologi, Dico, quod cum *Deucalion* vir esset bonus, justus & pius, qui obæquitatem, religionemque suam non solum *Promethei*, sive prudentiæ filius sit creditus sed etiam ab aquarum impetu, Deo protegente *Deucalion* & *Pyrrha*, omnibus nefariis in *Diluvio* perditis hominibus servatus fuit: Est enim initium sapientiæ timor Domini; undè & prudentiæ filius appellatus fuit; cum viros bonos, & justos omninò mergi non patiatur Deus, quos fluctuare quidem patitur, sed dat cum tentatione proventum. Verùm cum homines rudes, & religionis cultusque Divini nascerentur ignari, dicti sunt lapides, qui à *Deucalione* & *Pyrrha* ad meliorem vitam instructi in homines conversi videbantur. Habes hîc Tropologicam fabulæ expositionem.

Quomodo saxa homines dici possint.

Ex quibus jam ordine expositis, luculenter patet, veteres *Mythologos* pleraque de *Deucalionis Diluvio* & *Arca* ejusdem, de γιγαντομαχίᾳ, occasione Turris Babylonicæ, cæterasque fabulosas Poëtarum narrationes ex *Sacra Bibliorum historiâ* deprompsisse. Verùm cùm de hisce in nostro *Oedipo Ægyptiaco, primo & secundo Tomo*, uti & in *Obelisco Pamphilio*, per parallelam quandam comparationem, quàm uberrimè egerimus, eò Lectorem remittimus.

Pleraque fabularum figmenta ex SS. Literis extracta.

CA-

Caput VII.

HYDROSTATICUM

De pondere Arcæ, *& quantum illa intra aquas, tam hominum, quàm animalium, nec non commeatus onere aggravata subsederit.*

Cum omnes *Authores*, & hujus loci *Interpretes*, de subsidentia *Arcæ* intra aquas dissentiant, quibusdam eam quinque, nonnullis sex, aut septem, aliis octo, decem, aut etiam quindecim cubitis subsedisse existimantibus; verum cum hæc non nisi ex pondere *Arcæ* cum omnibus in ea contentis deprehendi possit, mearum partium esse censui, rei veritatem hydrostatica demonstratione, hoc loco manifestare. Supponimus itaque ex *L. Archimed.* περὶ τῶν ὀχυμβύων, id est, *de iis, quæ vehuntur in aquis.*

Figura III. Figura II. Figura I.

Propos. 1. *Omne corpus solidum materiæ ponderosioris, quàm aqua, necessariò ad fundum usque demergi uti* A.

Propos. 2. *Omne corpus solidum æquè grave ac aqua, cujus locum occupat, infra aquas datum locum servare ut* B.

Propos. 3. *Omne corpus solidum levius aquâ, cujus locum occupat, non omninò mergi, sed aliquousque extra aquam eminere,* Atque de hoc ultimo imposterum agendum erit.

Theor. Dico itaque corpus solidum materiæ levioris, quàm aqua cui innatat, ponderositate æquale esse tantæ aquæ moli, quanta sui parte demergitur. Quod ita demonstro.

Sit corpus solidum A B. quod materiam habeat leviorem aquâ B E, in quam immittitur; solidi autem superficies A B. pars in aquam immersa E B. Dico solidum A B. pondere æquari aquæ E B. quæ æqualis est parti in aquam C D demersæ.

Demon: In vase superficiario A B loco solidi corporis A B. substituitur aquæ copia tanta, quæ ipsum eadem altitudine, quâ prius in aquam immergat. Quibus positis aqua E B. contenta vase superficiario E B. solido corpori necessariò æquiponderabit; quia vas idem eadem altitudine immergunt. Ergo solidum corpus materiæ leviori, quàm aqua, in quam immittitur, æquiponderat tantæ aquæ moli, quantâ sui parte demergitur, *id est*, corpus solidum A B. ponderositate sua æquale est aquæ quæ contineretur in immersa solidi parte E B. Sed hoc paulò luculentius applicemus navi marinis aquis immersæ.

Sit

Sit navis ABCD. aquæ EF. immersa, cujus aquæ pes cubicus ponderet 70 libras, solidi verò coporis, sive navis pars aquæ immersa BIC. magnitudo sit 10000. pedum cubicorum: Quæritur quantum ponderis habeat tota navis ABICD. quæ illo vel continentur, vel innituntur; Sic age: Mul-

tiplica 10000 per 70. prodibunt 700000 libræ. Dico, quod universa navis ABICD. æquiponderat, juxta *Theorema* 4. aquæ æquali corpori BIC. *id est*, tanta aquea moles BIC. pendet 700000. libras; ergò tota navis ponderabit tantidem, quod erat demonstrandum.

Sit itaque *Arca* ABCD. 300 cubitorum longa; 30 alta, quæ, ut in præcedentibus ostendimus, in se ducta dabunt 15000 cubitos quadratos totius superficiei quam primum tabulatum *Arcæ* continet; 30. verò *Arcæ* altitudo in superficiem 15000. cubitorum quadratorum ducta, producet cubitos solidos seu cubos 450000. quibus tota habitabilis *Arcæ* capacitas expletur; restat hisce addenda sentina, quam quia in *præcedenti libro* 4. cubitorum altam posuimus, illa in superficiem tabulati 15000 cubitorum quadratorum ducta, id est, 4. in 15000 producet 60000 cuborum cubitalium: his adde tecti sub uno cubito consummati cubos cubitales, produces 300 cubitos cubicos. Verùm cum tectum *Arcæ* A. F. B. in EB. jussu DEI in cubito consummatum di-

ximus, erit capacitas basis tecti, non 300 cubitorum solidorum, sed 150. uti ex triangulorum dimensione patet, quæ juncta 60000 cubitorum solidorum, facient 60150. hæc addita ad 450000 faciunt 510150 totam, & universam *Arcæ* capacitatem in cubicis, sive solidis cubitis.

Ut

Ut modò habeatur pondus totius *Arcæ*, in pondere librarum, ita processimus; Cum itaque Palmus Romanus duodecim unciis constet, semipalmarem cubum ex ferreis laminis fieri curavimus, invenimusque eum quatuor unciarum pondus habuisse ex statera suspensum, deindè aqua ad summum usque eum replevimus, & lanci impositum 8 librarum pondus, invenimus; ut verò cognoscas, quot libras contineat cubus cubitalis, sive cubitus cubicus; ita age, cum cubitus æquivaleat tribus palmis Romanis, duc 3. in se, & habebis 9. quæ sunt quadrati palmi superficies, 9. iterum multiplicentur per 3. & habebis 27. cubos palmares, quibus unus cubitus solidus, seu cubicus constat. Rursus quia cubus palmaris aquâ repletus octo libras pendet, uti paulò antè dictum fuit, duc 8 in 27. habebisque 216 libras, tot enim libras vas cubicum cubitale continet, quæ diligenter serves.

Hisce jam clarè propositis, jam ad institutum nostrum revertamur, quod fuit: pondus totius *Arcæ* in libris, pro diversa *Arcæ* intra aquas submersione reperiri; & sicuti de ea summa apud *Interpretes* est controversia, aliis eam 5. 6. 8. cubitis, aliis 10. aut 12. nonnullis quoque 15. cubitis submersam existimantibus; ita nos summersionem à 5 cubito incipientes, ad 30 totius *Arcæ* altitudinis cubitos computavimus, ex quibus deindè quisque ex summersione *Arcæ* intra aquas opinioni suæ congrua, totius *Arcæ* pondus infallibili consequentia cognoscere possit: Ponamus autem primò, *Arcam* quinque cubitis intra aquas summersam fuisse; ut pondus reperias *Arcæ*, sic age:

1. Multiplica primò 15000 quæ est superficies fundi totius *Arcæ* in cubitis quadratis per 5. cubitos, quibus *Arca* summersa assumitur infra aquas, & prodibunt 75000. cubiti cubici, quibus junge 60150 aggregatum cubitorum ex sentinæ & tecti cubitis constitutum,

& provenient 135150. cubiti cubici, quibus expleretur spacium illud *Arcæ*, quod *Arca* 5. cubitos submersa occupat, & in figura signatur per literas C.D.S.T quod aqueum parallelopipedum tibi imaginaberis. Rursùs hoc spacium 135150 cuborum, si per 216 (tot enim libras unus cubus cubitalis continet) multiplices, provenient 29192400, tum aqueæ molis S. T. C. D. pondus in libris, & consequenter, tota *Arca* cum omnibus in ea contentis: juxta 3 & 4 *Theorema* totidem libras ponderabit.

2. Sit jam *Arca* summersa octo cubitos, ut pondus totius *Arcæ* comperias, sic age: Duc 8 in 15000 parallelogrammam totius *Arcæ* superficiem in cubitis quadratis, & provenient 120000. cubiti cubici, quibus si addideris aggregatum cuborum sentinæ & tecti *Arcæ*, 60150. prodibunt 180150 cubiti cubici, totius illius aquei spatii, quod *Arca* 8 cubitis submersa occupat: hos multiplica per 216 & provenient 38912400. pondus spatii P. Q. S. T. in libris; & quoniam tota *Arca* cum omnibus contentis, huic aqueo spatio, juxta 364. *Theorema* æquiponderat, erit & *Arcæ* pondus librarum 38912400.

3. Sit porrò *Arca* jam immersa 10 cubitis; ut scias pondus aquæ, cujus spacium *Arca* 10 cubitis submersa occupat, sic age: Duc, ut in præcedentibus 10 in 15000 superficiem fundi *Arcæ*, & prodibunt 150000; quibus junge aggregatum sentinæ & tecti 60150 provenient 210150 cuborum cubitalium, quibus constat spacium aqueum, cui *Arca* immergitur 10 cubitis, & signatur per literas V. X. S. T. hoc multiplica per 216 & provenient 45392400 totius *Arcæ* cum omnibus in ea contentis pondus librarum.

Haud aliter in cæteris procedes; ut si *Arca* 12. si 18. si 20. 25. aut 30. immersa fuisset, quantum pondus *Arcam*, cum omnibus in ea contentis

tentis habuisse comperias; & comperies quod, quantò pluribus cubitis *Arca* immersa fuerit, tantò pondus cum omnibus in ea contentis semper majus futurum; ita quidem ut si *Arca* ad 30 cubitis submersa fuisset, dico, *Arcam* quoque totaliter submersam fuisse, juxta *Theorema* 1 & 2. Sed ut hæc omnia propiùs intuearis, hîc totius Calculi Epilogismum apponam, ex quo, uno quasi ictu oculi, videbis, ex cubitis immersæ *Arcæ*, quantum ipsa cum omnibus in ea contentis ponderarit.

Epilogismus Calculi propositi.

Si *Arca* submersa fuit:
$\begin{Bmatrix} 5 \\ 8 \\ 10 \\ 12 \\ 15 \\ 18 \\ 20 \\ 25 \\ 30 \end{Bmatrix}$ Cubitis, Tum *Arca* pependit libras:
$\begin{Bmatrix} 29192400. \\ 38912400. \\ 45392400. \\ 49712400. \\ 61592400. \\ 71312400. \\ 77792400. \\ 93992400. \\ 110192400. \end{Bmatrix}$

Vides igitur, ex differenti pondere *Arcam* semper nonnihil extra aquas eminuisse, & tantò minùs, quantò altiùs fuit summersa, ita quidem, ut si ad 30 cubitos submersam ponamus, certum est ut illa ex æqualitate ponderis, cum aqua, cujus locum occupabat, totam summersam fuisse ex demonstratione pateat juxta *propos.* 1 & 2.

Caput VIII.

De Ministerio & Administratione Animalium quâ Noë cum filiis suis & uxoribus eorundem distinebatur in Arca.

Exacta Noëmi in administratione Arcæ cura & diligentia.

IN tanto rerum administrandarum à Deo *Noëmo* imposito munere fidelem Dei servum minimè otiosum fuisse cum filiis, nemo, qui tanti negotii monumentum rectè perpenderit facilè crediderit. Erat *Noëmo*, quemadmodum in 1 *libro* fusè ostendimus, à Deo totius animæ viventis œconomia commissa; erat posteri & renascentis mundi instaurator à Deo constitutus; erat jam à Deo in totius hujus machinæ ministerio rectè piéque obeundo, Divini Numinis inspiratione illuminatus, & perpetua Dei assistentia fultus; unde proculdubio ex summa in Deum fiducia, ex ardenti, quo Deum prosequebatur, amore, ex obligatione, qua in negotio omnium maximo ritè perficiendo tenebatur, minimè perfunctoriè, sed incredibili curâ, diligentiâ, & sollicitudine, nec non exquisiti ordinis ratione servata, munus sibi concreditum administrâsse, censere debemus. Sed jam, quomodò *Noë* cum suis in *Arca* se gesserit, quomodò omnes boni & fidelis œconomi partes exsolverit, & non tam quid reipsâ egerit, hoc enim scire non possumus, sed quid nostro, id est humano more virum prudentissimum agere potuisse, & debuisse conjicimus exponamus.

Primò itaque indubiè, inter filios uxorésque filiorum, tum animalium, tum commeatus administrationem eo studio distribuisse, credere fas est, ut in tanta rerum cura nullus defectus committeretur: Erat siquidem de quotidiano victu cunctorum tam quadrupedum, quàm volatilium, reptiliumque necessitati providendum de modo & ratione, quibus alimenta, ad ea congruè sustentanda distribuerentur, cogitandum; quibus ad singula singulorum stabula, & caveas comportandis summus & ordo, & temporis ratio requirebatur: Summo itaque diluculo, vero haud absimile est, eum coactâ suâ familiâ, primò eam ad Divini Numinis jussa omni studio & diligentia perficienda, ad patientiam in tot tantisque laboribus DEI causâ subeundis, ad fiduciam & spem in Divina assistentia concipiendam, exhortatum fuisse.

Adhortatio Noë ad filios qua ad fiduciam in DEO ponendam & patientiam in laboribus animabat.

Secundò; eum tanquam supremum rerum benè gerendarum præsidem, victum singulis tam quadrupedibus, quàm volatilibus appropriatum ex majoris Penuarii reconditoriis, suos depromi jussisse; & ne in tanta stabulorum multitudine, ex convenienti ciborum distributione error committeretur, singula stabula, illum nominibus ipsorum animalium propriis, uti & reconditoria *Magazini* correspondentibus signis, ad confusionem vitandam, prænotasse; hoc enim pacto administratores filii constitutum singulis animalibus cibum meridiano tempore sine errore distribuere poterant. Laboribus hisce finitis, eos pariter ad restauranda corpora, sic dictante Naturâ, prandium à fœminis interim præparatum, in communi cænaculo sumpsisse, arbitramur: Post prandium verò, quotidiana consilia, de *Arcæ* cura, de difficultatibus occurrentibus, similibusque inter se agitasse putamus: quibus omnibus solutis, novos adoriebantur labores. Primò enim obeuntes *Arcam*, ad explorandum, quomodò animalia quadrupedia, quomodò volatilia se gererent; quibus opus haberent; num aquæ sufficienti potu indigerent; num inter se

Commeatus, inter animalia distributio.

quietè viverent, observabant; cuncta verò animalia etiam ferocissima, *Noëmo* prætereunti, eo, quo poterant, modo, submissis cervicibus reverentiam obedientiamque, tanquam unico eorum conservatori præstitisse, quibus & ipsum quà voce, quà gestibus abblanditum fuisse, piè credere possumus. Quoniam verò animalia indies bis restaurari solent, credibile est, sub vesperum de victu novo, omnibus & singulis animalibus provisum fuisse, aquas ad potum comportatas fuisse, cura verò de volatilibus, fœminis relicta, in victu singulis speciebus proportionato, distribuendo, occupatis, & distentis: *Noëmo* interim, quantum carnivora animalia, carne, non carnivora verò, quanto fœno, paleis, avenâ, cæterisque cibariis frumentaceis indigerent, pro quotidiano alimento sub certa mensura præscribente, & ad stateræ leges determinante: quam mensuram deinde ex Penuario majori in Zootrophium inferius, partim per scalas in fine *Arcæ* positas deferebant, partim per clathratas cataractas in Zootrophium inferius dimittebant; partim denique per destinatas cataractas in superius Ornithotrophium pro volucribus, per trochleas in hunc finem adaptatas per funes trahebant. Duo hîc consideratione dignissima occurrunt. Primo animalium gubernandorum multitudo, & labor ingens, quo octo solummodo homines perpetuo occupabantur; qui sane tàm arduus, & excessivus fuit, ut nisi illi divinitus confortarentur, tot tantisque laboribus succumbere, necesse fuisset. Non finiebantur hîc labores, dum singulis hebdomadis stabula ab excrementorum colluvie, ne tot animalia, tum fœtore, tum propriis sordium cumulis putrefacta exanimarentur, ingenti labore, expurganda essent. Magnam itaque in emundanda *Arca* curam impensam fuisse, quis non videt? Quia verò undique & undique *Arca* clausâ, exitus non dabatur, illæ in sentinam, infimum

Erga Noëmum animalium reverentia & obedientia.

Mundatio Arcæ à sordibus & excrementis animalium.

Arcæ

Arcæ locum, qui, uti paulò antè oftendimus 60000 cuborum cubitalium capax erat, per cataractas in *Arca* expreſſas devolvebantur; & nè apertæ halitu ſuo *Arcæ* aërem inficerent, denuò poſt evolutionem ſordium arctè claudebantur. Quia verò perpetuus animalium halitus, ſtercorumque abundantia, tum lucernarum, queis diu noctuque continuò in caliginoſo carcere utebantur, effumatio *Arcæ* aërem mirum in modum condenſabant, ſpiraculis ratione dictante, opus erat, ut per ea, infecta halitibus aura nonnihil eventilaretur, & novus aër per eadem ad animantia, ne palpabili auræ corpulentia ſuffocarentur, recreanda, attraheretur. Non ignoro, de hiſce jam propoſitis *Sacrum Textum* prorſus ſilere, novi tamen etiam, DEUM præter ſubſtantialem *Arcæ* fabricam ipſi præſcriptam, multa in ea ad omnem uſum accommodanda, ingenio & induſtriæ *Noëmi* reliquiſſe, ſiquidem uti puro miraculo Divina providentia *Arcam* regi nolebat, ita quoque, quæ ad animalium conſervationem neceſſaria videbantur, *Noëmo* humanâ induſtriâ exequenda commiſit. Neceſſaria itaque erant ſpiracula, quæ uti in *Præcedentibus* eo artificio adaptata fuerunt, ut *Arcam* ab omni aquarum inſinuatione liberam & immunem redderent: Cum nemo concipere poſſit, quomòdo aliter unius anni decurſu, intra *Arcam* undique clauſam, in tanta aëris infecti depravatione & homines & animantia vitam tolerare potuerint; quam artificioſam ſpiraculorum hujuſmodi conſtitutionem ſine aquæ introëuntis metu, in *Præcedentibus* expoſitam reperies. Ne verò omne lumen tantoperè neceſſarium, ab *Arca* prorſus excluſum videretur, feneſtra opus erat; quæ non ex opaca quadam materia, ſed uti plerique ferè *Interpretes* ſentiunt, ex diaphana materia conſtabat, quin vel ipſe *Symmachi Textus*, loco feneſtræ expreſſè διαφανὲς habet, quaſi diceres, feneſtram diaphanam & pellucidam quæ lumen nonnullum præberet; quia verò unica feneſtra ad *Arcam* univerſam nonnihil illuminandam non ſufficiebat, veriſimile eſt, *Noëmum* ex eadem materia quaſdam laminas diaphanas in ultimis *Arcæ* lateribus, contabulationi ita inſeruiſſe, ut infimum animalium hoſpitium per eas aliquantulum illuminatum, animantia in illa horrenda tenebrarum caligine perpetuo commorantia, nonnulla lucis fruitione recrearet. Qui verò rejecto noſtro ratiocinio, animalia à DEO ſupernaturali modo, ſine lumine, ſine novæ auræ attractione, ſine cibo & potu, perperam, ne dicam inſipienter, conſervata fuiſſe cenſet, illum *Sacro Textui* apertè contradicere, luculenter patet; Si enim ſolo miraculo *Arcam*, atque in ea cuncta animalia conſervare voluiſſet, non opus erat, DEUM *Opt. Max.* tam exactâ menſurâ *Arcæ* fabricam, cum omnibus manſionibus, & nidis in ea contentis *Noëmo* præſcripſiſſe; poterat enim is in aliquo loco ab omni *Diluvio* immuni, ſine *Arca*, totum viventis animæ genus, ſolo voluntatis ſuæ nutu, conſervare: Non erat opus, *Noëmum* juſſu DEI intra *Arcam* omnia alimentorum genera, tum pro ſe, tum pro animantibus, ut vivere poſſent, congerere: poterat enim is ſine cibo, & potu id abſolutâ ſuâ potentiâ, præſtare. Cum itaque DEUS, humanâ induſtriâ *Arcam* conſervare ſibi complacuerit, certum eſt, *Noëmum* ex directione Divini Numinis eâ induſtriâ *Arcam* adminiſtraſſe, eo ingenio diſpoſuiſſe omnia, ut neque lumen ei, neque aëris recentioris affluxus deeſſet; quod niſi factum fuiſſet, animalia, non niſi miraculo, in tanta carceris obſcuritate, in tanta tamque inexhauſta fimi ſordiumque coacervatione vitam tolerare potuiſſe. Verum ne omne miraculum ab *Arca* excludamus, hanc Regulam ponimus, & dicimus: Quandocunque aliquid à *Noë* conficiendum à DEO præcipiebatur,

quod

quod vires Naturæ, humanumque ingenium longe excederet, tum DEUM quoque suâ omnipotentiâ humanæ potentiæ defectum supplevisse, uti in animalium in Arcam introducendorum congregatione patet; quod negotium uti viribus humanis longe erat superius, ita quoque DEUM cooperari necesse erat; si verò opus humanam potentiam non excederet, id quoque propriis ingenii viribus Noê conficiendum reliquisse, ut ex jam dictis patet, qui & Arcam ita accommodârat, ut & sufficiens lumen reciperet, & aurâ recentiori eventilatâ, sine ullo aquarum subintroeuntium metu, ad animæ viventis refocillationem, & salutem continuò perflaretur: poterat enim & in tecto, & in Arcæ extra aquam eminentis lateribus spiracula is eo artificio disponere, ut & aërem reciperet recentem, & aquam non admitterent, præsertim cum ab aqua suis librata ponderibus, nullum ab aquæ insinuatione periculum esset; sed hisce jam propositis, ad actiones Noëmi filiorumque revertamur.

Sub vesperum itaque animantibus jam de sufficienti pabulo proviso defessi in constitutam iis habitationem cœnaturi contendebant; ubi refecti post nonnullam confabulationem peractam, quieti se committebant; quod antequam fieret, Noêmus tanquam vigil Arcæ minister unà cum filiis suis lucernis instructi denuò Arcæ ambulacra ad cognoscendum, utrum omnia rectè cum animalibus gererentur, utrum portarum clausura sibi constaret, nec non præsentiâ suâ clamores tumultusque animalium coërceret, perambulabat. Atque hoc pacto, & juxta præscriptum laborum censum, & ordinem singulis totius anni diebus eum processisse, à veritate minimè abludit.

Caput IX.

De Mystico-allegorico-tropologica Arcæ Expositione.

Quemadmodum DEUS Optimus Maximus, quæcunque in Sacris Literis nobis per Mosen, Prophetas, & cætera Hagiographa, sub sacræ historiæ forma ad literam proposuit, ita quoque humanum intellectum, iis solummodò, veluti nudo cortici inhærere noluit, sed per ea veluti ἐν τῷ τύπῳ, & altioris contemplationis argumento, variis ænigmatis & allegoriis involuto, homines ad altiora Divinæ providentiæ Sacramenta perscrutanda, erigere constituit; quod vel maximè in hujus Noëmicæ Arcæ constructione luculenter apparet, quæ videlicet inter omnia Divinæ potentiæ monumenta & miracula præcipuam commendationem admirationemque habet. Quid enim opus erat, Noêmum tot annorum tempus in Arca construenda insumere? quid intererat, totum viventis naturæ genus, & speciem intra Arcam cogere? iis de nutrimento providere? nec non toto unius integri anni decursu, unà cum octo animabus perditi Mundi reliquiis durissimam incarcerationem sustinere? cum absque hac apparatûs magnitudine solo verbo suo FIAT, & Mundum perdere, & unà Noêmum cum sua familia, & universis animantibus ubi Divinæ providentiæ visum fuisset, conservare potuerit. Alia itaque sub admiranda hac Arcæ fabrica latent Mysteria, ut videlicet per visibilia hæc, quæ facta sunt, in invisibilium contemplationem raperemur; quod ut paulò luculentiùs exponatur, sit

Omnia in Sacris Literis mystica sunt.

Ἐπιχήρημα I. *Physiologicum.*

Quemadmodum itaque ob solum hominem Divina sapientia universi Mundi compagem, & quæcunque ejus ambitu continentur, condidit, ita quoque hominem quoddam veluti Mundi majoris compendium, quem *Græci* μικρόκοσμον vocant, χ ⁀ τὴν ἀναλογίαν, ita condidit, ut nil in illo, quod non in hoc quoque sub constituta quadam proportionis adumbratione contineretur; per utrumque verò altioris dispositionis finem ultimum, qui est intellectualis, & invisibilis *Mundi Archetypi*, cum æternæ felicitatis gloria fruitio, homo tandem unicè ad hoc destinatus bearetur; Quomodò verò id per *Arcam* expresserit, videamus.

Proportio Arcæ partium ad invicem.

Diximus in *primo lib. Arcæ*, fabricam humani corporis exactà quadam proportionis lege correspondere; siquidem ad longitudinem *Arcæ* trecentorum cubitorum sextupla fuit latitudo ejus, 50. cubitorum; consimili ratione humani corporis longitudo, à vertice usque ad plantam sexies tantùm habet, quantum latitudo à latere ad alterum latus, & decies tantum, quantum altitudo cujus altitudinis mensura est in latere à dorso ad ventrem; ita ut mensura hominis jacentis & supini, quoad longitudinem se habeat, ad latitudinem, ut 50. ad 300, sub proportione sextupla, & crassities corporis à dorso ad ventrem sit in decupla proportione, ut 10 ad 30. Quæ omnia non minùs congruè, quàm pereleganter exponit S. Ambros. de Arca: Arcam, inquit, *si quis impensiùs considerat, inveniet in ejus descriptione humani corporis figuram exactè descriptam.* Fac, *inquit* Deus, *tibi Arcam de lignis levigatis, in Græco est, ἐκ τῶν ξύλων τετραγώνων; quadratum appellamus, quod suis omnibus partibus consistat, & conveniat sibi. Porrò sicuti lignea* Arca *trinam dimensionem habet, siquidem,* Deus *300 cu-*

bitorum longitudinem, latitudinem 50. & 30 altitudinem servandam esse præscripsit, ita & in nostro corpore summa, media & minima distantia est, secundum longitudinem summa, media secundum latitudinem, minima secundum altitudinem, totum tamen corpus contentum ex singulis membris, quadratum videtur. Nidos facias in Arca. *Quæ quid significent, exponam. Est corpus nostrum ad instar nidi constructum, ut spiritus vitalis omnes partes viscerum penetret, atque sese diffundat per artus singulos. Nidi quidam sunt oculi, quibus sese visibilium rerum species insinuant: Nidi sunt nostrarum sinus aurium, per quos acusticæ sonorum species ingeruntur: Nidus est narium, quibus odoriferarum rerum halitus se infundunt; Nidus est hiatus oris, in quem nutritiva ciborum condimenta suscipiuntur; Nidus est cerebrum, cogitationis & sapientiæ receptaculum; Nidus est pulmo aëris, quo vivimus alimurque: Nidus spiritus & sanguis est; ossium nidus medulla est, & cætera*, quæ quam fusissimè deducit Divus Ambrosius. Sed quoniam hanc analogiam corporis humani in *primo Libro* fusè deduximus, ad eum, Lectorem remitto.

Nidorum in Arca ad membra comparatio.

Ἐπιχήρημα II. *Mystico-allegoricum.*

Primo itaque χ ⁀ τὴν ἀλληγορίαν, per *Noë*, virum justum & perfectum, expressus fuit *Christus* θεάνθρωπος: Nomen enim *Noë* נח, *Requiem* significat, juxta illud 70 Interpretum: *Ipse requiescere nos faciet ab operibus, & laboribus manuum nostrarum in terra, cui maledixit Dominus.* An non hæc aptè *Christo* conveniunt, juxta illud Isaiæ: *Requiescet super eum Spiritus Domini, Spiritus Sapientiæ & intellectus, Spiritus consilii & fortitudinis, Spiritus scientiæ, & pietatis &c. Christus* itaque requies nostra est, juxta quod ipse dicit. *Tollite jugum meum supra vos, & discite à me, quia mitis sum, & humilis corde, & invenietis requiem animabus vestris.* Non itaque *Lamech* sine Divino quodam instinctu filium suum *Noë*, id est, *Requiem* vocavit, cum de *Noëmo* non

Comparatio Christi cum Noë.

ARCA NOE.

non nisi laboribus doloribusque ob Divinam iram & indignationem, quâ mundum perdere constituit, tantum non oppresso, hæc minime congruere videbantur. Totâ igitur hâc nominis etymologiâ *Christus* exprimitur, vera *Requies* & consolatio nostra, qui unica extitit peccatorum nostrorum remissio, quam nobis per Baptismatis gratiam contulit, & cujus veluti typus quidam illud *Noëmicum Diluvium* erat. Nam uti in illo immanibus peccatorum sceleribus contaminata terræ facies periit, ita in hoc misericordiâ *Christi*, peccatis delictisque remissis, ab æternæ mortis pœna liberati sumus. Duplicem itaque *Noë* noster *requiem* nobis præstitit; una ab operibus manuum nostrarum, *id est*, à peccatis, ne conscientiam nostram perturbarent, inquietarent atque divexarent: Alteram, ab ærumnis & miseriis, quibus ob peccata juste subjecti sumus in terra, cui maledixit Dominus, juxta illud Job: *Homo natus de muliere, brevi vivens tempore, multis repletur miseriis, &c.* à quibus ne quidem Sancti DEI homines exempti sunt; verùm cum hujusmodi miseriarum afflictionibus, quibus omnes DEI permissione subduntur, animo non dejiciantur, sed spe firmâ ad æternæ felicitatis gloriam consequendam erigantur juxta illud Divi Pauli: *Leve tribulationis nostræ opus supra modum magnum gloriæ pondus operatur in nobis*; quin vel ipsis malis plurimam ad incrementa virtutum, amplissimamque meritorum præmiorumque materiam conducentibus.

Lignum Arcæ comparatur cum ligno crucis.

Quemadmodum rursus per unum *Noë* totius humani generis reliquiæ per lignum conservatæ fuerunt, sic *Christus* per salutiferum crucis signum, & sacratissimam passionem suam à morte perpetua, humani generis massam peccatis perditam redemit. Quis nescit *Diluvium* peccatorum ante *Christum*? quo totus Terrarum Orbis infidelitatis labe, horrendisque sceleribus contaminatus;

quod tamen adventu Servatoris ità diminutum fuit, ut plures tamen peccatores sacrosancta *Christi* doctrina ad DEUM conversi horrendo in hoc infidelitatis Oceano immersi salutem consecuti fuerint, quam in *Noëmico*, quo, præter octo animarum exemptionem omnes perirent ad ipsorum destructionem & interitum.

Porrò dixit DEUS ad *Noë*: Fac tibi *Arcam*, quamnam aliam putaveris hanc *Arcam* fuisse, nisi *Ecclesiam* DEI? quæ uti ex lignis firmissimis, id est, ex omnibus gentium nationibus in æternum victuris compaginata fuit, ita quoque ei mensuras, unicuique congruas addidit, cælestibus Sacramentis consertas; unde Paulus dicit; DEUM *dedisse quidem quosdam Apostolos, Prophetas & Euangelistas, Pastores Doctoresque ad consummationem Sanctorum, in ædificationem corporis* Christi. Quæ *Ecclesia*, non ut *Arca Noëmica* centum annis sed à primis Mundi incunabulis cœpta est usque ad ultimam Mundi consummationem duratura. Præterea *Arca* ingentibus fluctuum turbinibus, in vasto illo aquarum Oceano agitabatur; *Ecclesia* verò DEI quantis nullo non tempore persecutionum fluctibus sit agitata, plena sunt *Ecclesiasticæ Historiæ monumenta*; sicuti tamen *Arca* illa singulari DEI præsidio, ab omnibus ventorum pluviarumque turbinibus immunis semper, libera & invicta perstitit; ita sacrosancta *Ecclesia* juxta *Christi* dictum, *& portæ inferi non prævalebunt adversus eam*. Rursus *Arca* non ex una, sed ex multis lignorum generibus bitumine conjunctis exstructa fuit; sic *Ecclesia* ex multis hominibus cujuscumque tandem conditionis, vinculo charitatis in unione fidei conglutinatis constituta fuit.

Comparatio Ecclesiæ Christi cum Arca.

Erant autem ligna, ex quibus *Arca* constructa fuit, secundùm quosdam, cedrina, ab omni corruptionis labe immunia, secundum *Vulgatam Editionem*; levigata, secundum 70 *Interpretum Editio-*

Lignorum varietas in Arca comparatur cum diversis statibus hominum in Ecclesia. tionem; quadrata, quæ, quam aptè Ecclesiæ Dei congruant, exponamus. Inveniuntur in *Ecclesia* homines incorrupti à peccatis, & Deo semper viventes; reperiuntur & fortes ad ferendas injurias, & ad omnia quæcunque adversa ingruerint, toleranda, animositate & constantia invicti; sunt & in ea homines levigati, *id est*, non asperi, non acerbi, non intractabiles, sed mansuetudine, affabilitate, & humilitate illustres, quibus insunt viscera charitatis. Quadrata in *Ecclesia* ligna sunt Sancti Doctores & Magistri *Ecclesiæ*, qui totius *Arcæ* pondus, ut nulla vacillet ex parte, sed quocunque se verterit, fida & solida stabilitate consistat, sustentant; dum hi fideles tam intra eam documentis salutis, verbo commonitionis, & doctrinæ vigore, & gratiâ instruunt, & consolantur, quàm extra eam, infidelibus eam impugnantibus, & quæstionum fluctus, ac disputationum procellas commoventibus, virtute verborum, sapientia, & rationum efficaciâ obsistunt, errores elidunt, & navim *Christi* protegentes in tranquillum securitatis statum conducunt.

Arcæ tres contignationes quibus comparentur. Erat *Arca* tripertita in infimam, mediam, & supremam contignationem, nec non in varias contignationes, & nidos divisa; ita *Ecclesia* Dei utriusque sexus homines, uti in *Arca*, sub triplici, seculari, Ecclesiastico & Monastico statu, per unionem fidei colligati, & baptismo abluti perfectè *Arcæ* tristega exprimunt, in qua varii diversorum ordinum status sunt: alii siquidem juxta rectum rationis dictamen viventes, non duntaxat ad semetipsos regendos apti, sed & ad alios gubernandos, ac salutiferâ *Christi* doctrinâ instruendos perquàm idonei sunt; atque hi in suprema *Arcæ* regione cum *Noëmo* habitare censentur, ab omni terrenarum rerum curâ sejuncti *Deo* unicè vacantes; verùm cum in *Ecclesia* boni malis permixti contineantur, illi, uti dixi, in sublimitate *Arcæ*, hi in Zootrophio, seu in infimo *Arcæ* fundo cum brutis, & feris consociari videntur, eò quod mundanarum rerum concupiscentiis, & carnis illecebris involuti, Divinorum sacramentorum pabulo neglecto, more brutorum vivant; quæ omnis generis animalibus, tam mundis, quàm immundis exprimuntur. Sunt in *Ecclesia* homines, qui ferocitate Leones, Lupos rapacitate, calliditate Vulpes, luxuriâ Porcos, irâ Canes, exhibent; Sunt quoque, qui mansuetudine Oves, Elephantes religione, castitate Turtures, Gallos vigilantiâ, Aquilas contemplationis sublimitate, exprimunt, qui tamen omnes per Sacramentorum participationem, gratiâ Divinâ cooperante, ad *Christum* verum *Noë Ecclesiæ* mysticæ *Arcæ* navarchum pertingunt, ab eo foventur & nutriuntur in spem vitæ æternæ. In *Arcam* introducta legimus bina ex immundis, ex mundis septena; per hæc septiformis *Spiritus Sancti* gratia, quam Deus *Ecclesiæ* præstat, signatur; per illa binario numero notata intelliguntur ii, qui recedunt ab unitate pacis, & ad schismata faciles, &, ad discordias dissidiaque movenda procliues sunt. Erat in *Arca* **Ciborum in Arca comparatio cum Ecclesiæ commeatu.** penuario ingens omnium ciborum commeatus, ad nutrimentum tum hominum, tum animalium, quibus ali possent; non secus *Ecclesia* maximam continet spiritualium bonorum abundantiam, quibus nutriri possunt, præbetque cibaria tam bonis, quàm malis; bonis quidem coelestium bonorum promissiones, malis verò æternorum suppliciorum comminationes. Nec verò *Noë* tantum *Arcam* extruxit, sed in eam ipse ingressus, in ea cum suis permansit; ita *Christus* non tantum uti Deus *Ecclesiam* condidit, sed etiam ut homo in ea conversatus est, & in ea manebit omnibus diebus usque ad consummationem seculi. Unum denique in *Arca* **Ostium Arcæ quid indicet.** ostium fuit, per quod, quicunque non ingrediebantur, *Diluvio* periere: *Ecclesia*

sia unum pariter ostium, qui *Christus* est, habet, quicunque per id non ingrediuntur, egrediuntur, illos æternæ felicitatis naufragium pati necesse est. Innumera hoc loco circa analogiam *Arcæ* cum *Ecclesia* dici potuerunt, sed hic multis pauca sufficiant.

Ἐπιχείρημα III. *Tropologicum.*

Documenta salutis.

Quicunque crescentibus Mundi malis, & inundantibus peccatorum scelerumque tempestatibus, à rerum caducarum fluxarumque cura, averterit animum, verbum DEI corde suo arctissimè conclusum habuerit, præcepta cœlestia custodierit; is intra cor suum verè *Arcam* salutis æternæ ædificaverit, ab omni ventorum *Diluviorumque* turbine liberam & immunem: is dico longitudinem, latitudinem, altitudinemque in eo, videlicet, fidem, Spem, Charitatem in se disposuerit. Fide quidem S. S. Triadis, ad longitudinem vitæ, immortalitatemque descendit, altitudine spei vivæ ad cœlestium bonorum felicitatem aspirat, & in terris ambulans, in cœlestibus mansionibus suam habet conversationem, summam verò actuum suorum refert ad unum, qui est DEUS Opt. Max. summum, æternum, infinitum, & incommutabile bonum, spes omnium finium terræ. Novit enim omnes quidem currere, sed unum solummodò accipere bravium, is nempè, qui cogitationum turbulentarum, & mentis inconstantiâ, & instabilitate non fuerit impeditus: Ideò *Arcam* suam non ex agrestibus & impolitis, sed ex quadratis, & ad omnem justitiæ normam, & amussim directis construit lignis, id est, ex Propheticis, Euangelicisque voluminibus, ex quibus solis nobis spes patet ad vitam æternam; & tales sunt, qui diversis tentationum machinis dolati, recisis omnium vitiorum ramis, vitam transigunt quadratam, & ex omni parte libratam; atque hoc pacto diversos virtutum, profectusque spiritualis nidos in *Arca* cordis sui collocant; intus & foris per bonorum operum executionem, dum fidem corde gerunt, ore confessionem proferunt, bitumine illinunt. Quæ quidem pulchrè confirmat Hugo Victorinus in Genesin: *Anima nostra*, inquit, *est veluti* Arca Noë, *in qua salvari debemus, & in ipsam intrantes, & in ipsa manentes, sicuti scriptum est, Redite prævaricatores ad cor; hujus Arcæ longitudo fides est, quæ credit omnia, quæ fecit* DEUS *ab initio seculi, vel facturus est usque ad finem ejus per se, vel per Angelos, vel per homines; Altitudo spes est, quâ erigitur ad ea bona, quæ in Cœlis sunt speranda, præparataque diligentibus* DEUM: *Latitudo Charitas est, quæ extenditur ad Septentrionalem plagam, per dilectionem inimicorum, & ad plagam Australem, per dilectionem amicorum. In hac Arca est Noë, id est, intellectus rationalis, & sensus spiritualis, & quæ ex hisce nascuntur, recta consilia, justa desideria, piæque vota tanquam filii, & cognati Noë: Animalia opera sunt, quæ circa res terrenas efficiuntur; Volucres sunt cogitationes in rebus excelsis & cælestibus versantes; Inundatio aquarum, impetus est tentationum: Montes Armeniæ, in quibus Arca requievit, Quies est in Divinarum rerum contemplatione; Corvus emissus & non reversus, significat falsos Christianos, qui, dum aliquandò ad exteriora necessitatis causâ mittuntur, rerum sensibilium illiciis ita detineantur, ut reditûs immemores, corruptibilium rerum voluptatibus submersi, salutis æternæ naufragium tandem patiantur. Columba verò extra Arcam missa, sed ad eam mox redux, bonos Christi servos significat, qui dum pro utilitate proximorum ad exteriora procedunt, nullamque foris requiem reperiunt, revertuntur; qui verò foris operibus misericordiæ se se totos impenderunt, cum ramo olivæ reduces, veluti bonorum operum fructu intra Arcam cordis recepto, gaudiis delicientur æternis: siquidem anima nostra, Arca quædam est, Arcæ divinitatis quàm simillima, utique*

Corvus qui dē

Columbæ emissio quid?

ad

ad imaginem & similitudinem ejus condita, eo quod, sicuti in mente DEI rerum omnium conditarum causæ æternùm omnisque mutabilitatis, temporumque distinctionis expertes, veluti in Archetypo & Exemplari substantialiter subsistunt; sic & in mente nostra, præterita, præsentia & futura per cogitationem simul existunt. Quicunque igitur per assiduæ meditationis studium cœperit inhabitare Arcam cordis sui, is quodammodò extra tempus constitutus, mundoque mortuus soli DEO vixerit; hoc enim statu, quicquid adversante nobis fortuna extra Arcam contrarium experimur, id nulla difficultate contemnimus, cum ibi sit fixum cor nostrum, ubi id mutabilitati non subiicitur; ubi nec præterita curamus, neque occupamur præsentibus, neque terremur futuris, neque in hac vita cupimus prospera, neque formidamus adversa. Hæc si egerimus, Arcam nobis in corde nostro ædificabimus, iis ex lignis, quæ in aquam intromissa, sine summersionis periculo natant, in igne posita ardent, quia hujusmodi affectus cogitationum, uti carnalium voluptatum fluxus deorsum non premit, ita Charitatis flamma incendit. Porrò bituminabis Arcam tuam interiùs, & exteriùs; Exteriùs, si humilitatis, & mansuetudinis linimentum in omni occurenti occasione animæ exhibeas; Interiùs, ut charitatem non omittas; nemo enim in conscientiæ suæ Arca suaviter, & quietè vixerit, si is malos extra per mansuetudinem non studuerit tolerare, & intus didicerit per Charitatem non odisse.

Rursus 300. cubitorum longitudo Arcæ præsens seculum ab initio usque ad finem per tres temporis differentias, præteriti, præsentis, & futuri variatam significat; quicunque igitur mente sua ab exordio Mundi, usque ad finem ejus reflexerit, quot & quanta DEUS operatus operaturusque sit propter electos suos, is utique 300 cubitorum longitudinem in corde suo metietur; si vitam sanctam, & gloriosa Sanctorum acta in exemplum proposuerit, is haud dubiè in 50 cubitorum latitudinem cor suum extendet; si præterea sacræ scripturæ scientiam 30 Libris contentam, piè, & devotè evolverit, is in altitudinem 30 cubitorum Arcam cordis sui, erigere censebitur. Hæc est Arca, quam quisque, qui hujus mundi Diluvium evitare voluerit, ædificare, eamque, ut salvetur, ingredi debet; ingressus verò, clauso post se ostio, ab omni mundanorum turbinum strepitu, tranquillam securamque vitam in spem vitæ æternæ transiget. Atque hæc de Arcæ mystica significatione sufficiant.

Longitudo Arcæ 300 cubitorum quid?

CAPUT X.

De diminutione aquarum Diluvii, & de tempore, quo decrevit.

Recordatus autem DEUS Noë sanctorumque animalium, & omnium jumentorum, quæ erant cum eo in Arca, adduxit spiritum super terram, & imminutæ sunt aquæ; Et clausi sunt fontes abyssi, & Cataractæ cœli, & prohibitæ sunt pluviæ de cœlo, reversæque sunt aquæ euntes & redeuntes, & cœperunt diminui post centum quinquaginta dies. Ex hoc capite quàm luculentissimè ineffabilis DEI bonitas, & misericordia refulget. Steterat Noë in Arca cum suis, immensis pænè laboribus consumptus; sollicitudine magna premebatur, ne fortassis Diluvio, longiori tempore, quàm par esset, durante, commeatus deficeret; lamentabantur filii, & uxores filiorum, deplorantes temporis in tam diuturno carcere moram, summo tædio afficiebantur, & fœtore sordium coacervatarum pænè exanimati, ad lucis frigidiorisque auræ fruitionem unicè adspirabant; Noë verò summâ in DEUM fiduciâ, illos consolari non desistebat, precibusque ad DEUM fusis, pollicitationis sibi à DEO factæ memor, Divinæ misericordiæ viscera incessanter sollicitabat, atque unà cum lacrymarum profusione

Quanto desiderio Noë cum filiis, liberationem ex Arca exspectabant.

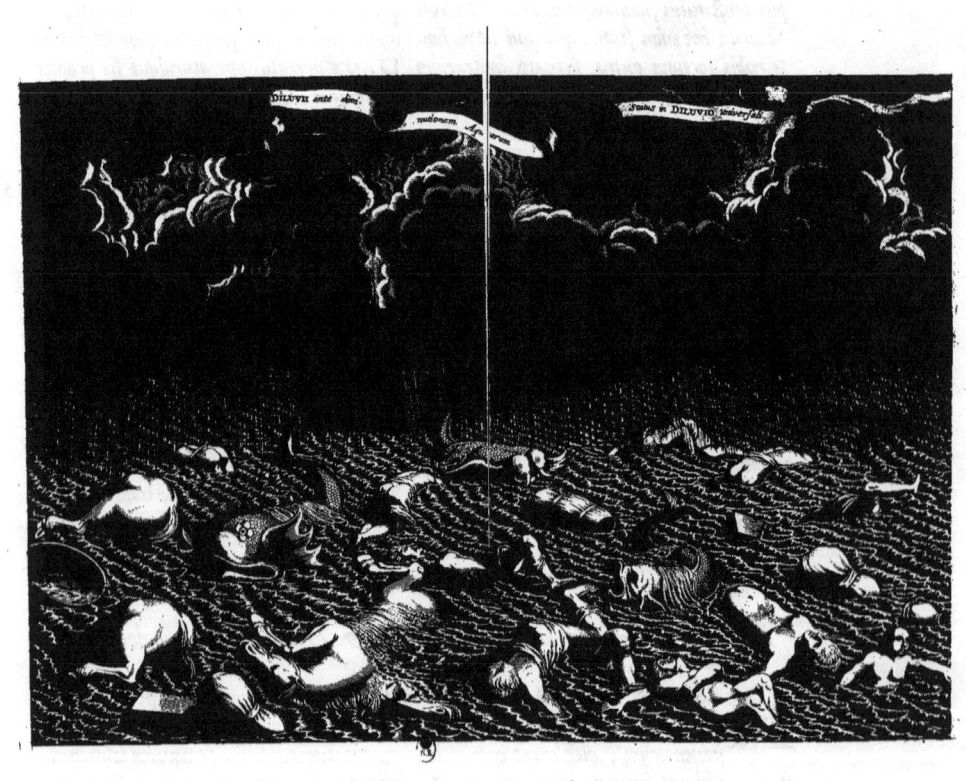

ARCA NOE. 155

fufione D E I *Opt. Max.* opem implorabat ; donec apertis Divinæ mifericordiæ auribus, recordatus tandem *Noë* cunctorumque animantium D E U S *Opt. Max. Diluvii* calamitatum finem ftatuere cœpit; quæ quidem facta intelliguntur, ut indè colligeremus, D E U M juftorum hominum vitam tum ex profperis, tum ex adverfis rerum eventibus admirabili quadam viciffitudine, & alternatione ita mifcere & temperare, ut illos ea ratione nec viribus fuis fidentes, Deique protectione, ac præfidio confifos, fpem inter & metum fluctuantes, electos, inquam, fuos vitam tranfigere velit; nam ut rectè habetur Tobiæ 3. *Hic pro certo habet omnis, qui te colit, quod vita ejus fi in probatione fuerit, coronabitur; fi autem in tribulatione fuerit, liberabitur; & fi in corruptione fuerit, ad tuam mifericordiam venire licebit; non enim delectaberis in perditionibus noftris; quia poft tempeftatem tranquillum facis, & poft lachrymas, & fletum exultationem infundis; fit nomen tuum* D E U S Ifraël *benedictum in fecula.*

Quid fignificet recordatus D E U S *hominum animaliumque.* Confideratione dignum, quod fequitur: dicitur, D E U S non antè recordatus *Noë*, quàm peccatores *Diluvio* periiffent; quod non vacat Myfterio; tunc enim verè noftri memor eft, nobifque benefacit, cum vetus *Adam* cum vitiis fuis in nobis per contritionis pœnitentiæque *Diluvium* fummerfis interiit. Multi deinde mirantur, quod Deus non *Noë* folummodò, fed & animantium recordatus dicatur; ii mirari definent, fi hoc ob ineffabilem Dei erga hominem amorem, animaliumque factum viderit; rectè enim & animantium recordatus eft, ut videlicet ea, quæ hominis caufa condiderat, unà cum homine fervarentur. Quis nefcit, D E U M in *Scriptura* à liberalitate & beneficentia, quam erga animalia exercet, haud infrequenter laudari? *Novit juftus*, dicitur in *Proverbiis, jumentorum fuorum animas, vifcera autem impiorum crudelia*; quafi apertè dicatur, execrandos efle eos, qui non in hominem folùm, fed & in animalia, crudelitatem fuam exercent. Novimus quofdam fanctos D E I fervos, qui mirum in modum in animalia, utpote in quibus Divinum erga genus humanum, amorem & benignitatem intuerentur, benignos & mifericordes fe exhibuerint; ut proindè ex innumerabili multitudine & varietate animalium homines fublatis in cœlum oculis obftupefcerent admirabilem Superni Datoris benignitatem, fapientiam, providentiamque, quâ folius hominis caufa, tot modis, tot vivendi mediis hominum neceffitati confulere conftituerit. Sunt enim hæc veluti quædam Divinæ liberalitatis fpecula, ex quibus ineffabilis elucet Divini numinis bonitas; dum hæc hominem carnibus fuis nutriunt, lanâ pellibufque veftiunt, afflictos amœnâ vocum harmoniâ ad Conditoris laudem conftitutâ recreant, laffos portant, onera convehunt, innumerifque aliis ad vitam humanam fuftentandam neceffariis ufibus, ferviunt, nonnullis ad cuftodiam hominum, quibufdam ad ea, quæ homini noxia forent, devoranda, aliis corio, offibus, pilis, dentibus, tibiis, pennarum pulchritudine & varietate, tum ad medicas facultates, tum ad decorem, & ornamentum hominis, conducentibus, ut proindè non incongruè conditor fapientiffimus, qui uti tantoperè dilexit hominem, ita & animalia, quæ propter hominem produxerat, amâffe, & curam eorum habuiffe, & etiamnum habere cenfeatur; Et quoniam non ftitit fe hic Divina bonitatis altitudo. Cum enim animalibus miras quafdam, & admirandas facultates, ac naturæ dotes indiderit, illas non tam naturæ propriæ neceffitate id exigente, quàm inftituendi hominis gratiâ animalibus dediffe videatur; ut videlicet in Leone animi magnitudinem, prudentiam in Elephante, in Equo animofitatem, fidelitatem in Cane, in Ovibus manfuetudinem, in Columba fimplicitatem, caftitatem in Turture, in Aquila animi volatum fupra omnia, perpetuò laudandi

Animalibus afficiuntur Jufti, quæ crudeles & impii five caufa occidunt.

Animalia quanta hominibus bona & commoda inferant.

V 2   D E U M

Animalia virtutibus suis hominem instruunt.

DEUM studium in Alauda, in Ciconia φιλοςοργίαν & misericordiam discerent; & hoc pacto sibi ex animalibus comparandarum virtutum veluti exemplar quoddam ob oculos proponerent, Divinorum beneficiorum memores, eidem debitas gratiarum actiones indesinenter persolverent: Peccatores vero in Porcis Hircisque abominandam luxuriæ fœditatem & spurcitiam, in Lupis, Corvis, atque Accipitribus rapacitatem, pauperumque oppressionem intuiti, à vitiis hujusmodi abstinere satagerent. Sed jam ad filum instituti nostri.

Diluvium quanto tempore duraverit.

De duratione *Diluvii*, quanto videlicet tempore ad diminutionem ejus duraverit, variæ sententiæ circumferuntur; & tametsi *Sacræ Literæ* illud expressis verbis innuant in *citato* paulò ante *Textu*; post 150. dies aquarum incepisse decrementum, quia tamen à quo principio illi 150. dies computandi sint, uti difficile est cognoscere, ita quoque mirum in modum *Interpretes* dubios perplexosque reddit. Nonnulli siquidem volunt, initium horum 150 dierum incepisse numerari ab ingressu *Noë* in *Arcam*, undè asserunt, quinque post mensibus aquarum diminutionem cœpisse; tot enim dies continent quinque menses solares, quod patet ex divisione 150 per 30 dies unius mensis, id est, primo die sexti mensis.

Quidam hos 150 dies numerant ab anno sexcentesimo vitæ *Noë*, & hi initium dierum 150 ducunt à fine pluviæ, 40 diebus continuatæ; si itaque junxeris ad 150 dies 96, quod est aggregatum ex 150 & 40, & 10 diebus, habebis summam 246 dierum, qui divisi per 30 dies unius mensis, dant 8 menses solares, quibus 10 diebus evolutis, aquarum cœpit decrementum; quod accidit die 27 mensis octavi illius anni. Atque hanc ego sententiam, quantum quidem ex *Sacris Literis* capere licuit, præ cæteris magis consentaneam censeo.

CAPUT XI.

Quid intelligatur per Spiritum, quem adduxit Dominus super Terram ad exsiccandas aquas, & quomodo intelligenda sit clausura fontium Abyssi, & Cataractarum Cœli, pluviarumque prohibitio.

SPiritus iste, uti sub varia significatione accipi potest, ita quoque variam *Interpretibus* suggessit opinionum varietatem. Nonnulli volunt, per hunc Spiritum aliud non intelligi, nisi Spiritum Sanctum, atque illud putant probari posse, tum ex hoc præsenti, tum ex cæteris *Sacræ Scripturæ* locis. Dicunt enim Hebraicum textum id expressè declarare hisce verbis:

ויעבר אלהים רוח על הארץ

id est, *transire fecit* DEUM *Spiritum super terram*. Cui facilè subscriberem, si in textu poneretur pro רוח *Ruah*, Spiritum רוחו *Rucho*, Spiritum suum; Verùm cum Spiritus hic indeterminatè ponatur, ex eo quoq; ostendi non potest, Spiritum Sanctum immediatà suâ virtute exsiccasse aquas. Quidam ex *Syriaco* textu aut *Chaldæo* probari posse putant Spiritum Sanctum:

ܘܐܥܒܪ ܐܠܗܐ ܪܘܚܐ ܥܠ ܐܪܥܐ܂

& *transire fecit spiritum super terram*; Verùm cum hic textus cum Hebraico consentiat, nil hinc evincitur; neque ex primo capite *Genesis* v. 2. id probari potest:

ורוח אלהים מרחפת על פני המים

& *Spiritus* DEI *expandebatur supra faciem Abyssi*; vel ut *Græcus* habet, *insufflabat aquam*; hoc loco omnes *Interpretes* per vocem, Spiritum DEI, Spiritum Sanctum intelligunt.

Spiritus Sancti nō fuit immediatus cursus siccationis aquæ.

Genes. 1. vers. 2.

Sunt

ARCA NOE.

Spiritus Dei non fuit ventus.

Sunt proindè alii, qui hunc Spiritum, ventum intelligunt, omnia exsiccantem; at cum nemo concipere possit, quomodo ventus tantam aquarum molem tam brevi tempore pervadere & siccare potuerit; non igitur ventus purè naturalis intelligitur, ergò per Spiritum illum Divinum, cujus imperio omnia subsunt, diminutæ sunt aquæ; juxta illud: *emitte Spiritum tuum, & creabuntur, & renovabis faciem terræ; verbo Domini Cœli firmati sunt, & Spiritu oris ejus omnis virtus eorum;* flatu enim ventorum aquæ non exsiccari, sed turbari & fluctuari solent. Sunt

Sol num fuerit causa siccationis aquarum.

nonnulli, qui putant, Solem, cum efficacissimus sit, hujus exsiccationis aquarum causam fuisse, præsertim cum *Diluvium* in æstate, quâ Solem ardentissimum experimur, finitum suprà dixerimus. Verùm nec hoc commodè dici potest. Si enim Sol hanc incredibilem exsiccandi *Diluvii* facultatem habuisset, non esset ratio, cur non totum Oceanum, maria, lacus, flumina, cum tempore, eâdem vi, & efficacia consumeret, quod tamen experientiæ repugnat, & aquarum cumulus cataclysmi Oceanum si non superârit, saltem ei aquarum copiâ inferior non fuerit, uti *paulò antè* demonstravimus. Nos itaque dicimus, DEUM non omnia, absolutâ & immediatâ sua virtute in Mundo peragere, sed ministerio creaturarum uti solere, quamvis non nisi potentiâ obedientiali, ut *Scholæ* loquuntur, elevatâ, quemadmodum in mari rubro, supernaturali virtute fecit. *Cum enim extendisset Moses manum suam super mare, abstulit illud Dominus flante vento vehementi & urente*

Ventus siccans aquas non sunt naturalis sed Divina Potentia sublevatus.

tota nocte, & vertit in siccum, &c. Potuit itaque Divina potentia, cujus imperio omnia subsant, in *Diluvii* aquis exsiccandis præparare ventum immodicè æstuantem, qui aquarum molem intime penetrando intra constitutum tempus, totam in vapores resolveret, eique regioni aëreæ restituerentur, ex qua tantam aquarum molem condensâsset;

Unde hujusmodi ventus minimè naturalis dici potest: Cùm enim *Diluvium* altius fuerit, ultra eam videlicet aëris regionem, in qua venti generari non possunt, neque etiam ex terra cœterisque humidis, vapores calidi & sicci, intermediâ aquarum mole impediti, eousque conscendere, neque ibidem resolvi poterant. Restat itaque dicendum, aquas *Diluvii* non vi naturæ, sed Omnipotentis DEI virtute, ministerio ventorum exsiccantium, quos præter ordinem naturæ in hunc finem assumpserat, prodigiosum hunc effectum exsiccationis præstitisse, ac proinde totus iste spiritus siccans miraculi loco habendus, sive generationem ejus spectes, sive vim & efficaciam; addo tamen, exacto *Diluvio* cum terræ constitutio adhuc lubrica, madida, & humida esset, tunc enim verò DEUM illam ventorum Solisque virtuti naturali, exsiccandam reliquisse.

De occlusione fontium Abyssi, & Cataractis Cœli.

Clausura fontium Abyssi supernaturali vi contigit.

Hæc difficultas, uti Physiologiæ objectum longè excedit, ita quoque supernaturalibus veriùs, quam naturalibus effectibus adscribendum censuerim. Quid sint Abyssi terræ, quid Cataractæ Cœli, superiùs fusè expositum fuit. Quemadmodum igitur rupturam fontium Abyssi, Cataractarumque Cœli apertionem ibidem, effectum causis naturalibus superiorem docuimus, ita quoque clausuram eorundem Abyssi fontium, Cataractarumque Cœli conclusionem, supernaturali virtute DEI accidisse existimamus. Nam quis non videt, iis de causis imminutum esse *Diluvium*, quibus crevit? Nam ut rectè Divus Chrysostomus: *Quæ ratio*, inquit, *poterit hoc unquam comprehendere, aqua tanta quomodo desit? omnia abyssus erant: Quomodo igitur tantus aquarum impetus subito minor factus est? quis hoc humana ratione invenire poterit unquam? Quid igitur est?* DEI *præceptum est, quod facit omnia.*

Ne igitur nos curiosius exploremus Quomodò: sed tantum credamus, quod jussit, & exaltata fuit abyssus, & præcepit, & iterum suum continuit impetum, & ad proprium concessit locum, quem solus ipse Dominus scit, qui condidit. ita D. Chrysost.

APPENDIX EROTEMATICA

Quâ omnes difficultates, quæ in Sacris *diversarum linguarum* Textibus *occurrunt, solvuntur.*

Quæsitum 1.

Quæritur primò: *Quando resederit, & quieverit* Arca *supra Montes* Armeniæ.

Tota hæc difficultas de anno, quo resedit *Arca* supra montes *Armeniæ*, videtur inter *Interpretes* nata, ex vario principio, ut suprà ostendimus, undè annos computare solebant; Nos ne tempus in iis recitandis perdamus, sic rem determinamus ex iis, quæ superiùs adduximus, argumentis.

Initium Diluvii quando cœperit.

Dicimus itaque, quod ab initio anni sexcentesimi vitæ Noë, usque ad *Diluvii* exordium, videlicet decimo septimo die mensis secundi præterierunt 46 dies; si enim uni mensi 30 dierum, addas 16 initium diei decima septima fuit, quâ incepit *Diluvium*, provenient 46 dies, quibus si junxeris 150 dies, quibus duravit incrementum *Diluvii*, habebis 196, qui sunt dies ex utroque numero, 150 & 46 compositi; restant igitur 8 dies usque ad quatuor & ducentos dies, qui faciunt sex menses Lunares, & insuper 27 dies, quo die dicitur requievisse *Arca* supra montes *Armeniæ*. Ad diversitatem verò *Hebraicæ*, & *Vulgatæ editionis*, id est, *Latinæ* quod attinet, hanc differentiam esse scias; quod *Hebræa* dicat, Arcam requivisse septimo mense, & decimo septimo die mensis.

Vulgata verò habet, septimo mense, & 27 die mensis, differunt igitur decem diebus hæ duæ lectiones *Hebræa*, consentit *Chaldæa lectio*, & *Vulgatæ Græca* 70 *Interpretum*, quæ tamen concordari possunt, si à diversis principiis initii *Diluvii*, aut sexcentesimo anno *Noë*, aut aliis; de quibus videant *Chronologiæ sacræ Interpretes*, nos ad nostra.

Quæritur secundò: *Utrum Arca, quando, & quomodo quieverit supra dorsum montis* Ararat.

Quæsitum 2.

Duo hoc loco consideranda sunt: prius, utrum mons *Ararat* fuerit altissimus montium in universa Terra, quod suprà negavimus, cum multò altiores isthoc monte, in Telluris superficie observatos fuisse, ostendimus in *Mundo Subterraneo*. Dato igitur, non concesso, montem *Ararat*, juxta quosdam, fuisse montem omnium altissimum; Dico *Arcam* semper supra aquas *Diluvii* totis illis 150 diebus, quibus totale aquarum incrementum, sine ulla sui diminutione consistebat, fluctuasse; ponamus quoque, juxta nonnullorum sententiam, *Arcam* 15 cubitorum profunditate, aquis fuisse summersam, ita ut 15 aliis cubitis extra aquas eminuerit. Hoc posito, Dico, non obstante summo aquarum incremento, supra dorsum montis *Ararat Arcam* conquiescere potuisse, cum tot cubitis summersa ponatur *Arca*, quot cubitis aqua supra altissimos montium vertices sese exaltaverat, id est, 15 cubitis; uti ex figura patet. Sit mons *Ararat*, A.B.C.D. altissimus montium; sit vertex montis, b.c. Sit f.e.a.d. aqua *Diluvii* super verticem elevata 15 cubitis: Arca f. e. verò summersa ad medietatem, id est, 15 cubitis infra aquam; Quis ex hoc non videt, *Arcam* fundo suo dorsum montis tetigisse, dum nulla adhuc aquæ diminutio facta fuisset. Atque hæc quidem assertionem nostram ad oculum exponunt; posito, quod altissimus in Orbe fuerit Mons *Ararat*.

Verun-

ARCA NOE. 159

Ararat non est altissimus montium.

Veruntamen cum nos altiores in Orbe montes illo oftenderimus ; ratio fanè dictat, *Arcam* nondum in monte *Ararat* requiefcere potuiffe, utpote, quæ ab ejus vertice, refpectu aliorum montium adhuc quàm longiffimè diftaret. Unde confequenter, & indubitanter colligitur, complures in Orbe montes, *Ararat* monte multò altiores tum temporis aquis jam denudatos fuiffe, quando *Arca* in montibus *Armeniæ* requievit, jamque aquarum diminutionem cœptam fuiffe, uti *figura* docet. Verùm cum hæc *Sacro Textui* repugnare videantur, jam, quomodo concordanda fint illa, exponamus ; Sic enim habet hoc loco Textus : *Et clausi sunt fontes abyssi, &c. reversæque sunt aquæ de Terra, euntes & redeuntes, & cœperunt minui post 150. dies, requievitque Arca mense septimo, & vigesimo septimo die mensis super montes Armeniæ; at vero aquæ ibant, & decrescebant usque ad decimum mensem; decimo autem mense, prima die mensis apparuerunt cacumina montium.* Cum itaque *Arca* requieverit in montibus *Armeniæ*, menfe feptimo, & vigefimo feptimo die menfis, reftabant itaque ad decem menfes, & unum diem, quo primum cacumina montium videbantur, duo menfes, & novem dies. Cum itaque *Sacra Scriptura* expreffè dicat, poft 150 dies, aquas diminui cœpiffe, & feptimo menfe, & 27mo. die menfis *Arcam* requieviffe ; Alterutrum dicendum eft, aut Montem *Ararat* fuiffe omnium altiffimum, vel fi altiores in Orbe montes affignemus, eos eodem tempore, quo requievit *Arca* in monte *Ararat*, eodem, inquam, tempore, altiores eo montes ab aquis denudatos fuiffe. Verùm cum illa montium denudatio, non nifi poft duos menfes, tefte *Sacro Textu*, contigerit, videlicet decimo menfe ; Ad difficultatem mitigandam, dicendum erit, tunc temporis quidem altiffimorum montium vertices denudatos fuiffe, fed cum in incognitis Terræ locis conftituerentur, Mo-

Dubii refolutio de denudatis montibus.

fen de iis montibus vicinis, quos ipfe in *Arca* per vitream feneftram obfervabat, præcipuè locutum fuiffe. Atque hoc pacto facilè verba *Sacræ Scripturæ* concordari poterunt. Utrum verò *Arca* pofteris temporibus vifa, & examinata fuerit, in Monte *Ararat*, dicetur in *tertio Libro*, loco opportuno.

Quæritur tertio. *An, quando, & quomodo supra verticem Montis* Ararat, Arca *requiescere potuerit :* על הרי אררט

Quæsitum 3.

Refpondeo, cum plerique *textus*, non fupra montem, fed fupra montes *Ararat*, aut ut Chaldaica Lectio habet, *fupra Montes* Kordu :

ותנח תיבותא על טורי קרדו:

Et requievit Arca *supra montes* Kordu, aut, ut *Berosus* Chaldæus ait, in *Montibus Gordiæis*. Septuaginta verò. καὶ ἐκάθησεν ἡ κιβωτὸς ἐπὶ ὄρητα Ἀραραθ. *Et sedit* Arca *supra montes* Ararat. Arabica sic habet.

Gen. c. 8. v. 4.

وهدت التابوة في الشهر السابع في سابع عشر يوم من الشهر علي جبال القرون

Et quievit Arca *in mense septimo, & decimo septimo die mensis, supra montes* Karud. Ubi nota, quoad menfes, & dies, hanc verfionem non *Latinæ*, fed *Hebraicæ* editioni refpondere. Ex hifce itaque *Lectionibus* apertè oftenditur, *Arcam* non fupra altioris montis verticem requieviffe, fed fupra montes *Ararat*, five *Armeniæ*, quos *Kardu* Chaldæi, Arabes *Karud* vocant. Quomodò enim *Arca* tantæ longitudinis latitudinifque fupra montis acumen quiefcere potuerit, nemo, nifi ftaticæ artis imperitus, fine rupturæ, aut totali everfionis periculo concipere poterit ; nifi forfan apex montis tantam habuerit planitiem, ut *Arca* commode in eo fifti potuerit.

Dicimus itaque, nullum adeò eminentis verticis in Orbe montem reperiri, qui non in fummitate infignem aliquam planitiem inter juga montium extenfum habeat ; quemadmodum
Pyrenæi,

Pyrenæi, & *Alpium*, atque *Appennini* montes habere, experientia quotidiana itinerantium nos docet; ita quoque Montem *Ararat*, præter acuminum juga, similem planitiem, nutu DEI, ad quietem *Arcæ* constitutam fuisse, testantur *Itineraria Persidis*, & *Armeniæ*, quin imò & Patres Societatis nostræ ex *China* & *Indiis* per *Persidem* & *Armeniam* suscepto in *Europam* itinere, ad integrum octiduum montem *Ararat*, tum ob exitum *Noë* in eo ex *Arca*, tum ob rerum in eo gestarum magnitudinem, non sine admiratione animique consolatione contemplatos fuisse; ajuntque montis dorsum ingenti aliorum montium catenis innexum, in immensam longitudinem extensum *Tibeticis montibus*, quos *Paranamisidos Ptolomæus* vocat, conjungi; ut proinde in dicto monte sufficiens fuerit ad *Arcam* veluti dorso quodam excipiendam, planities & latitudo. Sed hæc in *sequenti Libro* veluti opportuniori loco fusius prosequemur.

Quæsitum 4.

Quæritur quartò: *Utrum Corvus, quem* Noë *ad tentandum aquarum decrementum emisit, reversus sit in* Arcam, *nec-ne?*

Insignis inter *Authores* de corvi ex *Arca* dimissione, controversia est; quibusdam illum egressum, reversumque fuisse; aliis eam, veluti contrà, opinionem *Sacro Textui* repugnantem, reprobantibus. Historia Sacra sic dicit: *Cumque transissent* 40 *dies, aperuit* Noë *fenestram, quam fecerat, dimisit corvum, qui egrediebatur, & revertebatur, donec aquæ siccarentur supra terram.* Contra hanc Lectionem dicunt 70 Interpret. καὶ ἐξελθὼν, οὐκ ἀνέστρεψεν ἕως τοῦ ξηρανθῆναι τὸ ὕδωρ ἀπὸ τῆς προσώπου τῆς γῆς. *Egrediebatur corvus, non revertebatur, donec siccarentur aquæ super faciem Terræ*. Vides hìc in *Textu Latino*, & *Græco* apertam contradictionem: *Latina* dicit, corvum egressum, & reversum; *Græca* dicit, egressum & non reversum. Unde multi ex *Interpretibus* ajunt, non reversum fuisse corvum, eò quod cadavera in fluctuanti *Diluvii* Oceano sectatus, quàm longissimè ab *Arca* divagatus, eandem reperire amplius non valuerit, unde vel fame, vel fluctibus enectum periisse, sibi persuadent: Sed nec hoc admitti ulla ratione potest. Si enim periit corvus masculus, inidonea otiosaque ad concipiendum conjux ejus in *Arca* remansit; species itaque corvina hoc pacto contra DEI nutum, haud dubiè periisset. Dico itaque, hanc contradictionem facile concordari posse hoc pacto: Cum enim *Hebraica Lectio* dicit; corvum egressum & reversum esse, donec siccarentur aquæ; *Sacræ literæ* apertè docent, corvum in *Diluvii* aquis minime periisse; sed postquam egressus fuisset, & post longum volatum non reperisset, quò requiesceret pes ejus, ad *Arcæ* tectum advolasse, atque ex eo pabuli causâ nonnunquam divagatus, postquàm fluctuantibus cadaverum carnibus nonnihil refectus esset, ad *Arcæ* tectum rediisse, usque dum siccarentur aquæ, atque tunc ad egressum animalium conjugi suæ restitutum fuisse. *Græca verò Lectio*, quæ dicit corvum egressum, & non reversum fuisse, donec siccarentur aquæ super faciem terræ; sic intelligi debet, non quod fluctibus, vel fame perierit, sed quod non sit reversus receptusque à *Noë* intra *Arcam*, sed extra eam vel in tecto *Arcæ*, vel lateribus *Arcæ* se conservârit, donec siccarentur aquæ, & tunc apertâ *Arcâ* ad egressum animalium suæ conjugi ad semen naturæ restitutum. Patet itaque ex hisce proposita difficultas. Porrò eodem prorsùs tempore columba emissa, quæ cum non reperiret, ubi pes ejus requiesceret, ad *Arcam* rediit. Post septem itaque dies aliam emisit columbam, quæ ad vesperum ad eum reversa, & jam dudum desideratum pacis, tranquillitatisque omen auguriumque viridem olivæ

Dubii de corvo egresso & reverso resolutio.

olivæ ramum roſtro ſuo attulit, & altera tertiò emiſsa, amplius reverſa non fuit.

Olivæ ramus unde? Quæri hoc loco non immeritò poterit; *ubinam ſurculum olivæ, terrâ aquarum illuvie adhuc coopertâ repererit?* Reſpondemus, vel ex reciſa & fluctuante in æquore arbore olivæ, vel ex colle aliquo *Arcæ* vicino; cum enim mons *Ararat* jam quaſi totus ab aquis diſcopertus eſset, in radice verò montis multa fuerint oliveta, uti & etiamnum à viatoribus juxta *Monaſterium Nachſevan* ſpectentur, facilè fuit ex iis ſurculum ablatum, & ad *Noëmum* comportatum fuiſse, utique D E O Columbam ad ſervi ſui conſolationem dirigente. Quarè verò non alterius arboris ſurculum? Dico, id ad myſticam pacis tranquillitatiſque ſignificationem, nutu D E I factum; vel etiam, quod Columba forſan olivis adhuc refertas arbores cum reperiſset, eum unà cum fructibus in poſteræ diei pabulum ſecum tranſportaſse. Sed hæ meæ conjecturæ ſunt.

Quæſitum 5. Quæritur quintò. *Quanto tempore duraverit Diluvium, & quamdiù Noë manſerit in Arca?*

Cum *Moſes* hiſce verbis, menſe ſecundo, & vigeſimo die menſis, arefactam eſse terram referat; *Noëmum* verò ex *Arca* egreſsum anno ſexcenteſimo primo, menſe ſecundo, & die vigeſima ſeptima, ex ipſis verbis *Sacri Textus*, facilè innoteſcit tempus *Diluvii* uſque ad diem deſitionis ejus, egreſsumque *Noë* ex *Arca*; & quamvis mora *Noëmi* intra *Arcam* variè ab *Interpretibus* controvertatur, nos tamen juxta melioris notæ *Authorum* ſententiam à pleriſque ceu veram acceptatam, noſtris deindè fundamentis *suprà* expoſitis innixi; ex ipſa *Sacra Hiſtoria* rem ita determinamus.

Suppono, annum & menſes, de quibus toties hoc loco à *Moſe* fit mentio, eſse annos Lunares, non Solares; eſt autem hæc differentia inter menſem Lunarem, & Solarem, quòd hic illum undecim diebus excedat; eſt enim menſis Lunaris 354. dierum, Solaris 365. quæ ab invicem ſubtracta produnt undecim dierum, uti diximus differentiam; atque hi anni, & menſes, maximè uti olim ita etiamnum uſitatos eſse *Hebræos*, ex eorum computo patet.

His itaque ſuppoſitis, cùm ita, uti in *præcedentibus* oſtendimus, *Diluvium* inceperit anno ſexcenteſimo vitæ *Noë*, menſe ſecundo, & decimo ſeptimo die; deſierit autem ſexageſimo primo, menſe ſecundo, die 27, luculenter patet ex ſubtractione unius numeri ab altero, tempus quo *Noë* in *Arca* fuerit.

Annus deſitionis *Diluvii* 601 an. 47 dies.
Annus inception. *Diluvii* 600 an. 57 dies.

Qui numeri ſubtracti relinquunt 1 annum Lunarem & 10 dies, qui conſtituunt unum Solarem, quo *Noë* toto *Diluvii* tempore in *Arca* manſit. Ut proindè non parùm mirer, tam varios eſse hujus loci *Interpretes* in determinanda *Diluvii* diuturnitate, cum vel ex ipſis verbis *Sacræ Scripturæ*, uti jam innuimus, involutum, ut ipſi putant, negotium decidere potuerint; quæ quidem in *Authores* variatio aliundè non provenit, niſi à diverſo principio, quo initium *Diluvii* ſumunt.

Epilogiſmus Calculi.

Ab anno ſexcenteſimo vitæ *Noë*, menſe 2, die 7, incepit *Diluvium*	37 die.
Ante ingreſsum *Noë* in *Arcam*	7
A die pluviæ	40
Uſque ad totale incrementum	150
A fine totalis incrementi, requievit *Arca* ſupra montes *Armeniæ*	77 dies.
Ab hoc uſque ad Cacuminum montium viſionem	40
Uſque dum *Noë* aperuit feneſtram, & dimiſit Corvum	14
Et poſt dimiſſionem Terra arefacta eſt.	
Omnes hi numeri juncti faciunt	365 dies.

Qui eſt integer annus Solaris, ſive Lunaris, plus 11 diebus.

Quæsitum 6.

Quæritur sextò. *Ubi* Henoch *&* Elias *destructo, per* Diluvium *aut ab initio etiam,* Paradiso *manserint?*

Restat nunc exponendum, cum omnes homines in *Diluvio* perierint, exceptis solis 8. qui cum *Noe Arcam* intràrant; ubinam *Enoch*, qui tunc temporis adhuc in vivis erat, degisse putandus sit; dicunt nonnulli, eum in *Paradiso* ab omni *Diluvii* inundatione immuni vixisse. Verum cum plerique *Interpretes Paradisum* ipsum aquis obrutum, una cum terrestri Orbe deletum fuisse, existiment, quem ei locum ab aquis liberum assignabimus? dicimus itaque; cum præter 8. homines nullum præter eos *Diluvium* evasisse, *Sacro Textu* testante, certum sit; *Enochum* tamen exceptum fuisse, censere debemus, eò quod *Scriptura* solum loquatur de hominibus, quorum habitatio & conversatio in terris nota erat, & qui vitam agebant more humano & usitato; non verò de eo, quem divina providentia inusitato quodam modo à communi hominum consuetudine abreptum, in ultimum consummationis Mundi finem una cum *Elia* destinârat. Quidquid sit, ubinam fuerit *Enoch* tempore *Diluvii*, quis hominum aut consilium DEI novit; aut ei locum assignare ausit? cum ubicunque DEO libitum fuerit; illi conservari potuerint, vel intra ipsas aquas *Diluvii*, vel in aëre, vel supra aquas *Diluvii*, & quocunque tandem in loco à DEO ipsis præparato; ut proinde de abditis DEI consiliis, melius sit silere, quam inanibus verborum conjecturis & ea temerario ausu determinare.

Quæsitum 7.

Quæritur septimò. *Utrum homines animaliaque intra* Arcam *jam conclusa consuetum generationis negotium exercuerint?*

Et quantum quidem ad *Noë* filiosque attinet, dico cum tempus illud tale fuerit, ut homines ob tantam humani generis orbisque terrarum cladem potius lugentes pœnitentiam agerent, quàm expetendæ fruendæque voluptatis etjam licitæ & concessæ gratiâ genio importunè indulgere. Verisimile videri juxta communem *Interpretum* opinionem, eos DEI gratia cooperante ab omni congressu abstinuisse; quoad animalia verò bruta aliud sentiendum esse judico; quis enim naturalem libidinis impetum in iis animalibus, quæ ex se & sua natura ad generandum proniores sunt, uti inter Quadrupedia sunt Capri, Arietes, Cervi & similia, inter volatilia verò Columbæ, Galli, Turtures & cætera, sine manifesto miraculo cohibebit? ita *Buteo*, præsertim cum illa carnibus, hæc & Ovis & carnibus magno tàm hominibus quàm animalibus emolumento esse poterant; & uti ratione & judicio carebant, ita luctus & pœnitentia in eos non cadebat; unde naturales inclinationes secuta, generationi intendisse, nemini dubium esse debet, nec alicui dubium occurrat, *Arcam* ex generatione tot animalium nimis arctam fuisse. Illi utique dubitare cessabunt; ubi consideraverint multa ex recenter natis animalibus quotidie in nutrimentum Carnivororum cessisse. Et non obstantibus istis dico *Arcam* adeò adhuc amplam fuisse, ut plures adhuc mansionum nidorumque habitacula & receptacula inhabitata permansêrint; quas Atheis cæterisque incredulis, qui ex incapacitate tot tantorumque animalium perperam concepta, *Arcam Noë* veluti fabulosam, explodunt, bestiis associatis, inhabitandas, relinquimus.

Bruta in Arca non cessarunt à generatione prolifica.

ATHA-

ATHANASII KIRCHERI
ARCÆ NOËMICÆ
LIBER TERTIUS,
DE
EGRESSU NOËMI,
extra ARCAM.

PRÆFATIO.

*Q*uod felix, fauftum, fortunatumque fit. Egreditur ex Arca Sanctus Patriarcha Noë, & admirans, & circumfpectans ait: Ecce video cœlum novum & terram novam, primum enim cœlum, & prima terra abiit, & mare jam non eft: *Abiit prius illud cœlum nimbis inhorrefcens, & pluviis, ignibus fœtis corufcans, fulgetris intermicantibus minaciter infultans, fonoris tonitribus horrendum remugiens, & procellofis ventorum concurfibus omnia diffipans, & profternens. Et ecce, adeft cœlum novum cum vere novo, cœlum novum novâ undique luce lætificans: Solis reliquorumque aftrorum gratiffimos radios quaquaverfùm diffundens, & Zephyris leniter fpirantibus fuaviter fragrans. Abiit Terra illa tota fqualida, tota fordida, tota lutulenta, Terra illa Divino damnata maledicto, exitialibus aquis in omnium viventium exitium undique fcaturiens. Abiit denique Terra illa enormium peccatorum fordibus polluta, & fœtens; Ecce adeft Terra nova, germinans herbam virentem, odoriferos flores, & ligna pomifera, ficut à principio.*

 Diffugêre imbres, redeunt jam germina campis
  Arboribufque comæ.

Receffit aquarum tyrannis, quæ Orbi Terrarum aquis fupra altiffimorum montium vertices, quindecim cubitis fuperioribus dominata fuerat.

 Omnia pontus erant, deerant quoque littora ponto.

Adest modò primus reparati Mundi annus, revivifcit Orbis, dudum emortuus, & aquarum fqualoribus fepultus, id eft, finis taciturni filentii omnium animantium, quæ cœli ambitu continentur. Adeft finis annui carceris & mœroris, perpetuæ deinceps libertatis exordium. Adeſt facies fecundæ ætatis Mundi, & præteritâ jam infantiâ adolefcentiam ingreditur, quam ad decimam quoque generationem perducet. Volucres repetunt fylvarum receffus, & feræ innatam pofitamque ad tempus recuperant feritatem. Tempus adeſt renovatæ folitudinis, qualem Adamus Paradifo *extorris expertus eſt.* Noë *ex carcere ligneo lætus exit, & in patriam redux, undarum omniumque reproborum victor : jam de pace columbæ viridi olivæ ramo geſtientis miniſterio, indicatâ fecurus. Jacent improbi* Kainitæ; *jacet efferata Gigantum immanitas, proſtrati funt potentes illi à feculo viri famofi. Tempus tandem aperitur, quo Dominus mœrentem bucufque, jacentemque in luctu amicum fuum excitat juſtum fuum* Noë*, dicens; Surge, propera, dilecte mi, & veni ex foraminibus* Arcæ*, & ex ligneis carceris gurguſtiis; Jam enim byems tranfiit, imber abiit, & receſſit, flores apparuerunt in Terra noſtra. Oſtende Mundo faciem tuam; Sonet vox tua in auribus meis, facrifica mihi facrificium laudis, & redde Altiſſimo vota tua.*

PARS I.

Pars I.

De iis, quæ in *Arcæ* egressu contigerunt.

Caput I.

De Noëmi *mora extra* Arcam *antequam egrederetur.*

Enit tandem exoptatissimi temporis plenitudo, quâ post diuturnum *Arcæ* Carcerem, quo *Noë* cum familia sua atque totius animatæ naturæ œconomia includebatur, Deo miserante egredi jussus fuit; venit hora tantopere desiderata, quâ post tot curas, post tot in *Arca* exantlatos labores, post tot putidi aëris injurias, post tot angustias, mœrores & pericula eluctatus, libertatique restitutus, felix posteri Mundi auspicium orditus est. Manserat tum temporis post abolitam Mundi prioris faciem, post perditam jam omnem animæ viventis substantiam, post eversam oppressamque sceleratissimorum hominum impietatem, cum suis in Mundo *Noë* solus superstes, Orbis Terrarum legitimus Rex, Imperator, & Dominus, cui tanquam universi humani generis instauratori Deus omnia subjecerat: Et quanquam ipsum cœlum serenitate suâ ipsi jam arrideret, nova Mundi facies in propatulo esset; Terra ab omni humiditatis illuvie jam libera, & immunis esset, *Arcam* tamen egredi, nisi Divino imperio, non est ausus; ut, qui *Arcam* cœlesti fuerat ingressus oraculo, egressum ejus sine manifesta Divinæ voluntatis significatione, tentare non auderet; quemadmodum ante *Diluvium* ipse jussu Dei animalia introduceret, sic idem post *Diluvium* animalia cuncta educeret; tam enim introductio, quàm animalium eductio, non sine luculento Divinæ providentiæ miraculo contigit, cunctis animantibus *Noëmo* veluti eorum conservatori, tam ad ingressum, quàm egressum obedientibus. Locutus itaque Deus ad *Noë*, dicens: *Egredere de* Arca Tu, *& uxor tua, filii tui, & uxores filiorum tuorum tecum, & cuncta animantia, quæ apud te sunt*; hoc Divinæ vocis oraculo *Noë* perculsus, eâ quâ debuit & potuit, gratiarum actione, post tot & tanta beneficia in se, usque ad istud temporis punctum collata Deo unà cum tota familia sua reddens, ingenti omnium gaudio jussa Domini exsoluturus, sese ad exitum parandum accinxit, ac primò quidem *Arcæ* tectum aperuit. O quantum ex hoc tam exoptatæ lucis affusione tum homines, tum animalia, recreata fuisse putabimus? quantum ex purioris limpidiorisque aëris affluxu afflatuque qui hucusq; per unius anni decursum, in obscura tetri, olidique carceris clausura sustinuerant, voluptate perfusos credemus? Certè tanta, quanta nunquam aliàs in simili eventu acciderat. Undè verò haud absimile est, & homines præ latitudine cordis, veluti quodam lætitiæ tripudio, ingenti mentium jubilo exilientes, qua Hymnis, quà cantibus Domini Liberatoris benignissimi bonitatem & misericordiam collaudâsse; imò vel ipsæ animantes, tandem tempus liberationis suæ advenisse præsentientes, non ferocioris tantùm, sed & mansuetioris naturæ, tum congruis eorum conditioni, vocum congratulationibus, tum insolitis corporum gestibus veluti exultantes, Hymnos Deo eo modo quo poterant præstitisse, credere licet. Volucrum verò

Exitus Noë ex Arca.

Hominum animaliumque tripudium.

verò genus, in suavissimos harmoniæ modulos effusum; Lusciniæ cantillabant, frittillabant Fringillæ, pittitabant Passeres, & Rubeculæ, cæteræque canorâ voce præditæ, reliquas quantumvis absonarum vocum volucres pariter ad Hymnos D E O conditori earum persolvendos certatim animabant. Post hæc prævia benedictione à *Noëmo* omnibus & singulis volucribus impertitâ, abeundique potestate data; solutis quoque nidis caveisque, eccè, juxta præceptum Domini, uti ingressa erant, ita & egressa juxta species suas, bina & septena, ad uberrimum naturæ semen, specierumque propagationem avolare cœperunt, solis illis, suis adhuc nidis, caveisque, quæ vel in sacrificium, vel usum *Noë*, alimentumque cedere debebant, conservatis. Exoluto itaque volucrum genere, & libertati restituto, vidisses alias volucres ipsi *Arcæ* insistentes, alias scopulosis montis districtibus, quasdam arboribus fruticibusque copioso limo adhuc obductis, nonnullas ipsis campis jam in gramina repullulascentibus se committentes, moxque nidis extructis, juxta Divinæ vocis imperium: *Crescite, & multiplicamini, & replete terram*, confestim prolificæ generationis opus sine intermissione, nec non summo ardore specierum propagationi intentas occepisse.

Volucrum post egressum, læticia.

Restabat modò Quadrupedum ex *Arcâ* egressus. Quæri non immeritò potest, quomodò illa egredi potuerint, cùm ostium *Arcæ*, per quod ingressa fuerant, octo ferè cubitis à terræ superficie distaret. Dico itaque, verisimile esse, pontem illum ligneum, per quem ingressa fuerunt, *Arcæ* lateribus alligatum unà cum ea toto *Diluvii* tempore fluctuasse, eo fere modo, quo scyphi, seu lintres navibus semper alligari solent, ac deinde *Arcâ* supra montis dorsum sedente, & hunc unà pontem restituisse, quem & ostio itâ applicuisse censemus, ut haud difficilis animantibus per

Quomodo Quadrupedia ex Arca egressa?

illum egressus concederetur: vel si quis forsan hoc inverisimile dixerit, nil aliud restat dicendum, nisi quod *Noë*, sive ex asseribus, tabulis, trabibusque tecti jam aperti, vel ex arborum *Diluvio* eversarum truncis, novum pontem, ad facilem animalium egressum construxerit; quod æquo Lectoris judicio ponderandum subjicio; cum alio modo id fieri non potuerit, nisi ad miraculum confugiamus, quo hoc in negotio industriæ *Noëmi* relicto, opus non erat.

Ponte itaque admoto, & ostio jam aperto, reclusisque Quadrupedum stabulis & mansionibus, ex insolita luminis, aërisque limpidioris affusione, cunctæ animantes insolito tripudio exultantes, vix consistere amplius nescia, *Noëmo* pro liberationis concesso beneficio, veluti abblandientia, insolitis vociferationibus gratitudinem suam, eum ad ostium usque secuta, contestabantur; ubi juxta prædictum ordinem, quo intraverant *Arcam* bina & bina, septena & septena per pontem in amplam illam montis planitiem egressa, sine mora prolificum propagationis negotium, tanto cum ardore, quanto animalia longo tempore stabulis detenta, & amœnioris cœli aërisque beneficio fruitura tandem libertati suæ restituta solent; juxta præceptum Domini: *Crescite & multiplicamini*; inceperunt. Quod sanè quàm expressissimis verbis *Sacer Textus* indicat. Quid enim sibi vult illud, quod *Moses* in ingressu *Noë* filiorumque intra *Arcam*, viros & uxores separatim nominet. *Ingredieris tu, & filii tui, uxor tua, & uxores filiorum tuorum tecum*; modo verò de egressu dicat: *Egredere tu, & uxor tua, filii tui, & uxores filiorum tuorum tecum*. Nihil sanè aliud hisce intelligendum censent *Interpretes*, quàm quod sicuti in *Arca*, durante *Diluvio*, tempus erat mœroris, & luctus, tempus pœnitentiæ, non voluptatis & lætitiæ, ita quoque *Noë* ab usu conjugii abstinendum censuit, non tempus tunc esse judicans,

Animalium Quadrupedum egressus.

concu-

concubitûs, deliciarumque, quandò omnium immineret interitus; indecorum enim videbatur, ut quo tempore viventes morerentur, tunc perituri generarentur homines. In egreſſu verò, uti propter neceſſariam humani generis multiplicationem, animaliumque propagationem, confeſtim generationi operam dare debebant, ita quoque virum cum uxore, & animantium maſculos cum ſuis fœminis conjunctim unitimque nominare voluit, ut videlicet in ingreſſu generationis abſtinentia, in egreſſu generationis uſus intelligeretur, neque in ingreſſu ſexus commiſceretur, miſceretur verò in exitu. Ita *Divus Ambroſius.*

Caput II.

De Altari & Sacrificio, quod Noë *fecit* Deo, *deque Divina ejuſdem Sacrificii approbatione.*

Laus Noë.

Noë vir juſtus & perfectus, ſummâ in Deum fide, & Religionis zelo eximius, tantum apud Deum meruit, ut dignus ſit habitus, magni Conſilii in *Arcæ* ſtructura angelus, dignus qui conſortio ſermonis Domini frueretur, ad oſculum Domini admiſſus, tot divinis probatus oraculis, poſt tot ac tanta à Deo in ſe collata beneficia, poſt tot revelationes à Deo acceptas, poſt *Arcæ* ipſi traditam adminiſtrationis curam, poſt humani generis inſtaurationem ipſi tanquam Vicario Dei commiſſam; poſt totius humani generis excidium, à *Diluvii* periculis, ſe Divini Numinis protectione immunem ſolum ſe, qui perditum Mundum inſtauraret, agnoſcens, ingenti Divini amoris zelo exæſtuans, quid tandem *Deo Opt. Max.* munificentiſſimo benefactori ſuo acceptum offerre poſſet, ſecum cogitans; cùm nil tantæ bonitati dignum reperiret; primò ſeipſum ſuoſque pleno intimæ devotionis ſenſu in perfectum holocauſti thymiama obtulit; atque ut interna mentis, externæ in Deum fidei & Religioni devotio undequaque conſonaret, *Ædificavit Noë altare Domino, & tollens de cunctis pecoribus, & volucribus mundis, obtulit holocauſtum ſuper altare, odoratuſque eſt Dominus odorem ſuavitatis.* Ecce tibi clariſſimum grati, & pii erga Deum animi

Noë Sacrificium.

ſpecimen; Vix enim ex *Arca* egreſſus erat; cum ecce ante omnia, plenâ mentis diffuſione, quæ ad Divinum cultum, religionemque ſuam erga Deum conteſtandam pertinerent, exequi ſtuduit; dignum ſanè *Noëmo,* & juſtiſſimum opus, Deo enim, qui *Arcam,* in qua ſervaretur homo, *Noëmo* extruere præceperat, dignum profectò erat, ut illi Altare erigeret homo, in quo ſervator hominis, adoraretur ab homine; hoc enim non ſcripta duntaxat, ſed & naturalis lex æquum eſſe docet; ipſa ratio naturalis dictat, ut de ſuis donis imprimis honoraretur ipſe, à quo cuncta in mortales dona, & beneficia procedunt; quale verò iſtiuſmodi Altare fuerit, uti *Sacra Scriptura* ſilet, ita quoque incertum eſt; quantum tamen concipere poſſumus, dicerem, ex immenſa limi, qui montem cooperuerat, primò pegma quoddam ex trabibus *Arcæ,* vel quas limo ſaxiſque è rupibus exciſis, obduxerat, extruxiſſe, ibique ex obviis arborum proſtratarum truncis in Cataſtæ morem diſpoſitis, ex ſingulis Animalibus Mundis, in eo accenſo igne in holocauſtum perfectum, ſumma in Deum fide, nec non profunda mentis internæ adoratione, obtuliſſe: quàm verò gratus, quàm acceptus hic Religionis actus fuerit Deo, *Sacra hiſtoria* hiſce verbis atteſtatur: *Odoratus autem Dominus odorem ſuavitatis;* non quod ſacrificium iſtud materiale animalium,

Extructio altaris qualis.

lium, Deum odore suo exhilarare posset, sed quod devoto internæ mentis obsequio, quo Noë extrinseco hoc fidei suæ in Deum signo, gratitudinem suam protestabatur, summopere afficeretur; unde & in Hebraico textu legitur:

וירח יהוה את ריח הניחח׃

Odoratusque est Dominus odorem quietis. Dicebatur enim fumus ad ipsum, seu odor, qui cum fumo ascendebat, *odor quietis*, quod videlicet, faceret Deum quietum ab indignatione, & placatum offerenti; ut nimirum intelligeretur, indignationem divinam, per quam destructus fuerat Orbis Terrarum, hujusmodi Noëmi sacrificio mitigatam, placatam, quietamque fuisse; eò quod benignissimus Deus nunquam offerentium devotionem fastidire soleat, sed in ea sibi complaceat, & ut ἀνθρωποπαθῶς loquar, solo hoc in Deum affectu, *non verò animalia, quæ offeruntur, quæ nullam ad Deum delectandum proportionem habent*; unicè gaudet & delectatur, juxta illud Psalmistæ: *Quoniam si voluisses sacrificium, dedissem utique, holocaustis non delectaberis. Sacrificium Deo Spiritus contribulatus, cor contritum, & humiliatum Deus non despicies.*

<small>Quantum Deo placuerit sacrificium Noë.</small>

Porrò, quantopere Deus hujusmodi sacrificio delectatus fuerit, ipse hisce verbis testatur: ubi enim Vulgata dicit: *Odoratusque est Dominus odorem suavitatis*, pulchre sanè, & scitè exponit Paraphrasis Chaldaica Onkelos:

<small>Genes. 8. vers. 20.</small>

וקביל יְיָ ברשׁא ירת קורבניה׃

Et accepit sacrificium ejus cum beneplacito; & dixit: nequaquam ultra maledicam Terræ propter homines, sensus enim & cogitatio humani cordis in malum prona sunt ab adolescentia sua. Non igitur ultra percutiam omnem animam viventem, sicuti feci, cunctis diebus terræ, sementis & messis; frigus, & æstus; Æstas & Hyems, noctes & dies non requiescent.

<small>Promissiones Dei.</small>

Duplex sub hisce verbis homini à Deo promissio fit: *primò* se nequaquam Terræ ampliùs maledicturum pollicetur, *deinde* totius naturæ œconomiam semper salvam & incolumem restituram, quoad temporum vicissitudines, tam anniversarias Hyemis, & Æstatis, quàm quotidianis diei & noctis, nec non alternantes primarum qualitatum, frigoris & caloris leges, atque tandem humanarum actionum, quæ ad sustentandam vitam pertinent, veluti sementis & messis; harum enim rerum omnium tempestiva alternatio & vicissitudo ad decorem facit universi; confert ad pulchritudinem, & Terræ fœcunditatem, denique ad hominum animaliumque incolumitatem, atque salutem maximoperè utilis est, & necessaria. Magnum itaque fuit Dei promissum, cùm dixit: cunctis diebus Terræ vicissitudinem temporum, & opportunitatem serendi, & metendi, similiaque agendi perpetuò mansuram: cum verò hæc eadem, & ante *Diluvium* perstiterint; meritò quis dubitare posset, cur hæc post *Diluvium* eventura dixerit, quasi ante *Diluvium* nil horum accidisset. Sed qui attentè verba hæc expenderit, ea à Deo cum respectu quodam & comparatione ad annum *Diluvii*, prolata fuisse intelliget, quasi diceret; non erit ampliùs futuris seculis ullus annus *Diluvii* anno similis: hic enim annus, uti ad Mundum propter hominum impietatem perdendum destinatus erat, ita quoque nulla in eo temporum vicissitudo, nulla Æstatis, Hyemisque distinctio, nulla primarum qualitatum temperies, nulla sementis messisque perficiendæ occasio fuit, Mundo quippe terrestri horrendo Cataclysmi squalore penitùs oppresso, submersoque; hujusmodi igitur annus ampliùs non exstiturus est; sed uti priùs, ante *Diluvium*, ita & post, tempestivæ, & consentaneæ temporum vices, nunc æstus, nunc frigoris vicissitudines, agrorum sata coquentes: nequaquam itaque terram universali *Diluvio* perdam, sicuti hoc anno

<small>Solutio dubii.</small>

anno feci; sed juxta naturæ exquisitas leges, & Orbem administrabo, & de cunctis in eo ad hominum necessitatem fulciendam providebo; nequaquam ampliùs maledicturus Terræ, & homini; ex quibus verbis luculenter patet pœnæ mitigandæ ratio, desumpta ex pronitate hominis ad malum, quasi insita ad malum propensio, & ab adolescentia ad peccandum inclinatio, homo ob imbecillitatem suam, nonnullam veniam mereatur; cum enim homo ex diversis, & invicem repugnantibus appetitibus, sensitivo, volitivo, & rationali constitutus sit; ille verò ad bonum sensui utile, & delectabile, hic verò, per se tendat ad bonum secundum rectam rationem, honestum, utile, & delectabile; paucissimi verò sint, qui totis viribus tendant ad bonum rationabile, plerique ad sensibilium voluptatum illecebras trahantur; hinc fit, ut plerumque sensitivus appetitus rationalem in suas partes adsciscat, penitusque sui juris faciat; quod quidem malum aliunde non provenit, nisi ex peccato *Adami*, quo Natura primò recta, integra, & perfecta à DEO condita, vitiata verò & depravata in omnes ejus posteros transfusa & propagata fuit. Sed quidnam illud sit: *Terror vester, ac timor sit supra omnia animalia Terræ*, expono. Reddidit DEUS inter alia sua promissa *Noë*, filios, eorumque posteritatem securam à furore, & rabie animalium, & unà imposuit cunctis animantibus timorem & tremorem, quo nescio, quali divinitatis signaculo, quod præseferunt, impulsa debitam obedientiam, tanquam superioris ordinis naturæ præstant, ei subsunt, ei serviunt. Quis non miretur vel vastissimum Elephantem à puero regi, & quò vult, deduci, & nutibus ejus obsequi? quod & de ferocissimis Leonibus, Tigridibus, Ursis, Lupis dictum velim, cum & hæc ab hominibus facilè cicurentur, & pro nutu

Homo ad peccandum proclivis.

Terror hominis super omnia animalia quid notet.

Cur cuncta animalia hominem timeant.

Directorum actiones suas exerceant; certè nil aliud, nisi character quidam Divinitatis homini impressus juxta illud: *Signatum est supra nos Lumen vultus tui, Domine*; hunc, veluti sigillum à conditore ipsi impressum, bruta venerantur animalia; hoc illis terrorem & tremorem ad ei in omnibus parendum incutit; neque enim ullum in rerum natura animal est, quod homini noxam inferat, nisi vel primò lacessitum, vel fame compulsum, vel metu sui, aut alia quapiam perturbatione incitatum.

Quod verò *Sacer Textus* dicat, Terrorem tremoremque hominum, non supra homines, sed supra sola animantia terræ se extendere debere, utique mysterio non caret, quod ut exponatur: Sciendum est, Naturam omnes homines æquales genuisse, ita ut nil, hunc inter, illumque intercedat, nisi quod variante meritorum ordine, alios aliis occulta postposuerit distinctio; ipsa autem diversitas, quæ accessit ex vitio, rectè est divinis judiciis ordinata, ut quia omnis homo hujus vitæ iter æquo passu non graditur, alter ab altero regatur; Homo quippè animantibus, non autem hominibus naturâ prælatus est; & ideo dicitur ei, ut ab animalibus, non autem ab hominibus timeatur; contra naturam enim superbire, ab æqualibus velle timeri, quanquam à non subditis etiam viri sancti timeri cupiunt, cùm ab eis DEUM minimè timeri deprehendunt, ut humanâ saltem formidine peccare metuant, qui Divina judicia non formidant; in eo enim, quod metum sibi à perversè viventibus exigunt, quasi non hominibus, sed brutis animantibus dominantur; cum verò deest vitium quod corrigatur, non de excellentia potestatis, sed de æqualitatis conditione gaudent, & non solùm ab eis metui, sed etiam plusquàm necesse est, honorari refugiunt; ita *S. Gregorius*.

Cur Terror hic supra animalia sola, non supra homines promittatur.

Y   CA-

Caput III.

Utrum carnium esus ante Diluvium *in usu fuerit, an post* Diluvium *primò inceperit?*

Duas reperio sententias apud *Interpretes* de hoc Argumento controversas. Primam assertivam; Alteram negativam. Priorem plerique *Interpretes* amplexantur; videlicet, ante *Diluvium* esum carnium non fuisse in usu. Posteriorem verò defendunt haud incelebres Doctores, id est; esum carnium ante *Diluvium* non tantùm fuisse in usu, sed & prorsus necessarium. Nos ad concordandas hujusmodi opiniones, mediâ quâdam viâ procedimus, & dicimus: non omninò universalem fuisse usum carnium, ante *Diluvium*, sed forsan à stirpe *Sethiana*, Deo devota Domo, Religionis causa fuisse intermissum; non sic ab improba *Kainitarum* familia actum fuisse, hi enim pro libitu, quo eos insatiabilis παμφαγία trahebat, & plantas, herbas, fructus, olera, & denique carnes omnis generis, ad gigantæos stomachos implendos indiscretâ edacitate devorasse, sentiunt; quibus commixtam posteà Sethianam progeniem (ex qua promiscuo congressu Gigantes nati) consuetudinem à *Kainitis* receptam ad *Diluvium* usque conservâsse verisimile esse putant. Sed jam, utriusque Sententiæ rationes exponamus. Prioris Sententiæ *Assertores* aliam rationem non adducunt, nisi quod, cùm omnes herbæ, fructus, olera, fruges, in primitivo illo Mundi seculo, summo vigore ad enutriendum constarent, opus non fuisse carnibus; Posteriores verò contrà, sequentes rationes opponunt, quibus & nos ex parte subscribimus.

I. Carnium esus ante Diluvium probatur.

Prima est: Cum enim innumerabilis hominum multitudo à conditi Orbis exordio usque ad *Diluvium*, universam poenè Terræ faciem ingenti humani generis multiplicatione oppleverit; homines præterea μακρόβιοι, id est, longævæ vitæ fuerint; deinde robustis gigantæísque corporibus præditi; in propatulo est, nec frumentum, neque olerum, neque leguminum, neque quarumcunque tandem arborum fructus; ad tot tantosque homines tam longævos, tanto virium robore præditos, atque quàm copiosissimo alimento indigos sustentandos, sine carnium esu suffecisse; nisi quispiam concedere malit, tunc temporis homines non secus ac Boves, Asinos, Equos, Oves, Caprasque, præter olera, legumina, fructus, sylvarum pratorumque virentes quoque herbas, folia arborum, ac tandem paleas, foenum, & similia bestiis congrua nutrimenta comedisse; quod uti à ratione abhorret, ita quoque minimè veritati consonum esse censere debemus, quod panis ex frumenti farinâ coctus, variæ olerum fructuumque comestibilium species, non dicam, infinitam prope hominum multitudinem, & stomacho valentium robustissimo, suffecerint, sed ne quidem innumerabili, & prodigiosæ animantium multiplicationi suffecerint; ergo præter dicta carnium esus necessarius fuit.

Ratio Secunda. Si carnium esus non fuit in usu, necessariò sequitur, animalia dum in nutrimentum non cederent mortalibus, libertati suæ commissa, in tantam crevisse multitudinem, ut dum herbæ iis non sufficerent, unum alterum confecisse, neque hominibus pepercisse certum sit: & quemadmodum Ovidius canit:

At vetus illa ætas, non polluit ora cruore,
Tunc & aves tutè tranabant aëra pennis,
Et Lepus impavidus mediis erravit in agris,
Nec sua credulitas piscem suspenderat hamo,
Cuncta sine insidiis, nullamq; timentia fraudem,
Plenaque pacis erant.

ARCA NOE. 171

[margin: ultitudo finita ominum quisivit um carium.]

Si itaque animalium carnes in cibum non cederent, certè illa in tantam brevi tempore multitudinem, in fœcundo illo primævi Mundi tempore, multiplicata fuisse censemus, ut & montes, sylvas, valles, campos agrosque multitudine sua facilè opplêrint; volucrum quoque non fuerit numerus; pisces ob multitudinem, & mare, lacus, flumina exuberare facerent; quæ omnia otiosa fuissent, & omni emolumento carentia, si in alimentum, tunc infinitæ poenè hominum multitudini non cessissent. Quis non videt, fieri non potuisse, ut & homines, & animalia solo herbarum frugumque alimento sine usu carnium victitârint? Ad quid *Abel* pastor Ovium greges suos nisi ad victum vestitumque pascebat, utpote quæ homini lanam ad operimentum, Lac verò Caseum, Butyrum & Carnes earundem veluti ad vitam sustentandam necessarias præbebant, nisi forsan aliquis frustrà hæc à natura instituta fuisse insipientiùs asserat. Hinc enim sequeretur, DEUM *Opt. Max.* qui tantâ providentiâ Mundum disposuit, illum non in emolumentum aut commodum hominum, sed solummodò ob decorem universi condidisse; quod quàm *Sacræ Geneseos paginæ* repugnet, quis non videt? Frustrà DEUS dixisset: *Crescite & multiplicamini, & replete Terram; Dominamini volucribus cœli, & bestiis terræ*, cum dominium illud non in oblectamentum oculorum solummodò, sed & in usum, & esum, id est, in victum vestitumque, ad vitam sustentandam necessarium, hominibus dederit. Carnium itaque usus necessarius fuit, præsertim comestibilium, ut sunt mundorum animalium; reliqua verò animalia immunda tam alitilia, quàm quadrupedia, etsi in cibum non cederent, homini tamen innumera commoda & emolumenta præstabant, tum ad varium usum pellium, cornuum, aliarumque rerum, tum ad medicas facultates, quibus pollebant, aliasque occultas naturæ vires, quas etsi non cognoscamus, in nostrum tamen usum ea nobis continuò prodesse, solus ille novit, qui ea tam sapienter condidit.

Ratio Tertia est: quod infinitam hominum, hominum, inquam, longævæ vitæ, validissimorum, & magno nutrimento indigentium multitudinem intra 16. secula solo herbarum, frugum, fructuumque alimento victitasse, minimè rationi convenire videatur, præsertim cum infinitam poenè multitudinem animalium herbivororum greges comestores habuerint, ut proindè nesciam, utrùm illa majores agris, arborumque fructibus strages ediderint? Itaque in tanta voracitate animalium, vel unico die eam depascebantur herbarum frugumque copiam, quæ vel integro anno repullulare non poterant; depastis autem agris, quid, nisi fames restabat? quâ stimulante, ad quid non edendum homines adigebantur? Profectò veritati haud incongruum assero, si vera esse credimus, quæ in *Primo Libro* hujus Operis, ex *Libro Enoch*, & *Beroso* authore Chaldæo pervetusto adduximus: Gigantæam illorum temporum progeniem, non dicam ab omnibus tam mundorum, quàm immundorum animalium carnibus, sed & ne quidem ab anthropophagia, sive ab humana carne abstinuisse. Quæ pulchrè sanè & scitè Dominicus de Soto *lib. 5. de Jure & Just.* confirmat. Sic igitur argumentatur: *Si esus carnium non erat in usu, id accidisse, necesse est, aut quia prohibitus, aut quia esus carnium id temporis non erat utilis homini, aut quia vis carnium nutritiva hominis non fuit eo tempore cognita, aut quia propter abundantiam & præstantiam alimenti, quod plantæ suppeditabant homini, esus carnium supervacaneus esset, & non necessarius; sed nihil horum ad fidem adstruendam opinioni eorum, qui carnium esum in usu non fuisse ante Diluvium asserunt, conducit: Ergò, siquidem nulla lege prohibitum usum carnium,* non quidem

[margin: III. Longævæ vitæ, & robustissimi homines carnis esum requirebant.]

[margin: Multis rationibus probatur carnium Esum in usu fuisse ante Diluvium.]

Y 2

dem naturali, ut patet, neque positivâ; talis enim nuspiam in *Sacris Literis* reperitur; nec quidem probabilis causa esse potuit, cur eo tempore esus carnium non esset conveniens, & utilis homini, cum *Philosophorum* omnium, *Medicorumque* concessu, & quod caput est, experientiæ documento meliorem esse constet, ad alendum & roborandum hominem, carnium esum, quàm plantarum; cum ex illis alamur, ex quibus sumus, utique ab Orbis conditu semper cibus carnium magis proportionatus fuit homini, ob similitudinem, quà facilius istiusmodi nutrimentum in substantiam aliti convertitur, quemadmodum vini potus in sanguinem. Illud porrò minimè fit credibile, toto eo tempore quod præcessit *Diluvium*, id est, per annos 1656. vim carnium ad alendum hominem accommodatissimam, nec speculando fuisse homini cognitam, nec experiendo compertam. Posito autem, non concesso, id temporis plantæ sufficiens homini alimentum præbuerint, nec opus fuerit esu carnium, id tamen non probat, apud homines carnium esum in usu non fuisse. Quàm multis etiamnum vescimur non necessariis, sed quia melius, delicatius, & jucundius alimentum habeant? neque enim homines contenti sunt necessariis vel ad victum, vel ad vestitum, sed & alia multa curiosè avidéque sectantur, si meliora & suaviora ea esse putant. His accedit, omnia animalia à D<small>EO</small> producta ob usum hominum; sunt autem multa quæ præter escam cibumque vestitumque ignores, cui usui esse possint hominibus; ut sunt ovillum genus & pisces, volucrumque variæ, uti Perdicum, Turdorum, similiumque species, quarum carnes in nullum alium usum præterquam in palati irritamentum cedunt siquidem igne tostæ, vel odore suo grato statim appetitum ad eas comedendum sollicitant: imò quantum odore suo ad gulam sollicitent, experientia quotidiana sat superque docet. Quis rogo sibi persuadeat, homines istos primævos, nulli legi subjectos, incredibili corporum robore, & fortitudine præditos, qui veluti pondere quodam ferebantur eò, quò eos naturæ impetus impellebat, id detrectasse, quò & vires suas augeri experiebantur, & ad quod eos gula prorsus effrænis, deliciosúsque carnium victus trahebat. Accedit, quod credi non possit, eos olera solummodò sine ullo condimento devorasse, sed pinguedine, quam iis copiosissimam natura præbebat, id est, ex Lacte, Butyro, Oleo, similibúsque quamoptimè unà carnibus mista præparasse; fuit enim semper eadem hominum, est, eritque conditio, sive victum, sive vestitum spectes, qui uno & eodem cibo minimè contenti, nova semper, & nova gulæ irritamenta investigant; & experientia docet, in ultimo hoc gratiæ seculo, quo homines ne quidem rigido Ecclesiæ præcepto à prohibitis hujusmodi, potissimum Quadragesimæ tempore carnium victu contineri queant; quantò magis primævi isti homines, qui nullæ legi adstricti, suis confisi viribus, nil non ciborum ad vegetosissimos stomachos replendos, detrectabant. Quis denique neget, illos præter carnes, piscium, quibus flumina, lacus, mare exuberabant, frequentissimum usum habuisse, nisi, ut *suprà* diximus, eos quis dicat, præter decorem universi, nullum alium usum habuisse; quod & naturæ, & *Sacris Literis* expressè repugnat *cap. 1. Genes.* ubi, *dominamini Piscibus maris*, pisces expressè subjicit potestati & dominio hominis; quodnam verò dominium homines in pisces habere possunt, nisi, ut iis retibus, aut quocunque alio modo captis, homini in cibum cederent? cum alius usus in piscibus concipi non queat; non enim hominem vestiunt, non defendunt, neque jumentorum more in laboribus conficiendis subsidio esse possunt, ergò ad solum cibum producti sunt.

C<small>A</small>-

Caput IV.

Cur Esum Carnium post Diluvium *expressè, non item suffocatorum, aut sanguinis eorum* Deus *concesserit.*

Cur Deus sanguinis esum prohibuerit.

Sic igitur dicit *Moses* cap. 6. verf. 3. *Omne quod movetur & vivit, erit vobis in cibum, quasi olera, viventia tradidi vobis omnia.* Hoc loco Deus videtur primùm carnium usum præscripsisse posteris *Noë*; Sed qui exactiori trutinâ rem ponderârit, videbit, non indè concludi, esum carnium ante *Diluvium* non in usu fuisse, sed quod multa scelera in esu carnium committerentur, quæ ne iterum committerentur à posteris, esum carnium quidem permisit, sed cum ea exceptione, quam *paulò post* exponemus; minimè enim ex carnium esu modò à Deo permisso, sequitur, eum ante *Diluvium* non fuisse in usu, & luculenter patet, ex Iride, quam Deus ad propitiandum Orbi assumpsit in symbolum gratiæ & favoris, non quod tum primùm Iris nata sit, sed quod tunc temporis primùm Deus illam, tanquam signum suæ in genus humanum fidei propitiationisque assumpserit: cum itaque Iris nihil aliud sit, quàm roscida nubes, quæ radiis solaribus in eam incidentibus multiplici colorum varietate in visum nostrum reflectitur; quis eam ante *Diluvium* non fuisse inscitius asseverabit? Certè nullus alius, nisi insensatæ mentis homo: cum enim illa originem suam ex nube jam in guttas resolutâ ducat, certè is consequenter ante *Diluvium* non pluisse, asserere cogetur; quod quàm absurdum sit, quis non videt? Sicuti igitur Iris ante *Diluvium* fuit, etsi primò post *Diluvium* in signum propitiationis cesserit, ita & carnium esus, etsi post *Diluvium* immediatè primùm à Deo concessus sit, non tamen indè sequitur, ante *Diluvium* in usu non fuisse. Jam verò causas & rationes exponamus, cùr Deus post *Diluvium*, usum carnium singulari præcepto concesserit? & cur suffocata, & sanguinem animalium prohibuerit.

Satanæ retia ad illaqueandos homines.

Notandum itaque, quemadmodùm in *Primo Libro* de vita & moribus primævorum hominum ostendimus, sceleratissimam eorum fuisse vitam, & immanem peccandi licentiam. Humani generis hostis Satanas nihil non attentabat, quàm ut humanam progeniem omni vitiorum peccatorumque vix credibilium genere, omni lege Divinâ proscriptâ contaminaret, quod tribus præcipuè laqueis executus est.

Qualis primævorum hominum vita fuerit ante *Diluvium*, quàm scelerata, quàm immanis, quàm omni lege naturæ proscriptâ, ad effrænem quandam peccandi licentiam effusâ, suprà in *Primo Libro* hujus Operis ostendimus; non enim animalium quorumcunque tandem esu contenti, sed & ne ab humanorum quidem corporum comestione abstinebant, sanguinem calidum ebibebant ad vitam animamque bestiarum in se transfundendam; undè cædis hominum animaliumque nullus modus; ex quibus ob horrendas, quibus Satanas animas eorum excæcare non cessabat; superstitionis primùm porta ad omnem spurcissimæ libidinis execrandæ Idololatriam aperta fuit; Nam ut rectè in fragmento *Henoch* legitur: Ὁ ᾖ Φάρμαρῶ κακοδαίμων ἐδίδαξε φαρμακείας, ἐπαοιδίας, σοφίας καὶ ἐπαοιδῶν λυτήρια. ὁ, θ, ἐδίδαξεν ἀςροκοπίαν. ὁ ᾖ, η. ἐδίδαξε ἀςροκοπίαν· ὁ ᾖ, γ. ἐδίδαξε τὰ σημεῖα τῆς γῆς. ὁ ᾖ, ζ. ἐδίδαξε τὰ σημεῖα τ᾿ σελήνης. Πάντες ὗτοι ἤρξαντο ἀνακαλύπτειν τὰ μυςήρια ταῖς γυναιξὶν αὐταῖς,

αὐταῖς, καὶ τοῖς τέκνοις αὐτῶν. μ⳿ ὃ ταῦτα ἤρξαντο οἱ γίγαντες κατεσθίειν τὰς σαρκὰς τῶν ἀνθρώπων, ἐξήρξαντο οἱ ἄνθρωποι ἐλαττοῦσθαι ἐπὶ τῆς γῆς· οἱ ὃ λοιποὶ ἐβόησαν εἰς τὸν οὐρανὸν περὶ τῆς κακώσεως αὐτῶν· καὶ ἐποίησαν ἑαυτοῖς οἱ υἱοὶ τῶν ἀνθρώπων, ἐν ταῖς γυναιξὶν καὶ θυγατέρασιν αὐτῶν καὶ παρέβησαν· καὶ ἐπλάνησαν ἔτι τὰς ἁγίας, καὶ ἐπλήθυνε ἀσέβεια πολλὴ ἐπὶ τῆς γῆς, ἐν ἠφανίσαν τὰς ὁδοὺς αὐτῶν.

Quænam docuerint dæmones homines, ad perditionem. Pharmarus itaque ex viginti Egregoræis, *id est*, malignis spiritibus undecimus docuit *Magiam*, & *Artem incantatricem*; (id est, varia pharmaca philtrica ex herbis, & sanguine hominum animaliumque mistis) præstigiatorumque expiatoria sacra; Nonus autem docuit artem deducendi stellas, id est, artem, quâ stellarum virtutes in statuas & simulacra se infundere posse credebant. Quartus Astrologiam divinatricem (quâ ei sortes, de fortuna status vitæ consultabant.) Octavus docuit artem divinandi per aërem. Tertius docuit Geometriam, id est, per signa Terræ. Omnes hi inceperunt uxoribus suis, & filiis eorum dicta revelare mysteria. Post hæc inceperunt Gigantes vesci carnibus humanis, repereruntque impio hoc exterminio homines decrescere super terram, & eò usque progressi sunt, ut vel ipsos sanctos prævaricari, & errare facerent, atque adeò magna extitit impietas super terram, & corruptæ sunt universæ viæ mortalium.

Magicæ artes ante Diluvium. Certum est, Magicas artes ante *Diluvium* valdè in usu fuisse, utique Satanâ magistro, qui omnes suas machinas in eum potissimum finem scopumque dirigebat, ut Mundum universum impietate, actionum perversissimarum enormitate, & veri, & unius D E I neglecto cultu, Mundum Idolatriâ perderet; quæ & *Josephus* scitè ostendit; quibus ait & *Chamum* imbutum unà secum in *Arcam* tabulas, quibus dictæ artes continebantur, attulisse, ut post *Diluvium* illa postero Mundo propalaret; *Ægyptusque* ea, quæ ipsi post *Diluvium* in sortem ceciderat, primævum omnium superstitiosarum artium seminarium fuisse, sat docet : Nam, ut Berosus scribit : *Illis*, inquit, *temporibus circa Libanum fuisse* Enos *urbem maximam* Gigantum; *hi vastitate corporis, ac robore confisi, inventis armis omnes opprimebant, libidinique inservientes, invenerunt papiliones, & instrumenta Musica, & delitias. Manducabant homines, & procurabant, aborsusque in edulium præparabant veluti ova, & commiscebantur matribus, filiabus, sororibus, masculis & brutis.* Quæ omnia *fragmentum Arabicum*, quod in *Chronico Abulhassen* reperitur confirmat :

Abenhassen interp. nico Abum.

وكانوا لجبا برجرة الارض مشتغلين داللهو قاللعب والمزمار والعسق وغيره
وكانوايجتمعون علي لامراة ويزدون بها وكانت الشبيا طين يزدون لهم اعما لهم
وهم يزدون بالامهات وكانوا قد اتخدوا خمسه اصنام جتمثل لهم الشيطان علي
صور اولاد قبيل وهمود وسواج ويغوث ويعوق ودسرج.

Erant autem in diebus illis Gigantes *in Terra, homines pessimæ vitæ; indulgentes ludis, jocis, Musicæ, aliisque incitamentis luxuriæ, & coibant cum mulieribus fornicatione pessima, miscentibusque se operibus eorum pessimis dæmonibus; nunc incubos, nunc succubos sese illi præstabant, miscebanturque etiam, sine ullo pudore ipsis matribus, & sororibus. Idololatriæ impensè operam dantes, conficiebant opera fascinationis ex instructione dæmonum; quinque idola ad similitudinem filiorum* Cain. *Tunc Dumasbal Rex errare fecit universam terram, impiis suis machinis corrumpendo non solùm suæ sibi ditionis subjectos, sed & impietatem divulgando cæteras quoque Regiones horrendis abominationum monstris, id est, abusu humani sanguinis, coïtuque animalium contaminavit.* Atque hisce tametsi apocryphis, valdè tamen Sacræ Historiæ, Sanctorumque Patrum traditionibus consenta-

ARCA NOE. 175

sentaneis, luculenter patet, cur post *Diluvium* DEUS cibum carnium partim permiserit, partim vetuerit; hoc enim factum verisimile censeo, non quod ante *Diluvium* carnium usus non fuerit, sed quod propter abominandos abusus sanguinis, tùm hominum, tum animalium, homines non in eadem vitia corruerent post *Diluvium*: quasi DEUS ad *Noë* filiosque diceret: Nostis, quanta ante *Diluvium* carnis perversitas fuerit? Vidistis, quàm horrenda luxuriæ confusio genus humanum contaminaverit; quàm temerario ausu sanguinem humanum sine causa effuderint; quantus in potu sanguinis humani animaliumque in omni superstitionum genere abusus; quomodò sanguinis potu animas hominum animaliumque in se trahere posse credebant, per execrandas fascini philtrorumque magicas operationes; Ne itaque idem in postero mundo contingat, dico vobis: *Omne quod vivit & movetur super terram, erit vobis in cibum, veruntamen carnem cum sanguine non comedetis, uti ante Diluvium faciebant, sanguinem enim animarum vestrarum requiram de manu cunctarum bestiarum, & de manu hominis, & de manu viri, & de manu fratris ejus requiram animam hominis: quicunque effuderit humanum sanguinem, fundatur sanguis ejus.* Quis enim nescit, usum quoque apud veteres, uti *Porphyrius lib. de Abstinentia* testatur, prohibitum fuisse, eò quod putarent, animas tam hominum, quàm animalium in sanguine sitas esse? malignos quoque spiritus sanguine illo delectari? & sub sanguine latentes homines miris modis in omne vitiorum genus præcipitare? Alii per sanguinis humani potum, occisi animam per metempsychosin in se attrahere stolidè putarunt; ita *Pythagorici*, & plerique *Rabbini* in hunc locum. Atque hæc opinio adeò altè ab origine Mundi, in hunc usque præsentis temporis statum, animis hominum insedit, ut exstirpari hucusque non potuerit; unde & *Brachmanes*

Cur sanguinis potus prohibitus fuerit.

Indiæ animalium carnes non comedere, nec sanguinem attingere audent. Quæ omnia ex dicta prohibitione post *Diluvium* à DEO facta, & deinde à *Mose* lege præscripta confirmata, originem suam acceperunt, & quàm expressissimis verbis *cap.* 17. *Levitici* proponitur his verbis: *Hinc quilibet de domo* Israël, *& advenæ, qui peregrinantur inter vos, si comederit sanguinem, obfirmabo faciem meam contra animam illius, & disperdam eum de populo suo, quia anima carnis in sanguine est, & ego eum dedi vobis, ut super altare meum expietis pro animabus vestris, & sanguis pro animæ piaculo sit; si quis itaque venatione, aut aucupio ceperit feram, vel avem, quibus vesci licitum est, fundat sanguinem ejus & operiat illum terra.* Cùm enim vita consistat in calido, & humido, talis autem propriè sanguis sit, neque vita sine alimento constare possit, ultimum verò alimentum sanguis sit, vel spiritus vitalis, purioris sanguinis portio, idem foret, comedere sanguinem, comedere vitam ipsam animalis, vel animal vivum comedere, quod naturæ repugnat: hinc sanguis immolatorum ponebatur in vase supra altare, aut ad basin ejus fundebatur; eò quod propter admissa crimina debuisset sanguis & vita hominum profundi, perdique, benignissimus DEUS, & justus pro vita & anima hominis jussit vitam, & sanguinem animalium sibi offerri. *Divus Thomas* verò addit alias causas, quarum prima est, quod fugiendæ Idololatriæ, ad quam *Hebræi* quàm pronissimi erant, causâ prohibuisset DEUS esum sanguinis: Nam Idolorum cultores libabant de sanguine victimarum; altera verò in odium & detestationem homicidii, ut tantò magis horrerent humani sanguinis effusionem, quibus esus sanguinis animalium severe interdictus fuisset. Certe ob rationes supradictas, esus sanguinis etiam tempore Legis Euangelicæ, in primo Ecclesiæ Concilio, & *Apostolorum* Decreto, non tantùm apud *Hebræos* firmatus

Quomodo Apostolorum Decretum de abstinentia à sanguine & immolatis suffocatis que intelligendum sit.

tus fuit, verùm etiam omnibus ex gentilismo ad *Christum* conversis indictus; sic enim dicitur cap. 15. Actor. *Visum est Spiritui Sancto, & nobis nil ultra imponere vobis oneris, quàm hæc necessaria, ut abstineatis vos ab immolatis simulacrorum, & sanguine, & suffocato, & fornicatione, à quibus custodientes vos, benè agetis, valete.* Hujus prohibitionis alia ratio dari non potest, nisi quod cum istarum rerum abstinentia apud plerosque *Latinos*, & in Ecclesia Occidentali jam cessasset; multi tamen præsertim ex *Græcis* in Ecclesia Orientali hujus observantiæ, vel propter inveteratam ejus consuetudinem, vel propter Apostolicæ authoritatis & sententiæ reverentiam, tenaciores fuerint; Abstinentiam harum rerum haudquaquam ad Legis Mosaicæ observantiam confirmandam; sed ad *Judæorum*, *Gentiliumque* animos faciliùs in unionem fidei conglutinandos ab *Apostolis* decretum fuisse existimamus. Cùm enim *Judæi* ex antiquissima consuetudine, sanguinis esum incredibili aversione horrentes, summo odio testarentur; esus autem eorum, quæ simulacris immolata erant, magnum eis scandalum afferebat, suspicantibus id esse argumentum reditus *Gentilium* ad Idololatriam; cessante autem tali causà, cessant & effectus; prohibitionem itaque illam solummodò in principio nascentis Ecclesiæ ad *Judæos* cum *Gentibus* faciliùs in unum corpus uniendos, *Apostolos* vim suam obtinere, non posterioribus seculis voluisse, ex eo patet, quod Mosaicæ legis cerimoniæ posteris temporibus in Ecclesia Catholica penitùs abolitæ sint. Sed hæc de carnium esu dicta sufficiant.

Caput V.

Utrum ante Diluvium *fuerit Pluvia, &* Iris, *& quid sit signum illud, quod* Deus *assumpsit post* Diluvium, *placationis suæ erga genus humanum.*

Genes. 9. vers. 13.

AD faciliorem rerum captum, adducam verba *Sacri Textus*; uti sequitur: Arcum *meum ponam in nubibus, & erit signum inter me & inter Terram, cumque obduxero nubibus cœlum, apparebit arcus meus in nubibus cœli, & recordabor fœderis, quod pepigi vobiscum, & non erunt amplius aquæ* Diluvii *ad delendam universam terram.* Ex hisce verbis nonnulli *Interpretes*, audaciâ plusquam temerariâ, neque pluvias, neque iridem ante *Diluvium* fuisse, quàm absurdissimè opinati sunt, & pluvias quidem non fuisse, ex illo 2. Genesis: *Nondum enim pluerat Dominus* Deus *super terram, neque homo erat, qui operaretur eam*; Id se probare posse putant. Quis rogo ex hoc versiculo tale quid colligat? cum tantum absit, ut indè quidpiam περὶ τῆς ἀνομβρίας, ante *Diluvium* inferri, ut potius pluvias ante *Diluvium* fuisse, ex iisdem verbis quàm luculentissimè demonstrari possit. Nondum enim in Mundi primordio ante hominis productionem Dominus pluerat super terram, ergo nunquam pluet? O lepidam & ridiculam illationem! necdum ortus est sol, ergò nunquam orietur? Dixerat *Christus* ante suam passionem, *Nondum venit hora mea*: Ergò passio & mors Servatoris, sine quo Mundus redimi non poterat, suo tempore non consequetur? Sic loquuntur homines omni judicii micâ destituti: Quis nescit Adverbium, *Nondum*, eum qui fieri debet, eventum minimè tollere, in rebus naturæ necessitati subjectis? Est itaque hæc opinio non minus absurda, quàm præsumptuosa & temeraria. Natura rerum, à quo tempore sapientissimus

Perperam sentiunt qui pluvias ante Diluvium negant.

Opifex

Opifex eam rebus omnibus infevit, tota, integra, & invariabilis manfit, & ad confummationem feculi femper manebit. Quis rogo, tam ftupidæ, & infenfatæ mentis eft, qui 1656. annis ab Orbe condito ufque ad *Diluvium* nunquam pluifse fibi perfuadere poterit? præfertim cum ad inferioris mundi œconomiam confervandam pluvia nil magis neceffarium concipi poffit. An non univerfa Terreni Mundi machina, tanto annorum decurfu, nimio folis æftu in pulverem abiiffet? An non univerfa plantarum, herbarum, arborumque genera, calore folis ficcata exaruiffent? imò omnia flumina, lacus, foffæ, fontes, infallibili hominum animantiumque interitu, omni humore exhaufta ceffafse dici pofsent? cum quotidiana experientia doceat, quantò vel ex femeftri pluviæ defectu mortalium animi, metu annonæ caritatis fecuturæ confternantur? Certè Divina juftitia ob peccata mortalium; non aliis pœnis, quàm fame, bello, pefte, quæ tamen femper pluviæ fufpenfionem confequuntur, admonere folet, & ex *Hiftoria Regum* Septennis pluviarum apud *Samaritanos* fufpenfio clarè docet. Sed hæc de abfurda ἀνωμϐρίας ante *Diluvium* fententia fufficiant.

Cum itaque nemo tam infenfatæ, & infulfæ mentis, & naturalium effectuum adeò ignarus fit, qui pluvias ante *Diluvium* non fuifse, affeverare audeat, imò à *Diluvio* ufque ad præfentis temporis ftatum, & hinc ufque ad confummationem feculi, & pluviam femper & effectus ejus perftitiffe, neceffe eft; Effectus autem præ innumeris aliis admiratione fanè digniffimis apud omnes femper fuit *Arcus Cœleftis*, five *Iris*; quam DEUS poft *Diluvium* in fignum placati Numinis, *Noë* pofteris dedit. Si ergò pluviam ante *Diluvium* fuiffe verum eft, & falva naturæ integritate, nemo negare poteft? *Iris* autem nil aliud fit, quàm rofcidæ nubis à fole illuminatæ & ad nos dum in guttas refolvitur, reflexæ effectus, fieri non poteft, ut ante *Diluvium* non comparuerit. Quæ omnia fufiùs hic ex *Iridis* genefi demonftrari poffent, fi argumenti inftitutum permitteret, qui verò *Iridis* generationem, colorum varietatem, & alia accidentia & proprietates verè admirandas noffe defiderat, is *Librum noftrum*, cui titulus eft, *Ars Magna Lucis & Umbræ* confulat, ubi quàm ampliffimè cuncta ad *Iridem* fpectantia expofuimus. Nihil igitur modò reftat, nifi ut modò exponamus, cur DEUS poft *Diluvium* placati Numinis erga genus humanum, veluti fignum *Iridem* affumpferit.

Naturale eft Soli, ex aquis & Terra vapores extrahere, & in mediam aëris regionem extollere; naturale eft, ex denfis nubibus imbres gigni, & in terras delabi; denique naturæ effectus eft, in nubibus modicè denfis atque humidis, & diverfo folis fulgore percuffis *Iridem* generari, hunc igitur naturalem & perpetuum naturæ proceffum atque ordinem toto eo tempore, quod præceffit *Diluvium*, non fuiffe, amens eft, qui credit. Cur enim DEUS hunc Naturæ ordinem toto eo tempore impediviffet? quorfum tam magno atque diuturno miraculo naturalem pluviæ generationem prohibuiffet? Deindè fi tanto tempore nulli fuiffent imbres, omnia profectò, uti *paulò antè* diximus, in Terris nimia ficcitate in ariditatem redacta interiiffent. Quis nefcit, hoc noftro feculo, & in fuperiorum temporum *Sacra Regum Hiftoria*, ex trienni imbrium penuria tum homines, animalia, ftirpefque, tum fame magnam orbis partem interiiffe. Sed dicent fotaffis, Terras, uti in *Nilo* obfervatur, ftatis temporibus inundatas, fœcundatafque fuiffe. Quæro ego ab iis hujus inundationis Niloticæ caufam, quam fi invenerint, unà quoque, eos fateri neceffe eft, hujus inundationis caufam aliam non effe, nifi pluvias, quæ in interioris *Æthiopiæ*, Lunæ montibus, dum

dum statuto tempore, immodico imbrium delapsu, niviumque resolutione omnes campos, fluminumque alveos replent, *Nilum* immensâ aquarum mole aggravatum, & in humilem *Ægypti* regionem per catadupa devolutum, in ea inundationem efficere necesse est. Sine pluvia itaque nulla in Orbe Terrarum inundatio contingit. Etsi enim in *Ægypto* non pluat; pluit tamen immodicè in *Æthiopia*, uti dixi, statis temporibus, unde magno suo emolumento suam sortitur inundationem *Ægyptus*. Frivolam igitur, & nullius momenti objectionem hanc esse, quis non videt? cum itaque & pluviæ, & *Iris* non secus ac hodiè semper acciderit, quæri solummodò hoc loco potest, cur Deus *Iridem* pro Symbolo propitiationis suæ post *Diluvium* assumpserit? Ad hoc itaque respondemus, *Iridem* à Deo non fuisse assumptam, tanquam signum naturale *Diluvii* non venturi; sed tantùm ex pura Dei voluntate. Cum enim post *Diluvium*, cum promissi sui de non futuro *Diluvio* signum aliquod dare vellet hominibus, possetque quodlibet aliud assumere, præ cæteris tamen ad id elegit *Iridem*. *Iris* igitur non est ex natura, sed ex Dei voluntate ac decreto, vim habet significandi nunquam futurum *Diluvium* universale; Et hoc pacto probatur: Si *Iris* est naturale signum *Diluvii*, aut esset signum futuri *Diluvii*, aut non futuri, aut futuri & non futuri, aut neque futuri, neque non futuri; Non potest esse signum naturale futuri *Diluvii*, tum quia generatio *Diluvii* non potest fieri ex causis naturalibus, quemadmodùm *suprà* demonstravimus, sed tantùm Omnipotentis Dei virtute; *Iris* ergò non potest esse naturale signum ejus: tum quia Deus promisit nunquam deinceps futurum *Diluvium*, ejusque promissi sui *Iridem* voluit esse signum. Secundò, neque *Iris* est naturale signum non futuri *Diluvii*, tum quod ea sæpissimè fuerit ante *Diluvium*, non obstante, quòd posteà venit *Diluvium*; tum etiam,

Iris non est signum naturale non venturi amplius *Diluvii*, sed ex voluntate Dei assumptum.

quod si secundum suam naturam signum esset non futuri *Diluvii*, supervacaneum & incongruum fuisset eam à Deo constitui tanquam novum quoddam signum non futuri *Diluvii*. His accedit, quod *Diluvium* generale effectus naturalis, uti *paulò antè* diximus, minimè dici possit, sed purè supernaturalis, ut proindè fieri, aut non fieri *Diluvium*, solummodò ex Dei voluntate pendeat; Non igitur ejus rei naturale signum *Iris* esse potest. Dicere autem *Iridem* esse signum *Diluvii* & futuri, & non futuri, non modò falsum, sed & prorsùs absurdum & impossibile est; *Idem enim manens idem*, uti Scholæ loquuntur, *non potest aut facere, aut significare contraria*. Restat itaque *Iridem* nec futuri *Diluvii*, neque non futuri *Diluvii* esse signum naturale, sed merè voluntarium & ad placitum. Quamvis enim *Iris* ante *Diluvium* extiterit; non tamen tunc signum fuit, sed post; siquidem Dei promissum, & pactum de non futuro *Diluvio*, cujus ipse voluit esse *Iridem*, non ante, sed post *Diluvium* factum est; neque quispiam mirari debet, *Iridem*, qui est effectus naturalis ab origine Mundi à natura productus, signum fieri rei novæ, & voluntariæ, quale est promissum & pactum Dei, id enim frequenter usu venit in rebus humanis: Verbi gratia, saxum, quod alicubi longo tempore immobile jacuit, ab hominibus tanquam signum asumitur divisionis agrorum & possessionum; sic aqua naturalis in Baptismo asumitur à Deo ad conferendam gratiam ei, qui juxta consuetam sacramenti administrationem aqua tingitur. Pari pacto *Iridem* Deus præ cæteris elegit in signum non futuri *Diluvii*, eò quod nullus esset in natura rerum pulchrior sublimiorque effectus *Iride*, utpote in quam exortam mox oculi omnium convertantur, & promissi à Deo, de non futuro ampliùs *Diluvio* memores, ad Divini Numinis benignitatem & misericordiam concelebrandam fiducialiter animentur.

Pars

ARCA NOE. 179

Pars II.
De gestis *Noë* post *Diluvium*.

Caput I.
An Noë *aliquanto tempore in montanis* Ararat *regionibus commoratus sit.*

Noëmo cum filiis suis *Sem*, *Cham*, *Japhet*, ex *Arca* unà cum animantibus egresso, non est verisimile, eum statim in planitiem adhuc aquis madidam, & immensi limi copiâ undiquaque oppletam, in qua neque herbæ adhuc eruperant, neque arbores discoopertæ adhuc germinârant, neque fontes in sinuosa fluminum diverticula, se diffuderant, descendisse; sed in vastissimis montis *Ararat* campis, vallibusque constitisse, donec universi planitiei campi, jam ad agriculturam apti redderentur. Itaque, uti dixi, *Noëmum* ad nonnullos annos in medio montanæ habitationis districtu, jam à defluxu limi libero, fontiumque scatebris saluberrimo commoratum, prima agriculturæ exordia instituisse, rationi consonum esse, quis non videt? In vastissimis itaque montis *Ararat* recessibus, & agriculturam exercuisse & per filios, propagationi humani generis instituisse, dubium nulli esse debet, qui quæ *suprà* de planitiebus, *Diluvio* oppletis adduximus, rite conceperit. Nam cum *suprà* in *primo libro* ostenderimus, *Noëmum* cum filiis in *Arcam* ingressum fuisse, mense *Nisan*, qui partim *Aprili*, partim *Majo* correspondet, uti ex *Hebræorum* computu constat, *Diluvium* verò unà integro anno duraverit, certum est, illum egressum extra *Arcam* fuisse eo ipso tempore, quo ingressus fuerat, quandò jam in montana habitatione arbores, pascua, plantæ, verno temporis calore, in copiosissimos germinum fœtus erumperent, Agrorum campi fœcundo seminum jactu imprægnarentur; Animalium ergò universa multitudo, fœcundis congressibus, præceptum Domini complerent; Non est, inquam, dubium, quin *Noë* prudenti consilio, & providentiâ, tuguria casasque ad commodiùs habitandum, exstruxerit; filios suos agrorum colendorum artem docuerit,& quæcunque tandem ad vitam humanam, necessariarum rerum copiâ sustentandam, modos, rationes dictando, instruxerit, quin & ad immensæ bonitatis & misericordiæ Divinæ beneficium,quo à perditi Mundi interitu eruti fuerant, recognoscendum, Dei cultum per Sacrificia, aliasque cerimonias sacras præscripserit; verbo, nihil eorum,quæ ad politicæ moralisque vitæ transactionem, necessaria videbantur, eum intermisisse, credibile est. Montes enim primævos post *Diluvium* homines amasse, jam in *præcedentibus* dictum fuit, eas ob causas; primò quod tum inferiorem terræ planitiem necdum in fluminum alveos divisum, sed alta limi congerie, oppressa cuncta squalerent, tum quòd vaporum noxiorum ex tot hominum, animalium, serpentumque cadaveribus, exhalationum miscellam, quà terrestres quisquiliæ inficiebantur, oppidò hominum animaliumque saluti noxiam cognoscerent; satiùs itaque judicabant, in altioribus montium locis, ob defæcatum jam aërem, ventorum salubritate

Z 2

britate purgatorum, unà cum falubrium aquarum fcatebris, confiftere ufque dum multiplicato genere humano, novas femper & novas habitationes ad planitiem ufque conftruerent, donec jam nonnullorum annorum decurfu, vi folis fiderumque influxu habitationi hominum idonea aptaque reddetur, quæ apud *Commentatores in libro Micra haggadol* appellato confirmantur. *Berofus* quoque, fi tamen ei fides habenda, plurima noftris conformia de iis rebus, à *Noë poft Diluvium* geftis, narrat. Finito Diluvio, *cum Arca in Gordiæo monte Armeniæ confediffet*, Noë *paulatim in loca plana & brevi multiplicata progenie (perpetuo enim gemellos edebant, mafculum & fœminam) adeò completa effe hominibus ea loca, ut neceffe fuerit, multos indè recedere, fed* Noë *diù ibi manfit, fuofque filios primùm docuit agriculturam, artefque colendi vites, & conficiendi vinum, tum facros ritus, & cerimonias colendi* Deum, *multa quoque naturalium arcana mandavit literis, quæ apud* Scythas, Armenos, *folos Sacerdotes legere, docere, & difcere fas eft; docuit quoque curfus cœlorum, & menfes duodecim ad motum Lunæ accommodatos, multaque impofterùm ventura Aftronomiæ fcientiâ prædicebat; quamobrem quafi* Deum *quendam venerabantur, eumque* Solem & Cœlum *cognominabant; adhortabatur autem homines Familiarum principes, ut novas fedes quærerent.*

Caput II.

De Plantatione Vineæ à Noë *facta, & utrum ante* Diluvium *ufus plantationis vitium, & vini fuerit?*

Sacer Textus cap. 9. de *Noë* fic habet: *Cœpit Noë vir agricola exercere terram & plantavit vineam, bibenfque vinum inebriatus eft.* Cui Hebræa Lectio confonat:

Genef. 9.
verf. 20.

ויחל נח איש האדמה ויטע כרם וישת
מן היין וישכר :

Et cœpit Noë *vir terræ, & plantavit vineam, & cum bibiffet vinum, inebriatus eft.* Chaldæa fic habet:

ושרי נח גבר פלח בארעא ונצב כרמא
ושתי מן חמרא ורוי :

Et cœpit Noë *vir operans terram, & plantavit vineam, & bibit ex vino, & inebriatus eft;* Hifce, conformibus verbis refpondet *Græca & Arabica.*

His præmiffis, jam videndum reftat, undenam *Noë* ad agriculturam, & plantationem vineæ, triticum fimiliaque frumentacea femina, undenam racemos vitium acceperit; certum enim eft, neque femina immediatè poft *Diluvium,* neque vites, neque fructiferarum arborum radices illum obtinere potuiffe, cum omnia profundi & limofi fedimenti aggregatione, jam fepulta fqualerent, neque, etiamfi femina jam in gramen affurgerent, ad multos tamen menfes maturefcere non poterant; & confequenter fame enecari eos neceffe erat, fi aliundè copiofam frumenti, aut racemorum provifionem paratam non habuiffent. Ego itaque ex hujufmodi actionibus concludo; *Noëmum* non uti nonnulli *Interpretes* hujus loci imperitè exponunt, ex emergentibus derepente poft *Diluvium* germinibus fegetum, & recentibus uvarum racemis, & agros confitos coluiffe, & vineas plantare cœpiffe; Hoc enim falfum effe, ex dictis paulò ante rationibus luculenter patuit: fequeretur enim, fegetes ftatim poft *Diluvium* non tantum ex feminio frumentaceo, aut vitibus infra fæces limofas relictis ftatim refloruiffe; fed & jam ad meffem quoque colligendam, vindemiamque inftituendam, opportunas aptafque fuiffe, quod & climati montis *Ararat,* præfertim verno tempore prorfus sùs contrarium esse, quis non videt ? imò idipsum vel ipsi naturæ repugnare indè patet, quod frumentaceæ species terrestrium quisquiliarum immensa congerie & miscellâ corrupta & oppressa, non nisi multorum annorum decursu instaurari potuerit, & ex hodierni temporis, quibus campi oblimantur, inundationibus, experientiâ magistrâ constat; Non igitur *Noë* ex seminibus post *Diluvium* immediatè productis, aut ex vitibus jam uvis gravidis; sed quemadmodùm in *præcedenti Libro*, ubi *de Commeatu Arcæ* ageremus, ante *Diluvium* secum quicquid ad agrorum culturam, & fructiferarum arborum plantationem necessarium erat, ne post *Diluvium* in tanta terreni globi confusione, & transformatione, deficientibus & seminibus, & fructibus, fame & ærumnis enecarentur, secum, uti prudentem & sagacem œconomum decet, in *Arcam* detulisse. Qui verò hoc loco mihi objiciunt, ante *Diluvium* neque frumentum, neque vites in usu fuisse, illi uti naturalium rerum peritiâ destituuntur, ita quoque turpissimè hallucinantur, idque sequentibus rationibus demonstro: neque enim hîc ullam necessitatem video, cur, ut suæ assertioni nonnullam authoritatem concilient, destructo totius Naturæ statu, statim ad miracula confugere non vereantur.

Natura rerum ab exordio Mundi à rerum omnium conditore constituta, semper eadem, & immutabilis perstitit, & usque ad ultimam rerum consummationem perstitura est; sine causa itaque asseverare Naturæ operationes, alias ante *Diluvium*, alias post *Diluvium* fuisse, temerarium, ne dicam stolidum censeo; Et frumenti quidem panisque usum fuisse ante *Diluvium* nemo negat; imò *Sacer Textus* id apertè docet cap. 3. Gen. *In sudore vultus tui vesceris pane*, frustrà autem hæc à Deo dicta fuissent, si *Adam* panis usum nescisset, imò solis herbis, & fructibus, & homines & animalia victitasse diceretur; Verùm eorum opinionem jam *suprà* confutavimus. Si ergò panis in usu fuit ante *Diluvium*, certe vini quoque usum viguisse, illum fateri necesse est, qui primævorum hominum in omnem ingluviem ebrietatemque effusorum intemperantiam non novit; neque ii audiendi sunt, qui uvas quidem illos comedisse, ajunt, sed minime vinum bibisse: quasi verò adeò stolidi fuerint, ut nobili uvarum liquore allecti, illas non in vini liquorem facillimo negotio per expressionem resolverent; quasi difficilius illis fuerit, ex uvarum expressione vinum, quàm ex melle hydromely, aut ex succis pomorum, pyrorumque expressione, mulsum parare; neque enim verisimile est, solius aquæ potu illos vixisse, sed & succis ex variis fructibus expressis potum sibi confecisse; Est tempus, & vivendi necessitas adeò ingeniosa, dum ad corporis sustentationem non solùm res necessarias, sed & delicias gulæ congruas, reperire non desistat, quod uti hodierna die accidit, ita quoque non video, illud naturæ beneficium cur primævis hominibus denegatum videatur.

Neque ullam vim habet illorum objectio, dum dicunt nil de eo in *Sacra Genesis Scriptura* comperiri, ac proinde ex omnibus mortalibus primum fuisse vineæ plantatorem *Noëmum*, primumque qui vinum gustando inebriatus sit: quod si intelligatur post *Diluvium*, verum est, ante verò *Diluvium* apud primævos homines intra 1656. annos, quis non videt, id admitti non posse? Erant illo tempore homines à posteris *Diluvii*, non disparis conditionis; certe uti robusto corpore, & longævâ vitâ præditi erant, ita quoque in tanta atque tam multiplici rerum ad vitam sustentandam necessariarum apparatu, vini usum nescisse, quis credat? cum ex se, & suâ naturâ inclinarent, non uti bruta animantia ad solum herbarum fructuumque usum, sed & successu temporis, ex carnibus, herbis, fructibusque, delicatissima edulia adinvenisse, quibus non dicam ad necessitatem, sed & ad delicias in conviviis, quibus ipso *Christo* Servatore nostro attestante, indulgere solebant, uterentur: siquidem apud *Matth. cap.* 24. *vers.* 37. & apud Lucam cap. 17. *Christus* sic loquitur: *Sicut enim erant in diebus ante* Diluvium *comedentes & bibentes, & nuptui tradentes usque dum* Noë *intravit in* Arcam *& non cognoverunt, donec venit* Diluvium *& tulit omnes : sic erit adventus Filii hominis*; Si itaque comedebant, & bibebant istis diebus, quis sibi persuadeat in conviviis adeò solennibus, eos solo herbarum fructuumque esu, aut solo aquæ potu consueta symposiorum festa peregisse ; quin potiùs magno eduliorum ciborumque apparatu, genio indulsisse certum est, cum ante *Diluvium* hominibus ingenium esset promptius, & ad ea quæ ad gulam pertinent proclivius, quàm post *Diluvium*; Qui pronitatem hominum ad ciborum lautitias, & gulæ irritamenta, quæ nullo unquam tempore, ad ea quovis modo procuranda, norit, quod dixi, verum inveniet ; nisi quis forsan primævos Mundi homines à posteris specie distulisse, amentiùs sibi persuadeat.

<small>Primævi homines ad gulam pronissimi.</small>

Quemadmodùm itaque isto tempore frumentum in farinam primò moleretur, & deinde in panem, quo cibarentur, coqueretur ; ita etiam uvæ primò in liquorem expressæ vinum ad bibendum suppeditabant, quæ humanæ vitæ sustentandæ communis & substantialis cibus, & potus est ; ut proindè *Christus*, Servator noster, hasce binas materias, panem & vinum, in corpus & sanguinem suum in Eucharistiæ Sacramento convertendas, in animarum cibum, tanquam usui humano proprias, assumere dignatus sit.

<small>Panis & vinum ante *Diluvium*.</small>

Ex hoc itaque longiori, quàm par erat, ratiocinio, quàm luculentissimè colligitur, ante *Diluvium* & vini potum in usu fuisse, & vineas plantatas ; Noë-

<small>Noë vitium plantas data opera secum intra *Arcam* contulit.</small>

mumque data opera vitium surculos intra *Arcam*, unà cum ingenti frumenti copia, fructiferarumque arborum stolonibus attulisse, ut ea subitò in plantationis negotio servire possent; unde certum est, omnibus recta judicii trutina rem ponderantibus, Noëmum post excultam vineam uvas non gustasse tantùm, nam ut experientia constat, uvarum esum, vim inebriandi tantam non habere, ut Noëmum in ebrietatem profundam cadere sineret ; sed ex expresso uvarum liquore vinum confecisse, cujus suavitate allectus, dum nimium potaret, inebriatum fuisse, non quod nunquam vinum bibisset, sed quia vini & suavitatis ejus ante *Diluvium* frequenter gustatæ memor, post tot labores exanthlatos, ad confortandas vires, corque lætificandum, in tot mœroribus nihil vino salubrius, conducibiliusque esse posse censebat, sed hæc ad eos, qui vini potum ante *Diluvium* in usu non fuisse, perperam asseverant, sufficiant.

<small>Vini usus ante *Diluvium*.</small>

Multi itaque, imò plerique *Authores* censent, Noëmum ex ebrietate utique involuntaria quàm ex potu vini incurrerat, non peccâsse, sed hanc notam *Mosen* memoriæ prodere voluisse, & litteris nunquam interituris posteritati consignare, & immortalitati commendare censuisse ; *Primò*, ut ex hoc etiam appareat, quanta sit Sacræ Scripturæ simplicitas & sinceritas, dum nihil dissimulat, sed omnia mala æquè ac bona integrè atque incorruptè narrat : *deindè* in exemplum & documentum eorum, qui hujus loci historiam lecturi sunt, ut ex aliis periculum facerent, quod sibi ex usu foret ; nimirum ut vitia & mala, in quæ sanctissimos & sapientissimos cernerent esse prolapsos, tantò ipsi majori studio & diligentià caverent & fugerent, quantò se illis virtute & prudentià inferiores cognoscerent. Nam, ut rectè *Proverb*. 20. habetur : *Luxuriosa res vinum, & tumultuosa ebrietas*, innumerabilium nempè malorum parens,

<small>Ebrietas Noë involuntaria.</small>

<small>Cur Deus permiserit Noëmum in ebrietatem cadere.</small>

simul

simul & altrix, uti ante *Diluvium*, sic & post illud. *Moses* itaque hoc loco non tam commemorat corripitque ebrietatem *Noë*, quàm primam originem damnationis gentis *Chananeæ*, contumeliam videlicet patris eorum *Cham*, quâ is patrem suum *Noë* propter ebrietatem, nudatis pudendis jacentem affecit, atque unà omnes posteros hoc exemplo admonere voluit, quantum malum sit immodicus vini potus, quantorum malorum causa sit execrandum temulentiæ crimen. Sed jam ad alia.

Caput III.

De multiplicatione Animalium post Diluvium, *& an* Noë *post* Diluvium *filios genuerit.*

Egressus Noë ex Arca verno tempore accidit.

Diximus in *præcedenti Capitulo*, *Noëmum* eodem tempore, quo *Arcam* ingressus fuerat, eodem id est, post unius anni curriculum ex eadem egressum esse, videlicet verno tempore, uti in *præcedentibus* fusè demonstravimus, quo cuncta animalia ex benigno calore, & tepiditate terræ in foecundos stimulantur motus, quod non accideret, si ut nonnulli *Interpretes* volunt, mense *Novembri*, quo cuncta tristi aspectu ad corruptionem tendunt, arbores foliis viduantur, & occlusis terræ visceribus, omnia nivibus operiuntur. Verno itaque tempore, & sole in foecundo *Arietis* signo calido, & humido, queîs cunctorum genesis constituitur, existente, animalia jam ab omni tetri carceris molestia libera, naturâ stimulante, brevi mirum in modum se propagasse, nulli dubium esse debet; nisi forsan ei, qui verni temporis amœnissimam constitutionem, quâ cunctæ herbæ, plantæ recenti & amabili efflorescentia suâ, uberrima pascua ad animalium nutrimentum præbent & deinde ex armentis, ovibus pecudibusque ingens lacticiniorum ad victitandum incrementum; ita ut brevi montes & valles, & planiora loca, omnis generis animalibus, tam volatilibus, quàm quadrupedibus, tandem post nonnulla lustra, vastos circumsitarum regionum tractus, montiumque recessus replerent ignoraverit. Verùm cùm de animalium per universum Orbem, Insulasque longè remotissimas in *sequentibus* ex professo dicturi simus, eò Lectorem curiosum remittimus.

Unum hoc loco dubium solvendum restat. *Utrùm* Noë *post* Diluvium *filios genuerit?* de quo magna inter *Interpretes* controversia est. Nonnulli id mordicùs affirmant, quidam eâdem pertinaciâ negativam amplectuntur opinionem. Prioris sententiæ fautorem habent *Berosum* apud *Annium*; ait enim, *Noëmum* complures filios genuisse post *Diluvium*, eosque Gigantes, quos ex nomine uxoris quæ *Titæa* dicebatur, *Titanas* appellavit. Verùm hæc ut fabulosas narrationes sapiunt, ita quoque repudianda sunt; majorem veritatis vim obtinent, quæ sequuntur: ait enim *Noëmum* unà cum filiis mandatum à Deo accepisse vacandi generationi prolis, & simul cum mandato foecunditatis vim obtinuisse, hoc enim significat *Moses*, narrans Deum benedixisse *Noë*, & filiis ejus, & dixisse, *Crescite & multiplicamini, & replete terram*. Nec fas est, tale à Deo mandatum à *Noë* neglectum fuisse, viro utique justissimo, & Divinæ voluntatis obsequentissimo. Necessitatem præstereà eum propter hominum eo tempore paucitatem ad generandum impulisse nemo dubitare debet; nec enim illum ob 600 & ampliùs annorum ætatem, cum post *Diluvium* adhuc trecentorum annorum & quinquaginta, quos vixit,

vires

vires ad generandum deseruerant. Atque hæ sunt rationes, quas *Annius* ad suæ sententiæ confirmationem adducit; neque displicuisse videntur *Cajetano*: is enim ponderans illa verba: *Qui egressi sunt de* Arca : dicit quod *Noë* post *Diluvium* alios filios genuit, nisi enim habuisset filios, non dixisset, *Sem, Cham, Japhet*, filios fuisse *Noë*, qui egressi fuerant de *Arca* ; ad differentiam siquidem aliorum filiorum meminit illorum trium, qui cum patre de *Arca* egressi fuerunt, & ideò præstiterunt aliis filiis *Noë* post *Diluvium* generatis, ut eorum nomina penitùs fuerint abolita, & illi tantùm nominati, & tanquam patres Mundi habiti sunt.

Cajetani sententia.

Secunda sententia est *Pererii* aliorumque, qui uti *Noëmum* post *Diluvium* filios genuisse negant, ita quoque gravissimis rationibus id probant, eò quod nihil de iis *Sacra Historia* commemoret, mentionem tamen facere debuisse, ex eo patet, quod Nil de *Noë* dicatur, quod tamen de aliis Patriarchis semper *Sacer Textus* dicit, postquam tot, ac tot annorum esset, genuit filios & filias; reliqua vide apud *Interpretes*, nisi fabulas *Rabbinorum* sectari velimus, *Noëmum* à filio suo *Cham*, dum nudus in tentorio suo jaceret, fascino magico, nonnullis verbis submurmuratis, insigni sterilitatis notâ castratum fuisse. Sed hæc uti indigna sunt, ita ea quoque ridiculis Poëtarum figmentis de *Cælo*, & *Saturno* adscribimus. Qui vero asserunt, *Noë*

Sententia Pererii.

Rabbinorum de castratione Noë per Cham facta fabula.

filium habuisse, cui nomen *Junithun*, id *Chaldæorum* dogma est ; ego sanè illum non *Noë* genuinum filium fuisse reperio, sed unum ex filiis filiorum *Noë*: sic enim Mor Isaac in sua philosophia Syriaca:

Junithun non fuit filius Noë sed unus ex nepotibus.

ܘܐܝܬ ܗܘܐ ܒܗܝ ܐܬܪܐ ܕܡܕܢܚܐ ܚܕ ܡܢ ܒܢܝ ܒܢܘܗܝ ܕܢܘܚ ܕܫܡܗ ܝܘܢܛܘܢ ܐܘܟܝܬ ܗܪܡܣ.

Fuit in illa Regione Orientali homo ex filiis filiorum Noë, qui vocabatur Junithun *sive* Hermes; hic scientiâ inclytus, elegit sibi locum ab omni hominum consortio, & familiaritate remotum, & abiit in desertum vastum & à vocibus & oculis hominum immune, assiduò intentus in firmamentum cœlorum, exploravit stellas, & luminaria, & consuetudinem temporum, & maximè in luminaria majora, laudans horum creatorem sapientissimum, en sic per quietem & solitudinem ex continentia sua à tumultibus & strepitibus hominum liber, in cordis perpetua stellarumque contemplatione data est illi gratia cognitionis stellarum & zodiaci. Hunc nos in *Obelisco Pamphilio* eundem esse diximus cum *Mercurio Trismegisto*, quem *Arabes Adris*, *Ægyptii Osirin*, *Chaldæi Zoroastrem*, *Syri* ܬܠܝܬܐ ܪܒܘܬܐ Thalitho rabuotho, tripliciter magnum dicunt; De quibus quàm amplissimè in *Obelisco Pamphilio*, fol. 26. à nobis actum vide. Sed hæc in sequentibus fusiùs.

Caput IV.

De Monte Ararat, *& utrum ex posteris* Noë *nonnulli ad Arcam spectandam, montem ascenderint.*

Genes. 8. *vers.* 4.

EX Sacro Textu *Hebræo* sic legitur: ותנח התבה על הרי אררט :
Et requievit Arca *supra montes* Ararat. Cui *Græca* Lectio consentit: κ̀ ἐκάθισεν ἡ κιβωτὸς ἐπὶ τὰ ὄρη τὰ Ἀραράτ. *Et resedit* Arca *supra montana* Ararat.

Chaldæa verò Lectio sic habet :
ונחת תיבותא עלטורי קרדו:
Et requievit Arca *supra montes* Kardu. Quis autem sit mons *Ararat*, nullo non ævo celebris & memorabilis, explicandum ratus sum. *Ararat* mons est, ut vulgata

ARCA NOE. 185

gata lectio habet, *Armeniæ. Et requievit Arca supra montes* Armeniæ. Super montes dicit *Armeniæ*, non quod is mons sit separatus ab aliis, sed quod in iis montanis *Ararat*, quæ longa jugorum catenatione, à *Chaldæis Kardæi* montes dicuntur, universam *Armeniam, Persidemque* ab occasu ad ortum determinant, *Arca* steterit. Mons est altissimus & penè inaccessus, & quemadmodum mihi Patres nostri ex *India* per *Persidem* in *Europam* reduces narrârunt, in tantam longitudinem extensus, ut ad octiduum semper in conspectu habuerint verticem ejus, perpetua nivium inveteratarum coacervatione coopertum. Montes hi, à *Ptolomæo* vocantur *Gordiani*, eorumque longitudinem ponit 75 grad. 39 grad. latitudinem; qui ratione variarum Regionum circumjacentium, varias appellationes sortiti sunt; Siquidem nonnulli *Caucasum*, quidam *Taurum* dicunt. *Persæ* & *Armeni Arem Noë*, id est, habitationem *Noë* appellant, ob *Arcam*, quæ in eo quievit; & mons quidem, inter altissimos Orbis montes unus, ab ortu respicit *Persidem*, ab occasu *Georgiam*, sibi *Iberiam* & *Armeniam minorem*, à Meridie *Mare Persicum*, à Borea *Mare Hircanum*, sive *Caspium*, in *Medorum Parthorumque* Regionibus ingentis hydrophylacii lacu à Natura ditatum, quod ingentibus fluminibus amnibusque, id est, *Euphrati, Tygri, Araxi* & *Hidaspi*, aliisque originem præbet. Ad hujus montis radices hodie *Monasterium Nachsevan*, ubi Patriarcha *Armenorum* residet, existit, nobili Bibliothecâ, historiisque quà Sacris, quà profanis spectatissimum; Narrarunt mihi non semel *Armeni* hîc *Romæ* negotiantes, montem altissimum esse, & longè latéque exporrectum, neque hucusque ullum inventum esse, qui verticem ejus conscenderit; quod *Berosi* relationi repugnat. Ait enim, *Noë* posteros in tanta veneratione hunc Montem habuisse, & complures, qui illum ascenderant, bitumen ex *Arca* tabulis abrasum, expiationis causâ secum detulisse. Ego verò quid de eo sentiam, aperio.

Nihil Monte hoc & *Arca* apud posteros *Noë* celebrius frequentiusque fuisse, nemo non novit; cum enim continuò à tribus filiis *Sem, Cham* & *Japhet* adhuc viventibus de formidabili *Diluvio*, de cunctis animalium speciebus intra *Arcam* introductis, de nova Orbis per octo personas instauratione, stupenda narrari audissent, absque ulla ambiguitate credere par est, complures tantorum mirabilium narratione percitos, incredibili spectandæ *Arcæ*, quam in vertice montis remansisse audierant, desiderio exarsisse; neque uti est curiosorum hominum inquietudo, se continere potuisse, quin montem conscenderint, atque in perpetuam rei memoriam, ex tabulatis & assumentis bitumen abrasum, unà cum nonnullarum tabularum fragmentis, in testimonium, quod *Arcam* vidissent, secum deportasse; undè & alios haud dubiè rerum mirabilium narratione perculsos, idem tentasse, vero haud absimile est. Refert *Historia Armenorum*, fuisse olim in *Monasterio Nachsevan* virum sanctitatis opinione illustrem, qui ardentissimo semper *Arcæ* videndæ desiderio æstuabat, & ut *Arcam*, admirandum illud Divinæ providentiæ opus, quo perdito Mundo priori, totius humani generis, atq; animatæ naturæ instaurandæ seminarium constituebatur, coram videre liceret, continuis precibus, votisq; *Deum* sollicitabat. Præmissis itaq; piorum operum exercitiis, quodam die, Divino fretus auxilio, necessario victu instructus, iter in montem auspicatus est, arduum sanè, tum ob præcipitiorum passim occurrentium multitudine, valliumq; profunditatem, tum etiam ob ferocium animalium in eo stabulantium commorationem, oppidò periculosum. Triduo itaque per avia, & devia divagatus, campum à vertice montis non remotum invenit, in quo, labore, corporisq; lassitudine exhaustus cùm nonnihil quievisset, in gravissimum soporem incidit, cum posteà evi-

Longitudo & latitudo montis Ararat Ptolomæo.

Variæ montis Ararat appellationes.

Nachsevan Monasterium sedes Patriarchæ Armenorum ad radices montis Ararat.

Plures montem Arcæ spectandæ causâ ascendisse verisimile est.

Historia ex Archivis Armenorum.

A a

evigilasset, & hinc inde respiciens, stupendo sanè miraculo sese eodem in loco, ex quo iter in montem susceperat; deprehendit, quin & Angelum, sibi astantem, qui eum hoc verborum tenore affatus est: DEUS *quidem tibi non permisit videre* Arcam, *Divinæ illud providentiæ instrumentum, nec alteri videre licebit; ne tamen preces tuæ vacuæ sint, ecce tabulam ex ipsa* Arca *desumptam tibi mittit, ut ea in Ecclesia ad perpetuam concessi beneficii memoriam posita conservetur*; quam & in hunc usque diem in Ecclesia Patriarchali *Monasterii Nachsevan* Residentia Patriarchæ conservari ferunt. Verùm de hac historia fides sit penes authores. Ego sanè existimo, in primis post *Diluvium* seculis, viventibus adhuc filiis *Noë*, generis humani progenitoribus, & gentium ducibus, uti recens adhuc & frequentissima de *Diluvio*, de *Arca*, supra montem deposita, rerumque gestarum narratio passim in ore hominum versaretur, ita plures quoque in apicem montis, ut tam stupendam fabricæ machinam, coram intuerentur, curiositate percitos, ascendisse; est enim curiosorum hominum insatiabilis quædam cupido, ad ea, quæ à toto mundo magnâ veneratione celebrantur, monumenta spectanda; Et quotidiana experientia docet, quantus sit in Urbe advenarum Literatorum ardor in Romanarum antiquitatum monumentis explorandis; quot suscepto per maria itinere *Ægyptum* petunt, ut Pyramidum prodigiosas structuras, reliquarumque antiquitatum reliquias explorent; quantò magis primis post *Diluvium* seculis, hujusmodi videndæ *Arcæ* desiderium in animis hominum viguisse putamus? An verò postremis temporibus fuerint, qui simile quid attentârint, nobis non constat, & omnium poenè *Historicorum* altum sit silentium. Quæ verò ex *Historia B. Odorici* leguntur de *Arcæ* inventæ mensuratoribus, illa utiq; fabulosis potiùs, quàm verosimilibus narrationibus adscribenda duxerim.

Posito tamen, nonnullos posterioribus seculis montem ascendisse; Dico tamen eos ex magna tot millium annorum transformatione, montis, ne quidem *Arcæ* vestigium reperire potuisse, eò quod *Arca* successu temporis magna nivium inveteratarum, glacierumque accumulatione, ita profundè obruta fuerit, ut nulla amplius eam aut reperiundi, aut spectandi spes sit; Accedit, quod tot millium annorum decursu, ligneam *Arcæ* molem, vel humiditate consumptam, vel in saxeam molem conversam fuisse, nullo *Arcæ* relicto vestigio, verius censeamus. Quas non transmutationes sola *Roma* à sui conditu usque ad hæc tempora, spacio duorum millium annorum incurrit? Quis unquam fabricam aliquam sub Regum dominio celebrem hodiè vidit? nemo sanè, dum omnia in profundissimis terræ visceribus sepulta, vel etiam in pulverem contrita; & ferè ad nihilum redacta squalescant. Capitolium sanè, quo, uti *Ammianus Marcellinus* refert, nil ambitiosius Orbis terrarum exhibuit, ità hodiè evanuit, ut præter nonnulla fundamenta, consulum tempore, ad id majori magnificentiâ construendum, jacta, ne quidem ullum hodiè, sive Templa, *Jovi* cæterisque Diis Sacra, quorum 66 fuisse feruntur, sive alia celebrium fabricarum monumenta spectes, vestigium appareat; idem de *Arca Noë*, dici velim. Erat hæc moles lignea bitumine intus & foris cooperta; verum & hæc injuriæ temporum minimè resistere poterat, quia lignum ex continua nivium liquefactione, & humido consumpto, bitumine solo in ingentes glumos coacto & condensatione rerum superjectarum, profundè sepulto, vel (uti *suprà* dixi, in saxum vivum) quemadmodum experientia in multis aliis rebus docet, converso. Montem quoq; ab ea, quam à prima post *Diluvium* constitutione, obtinebat, oppidò à posteriorum temporum forma differentem acquisivisse, solus ille negabit, qui admirandas terreni globi complurium

rium annorum tranſmutationes ignorat; Siquidem à tot annis veriſimile eſt, montem paulatim imbrium, nivium, procellarumque turbinibus exeſum, atque in profundiſſimas valles diſcriminatum, nudatiſque limi defluxu ſcopulis, pœnè inacceſſum ad apicem aditum præbuiſſe; ut proinde mirum non ſit, neminem ex poſteris extitiſſe, qui hujus inquiſitionis memoriam reliquerit; vel ſi nonnulli eo fine montem aſcenderint, illos tamen partim laborum pertæſos, partim de deſperata *Arcæ* inventione, ab inquiſitione deſtitiſſe, cenſemus. Teſtatur quæ hucuſque diximus, Inclitus Olearius αὐτόπης in ſuo Moſcoperſico Itinerario, hiſce verbis: Mons Ararat *hodie ab Armenis dicitur* Meſſina, *à Perſis Agri, ab Arabibus* Subeclhan, *omnium inter* Caucaſi *juga maximum; Mons ſane præaltus, quo majorem in noſtro Itinere non vidimus, ex nigris & rudibus ſcopulis compactus, cernitur æſtivo hybernoque tempore perpetuis nivibus obſitus à* Mari Caſpio 15 *fere mill. Germ. diſtat. Tam* Perſæ *verò quam* Armeni *referunt, partem adhuc* Arcæ *ſed in petram converſam ibidem reſtare. Nonnullis ex noſtris* Scamachiæ Mediæ *urbe in* Armenorum *Eccleſiam introductis crux monſtrata fuit, nigro-punicei coloris; quod ex* Arca Noë *fruſtum eſſe aſſerebant, eamque loco reliquiarum habebant pretioſo panno involutam. Verum hoc tempore tum ob circumjacentium ſcopulorum, rupiumque inacceſſarum frequentiam, tum ob vallium immenſas profunditates, quæ jam à tot millibus annorum, vel pluviarum imbriumque edacitate abraſo monte, vel etiam terræ motibus abrupto diſſectaque ad hujuſmodi inacceſſa loca, multo minus ad montis apicem* Arcæ *locum nulli mortalium aditum præbent.*

Figuram montis *Ararat*, videas in dicto *Olearii Itinerario*, fol. 398. Germ. edit. Sed hæc de monte *Ararat* ſufficiant.

Pars III.
De Tranſmigratione Gentium, quâ per tres filios *Noë, Cham, Japhet*, genus humanum per univerſam Terræ faciem proſeminatum fuit.

Caput I.
De facie Terreni globi poſt Diluvium, *comparata cum illa ante* Diluvium.

Um *Sacra Scripturâ* teſte, aqua *Diluvii* 15 cubitis ſupra altiſſimos Orbis Terrarum montium vertices exaltata, univerſam globi terreni ſuperficiem cooperuerit 150 dies, non eſt ullum dubium, quin globus Telluris multò aliam ex hac aquarum colluvie, conſtitutionem, multoque differentiorem formam, quàm ante *Diluvium*, ſortitus ſit. Verùm cùm hæc non niſi unius cum altera facta comparatione cognoſci poſſit; & primo quidem de ſtatu globi Terreni ante *Diluvium*, non tamen niſi conjecturis haud incongruis fultus; deinde de illo poſt *Diluvium* quoque pari pacto acturus ſum.

Si

Inconstantia rerum mundanarum.

Si rerum Sublunarium in hoc infimo globi terrestris theatro stupendas mutationes penitiùs consideremus, reperiemus, nil in iis adeò stabile, nil adeò perenne, ac solidum, quod non intra breve tempus suas sustineat contrarias vicissitudinum alterationes, ac ultimo tandem in id, quod ab initio fuit, *Chaos* resolvatur.

Experientia omnium seculorum docet, Tellurem suos pati morbos & alterationes ex variis interioris œconomiæ dissidiis exortas; Nam cum, ut rectè Aristoteles: *Interiores Telluris partes perindè ut animantium plantarumque corpora juventutem & senectutem suam habeant;* rectè concludere possumus, Orbem Terrarum, nec quoad interiores, nec quoad exteriores partes, eo statu perseverare, quo fuit à rerum primordiis. *Lactantius*, fluctuantis naturæ conditionem, & mundanæ rotæ instabilitatem, quà omnia infinitis casibus involvens, nil sub sole perpetuum, nil diuturnum esse permittit, altiùs expendens, ita exclamat: *Enumerare possem, quoties repentinis quassatæ motibus, vel hiaverint Terræ, vel descenderint in abruptum; quoties demersæ fluctibus & Urbes & Insulæ abierint in profundum, fructiferos campos paludes inundaverint, flumina & stagna siccaverint, montes etiam vel deciderint abrupti, vel planis fuerint adæquati; plurimas etiam regiones, & plurima fundamenta montium latens, & innatus ignis consumit; quam quidem instabilem naturæ vicissitudinem, summi nullo non tempore Philosophi non sine admiratione observarunt.*

Omnia (inquit Seneca) *tempus edax depascitur, omnia carpit,*
Omnia sede movet, non sinit esse diù.
Flumina deficiunt, profugum mare littora siccat:
Subsidunt montes, & juga celsa ruunt.

Ovidius Met. 1.
Vidi ego, quod fuerat quondam solidissima tellus,
Esse fretum, vidi factas ex æquore terras,
Et procul à pelago conchæ jacuere marinæ,
Et vetus inventa est in montibus anchora summis.
Quodq; fuit campus, vallem decursus aquarum
Fecit, & illuvie mons est deductus in æquor,
Atque paludosa siccis humus aret arenis,
Quæque sitim tulerant stagnata paludibus bument.

Anglia Galliæ quondam amico nexus conjugio adhæsit. *Nordstrandia* Borealis Insula, quam *Cranzius Frisiam Aquilonarem* vocat, cum *Thietmarsia* continenti adnectebatur, modò à continenti avulsa, atq; in Insularum album adscripta, Amphitrioneas leges sectatur. Idem de *Freto Herculeo* & *Siculo* testatur Val. Flaccus:
―――――― *neque enim Rex Æolus illic*
Rector erat, Lybiam cùm rumperet advena Calpen
Oceanus, *cùm flens Siculos Oenotria fines*
Perderet, & mediis intrarent montibus undæ.

Flumina mutant alveos & solitos cursus; florentia pereunt imperia, quæ omnes horrendæ strages, uti Divinam arguunt potentiam, ita humanæ sortis incertitudinem patefaciunt, & mortales Geocosmi incolas monent, ut cum nihil stabile, nil perpetuum, sed omnia caduca, variis fortunæ casibus, variis & improvisis rerum stratagematis obnoxia, cognoscant, omnem mentis conatum, omne studium, omnes animi, qui ulla re creata satiari non potest, vires ad sublimes & sempiternas supra-cœlestium bonorum possessiones elevent, Deo soli veluti centro insistant, in cujus manu sunt omnia jura regnorum & omnes fines Terræ.

Variis itaque modis Terrenum corpus dictas metamorphoses incurrere potest: vel enim *Primò* montes hiatu terræ absorbentur, vel etiam derepentè nascuntur, ubi priùs non erant. *Secundò* Montes, successu temporum, tempestatum injuriis consumpti deficiunt, vallibus consequenter exaltatis. *Tertiò*, Terræ, quas Peninsulas vocant *Geographi*, *Græci Chersonesos*, tenuiori illo terrestri transitu, quem *Isthmum* vocant, aquarum violen-

ARCA NOE.

violentiâ rupto, Insulas facit, quæ priùs continentis pars erant; vel contrà Insulæ conjunguntur Terræ continenti per Isthmos, immensis arenarum acervis, quos maris violentia fluctibus adducit, constitutos. *Quartò* mare, quod ex una parte recursu suo terrestre relinquit spacium, ex altera, nescio quo naturæ scelere, violentâ quâdam invasione recuperat, tantum terrarum fluctibus invadens, quantum reliquerat ex priori statione recedens. *Quintò*, nascuntur subindè novæ nonnullæ Insulæ, aliis quæ ab immemorabili tempore constiterant, absorptis. Contra in Terrarum medituliis nonnullæ regiones, interioris *Vulcani* tyrannide deglutitæ, lacus post se relinquunt, in quibusdam lacubus absorptis terrestrium partium tumuli relinquuntur. *Sexto*, in partibus quibusdam flumina & lacus deficientes terram habitabilem reddunt; In aliis terra culturâ pinguis, repentina mutatione in lacum evadit.

Refert *Plinius*, suo tempore *Cybotum* altissimum montem unà cum oppido *Eurite* ita terrâ devoratum, ut nulla ejus ampliùs vestigia dignoscerentur. Ejusdem fortunæ sortem obtigisse scribit *Sypilo* in *Magnesia* monti, quam præcesserat formidabilis *Tantalis* urbis terræ hiatu absorptæ interitus. Non absimilem sortem expertæ sunt *Galanis* & *Ganatus* in *Phœnicia* quondam celeberrimæ urbes, *Phlegium Æthiopiæ* jugum excelsissimum, unius noctis concussione violentâ, non ampliùs comparuit. Possumus & nos adjungere eos montes, quos nostris temporibus terrâ haustos vidimus. *Picus* mons est unus ex *Insulis Moluccis*, tantæ altitudinis, ut instar columnæ, nautis multorum dierum itinere, in remotissimis maris tractibus appareret; hic terræmotus violentiâ prostratus, nullo ampliùs vestigio, sed lacus in ejus loco exortus, basi peripheriæ montis æqualis spectatur. Idem contigit in *Sinarum* regno, anno 1556. quo integra montosa

Sinarum regio cum universis populis & urbibus absorpta suo loco lacum ingentem reliquit, nullo præter puerum ligno innatantem, erepto. Vidimus & nostro ævo, formidabilem *Plursiæ* in finibus *Helvetiorum* sitæ civitatis, ex montis incumbentis casu, interitum. Montes *Vesuvius* & *Strongylus* Vulcanio bello media ex parte decurtati cernuntur, qui priùs cacumine cœlum ferire videbantur. Non dicam hic de Montibus *Chiles*, quos *Andes* vocant, quorum nonnullos deesse compertum est, post maximum illum, & omnibus seculis memorandum Terræmotum, quo totum ferè regnum in vastitatem abiit anno 1646. quemadmodum *Relationes* à Patribus nostris factæ narrant. Vidimus montium absorptionem, jam eorundem renascentiam exponamus. Accedamus itaque jam propiùs ad defectum & novum incrementum montium.

Cacumina montium pluviis, nive, grandine, gelu longævo, cæterisque aëris injuriis tandem exedi consumique experientia docet; & jam in *præcedentibus* ex ignivomorum montium defectu satis patuit. Sunt enim nonnulli montes, ut in *Lipara*, *Melita*, & *Ilva*, quos nitrosi spiritus ex ea parte, quâ venti iis prægnantes spirant, ita exedunt, ut impendentes rupes proximè ruinam minentur, & rupium in Vallibus adhuc superstitum ruinæ olim se erectas tandem concidisse, abundè testantur. Subterranearum quoque aquarum cataduppæ, fluminumque præcipitosus lapsus paulatim ita interiorem montium fabricam atterunt, ut labefactatis fundamentis vel ad primum terræ motum labantur; quam & unam causam putem defectûs nonnullorum montium. Ignes quoque subterranei mirum in modum ad montium defectum conferunt, uti *suprà* insinuavimus. Ex attritu itaque Montium, Valles & Planities ut crescant, necesse est, atque adeò decrementum illorum, in incrementum

Variæ ansmutiones.

Plin. lib. 2. cap. 91.

Montes absorpti.

Historia.

Montes Chilæ conciderunt.

Cur montes deficiant.

Cataduparum lapsus fundamenta montium exedit.

Ignis subterraneus montes subindè in calcem resolvit.

cedat

cedat circumpositarum planitierum valliumque ; ut proinde illud Jobi in hisce verificatum videatur : *Alluvione paulatim Terra consumitur.* Aquæ enim pluviarum, fluminum, torrentium, niviumque liquatarum, montium latera ita corrodunt, ut ædium fundamenta in montibus sitarum plerumque denudata spectentur ; quod in *Germaniæ*, quæ vetustis rupibus imponuntur, arcibus mihi non semel observare licuit ; nullibi tamen magis hujusmodi naturæ catastrophe se spectandam præbet, quàm *Romæ*, cæterisque in *Latii* partibus. Intueor ego penè quotidie, montium *Palatini & Capitolini* olim editas arduasque rupes, ita tamen temporum injuriâ decrevisse, ut planitiem ferè æquare videantur, immò veteris *Capitolii* fundamenta eam jam actu adæquare, ipsa fundamentorum denudatio luculenter doceat ; adeò quidem, ut quos editos montes olim fuisse scribunt *Authores*, modò nisi montium vestigia quædam, tibi persuaderent, montes ibi quandoque fuisse vix crederes, planitie in tantum exsurgente, quantum montes decreverunt. Docet id cum primis *Pantheon*, ad quod olim per gradus ascendebatur, cum ante *Alexandrum* VII. P. M. restauratum *Pantheonis* aditum per 8 gradus intra templum descenderetur. Docent innumera antiquitatum, uti Amphitheatrorum, Circorum, Arcuum, Columnarumque semisepulta cadavera. De quibus omnibus fusiùs, si Deus vitam dederit, in nostro *de mirabilibus Latii*, *Opere*. Undè multi existimârunt futurum, ut post multas myriades annorum, planities montibus æquatæ universali Cataclysmo, successu temporis aditum aperiant : quod tamen neutiquam admittendum censeam, in magnis illis suprà memoratis montium catenis, sed in iis tantùm, qui vel quotidiano usu, ædificiorumque servitute premuntur, vel ex terrestri, argillaceâ, similique friabili, & tophacea materia constituuntur.

Quid dicam de peninsulis in Insulas, & de Insulis in peninsulas conversis ? Verisimile prorsus est, freta quibus unum nunc mare inter angustias montium se insinuat in alterum mare, olim Isthmo conjuncta fuisse, fretaque extitisse, mari, impetuosa tyrannide fluxûs, Isthmum paulatim erodente. Hoc pacto *Plinio* teste, mare *Siciliam* avulsit *Italiæ*, *Cyprum Syriæ*, *Asiam Europæ* Propontide, & *Phosphoro Thracio* ; *Eubœam Bœotiæ* ; *Eubœæ Atlantem* & *Macrin* ; *Besbycum Bithiniæ*, *Aphricam Hispaniæ*, *Calpes* & *Atlantis* destructo conjugio. Pari pacto *Leucosiam Syrenum* promontorio ; *Sumatram Camboiæ*, *Indiæ Ceilanum* ; *Gronlandiam Americæ Fretum Davids* ; *Nordstrandiam maris Balthici* Insulam *Theithmarsiæ*, teste *Cranzio* ; *Americæ Australi Terram ignium* Isthmo perrupto, & per *Fretum Magellanicum* ingentium Oceanorum, Orientalis, & Occidui perpetuæ allisionis assultu portus sibi ad conjugium aperiente. Sunt enim plerique Isthmi veluti pontes quidam, subter quos per occultos quosdam cuniculos, & cæcas cavernarum latebras maria, quæ utrimque Isthmos allambunt, mutua aquarum commercia ultrò citróque ut plurimùm exercent ; quorum exesis successu temporum pilis, succussisque per terræ motum, pontium fundamentis, Isthmum concidere necesse est.

Sed veniamus ad alteram hujus disceptationis partem. Maria interrumpunt Isthmos, & iidem subindè ab alluvione aquarum & multâ arenarum coacervatione constituuntur ; uti *Pharus Ægypti*, quæ olim in medio maris lumen periclitantibus præbebat, modò Terræ Isthmo conjunctam videmus, ex *Nilo* magnâ limi copiâ fretum implente constitutam. Mons *Circejus* in agro *Pometino* (uti in *Latio* nostro ostendimus) olim à continenti separatus, modò eidem adhæret, freto arenarum congerie repleto ; & plerumque contingit ad maria angusta & depressiora loca, insulas

las inter & continentem sita, ubi vel maris æstus vehemens, vel fluminum allapsu magna arenarum copia suggeritur; uti in *Batavia, Frisia, Zelandia*, in omnibus *Archipelagorum* tractibus, cæterisque arenosis argillaceisque littoribus paulatim ex planitie in altissimos montes terminantibus. Sic *Antissam* olim *Lesbo, Zephyriam Halicarnasso, Ethusam Mindo, Dromiscon* & *Parren Mileto, Pythecusam Parthenio* promontorio junctas, *Plinius lib. 2. c. 89.* docet; Imò *Hybandam*, quandam Insulam *Ioniæ*, postea ducentis stadiis à mari intra continentem distitisse, & *Syritem* in *Ephesi, Derasiden* & *Syphoniam* in *Magnesiæ* mediterraneis esse, quæ olim Insularum albo connumerabantur; Denique *Epidaurum* & *Oricum* Insulas esse desiisse, juxta illud Ovidii 15. Metam.

Tempus erit, rapidis olim cùm Pyramus undis
In sacram veniet congesto littore, Cyprum.

Diximus itaque, mare in nonnullis locis, invectis ab amnibus glebis, recessu suo Terram habitabilem summo naturæ beneficio, reliquisse; modò novam maris catastrophen ostendamus, dum pristinæ benignitatis oblitum, nescio qua naturæ violentia, vastissimas Terrarum regiones, tam duro tyrannidis jugo premit aliis funditus submersis, aliis verò utpote contumacioribus Insulis ita suppressis, ut non nisi montium apicibus eminere videantur. Prope *Dordracum* & *Dullartum* in *Frisia* Castella non ignobilia, funestâ alluvione ita submersa sunt, ut vel ipsi eminentes in hunc diem turrium apices, præteriti eventûs calamitatem posteris enarrare velle videantur. Ad littus *Thuscum* non procul *Liburno* integra urbs undis cessit, hominum habitaculis in piscium latibula conversis, quod non sine horrore anno 1634. propriis oculis observavi. Inter *Centum Cellas*, vulgò *Civita Vecchia*, & *Sanctam Severam*, frequentia sanè rudera in mari spectantur,

Urbes summersæ.

Urbes Submarinæ.

quorum nonnulla fenestris, alia portis & arcubus adhuc instructa sunt, præteritæ infelicitatis indices. E regione *Puteolorum* in ipso sinu *Bayanæ* urbis, domus unà platearum discrimine, quod mirum dictu est, luctuosissimo sanè spectaculo monstrant in fundo maris celeberrimæ quondam urbis, interitûs vestigia. Atque hæc quidem à me experientiâ comprobata sunt, ut innumeros alios eventus, quibus *Historicorum* monumenta referta sunt, sileam. Ex quibus quidem omnibus concludimus, omnes illas Insularum coacervatarum congeries, quas *Archipelagos* vocant, olim continenti conjunctas fuisse, Oceani ultrò citróque molientis violentiâ, mollioribus continentis partibus paulatim exesis, perfossisque; saxosioribus verò montium scopulis in eam Insularum multitudinem, quam *mappæ* nobis demonstrant, secretis, vel subindè etiam ignium subterraneorum sævitie per terræ motus diremptis. Certè *Oceanum Atlanticum*, ubi nunc *Canariæ*, & quas *Terceras* vocant, ingenti hominum multitudine habitatum fuisse, *Plato* docet in eo *Dialogo*, quem *Critiæ* nomine intitulat.

Archipelagi primò Terræ continenti junctî, tandem violentiâ maris in Insulas discreti sunt.

COROLLARIUM.

Ex hoc longiori forsan, quàm par erat, discursu, luce meridiana clariùs innotescit, Terram multò aliam modernis temporibus constitutionem habere, quàm olim ante communem Orbis cataclysmum, aut etiam post *Diluvium* immemorabilibus sæculis. Existunt itaque Insulæ, quæ priùs non erant; Terra excrevit, ubi priùs indomiti stabulabantur aquarum gurgites. Contrà, locorum tractus, qui olim terrâ opimâ & feraci rerum fruebantur, jam dominante mari in piscium evasisse latibula novimus; montium juga absorpta hîc, novis alibi crescentibus; lacus ingentes, suum *Neptunusque* dominium in *Rheæ*, seu *Vestæ* transtulerunt jurisdictionem, & contrà.

Alia hodierno die Telluris facies, quàm ea, quæ olim.

Flumina

Flumina desertis nativis alveorum incunabulis alios sibi ex montium claustris exitus pararunt. Atque tales quidem & tam horribiles terreni globi conversiones, uti infinitam DEI potentiam, ita humanæ sortis incertitudinem patefaciunt, & mortales hujus Geocosmi incolas monent, ut cùm nihil perpetuum ac stabile, sed omnia caduca, variis fortunæ casibus & interitui obnoxia cognoscerent, cogitationes suas, studia, animum & mentem, quæ nulla re creatâ satiari possunt, ad sublimia & sempiterna bona elevent, DEO soli inhient, in cujus manu sunt omnia jura regnorum, & fines universæ naturæ consistunt. Sed hæc omnia quàm fusissimè in *Mundo Subterraneo* descripta reperies. Verùm jam tandem, qualis globus Terrenus ante *Diluvium* esse potuerit, ex hisce præmissis, nonnullis veluti conjecturis, exponere ordiamur.

Nemo enim jure negare potest, Naturam, uti semper à principio rerum eadem & sibi similis fuit, ita quoque eosdem effectus, quos hodiè experimur, eam & præstare, ac semper præstitisse; Pluviæ enim, grandines, nives, terræmotus, ignes subterranei, quas non mutationes mille & quinquaginta sex annorum ab Orbe condito, usque ad *Diluvium* intervallo, efficere poterant? Verùm cum hujusmodi mutationes forsan minores fuerint, quàm posteris post *Diluvium* temporibus; Certum tamen puto ossaturam globi terreni, quam nos in *Mundo Subterraneo* per catenas montium altissimorum, à polo ad polum, & ab Ortu ad Occasum transversâ montium serie ad modum sphæræ armillaris, ad totius molis firmiorem consistentiam sagacis Naturæ providentiâ constitutam asseruimus, semper integram & incorruptam mansisse; reliqua verò, uti clivos, colles, maria, flumina, diversam habuisse constitutionem, qualem autem illam esse putemus: uti à nobis comprehendi non potest, ita quoque illud negotium humano ingenio superius esse dicimus: hoc solùm dicere possumus, conditorem sapientissimum Geocosmum tanta cum perfectione constituisse, ut, sive interiorem Geocosmi fabricam, sive exteriorem spectes, nihil perfectius concipi possit: Montes miro naturæ artificio, Oceanum, cæterasque marium congregationes tantâ sapientiâ, non minori, inquam, providentiâ, quàm corporis humani interiorem membrorum œconomiam disposuit, ut nihil esset, quod non ad usum humani generis cederet: accidit tamen post *Adæ* peccatum, ut paulatim à perfectâ sua dispositione admiranda hæc Geocosmi machina, à prima sui perfectione recederet, & juxta naturæ exigentiâm, suas pateretur corruptiones, & consuetas vicissitudinum alterationes. Sed jam ad statum Geocosmi post *Diluvium* considerandum progrediamur.

CAPUT II.

De statu Geocosmi post Diluvium.

NUllo unquam tempore Orbem terrarum, majorem oppressionem confusionemque incurrisse, quàm immediatè post *Diluvium*, in *præcedentibus* ubertim ostendimus, dum aqua 15 cubitos super omnia totius globi terrestris altissimorum montium cacumina, exaltata, totum Geocosmum ad 150 dies &ампliùs continuò cooperuit; undè consequenter pinguem illam terrestrium glebarum substantiam, quâ non solùm omnes totius Geocosmi montes, colles, clivi, sed & universa Terræ superficies operiebatur, diuturnâ aquarum tyrannide pressam & maceratam prorsus defluxisse, credere possumus,

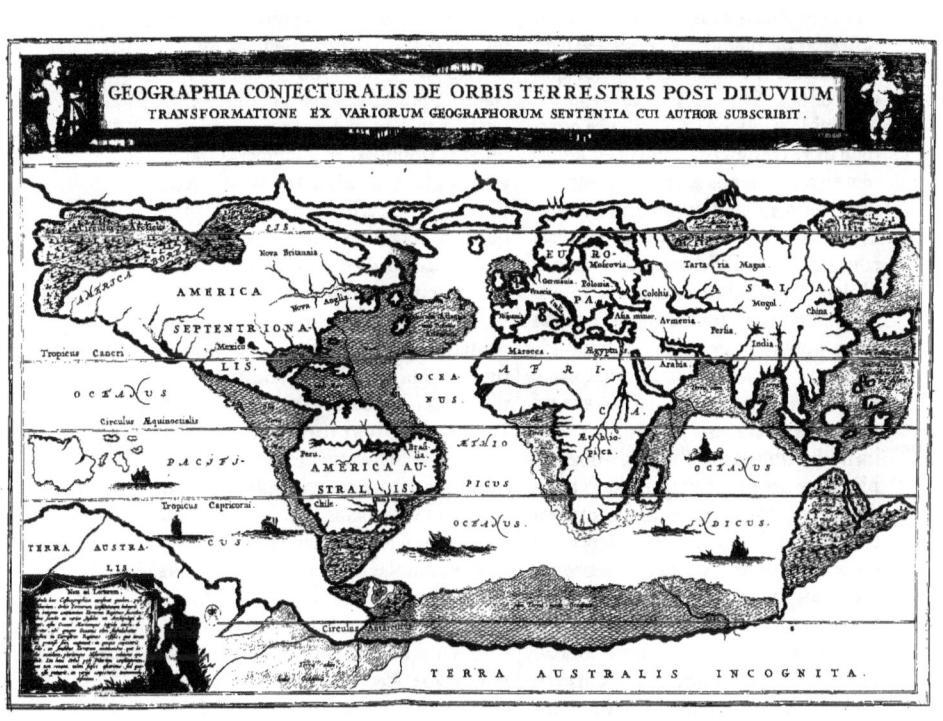

ARCA NOE.

sumus, non nisi solis montium sceletis, & ossibus relictis; ex hoc defluxu montium & glebæ terrestris defluxu quantæ mutationes valles impletas, ipsa flumina, lacus, stagna, limoso glebarum terrestrium sedimento oppleta, quin & vicinos marium districtus, immensa terrestrium quisquiliarum ac lapidum, à montibus devolutorum coacervatione, tanto augmento increvisse verisimile est; ut in multis locis, ubi olim camporum amœnæ planities, ea posteà in mare degenerasse spectarentur, multos quoque colles, clivos, & editiores tumulos in planitiem abiisse. Contrà ubi quondam mare consistebat, ibidem ex limosæ materiæ defluentis accumulatione, id in terrestres planities mutatum fuisse: Quæ loca primò continentium terrarum nomine gaudebant, illa aquarum violentiâ distracta exesaque in Insulas, transmutata, valles montibus æquatas, & vallibus montes, nulli dubium esse debet, qui universale illud, quod Orbem universum opprimebat, *Diluvium* penitiùs consideraverit; cùm, uti olim, *Ingentes metamorphoses nullis non seculis.* ita hodiè innumeras stupendasque Orbis terræ in particularibus locis transmutationes, tum terræmotibus, tum ventorum inundationumque violentiâ exortas intueamur; quasnam Geocosmo metamorphoses ex inaudita Orbis universi inundatione, accidisse censebimus? verùm, ut hoc loco specimen quoddam Lectori curioso exhibeamus, Chartam Geographicam apponendam duximus, in qua qualisnam post *Diluvium* Orbis facies relicta sit, pro nostra intellectûs imbecillitate, comparatione ad hodierni temporis statum factâ, exponamus.

Suppolares itaque Regiones uti olim, ita & hodiè Oceano circumfusas fuisse, ea de causa, ne totius Geocosmi hydragogus ex polo ad polum meatus impeditus, pericyclosin suam tantò Orbi necessariam peragere non posset, sine ulla mutatione Oceano suppolaribus punctis circumfuso, remansisse; item Oceanum, suum sub zona torrida situm ex ortu in occasum perpetuò unà cum Sole mobili, paucis circa littora Continentium mutatis, suum cursum tenuisse. Sed ea distinctiùs explicemus.

Dico itaque *primò*, post *Diluvium* omnes planities Orbis Terræ, uti & deserta arenosa, famâ celebriora, mare occupasse, eò quod maria limo infœcundo & sabuloso impleta, in deserta, & inhospitas solitudines expulsis, extrusisque aquarum coloniis degenerârint. *Recensio mutationum terrestrium, aquearumque.*

Secundò. Ubi modò *Archipelagi* spectantur, post *Diluvium* regiones vastissimas extitisse, vehementi tamen maris æstu impulsas, in innumeras mollis terreni glebâ abrasâ, Insulas discretas fuisse. Hoc pacto dico, *Archipelagum*, quem S. *Lazari* vocant, & omnem illam *Insularum Philippinarum* longè latéque disseminatarum congeriem, olim vel Terram continentem, vel etiam ingentem Insulam altissimis montibus instructam fuisse, accidisse tandem magnâ illâ *Oceani Australis*, quem *Pacificum* vocant, motus ex ortu in occasum à Sole rapti, vehementiâ, totum illud spatium, quod maris motui obsistebat, successive in innumeras hujusmodi, quarum hodie ad undecim millia numerantur, Insulas discretum fuisse, solo mari, veluti freto amplissimo intra Continentes Australem & Borealem ad motus fluxusque Oceani continuationem interjecto; *Zeilanum* quoque olim promontorio *Comorino* adnexam, à Continenti fluxu maris abrasam in Insulam degenerasse. Pari pacto verisimile est, *Archipelagum Græciam* inter & *Asiam minorem*, interjectum, regionem amplissimam, partim *Græciæ* & *Thraciæ* Continenti, partim ex altera parte *Asiæ minori* adnexam fuisse, ex vehementi tandem maris ex *Ponto Euxino* in *Mediterraneum* prorumpentis, impetu cum tempore, exeso molli terreno, totam eamque vastam, regionem in tot Insulas, quas videmus, discri- *Archipelagi olim Regiones fuerunt.*

Asiæ mutationes.

Bb

discriminasse, solo freto ad marium communicationem interjecto; Eandem metamorphosin in *Oceano Atlantico* accidisse, ubi in vastissimam Insulam, quam *Plato in Critia Atlantidem* vocat, in immensa terrarum spacia longè latéque exporrectam, uti vetustissimi *Atheniensium Annales* testantur, olim inter *Europam* & *Americam* interjectam extitisse, quam & veterum *Ægyptiorum* expeditione usitatam *Plato* refert; de qua vide *Mundum Subterraneum Tom. I.* Partem verò Mundi, quam hodiè *Europam* vocamus, haud impares transmutationes incurrisse, variis rationibus convicti dicere cogimur: qui enim rectè *Angliam*, *Scotiam*, *Hyberniam* cum adjacentibus Insulis curiosiùs expenderit, ille asserere cogetur, omnes illas Insulas, post *Diluvium* unam regionem, eamque vastissimam fuisse, æstus tamen, sive fluxus & refluxus ibidem potenter dominantis vehementiâ, cum tempore ab invicem separatas.

Europæ mutationes.

Verùm ut enucleatius totius Telluris transmutationem conspiciamus, hìc *Chartam* apponemus, in qua nos, haud tamen incongruâ conjecturâ, ex inaudito hoc *Diluvii* universalis prodigio, talem esse, & debuisse, & potuisse, monstramus.

Vides igitur in *præsenti Charta*, immediate post *Diluvium*, incredibilem totius Telluris transformationem accidisse, & hodiernis temporibus, ex varia Regionum transmutatione, vel ad centum annorum decursum facta patet. Cur nobilissimæ Regiones, quæ incredibili sua feracitate, rerumque omnium abundantiâ florebant, hodie tamen ad manifestam sterilitatem, uti in nostro *Itinere Hetrusco*, demonstravimus, declinare videantur, ex *paulò* ante dictis colligitur. Quod uti *Plato* quondam de *Eubœa*, ita & nos de variis *Europæ* regionibus, quas vidimus, non sine admiratione accidisse observavimus. Nos quid de hujusmodi terrenarum portionum degeneratione sentiamus, paucis ostendemus.

Nota itaque *primò*, Terreni Globi superficiem ingentes successu temporum, uti & *suprà* diximus, alterationes subire, idque in *Mundo* nostro *Subterraneo*, multis variiisque exemplis demonstravimus, adeoque non secus ac animatum quoddam corpus ex juventute quadam, virilique statu in imbecille quoddam senium viribusque paulatim fatiscentibus desinere.

Secundò. Nives, grandines, imbres & pluvias successu temporis, montium, quâ primævis temporibus operiebantur, terrenam cutem denudare, abrasâque meliori terrestris glebæ substantiâ non nisi ossa tantum, id est, saxosam scopulosamque substantiam relinquere.

Tertiò. Pingue illud terrenum initio inditum, quod agris fœcunditatem unicè confert, tum Solis æstu, tum subterraneis ignibus id resolventibus, cum tempore, evaporare glebis cretaceis arenosísque relictis, quæ sunt sterilitatis mox secuturæ prodromi.

Quartò. Regionem quampiam quantumvis fœcundissimam, quantò majori fuerit constipatorum montium frequentiâ prædita, tantò majus illi infœcunditatis periculum imminere; quæ cùm quàm amplissimè in *Mundo Subterraneo*, & nostra *Hetruria*, exposita sint, eò Lectorem remittimus.

Cum itaque vel intra centenos annos hujusmodi terrenæ substantiæ degenerationes intueamur, quantas ex universali *Diluvio* Orbem Terræ incurrisse putabimus? Certè, quemadmodum in *præcedenti Capite* demonstravimus, id terrestres regiones in maria, & maria in terrestria loca, & Insulas, ex incredibili limi, sedimentorumque coacervatione mutasse, nulli dubium esse debet. Hinc ubi olim colles & clivi erant, hi solo æquati, in planities evaserunt, & contrà, planities ibidem ex limi accumulatione

Stupendæ mutationes.

in

in clivos & colles, qui tamen successu temporis in petram indurati in montes degenerârunt; continentium exititias protuberationes, motu maris dissectas in Insulas, Insulas continentibus adnexas in terram firmam, uti vocant, aut Isthmos in Peninsulas abiisse, innumeri casus demonstrant. In *Mediterraneis* quoque partibus, si magnas catenas montium à natura in firmam Orbis ossaturam destinatas excipias, plerique argillacei colles & clivi ex limosarum quisquiliarum confluxu, constiterunt; Stagna quoque & paludes impletas alibi erupisse, is facilè crediderit, qui Terræmotuum effectus penitiùs consideraverit; quod idem de fluminibus dici velim, hæc enim multò differentiores alveos post *Diluvium,* quàm aut ante, aut hisce temporibus habuisse, *Tybris* fluvius, alveo suo sat docet, diversissimo ab illo, quem tempore *Augusti* habebat.

Omnium marium inter se & cum Oceano per subterraneos meatus commercia.

Quoniam verò omnia maria, uti *Mediterraneum, Euxinum, Caspium* occultam cum *Oceano,* per subterraneos canales communicationem exercent, illa utique semper suam stationem illibatam hucusque conservarunt, non nisi aliquibus portionibus ad littora, vel per maris in humiliores camporum planities effusionem, vel per oppletionem humilioris fundi maris, ex arenaceæ, ac sedimentosæ materiæ congerie factam, immutatis.

Post *Diluvium* itaque, non nisi compluribus annis, æstuosus *Oceani* impetus, quod lutosum & terrestre erat, discissum in *Oceani* varios canales, quod saxosum scopulosumque in Insulas convertit, quod in omnibus marium partibus, quos *Archipelagos* vocamus, contigisse existimamus. Est enim ea Aquei Elementi propriet as, ut ubi molle terreum repererit, illud macerando in lutum convertat, undè camporum origo, & subindè quoque ab una parte adimit, ex altera parte adjiciat, quemadmodum innumeris exemplis in *Mundo Subterraneo I. Tomo* docuimus. Sed hisce jam propositis, nil restat, nisi, ut Chartam Geographicam intuearis, in qua, qualemnam post *Diluvium* immediatè statum Orbis terræ habere potuerit, variis conjecturis, exhibemus.

Caput III.

Quomodò Animalia in Universas Globi Terreni Regiones & Insulas devenerint.

Mirantur multi, & capere non possunt, quomodò Animalia in remotissimas Insulas, imò in *Americam* tam *Australem,* quam *Borealem,* toto, uti dici solet, coelo, ab *Europa, Africa* & *Asia* separatam, pervenire potuerint: undè multorum ingenia, nescio qua perplexitate confusa, asserere non sunt verecundati, *Americam Diluvio* non fuisse suffusam, vel si suffusa fuerit, montes toto Orbe celsissimos, à *Diluvio* tamen fuisse immunes, & proindè animalia in ipsis se servare potuisse. Verûm cùm hanc sententiam jam *suprà* tanquam Sacro Textui contrariam confutaverimus, hisce non ampliùs immorabimur.

Cùm certum sit, & ex hac *Mappa* apposita luculenter pateat, animalia successivè omnes terræ partes tùm Continentium tum Insularum, occupare potuisse ex præcipuarum Terræ partium regionumq; continuatione; siquidem ex *Asia* in regiones *Americæ* conjunctas, id est, in *Americam Borealem* transmigrare potuerunt; cùm ibidem paulò post *Diluvium* regiones regionibus annexas fuisse putemus, id est, *Tartariam, Anianæ Regioni; Chinam,* quoq; *Coream* & *Japoniam,* & *Jessum,* quæ ultimis temporibus detecta regio,

utrum

Insulæ complures olim continenti adnexæ. utrum Insula sit, an Continens alicubi *Americæ* adnexa, necdum patuit. Ex *Europa* quoque & *Africa*, nullo negotio in utramque *Americam* pervenire potuisse, vel ex eo patet, quod in *Oceano Atlantico* Insulam vastissimam, sive Continentem fuisse, in *præcedentibus* innuerimus, eamque ex *Platone*, *Atheniensium Ægyptiorumque* expeditionibus frequentatam, in *Mundo Subterraneo*, quàm amplissimè descripserimus; Dubitant tamen plerique, quomodò in hujusmodi Insulas animalia pervenire potuerint; cùm à Continente remotiores fuerint, quàm ut natando ad eas pervenire po- *Quomodo animalia in Insulas tranfmigraverint.* tuerint. *Respondeo:* Duplici modo ad Insulas remotiores animalia pervenisse: *Primò* vel natando à Continenti ad Insulam vicinam, & ab hac ad aliam viciniorem, quæ in tam vasto Oceano deesse non poterant, penetrasse, vel per Isthmos, quorum post *Diluvium* haud exiguum ubique numerum, Divinâ providentiâ sic exigente, relictum fuisse, nihil dubito.

Dico *secundò*, per homines ut plurimùm in Insulas remotiores navibus traducta fuisse, haud secùs ac hodierno tempore, quo per vastissimum *Oceanum Atlanticum* in *Americam* utramque, Animalia *Europæ* propria, ad propaginem transferuntur, præsertim cùm primos novarum coloniarum inquisitores, gentiumque Duces, non minùs ingenio industriâque pollentes, quàm ultimis hisce temporibus, aut *Hispanos*, *Lusitanosque*, aut *Batavos*, fuisse censeamus. Hoc pacto per *Isthmum Anian* ex *Asia* in *Americam*, ex *China* in *Japoniam* forsan post *Diluvium*, *Chinæ* & *Coreæ* adnexam, & hinc in *Archipelagi Indici*, tunc Continentem sine natatione pervenire potuerunt; in *Australem* verò nobis hodie incognitam, vel per Isthmum, vel ab hominibus illuc transportata fuerunt. Idem de *Insula Zeilano*, & *S. Laurentii* olim Continentibus *Indiæ* & *Africæ* conjuncta, & successivè per motum, æstumque Oceani dissectis dicendum judicem; ut proinde nullam in hoc concipiendo difficultatem videam. Quod verò attinet ad varietatem animalium valdè à nostris differentium, quæ in *Indiarum* regionibus reperiri multi mirantur, ii mirari desinent, si, quæ in Secundo hujus Operis *Libro*, de animalium primigeniæ speciei juxta variam cœli, climatumque constitutionem, transformatione docuimus, rectè perceperint.

Prodiit non ita pridem Libellus Gallicè scriptus, utique fœtus illius libri, qui de *Præadamitis* inscribitur, *Romæ* anno 1650 condemnatus, in quo Author, ausu sane temerario asserere non verecundatur, *Diluvium* neque universale, neque montes altiores aquis coopertos fuisse; ut proinde & homines, & animalia facilè servari potuerint. Verùm enim verò, uti hæc apertissimè *Sacro Geneseos Textui*, & omnium *Interpretum, Sanctorumq; Patrum Decretis* repugnant, ita quoque is, quisquis tandem ille Author fuerit, confutatione non eget, sed inter eos connumerandus Atheos, qui uti multa in Sacra Historia occurrentia capere non possunt, ita quoque contra omne fas, doctrinam à Deo Mosi, cæterisque Hagiographis dictatam, imprudenter, ne dicam stolidè, propriæ phantasiæ præferentes in fabulas, summo totius Christianæ Reipublicæ detrimento, & scandalo convertunt. Sed his jam traditis, ad alia progrediamur.

Opinio de Diluvio perabsurda.

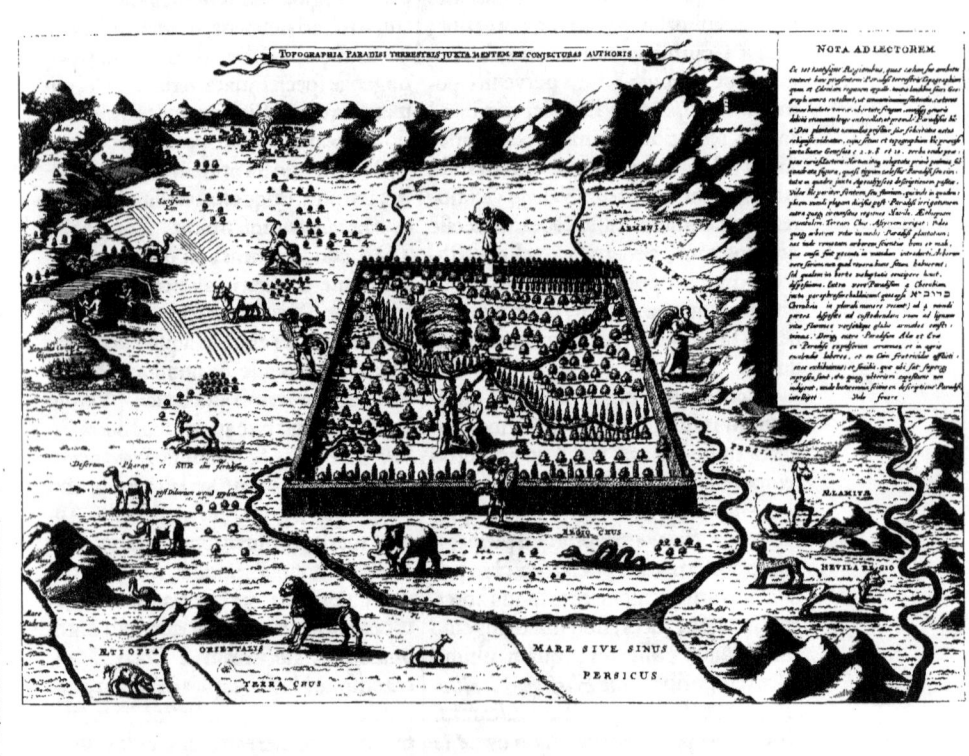

Caput IV.

Utrum Paradisus Terrestris Diluvio *destructus sit, & ubinam locorum fuerit.*

Tanta fuit, & semper erit de *Paradiso Terrestri* inter Doctores controversia, ut cui subscribas, vix dispicias, tantisque sunt omnia involuta difficultatibus, ut *Cherub* ille flammeo, atque versatili gladio obarmatus, omnem ad eum aditum nobis interclusisse videatur. Quantum itaque ex genuino *Sacræ Genesis Textu*, variorumque Interpretum melioris notæ sensu colligere potuimus, hoc loco exponendum censuimus. Emittat Dominus lucem suam, & veritatem suam, ut ipse nos deducat in locum sanctum suum, & in tabernacula sua. Sed jam ad rem. Verba *Genesis* cap. 2. hæc sunt: *Plantaverat autem Dominus* DEUS *Paradisum voluptatis, à principio, in quo posuit hominem quem formaverat.*

Genes. 2. v. 8.

ויטע יהוה אלהים גן בעדן מקדם ושם שם את האדם.

Græca huic verbotenus congruit. Καὶ ἐφύτευσεν Κύριος ὁ Θεὸς Παράδεισον ἐν Ἐδὲν κατ᾽ ἀνατολάς. *Chaldæa* Onkelos dicit:

ונציב יי אלהא גנתא בעדן מלקדמין.

Et plantavit Dominus DEUS *Hortum in Eden à principio*. Cui omnes Textus concordant: *Primò* in principio, *deinde* in *Eden* Hortum esse plantatum. Altercantur hîc *Expositores* de principio plantationis hujus *Horti*; quidam non benè fundati, ante omnia, primo videlicet die, fuisse plantatum. Sed quid *Hortus* deliciosissimus cum Chaotica massa, ex qua primo die Cœlum & Terram condiderat DEUS faciat? nemo concipere potest; qui verò post sextum diem plantatum asserunt, illi negare videntur, à principio plantatum fuisse, quod est

Quo die Paradisus à DEO *plantatus sit.*

contrarium *Textui*. Ego pro mea tenuitate dico, idem fecisse DEUM cum *Adamo*, quod cum Regibus in novum quoddam palatium introducendis fieri solet, dum illud summâ curâ & sollicitudine, omni ornamentorum genere, splendidè, & magnifico apparatu condecorare satagunt: hoc pacto DEUS *Hortum Voluptatis*, in quem à se plasmatum hominem omni bonorum deliciarumque genere uberrimum felicissimumque, à principio, antequam plasmâsset hominem, plantaverat, introduceret: cùm *à principio* denotet jam ante *Adæ* productionem *Hortum deliciarum* præparatum extitisse. Quo verò ex hexameron die? Dico non alio, quàm tertio die, quo DEUS dixit: *Germinet Terra herbam virentem & facientem semen, & lignum pomiferum faciens fructum juxta genus suum, cujus semen sit supra terram, & factum est ita.* Quis ex hisce non videt, *Paradisum* congruentiori tempore plantari non potuisse, quàm eodem die, quo totius naturæ vegetabilis œconomiam omni plantarum, arborumque fructiferarum genere *conditor* exornârat; *Hortum* itaque in principio tertii diei à DEO in *Adami* gratiam separatim plantatum fuisse, quicquid alii perperàm sentiant asserimus: & ne nos longioribus tricis involvamus, hanc nostram sententiam paucis hisce proponere voluimus.

Plantaverat autem *Hortum* à principio in *Eden*, id est, *Hortum voluptatis* in *Oriente*; ubi hæc vox in *Eden*, variè accipi potest, vel pro voluptate, & pro deliciis, vel pro nomine loci. Certè singuli *suprà* allegati *Textus* dicunt בעדן *in Eden* Hebraicus, Græcus ἐν Ἐδὲν κατ᾽ ἀνατολάς, in Eden ad *Orientem*, cui consentit Chaldæus: *Be Eden*, in *Eden*, quæ nos

Be Eden quid propriè.

ita

ita exponimus: Plantavit DEUS *Hortum* deliciosissimum ad *Orientem*; ita ut *Be Eden* unà significet, & nomen loci, & summam in eo deliciarum ubertatem; atque adeò in unum coincidit hoc verbum, *Be Eden* ; certè ad *Orientem* conditum fuisse, respectu *Palæstinæ* & *Ægypti*, ubi *Moses* & habitabat, & conscripserat *Historiam Genesis*.

His itaque breviter præmissis, jam videamus, ubi *Regio* illa *Orientalis* constituta fuerit, in qua DEUS plantaverat *Paradisum*. Ex genuina & vera determinatione *Paradisi*, cum se evolvere non possent nonnulli *Interpretes*, maluerunt totam hanc *Paradisi* historiam ad mysticos & anagogicos sensus transferre, quàm illius veram & realem historiam ad literam intelligere, quæ perabsurda, & intolerabilis sententia est, *Sacræ Mosis Historiæ* penitus contraria: Ad quid enim *Moses* tàm scitè ipsum quoad plantarum, arborum fructuumque delicias, & quoad quatuor flumina, quibus irrigabatur, amœnitatem si ea ad literam non intelligi voluisset, descripsisset? Ergone esus fructus primis parentibus prohibiti, non realis, sed purè metaphoricus censendus est? Hæreticus id credat, & sentiat; Ego dico, DEUM in universis Bibliis nihil mysticum proferri voluisse, quod non primò sub literali sensu, & sensibilibus rebus, veluti in typo quodam expressum fuisset, cum invisibilia, teste Divo *Paulo* non nisi per ea, quæ facta sunt, cognoscantur. Ubinam igitur deliciosissimus ille *Hortus* DEI manu plantatus, fuerit, an etiamnum adhuc restet, an *Diluvio*, aut aliis de causis vastatus, exponendum restat.

Suppono itaque *primò* eo in loco fuisse *Paradisum*, in quem *Adam* à DEO, postquam ex terra Damascena plasmatus esset, ut plerique sentiunt *Interpretes*, translatus est; ut coleret, & custodiret eum, post lapsum verò *Paradiso* extorris in vicinam regionem expulsus legitur, ut semper ob oculos haberet beatas illius loci amœnissimi delicias, ex quibus suâ culpâ exciderat; *Hortum* inquam, uti *Basilius* ait, DEI manu consitum, peramœnum, ac deliciis omnifariam diffluentem, mansionem, locum omnem exuberantem creaturam, visenda pulchritudine suscipiendum & admirabilem, locum dico præluftrem & spectatu dignissimum, in quo perpetua quædam temperies, cui nulla ventorum vis, nullæ tempestates, nulla grando, nulla fulmina, nullæ procellæ, sed quicquid in singulis anni temporibus optatissimum foret; quæ omnia intelligi videntur de statu ante lapsum *Adami*, post lapsum verò omnia in pejus ruisse *inferiùs* patebit.

Cum igitur *Adam* ad plagam Orientalem è *Paradiso* expulsus habitaverit, illa verò regio, alia non fuerat, nisi *Campus Damascenus*, inter *Montem Libanum* & *Mesopotamiam* contentus, intra *Mesopotamiam Paradisum* extitisse verisimile credimus, cum *Euphrates* & *Tigris* flumina *Paradisi*, quæ & hodiè adhuc *Mesopotamiam* includunt, id expressè docent; Accedit, in huncusque diem *Mesopotamiæ* incredibilis amœnitas, & summa rerum omnium ad vitam hominum deliciosè transigentium necessariarum copiâ & affluentiâ, quæ sunt pristinæ in *Paradiso* felicitatis reliquiæ, & vestigia.

Suppono *secundò*: Omnes Patriarchas primævos, ab *Adamo* usque ad *Noëmum* ibidem habitasse, ut Patriarcharum primo Protoplasto *Adamo* vicini essent, & ab eo tum in scientiis & artibus humano generi conservando necessariis, tùm moribus legibusque vitæ & disciplinæ instruerentur. Nam uti *Libro primo* ostendimus, *Lamechum* patrem *Noëmi* in lite cum duabus uxoribus *Adâ* & *Sellâ* dirimenda, ad *Adamum* confugisse adhuc viventem; *Kain* quoque ad Orientalem plagam *Eden* Civitatem extruxisse nomine *Enoch*; *Henochum* ibidem à DEO translatum fuisse, *Noëmum* ibidem

ibidem *Arcam* fabricasse, & *Turrim Babel* in terra *Sannaar* extra pomœria *Paradisi* extruxisse: Accedit, ipsum *Adam* ex *Agro Edenio* in vicinam terram sanctam profectum, ibidem in *monte Moria*, uti *Interpretes* tradunt, ultimum diem obiisse, ut eo in loco *Adam* primus homo moreretur, in quo secundus *Adam Christus* pro salute humani generis crucifixus, obiturus esset. Non igitur verisimile est, Patriarchas felicitatis *Paradisi* memores, cujus uti delicias ab *Adamo* recenseri audierant, ita in longinquas & remotas Regiones abiisse, sed cum *Adamo* eo in loco *Paradiso* vicino restitisse, posteris verò Nepotibus reliquas Orbis terræ regiones inhabitandas reliquisse. *Paradisus* itaque alio in loco situm non fuisse, quàm in *Mesopotamia* & circumvicinis Regionibus ex dictis patuit.

Hîc nonnullos mihi objicientes audio. In hunc usque diem nihil eorum restare, quæ *Sacra Scriptura* de fonte in eo exorto, & indè in quatuor flumina divisa enarrat. Sed verba Sacri Textus examinemus:

Genes. 2.
vers. 10.

ונהר יוצא מעדן להשקות את הגן ומשם
יפרד והיה לארבעה ראשים.

פישון /
1. *Physon.* *Et fluvius indè egrediebatur ad irrigandum* Hortum, *& indè dividitur in quatuor capita:* Nomen uni Physon, circuiens Hevi-
גיחון /
2. *Gehon.* lam, ubi est aurum optimum; Nomen secundi
חדקל /
3. *Hiddekel, Tigris.* fluvii est Gehon, ipse circuit omnem terram Æthiopiæ; Nomen tertii fluvii Tigris, ipse est, qui vadit contra Assyrios;
פרת /
4. *Phrath.* Fluvius autem quartus est Euphrates. Chaldæa lectio:

וסביב ית כל ארעא דכוש.

Qui circuit omnem terram Chus. Cum verò non nisi duo flumina *Tigris* & *Euphrates* nominentur, *Physon* verò & *Gehon*, quænam sint, ignoretur, hinc arguunt, in hoc loco *Paradisum* existere non potuisse: Ego verò contrarium hoc loco demonstrandum censui.

Suppono itaque *tertio: Paradisum* ante, & post *Diluvium* eundem quoad substantiam habere situm, quem habebat ante lapsum *Adami*, sed vel indignatione D E I ob peccatum *Adami*, posterorumque impietatem, vel aliis de causis *inferius* recensendis, cum tempore defecisse; undè profundiori mentis trutinâ, primævam *Paradisi* felicitatem, amœnitatemque expendens, tandem concludo, *Paradisum* alio in loco non extitisse, quàm in *Edenia regione*, quæ & *Campi Damasceni* partem unà cum *Mesopotamia* continebat, uti ex *Topographia Eden lib. 1.* patet.

Quæritur itaque primò. *Quomodo hodiè præter duorum fluminum nomina* Tigris *& Euphratis, nullum aliud* Paradisi *vestigium superesse comperiatur?* Respondeo; post lapsum *Adami* statim ob delictum esûs pomi contra Divinum præceptum commissum, deindè ob conclamatam hominum ante *Diluvium* impietatem, scelerumque enormitatem prævisam, cum non esset, cui *Paradisus* serviret, neque unquam ullus foret, qui illum intrare posset, tandem prorsùs *Diluvii* inundatione destructum, devastatumque fuisse: Ita *Salianus* & multi alii ex *SS. Patribus*, quos in suis *Annalibus* citat, sentiunt, quibus nos adstipulamur.

Quæsitum secundum, *Utrùm Paradisus adhuc existat, utrùm aliò translatus sit?* Respondeo, cum multi *Interpretes* eum in hunc usque diem existere existiment, ii non alio incitamento ad id asserendum inducuntur, quàm quod *Henoch* & *Elias* in *Paradisum* translati credantur; verùm uti hæc sententia oppidò debilibus insistit fundamentis, ita quoque facilè dissolvitur, vel hoc ipso quod in *Sacra Scriptura* primò nec ex *Genesi*, nec ex *lib. 4. Regum*, *Henochum* atque *Eliam* in *Paradisum* translatos fuisse probari possit. De *Henoch* enim translato loquitur citatus locus:

ויתהלך חנוך את האלהים ואיננו כי לקח
אתו אלהים.

Gen. cap. 5.
vers. 24.

Et ambulavit Henoch *cum* D E O, *& non apparuit, quia accepit eum* D E U S. Et de Elia:

Elia : *Eccè currus igneus, & equi ignei diviserunt utrumque, & ascendit* Elias *per turbinem in cœlum.* Ex quibus neque *Henoch*, neque *Eliam* in *Paradisum* raptum fuisse, colligi potest; quasi verò DEUS eos non alibi, quàm in *Paradiso* & potuerit, & voluerit conservare. Qua de causa multi *Authores* quàm absurdissimis sententiis in transversum acti, *Paradisum* quidem non eodem loco, quo a prima ejus plantatione extitit, superesse, sed aliò translatum fuisse sentiunt; & nonnulli quidem, uti *Armeni* in inaccessis *Armeniæ* montibus adhuc alicubi existere, ex eo sibi imaginantur, quod ibidem inter intimos solitudinis recessus subindè virum quendam ætate grandævum, & barbitio spectabilem, nec non stupendæ majestatis spectârint, quem *Eliam* esse interpretantur; sed uti hæc phantasticæ facultatis ludibria sunt, ita quoque tempus perdet, si quis ea confutanda susceperit; quonam enim modo fieri potuit, in asperrimis inaccessi montis jugis *Paradisum* cum suis fontibus & fluminibus *Paradisum* irrigantibus nec non cum eâ amœnitate arborum, fructuumque varietate consistere potuisse ? Undè *Paradisum* in *Suppolarem Antarcticam Oceano* circumfluo inaccessam regionem translatum fuisse, *Brunus in suo Theatro Urbium* docet. Sed quis rogo, *Paradisum* locum voluptatis, ex temperatissima regione & omni deliciarum genere confertissima in omnium totius Mundi asperrimam & ἀχρειότα-τυ squalidissimam Mundi faciem delatum fuisse concipiet ? Unde & hæc uti absurda est, ita confutatione non indiget. Alii præterea cum locum ei congruum non reperirent, *Paradisum* in *Zeilanum* sub Zona torrida Insulam aromaticis plantis, nec non amœnitate, rerumque ubertate, ac longinquitate vitæ hominum celeberrimam, translatum putant; sed cum in ea quadruplicis fluviorum originis nullum reperiatur vestigium, neque arbores fructusque *Para-*

Paradisus in varias Regiones ridiculè translatus.

diso proprios *Zeilan* proferat, præterea æstu intolerabili, æstate ferveat, hyeme pluviis continuis inundetur, unde & hanc opinionem fabulis adscribimus; uti & eorundem, qui *Paradisum* ex *Poëtarum* descriptione, aut in *Hesperidum* hortos, aut *Canarias Insulas* relegant. Deindè, cum quidam *Authores* nullam harum opinionum subsistere posse viderent, in multò aliam absurdiorem sententiam inciderunt; hi nimirum ne *Paradisum Diluvii* aquis destructum fuisse, concedere cogerentur, cum quindecim cubitis super omnium montium sub cœlo existentium vertices, Angelorum (quos ipsi illos ipsos Cherubin dicunt) gladio flammeo & versatili *Paradisum* custodientium ministerio translatum, conservatumque fuisse putant. Verùm super quos montes ? & quomodo supra dictos montium vertices *Paradisus* cum suis fluminibus & amœnitate viridariorum subsistere potuerit, quis sibi imaginari poterit ? Vides itaque Lector, quàm graviter hallucinentur *Authores*, qui *Paradisum* aliò translatum fuisse perperàm opinantur: vel enim *Paradisus* sub eâ prorsus facie, quâ à DEO plantatus fuit, ex loco genuino *Eden* evulsus & eradicatus in incongruam Orbis regionem translatus fuit, vel non: Si prius, certè istius nonnulla in *Edenia Regione* evulsionis vestigia notata fuissent, quæ sicuti non observantur, & *Tigris* & *Euphrates* adhuc maneant, ita quoque aliò translatus dici non potest, vel si translatus est, is *Paradisus* dici nec debet, nec potest; Qui verò eodem adhuc loco existere quidem putant, sed ἀόρατον, sive invisibilem existimant, ii jam illis Scriptoribus adnumerandi sunt, qui omnem *Paradisi* historiam à *Mose* descriptam, non realem, & literalem, sed purè mysticam, allegoricam, tropologicamque esse arbitrantur, quod asserere in fide periculosum esse, nemo non videt. Sequeretur enim, & *Adami* & *Evæ* historiam, esumque pomi prohibiti,

hibiti, & indè lapsum, expulsionemque ejus ex *Paradiso* unà cum fluminibus, & arborum varietate non ad literam, sed sub allegoria intelligi debere ; quod quàm absurdum sit, quis non videt ? Nihil itaque probant hæc de Translatione *Paradisi* proposita argumenta, atque adeò clarè ex illis constat, *Paradisum* in principio alium situm non habuisse, quàm quem *suprà* descripsimus in *Edenia Regione*, quam ab *Adamo*, & omnibus Patriarchis, *Seth, Enos, Cainan, Mavaliel, Irad, Henoch, Mathusala, Lamech* & *Noë*, tanquam patriam regionem inhabitatam fuisse, & post *Diluvium* cum à filiis *Noë, Sem, Cham, Japhet,* eorumque progenie, usque ad *Abraham*, uti ex *Sacris Literis* de *Haran Mesopotamiæ*, & *Ur Chaldæorum, Abrahæ* patrià ostendi potest. Nihil igitur restat, nisi ut modò, quomodò tantopere locus *Paradisi* transmutatus sit, ostendamus.

Quæsitum tertium. *Quomodò* Edenia Regio, *locus* Paradisi *tantopere transmutatus fuerit, ut fons ille, ex quo veluti quatuor alia flumina derivabantur, hodie non compareat ?* Respondeo, id admirabili Divinæ providentiæ dispositione contigisse, quod ut luculentiùs pateat ; Notandum est, Sapientissimum rerum *Conditorem, Paradisum* plantaturum voluptatis, ut in eo hominem ad sui imaginem & similitudinem conditum, felicissimâ vitâ bearet, fontem, seu uti Hebræus Textus habet :

Genes. 2.
vers. 10.

ונהר יצא מעדן להשקות את הגן ומשם
יפרד והיה לארבעה ראשים.

Et fluvius egrediebatur ex Eden *ad irrigandum hortum, & inde dividebatur in quatuor capita.* Flumen eduxit, qui sufficientibus aquis hortum voluptatis irrigaret, utpote sine quo fonte, seu flumine, cœterisque quatuor fluviis inde derivatis *Paradisus* amœnitatem suam, feracitatemque consequi non posset. Qui fons instar fluminis seu lacus erat ; Hunc itaque fontem, quantum nos ingenii nostri imbecillitate comprehendere possumus, ex hydrophylaciis montium *Armeniæ*, aquis per subterraneos inciles derivatis in *Paradisi* medio ortum fuisse existimamus. Nam ut in *Mundo Subterraneo* demonstravi : Constituit Divina Sapientia in principio rerum, dum aquas ab aquis separaret, crateres quosdam ingentes, & præamplas concavitates in abditis montium visceribus, quæ nos *hydrophylacia* appellamus, constituit, eò quod hæc æstu motuque *Oceani* perpetuo per subterraneos meatus, ad originem fluminum lacuumque constituendam repleantur. Ex hisce itaque dictorum *Armeniæ* montium hydrophylaciis, D e u s aquas, uti dixi, per meatus, & canales subterraneos, derivatas, intra *Paradisum* oriri fecit ; qui fons uti flumen referebat, ita quoque sic ordinante D e o, id inde in quatuor alia flumina divisum, non solùm *Paradisum*, juxta quadruplicem Mundi plagam, sed etiam extra illum Regiones *Hevilah*, & *Terram Chus, Assyriamque*, quam affluentissimè irrigabat, ut *Topographia Paradisi* docet. Quomodo verò fons ille quadruplici fluminum diffusione uberrimus, tandem, & tam brevi tempore ita exaruerit, ut nec à Patriarchis primis ante *Diluvium* nec posteà inveniri potuerit ; sic factum putem.

Post lapsum, ut dixi *Adami*, D e u s *Opt. Max.* prævisâ hominum posterorum *Adæ* impietate, scelerumque immanitate prævisâ, *Paradisum* destructurus, obserato dicto fonte eum, unde profluxerat, montium hydrophylacio restituit, ubi per alios fontes erumpens, in exteriorem Terræ superficiem, *Tigrim*, & *Euphratem*, qui destructi jam *Paradisi* locum genuinum aquis suis irrigarent, ex quibus *Tigris* per duplicem ramum, qui *Phison*, & *Gehon* dicebantur, in *Persicum Sinum* evolvuntur. Fontem igitur, qui per subterraneos Canales ex mon-

montium crateribus derivatus, in medio *Paradisi*, indè in quatuor capita divisus, oriebatur, illum posteà mutatis rebus per exteriores alveos, *Terram Edeniam* irrigare voluisse, haud incongruis conjecturis asseveramus. Atque hæc est mea quidem sententia, quam non improbabilem futuram speramus apud eos, qui rationes à me propositas rectè expenderint, nec desunt authores huic meæ sententiæ subscribentes. Sic enim *Hugo Victorinus* in hujus loci expositione, *Scimus*, inquit, Paradisum *esse quendam locum determinatum in parte Terræ, & flumina illa ortum habere in* Paradiso, *quæ è Terra ibidem absorpta, & extra* Paradisum *iterum oriri, qui secundi ortus nobis in* Tigri *&* Euphrate *noti sunt*. Idem sentit *Severianus* apud *Lipomanum*.

Quæritur quartò. *Quænam sint Regiones illæ* Hevilak *&* Chus, *quæ à fluminibus* Phison *&* Gehon, *irrigari dicuntur*.

Cum hæc ad verum *Paradisi* situm intelligendum, non parvi momenti sint, illa hoc loco, eâ, quâ fieri potest brevitate, exponemus. Multi *Havila*, Indiæ Regionem esse, eò quòd per *Phison*, nil aliud denotetur, quàm *Ganges Indiæ*, fluvius; *Gehon* verò *Nilum Æthiopiæ* interioris, quam irrigat, flumen esse sibi persuadent; Sed enim *Paradisum* in tantam amplitudinem se extendisse, ut vel ipsam *Indiam*, *Æthiopiamque* in se includeret; quis tam credulus est, ut id in animum suum inducere queat; hoc enim pacto universam *Africam majorem*, *Armeniam*, *Persidem*, *Majoricam*, ac denique *Chinam* ipsam ex *Oriente* & ex *Occidente* totam *Asiam minorem*, *Ægyptum*, verbo, universam *Africam* circuitus *Paradisi* continuisset; favetque hæc sententia iis, qui cum hanc amplitudinem concipere non possent, universum terrarum Orbem, *Paradisum* fuisse audaciùs asseruerunt; Verùm cùm hæc expressè *Sacro Textui* repugnant, eam non refellendam duxi, cum vel ipsa *Sacra Scriptura* determinatum locum, videlicet *Hortum* dicat, & *Adam* indè expulsum, in vicina *Regione Edenia*, cum reliquis Patriarchis habitasse, *suprà* retulerimus.

Cum itaque dicta flumina extra *Paradisum* evoluta, primus, quidem *Phison* Regionem *Havila*, *Gehon* verò secundus *Terram Chus*, seu *Æthiopiam* alluisse *Sacra Genesis* tradat. Jam explorandum restat, ut quænam illæ Regiones fluxus sui situm alveosque sortitæ sint, exponamus. Dico igitur Terram *Hevilak* neque esse, neque posse intelligi *Indiam*, quam *Ganges* irrigat, quod flumen ipsi pro *Phisone*, *Paradisi* flumine perperàm sumunt: *Hevilah* itaque regionem aliam esse non posse, quàm tractum illum littoris maritimi, quem à deserto *Sur* & *Pharum* in *Topographia Paradisi* protendimus; quod quidem ex *Sacris Scripturæ* locis clarè ostenditur: siquidem Sacra Genesis c. 25. de *Ismaële* loquens: *habitavit*, inquit, *ab* Havilah *usque* Sur, *quæ respicit* Ægyptum *ad introitum* Assyriæ. Limites autem *Havilah* opponuntur, uti dixi, finibus *Sur*, undè *Havilah*, eam censemus Regionem, quam Geographi *Susianam Persidis* partem vocant, est necessariò inferior illâ *Assyriæ* parte, quæ *Sinui Persico* adjacet: id confirmat lib. 1. Regum, ubi dicitur: *Percussit* Saul Amalec *ab* Havilah, *donec venit ad* Sur, *quæ est è regione* Ægypti. Quis jam *Saulem* contra *Amalecitas Indiæ* populos, uti quidam ex *Phison*, quem *Gangem* putant, pugnasse credat? Est igitur, *Hevilah*, ut tandem concludam, illa, uti *suprà* dixi regio, quæ *Maris Persici* Ostio adjacet, in quod & hodiè *Tigris* & *Euphrates* paulò infra *Babylonem* uniti se exonerant; Olim verò *Tigrim* in duos ramos ibidem divisum, quorum unus *Phison*, alter *Gehon* dicebatur, *Sinui Persico* se commiscuisse, quos & *Phasin*, & *Phatisirin* dictos fuisse, *Plinius* in *Historia sua naturali* tradit. Sed hæc ex *Topographia* hìc apposita meliùs intelliguntur, quàm ego multis verbis exponere

non

ARCA NOE.

non queam. Jam verò quam Regionem extra *Paradisum Gehon* fluvium irrigasse putemus, aperiamus. Textus ita habet :

Genes. 2.
vers. 13.

ושם הנהר השני גיחון הוא הסובב את
כל ארץ כוש.

Gehon quisnam fluvius.

Et nomen fluvii secundi Gehon, *ipse circuit omnem terram* Chus. Ubi Terram *Chus* passim pro *Æthiopia* sumitur, uti & *Gehon* pro *Nilo*. Sed quisnam *Nilum Æthiopiæ* flumen, tantâ terrarum marisque Mediterranei ab *Edenia Regione* distantiâ, inter flumina *Paradisi* numerari posse credat? Ut verò, quænam illa Terra *Æthiopiæ*, sive *Chus* sit, quam *Gihon* irrigare dicitur, explicetur; Dico duplicem hoc loco *Æthiopiam* intelligi debere; unam, *Æthiopiam* illam magnam in meditullio *Africæ* constitutam, & hanc à *Nilo* irrigatam, quam negamus esse *Æthiopiam* illam vastam, de qua hîc sermo est; Est itaque ultra *mare Rubrum* alia regio, quæ pari nomine *Æthiopia*, sive Terra *Chus* dicitur, sive *Madianitarum* incolatus fuit, & est Regio illa, quæ ab ortu montem *Sinai*, & *Arabiam desertam*, à Meridie *Felicem*, ab occasu *Ægyptum*, à Septentrione *Palæstinam* & *Assyriam* respicit, & ideò Terra *Madianitica* dicitur, quod uxor ejus *Madianitis* genere, & alio loco *Æthiopissa* quoque vocetur; cum enim *Chus*, *Chami* filius, præter *Ægyptum* non interiorem statim *Æthiopiam*, sed illam *Madianiticam* vicinam occupaverit, quod ex innumeris *Sacris profanisque Literis*, nisi Libri moles obstaret, ostendere possem. Interim Lector adeat *Cornelium*, *Pererium*, *Oleastrum*, cæterosque innumeros, qui hoc de transmigratione gentium argumentum fusius describunt: Atque hanc quam descripsi Regionem dico, fuisse illam *Æthiopiam*, quam *Gehon Paradisi* fluvius irrigabat, uti *Topographia* clarè monstrat.

Æthiopia Madianitica.

Cherub custos Paradisi quid sit?

Quæsitum quintum. Quid per *Cherubim flammeo & versatili gladio ante Paradisum* constitutum, & *aditum ad arborem Ligni vitæ custodiendum intelligatur?*

Multi ex hisce verbis persuasi, putant *Paradisum* in hoc usque tempus adhuc existere, eò quòd aditus ad eum per *Cherubim* impediatur. Duo, hoc loco expendenda occurrunt : Primò Arbor vitæ in medio *Paradisi*, deindè Cherubim, sive Angelus, qui aditum ad eam flammeo, & versatili gladio impediat; ubi sic legitur in Chaldaica Paraphrasi *Onkelos* :

ותרך ית! אדם ואשריה מטדנח לגינתא
דעדן ית כרוביא למטר ית ארח אילן חייא.

Et ejecit Adam, & collocavit ad Orientem Horti voluptatis *Cherubaia, & gladium acutum versatilem, ad custodiendam viam ad Arborem vitæ*. De utroque Interpretes validas ineunt velitationes. Quidam hæc puro mystico sensu accipienda esse sentiunt. Alii verò Arborem vitæ Physicas habuisse virtutes & proprietates vitæ perpetuandæ insitas, & in usum status justitiæ originalis à Deo concessas non incongruè opinantur, quibus & ego subscribo; potuit enim præpotentis Dei virtus fructui arboris implantare talem facultatem, quæ homines in statu innocentiæ ad nonnulla millia annorum tam diù conservaret, usque dum Deo placeret, ad Visionem beatificam illos admittere; Et hujusmodi Arborem in medio *Paradisi* plantatam fuisse, non mysticè, sed literaliter intelligi debet, non enim aliàs post lapsum, Cherubim ad custodiendam viam ad Arborem vitæ, posuisset Deus. Verùm de hisce qui plura desideraverit, is consulat *Pererii* in *Genesin*, primum *Tomum*, ubi totam hanc controversiam pulchrè & scitè dilucidat. Hoc tantùm infero, ex Textu *Chaldæo*, luculentissimè concludi posse, *Paradisum* non alio loco, quàm quo eum nos constituimus; in *Edenia* videlicet regione, quæ & *Agrum Damascenum*, *Assyriam* sive *Mesopotamiam* in se includit, uti *paulò* ante allegatus

Cc 2 Onke-

Onkelos clarè docet ; & collocavit ex *Oriente Eden*, sive *Horti voluptatis* Cherubim, ad custodiendam viam ad Arborem vitæ.

Quæritur Sextò. *Utrùm homines in statu innocentiæ omnes in* Paradiso *victuri fuerint?* Respondeo. DEUM Opt. Max. in eo statu, uti Orbem Terrarum ab omni corruptionis labe immunem reliquit, ita quoque homines totum Orbem peragrare potuissent, tum ad admirandam Operum Divinorum, quæ hominum causâ produxisset, magnitudinem, copiam, varietatemque contemplandam, tum ut infinitâ DEI bonitate, & sapientia cognita, cujus amore succensi continuis laudibus, & gratiarum actionibus usque ad constitutum à DEO transitus tempus, prosequerentur. Sufficiebat iis ad perpetuandam vitam, vel semel fructus Arboris vitæ degustasse, & ex *Textu Sacro* clarè patet: quemadmodum enim post consummationem seculi præter Cœlum Empyreum propriè dictum, totum Mundum Empyreum, & hominibus jam gloria æterna beatis pervium futurum, luculenter in *Itinerario* nostro *Extatico* docuimus ; pari pacto in statu innocentiæ, qui *Paradisi* cœlestis non nisi typus erat, præter *Hortum* separatim manu DEI in *Eden*, consitum, totum reliquum Orbem Terrarum, *Paradisum* fuisse, iisdem ubique naturæ dotibus instructum quibus *Hortus voluptatis* à DEO imbutus erat in *Eden*, veritate non abludit. Atque hæc de *Paradiso*, quantum propositum nobis argumentum permisit, dicta sufficiant.

CAPUT V.

Utrum ante Diluvium *de variis Artibus & Scientiis scripti fuerint libri, & utrum illi ad posterum Mundum fuerint propagati.*

NOn post *Diluvium* duntaxat, sed & ante illud Scripturæ & literarum usum fuisse, ostendit primò omnium ferè *Latinorum, Græcorum, Hebræorum, Chaldæorum, Arabum, Samaritanorum, Ægyptiorumque* consensus, & ut in hoc Opere majori sinceritate, ingenuitate & candore procederemus, singulorum verba, ea lingua & charactere, quo scripta fuerunt, adducemus. Atque ut ab *Adamo* protoplasto incipiam, fuisse illum uti literarum omnium, artium, scientiarumque inventorem & Authorem infusâ à DEO scientia præditum, ita quoque & Librorum Scriptorem, apertissimè Suidas tradit his verbis : Τȣ̃τȣ τέχναι καὶ γϱάμματα τȣ̃τȣ ϕησὶ μαι λογικαὶ καὶ ἄλογοι. Τȣ̃τȣ πϱοϕητείαι, ἱεϱȣϱγίαι, ἓ καθαϱμοὶ ἓ νόμοι γϱαπτοῖς ἓ ἄγϱαϕοι· τȣ̃τȣ πάντα διϱήματα. *Hujus*, inquit, *sunt Artes, & litteræ, hujus scientiæ rationales, & non rationales, hujus prophetiæ, Sacrorumque operationes, hujus leges scriptæ, & non scriptæ ; hujus inventiones, &c.* Cui Hebræi adstipulantur, qui in hunc locum Genes. Liber generationum Adam commentantes ; plerique librum *Adamo* à Deo dictatum interpretantur *Rabboth*:

ואמרו ז"ל רבותנו שאדם אבינו ז"ל חבר ארתספר כל מצות שמסרו אלהים בגן ען.

Dicunt *Rabbini nostri*, quod Adam *Pater noster, benedictæ memoriæ, composuit librum præceptorum, quæ* DEUS *ipsi dedit in Horto* Eden. Rabbi *Tanakus Bar Haja*, in *Rabboth*, dicit fuisse librum, in quo omnia à principio Mundi usque ad consummationem ejus explicarentur, & in virtute ejus filios *Adam, Seth, & Henoch* prædixisse *Diluvium*, & in illo, uti *Zohar* quoque innuit, continebatur, quòd non venturus sit Rex *Messias*, donec omnia,

Suidas.
Adamus Author omnium artium, & scientiarum.

Rabboth Commentarius in Genesum.

Rab. Tanakus, Bar Haja in Rabboth.

Quis liber fuerit ab Adamo scriptus, & quid continuerit.

ARCA NOE.

omnia, quæ in mente Creatoris conceptæ erant, crearentur animæ: Verba ejus sunt:

אין מלך משיח בא עד שיבראו כל הנשמות שעלו במחשבה להבראות, אלה הנשמות האמורות בספר של אדם וזה ספר תולדות אדם.

Non venturus est Rex Messias, donec creatæ fuerint omnes animæ, quæ ascenderunt in cogitatione DEI, *ut crearet eas, & hæ sunt animæ in libris* Adam *insinuatæ hisce verbis*: Et hic est liber generationum Adam: *Quod si de secundo Messiæ adventu intelligatur, tolerari potest; ultimum tamen à Rabbinis in gratiam plebis Judaicæ appositum, afficitumque facilè elucescit. Vide R. Abarbanel, Rambam, Akiba, Ialkuth in hunc locum.* Chaldaicum Thargum Uzielidis hoc loco quoque habet: הדא ספרא דוכרנא בני אדם *hic est liber memoriæ gestorum à filiis hominum.* Mor Isaac *in Philosophia sua Syriaca idem affirmat, ut paulò post videbitur. Huic adstipulatur traditio Arabum, ita Abulhessan, Mahumed Abn Abdalla Elhassadi in Historia Saracenica:*

ثم انزل الله عليه احدو عشن بن صحيفة كان فيها صورة الاحرف وهو اول كتاب انضاه الله وهو اول لغة فيه من الفراىض والشىائع والسنن وتفسير الحروف والوعد والوعىد واخبار الدنىا وكان الله تعلى قد جىن فى ذلك اهل كال زمان وصورهم وسىرهم مع مانىكهم وماجرذون فى الارض حنى الما كول والمشروب قنل فالما نظر ادم غم الى ذلك كاه عرف ما جكىنى فى اولاده كا جكا تسدىدىرا رحمة لهم ثم امرة الله ان جكتبها بقلىم وجعلون الاضان كسعة وعسرىن حرفا

Id est, Deinde tradidit ipsi DEUS 21. *paginas suis exaratas, & incisas literis; fuit hic primus liber, & prima lingua conscriptus; continebat autem præcepta & traditiones in generationes secuturas; & interpretationem literarum, pacta, statuta, & promissiones, & historias mundi totius exhibebat, & repræsentavit* DEUS *Excelsus in hisce generationibus hominum singulas, & figuras eorum, & directiones eorum cum Regibus eorum, cum omnibus, & singulis, quæ in terra gererentur usque ad cibos & potiones. Deinde cùm* Adam *vidisset in hisce ea, quæ filiis suis debebant accidere, flevit planctu magno. Tunc præcepit illi* DEUS, *ut scriberet ea calamo, & accepit pelles ex pecoribus, & præparavit ipsas, usque dum fierent albæ & scripsit in eis* 29 *literis, &c. Porrò ab Adamo literarum, scriptionisque inventum ad Sethum devolutum est, cujus libri etsi inter apocryphos numerentur, ingens tamen horum librorum fama per omnia Authorum monumenta volans, illum aliqua jussu patris scripta reipsa tradidisse verisimile est. Scripsisse autem illum libros septem, in primo Panarii recitat* Epiphanius, *atque à Gnosticis Sethianis Archonticis falsò suppositos esse probat; Occasionem autem hujus figmenti accepisse videntur ex eo, quòd, ut refert* Josephus *lib. 1. Antiq. filii Seth sideralem scientiam ad cœlestium rerum cognitionem excogitarunt; & cùm scirent, prædixisse Adamum duos universales rerum interitus; alterum incendio, alterum Diluvio; veriti, nè inventa sua priùs perirent, quàm pernoscerentur, excitatis duabus columnis, utrique sua inventa inscripserunt: ut si lateritiam Diluvio deleri contingeret, lapidea superstes hominibus discendi copiam faceret; & illa, quæ ex lapide fuerat extructa, per ignem pereunte, lateritia restaret. Has refert* Josephus, *suis adhuc temporibus in Asia extitisse. Author Operis imperfecti in Matthæum exponens illud: Vidimus stellam ejus in Oriente, meminit cujusdam Scripturæ Seth de stella apparitura in Ortu Messiæ, his verbis: Audivi aliquos referentes de quadam Scriptura gentis cujusdam sitæ in ipso principio Orientis juxta Oceanum, apud quos ferebatur*

Scri-

Thargum Chaldaicum Jonathan.

Mor Isaac in Philosophia sua Syriaca M.S.

Quid continuerint libri Adam ex opinione Arabum.

Lib. 7. Seth attributi.

Josep. l. 1. Antiq. Filii Seth columnis committunt Sideralem scientiam.

Scriptura Seth de Stella apparitura in Ortu Messiæ.

Scriptura quædam inscripta nomine Seth, de stella apparitura in Ortu Messiæ, quæ per generationes studiosorum hominum, patribus referentibus filiis suis, habebatur deducta. *Cassianus* veró Collatione 8. cap. 21. introducit Serenum Abbatem Authorem antiquissimum, dicentem: *Scientiam omnium naturarum per successiones generationum, semen Seth ex paterna usque ab ipso Adamo traditione suscipiens, donec divisum à sacrilega propagine* Cham, *perduravit, quemadmodùm sanctè præceperat, ita etiam vel ad utilitatem vitæ communis exercuit. Cùm veró fuisset impiæ generationi permistum, ad res prophanas & noxias, quæ piè didicerat, instinctu quodam dæmonum derivavit, curiosasque ex ea maleficiorum artes, atque præstigias, magicasque superstitiones audacter instituit, docens posteros suos, ut sacrâ illâ culturâ Divini nominis derelictâ, vel elementa hæc, vel ignem, vel aëreos dæmones venerarentur, & colerent. Hæc igitur curiosarum rerum notitia quomodò Diluvio non perierit, ac supervenientibus seculis innotuerit, perstringendum breviter puto. Quantum itaque antiquæ traditiones ferunt,* Cham *filius* Noë, *qui superstitionibus illis & sacrilegis artibus infectus fuit, sciens nullum se posse super his librum in* Arcam *prorsus inferre, in qua erat unâ cum patre justo, ac sanctis fratribus ingressurus, scelestas artes, ac profana commenta diversorum metallorum laminis, quæ scilicet aquarum non corrumperentur injuriâ, & durissimis lapidibus insculpsit, quæ* Diluvio peracto, *eâdem, quâ illa celaverat, curiositate perquirens, sacrilegiorum, & perpetuæ nequitiæ seminarium transmisit in posteros. Hac itaque ratione illa opinio vulgi, quâ credunt, Angelos maleficia hominibus tradidisse, in veritate completa est.* Hæc ille. Huic congruunt, quæ S. *Augustinus* lib. 18. *de Civit. Dei,* & *Petrus Comestor* recitat de quatuordecim Columnis, septem æreis, & totidem lateritiis, artium scientiarumque Canonibus insignitis, à *Chamo*, Noë filio erectis. *Epiphanius* in Panario suo mentionem quoque facit certi libri intitulati *Revelatio Adæ*; quandò Deus immisit soporem in illum; & ut *Augustinus contra Faustum* meminit certi *Libri Genealogiæ filiorum Adæ*, uti & pœnitentiæ *Adam*, qui tamen à Papa *Gelasio* sunt declarati tanquam Apocryphi.

Enoch veró scripsisse libros adeò probabile est, ut de eo dubitare, præsumptuosum ac temerarium esse putem. Cùm & hujus mentionem faciat S. *Judas* in *Epistola* sua *Canonica*, imò S. *Augustinus* lib. 15. *de Civit.* id palàm fateatur; verba ejus sunt: *Scripsisse quidem nonnulla Divina Enoch illum septimum ab* Adamo, *negare non possumus. Et alibi:* Henoch *septimus ab* Adam *in Canonica Apostoli Judæ prophetasse prædicatur; cujus Scripta, ut apud Judæos, & apud nos in authoritate non essent, nimia fecit antiquitas, propter quam videbantur esse suspecta, nè proferrentur falsa pro veris. Nam & proferuntur quædam, quæ ipsorum esse dicuntur ab eis, qui pro suo sensu passim quod volunt, credunt; sed castitas Canonis, non recipit, non quòd eorum hominum, qui* Deo *placuerunt, reprobetur authoritas, sed quòd ista esse non credantur ipsorum.* Hæc S. Augustinus. *Tertullianus* in libro *de habitu mulierum*, occurrens iis, qui dicunt librum hunc, si ante *Diluvium* fuit scriptus, conservari non potuisse. *Scio*, inquit, *Scripturam* Enoch, *quæ nunc Ordinem Angelis dedit, non recipi à quibusdam; quia nec in armarium Judaicum admittitur. Opinor, non putaverunt illam ante cataclysmum editam, post eum casum orbis omnium rerum abolitorem salvam esse potuisse; si ista ratio est, recordentur pronepotem ipsius* Enoch *fuisse superstitem cataclysmo* Noë, *qui utique domestico nomine, & hæreditariâ traditione audierat, & meminerat, de proavi sui penes* Deum *gratiâ, & de omnibus prædicatis ejus; cùm* Enoch *filio* Matusalæ *nihil aliud mandaverit, quàm ut notitiam eorum posteris suis traderet. Igitur sine dubio potuit* Noë *in prædicationis delegatione successisse, vel quia & aliàs non tacuisset, tam de* Dei *conservatoris sui dispositione quàm de ipsa*

ARCA NOE.

ipsa domus suæ gloria. Hoc si non tam expeditè haberet, illud quoque assertionem Scripturæ illius tueretur: proindè potuit abolefactam eam violentia cataclysmi, in spiritu rursùs reformare, quemadmodùm & Hierosolymis Babylonicâ expugnatione deletis, omne Testamentum Judaicæ literaturæ per Esdram constat restauratum. Sed cùm Enoch eâdem scripturâ etiam de Domino prædicârit, à nobis quidem nihil omninò reticendum est, quod pertinet ad nos. Et legimus omnem Scripturam ædificationi habilem, divinitus inspirari, à Judæis posteà, jam videri rejectam, sicuti & cætera ferè quæ Christum sonant. Neque utique mirum hoc, si scripturas aliquas non receperunt de eo locutas, quem & ipsum coràm loquentem non erant recepturi. Ideo accidit, quòd Enoch apud Judam Apostolum testimonium possidet. Ex quo quidem testimonio luculenter apparet, Judæos hosce non recipere ideo, quod nimis apertè de Messia, Christo videlicet, Deo & homine in carne venturo vaticinarentur, sicuti eandem ob causam Rabbi Hakadosch Sacrosanctam Triadem apertiùs confitentem rejiciunt. Visis igitur & recensitis libris, qui ante Cataclysmum scripti à primis Patribus memorantur, jam videndum quoque est, quod hi libri continuerint & de qua materia tractârint.

De *Libris Enoch*, Origenes & Procopius, eos continuisse ajunt multa vaticinia, videlicet de his, quæ eventura erant filiis ac nepotibus Patriarcharum, de futuris *Hebræorum* sceleribus & pœnis, de Mundi Salvatore ab eis occidendo, de eorundem eversione, captivitate, & dispersione inter gentes perpetua. *Annius* in *Commentariis super Berosum Apocryphum* ex *Josepho* scribit, in eodem *Enoch* volumine fuisse celebre vaticinium de geminis totius terræ cladibus, altera per inundationem, altera per incendium futuris. *Origenes* apud *Sixtum Senensem* in 28 homil. lib. *Num.* unà cum *Tertulliano* tradunt argumentum *Libri Enoch* fuisse præter prophetias, de numero & no-

minibus stellarum, & ipsarum secretis virtutibus, de descensu filiorum Dei ad filias hominum, de Gigantibus ex Angelorum coitu progenitis, de Extremo judicio Dei erga impios; de quo præsens testimonium prolatum est. Verùm hæc omnia fusiùs in *secundo Tomo Oedipi* & in 1. lib. hujus Operis aliquot ex *Libris Enoch* Græca & Arabica fragmenta, quæ mira continent, produximus.

Porrò non desunt, qui ex illo *Geneseos* loco, ubi *Enos* filius *Seth* primus nomen Dei invocare cœpisse dicitur, apertè Scripturam nominis Dei tunc viguisse velint; textus enim Hebræus ita habet: אז הוחל לקרא בשם יהוה *Genes. 4. ult.*
Tunc cœpit invocare nomen Dei Tetragrammaton, sive quatuor literarum. Aut ut in paraphrasi Chaldaica habetur:

בכן שריאו בני אנשא לצלאה בשם דיי׃

Tunc inceperunt filii hominum orare in nomine Dei mysterioso. Vel ut luculentiùs adhuc *paraphrasis Chaldaica Ionathan*.

בכן שריאו בני אנשא לצלאה ולכתבה בשמא דיהוה׃

Cui consentit alius *Codex Syriacus* in hunc locum:

ܗܝܕܝܢ ܫܪܝܘ ܒܢܝܢܫܐ ܠܡܩܪܐ ܒܫܡܗ ܕܡܪܝܐ܀

Tunc cœperunt homines legere & scribere nomen Dei. Quasi *Enos* primus Divini cultus jecerit fundamenta, ritusque inceperit cœrimoniis colendi Deum per signa externa, sive per imagines quasdam, aut characteres per quos Orationum devotio excitaretur; ac verisimile est, nomen illud ineffabile Dei beneficiorum Divinorum veluti mnemosynon quoddam à Sanctis Patriarchis portarum superliminaribus, aliisque locis sanctioribus fuisse inscriptum incisumvè, ut docet citatus *Codex*; Accedit hisce, quod *Iosephus* lib. 2. *Antiq.* cap. 11. mentionem fecit *Epistolæ cujusdam ab Alexandro Magno ad Aristotelem præceptorem suum scriptæ de sepulchro Cainan filii Enos in Civitate Persiaca invento*, cujus Epita-

Epitaphium literis Hebraicis scriptum fuisse de *Diluvio* futuro *Alexander* testatur ; Sed hæc uti prorsus Apocrypha, ita iis merito reprobatis ad alia progrediamur. Atque ex hisce adductis testimoniis sat superque patet, literarum scriptionisque inventum ante communem orbis cataclysmum in usu fuisse, à primævis Patribus inventum, propagatumque. Cùm enim ab *Adamo* usque ad *Diluvium* Mundus in immensum amplificatus, & totus penè non secùs ac modo, *Orientis* angustiis tantam, tamque fœcundam humani generis propaginem minimè continentibus habitaretur, fieri certè non potuit, quin uti genus humanum, ita & artes vitæ humanæ necessarias maximè propagarent ; maximum præterea commercium, sine quo humana Societas conservari minimè posset, vigeret ; hoc vero sine literarum invento institui haud quaquam posset, rationi prorsus consentaneum est, credere, ante *Diluvium* nullibi tam necessarium inventum defuisse. Iterum cum potentium à sæculo Virorum, Gigantumque ambitio magna ubique locorum incrementa sumeret, verisimile quoque est, ad laudem, nominis famam, divinitatemque apud posteros adipiscendam, gesta sua, inventaque saxis & lapidibus, uti *paulò ante ex Josepho* ostendimus, incidisse. Imo *Camum* filium *Noëmi* centum circiter annos ante *Diluvium* natum, cum curiosissimus, & suprà quàm dici potest, nominis gloriam apud posteros consequendi cupidissimus esset, normam & rationem, quam primævi isti homines, cum in Politica vivendi ratione, tùm in artium reconditarum usu tenerent, diligentissimè signatam, *Arcæque* illatam, ad alterius Mundi posteros transfudisse, in *sequentibus* ostendetur. Patet igitur propositum.

Cham avidissimus Arcanorum explorator

Caput VI.

De Libris & Scriptoribus primis post Diluvium.

Literas, Scriptionisque inventum ante *Diluvium* in usu fuisse, satis superque, ni fallor, in *præcedentibus* ostensum est, neque id aquis periisse, credibile est ; sed per *Noêmum*, ejusque filios, utriusque Mundi spectatores, ad posteros propagatum, etiam post *Diluvium* usque ad *Mosen* (quem multi nescio quibus frivolis rationibus adducti, Scripturæ primum inventorem perperàm faciunt) nullo non tempore viguisse, cùm Sacræ, tùm profanæ eruditionis monumenta satis testantur. S. *Clemens* in libro Recognitionum apertè ait, *Cham* posteris reliquisse libros ; cui adstipulantur *Hebræi*, qui volunt, *Chamum* scientias, artesque, quas ante *Diluvium* à *Kainitis* didicerat, libris commendasse, & in *Arca* conservatos posteris tradidisse :

S. Clemens.
Libri Chami post Diluvium.
Pardes in Seviroth.

אמרו כז״ל כי חם בן נח למד חכמת השמים ומדיעת הטבעת מבני קין וכתבם בלוחות הנחש והביאם אל אחורינות מבול :

Dicunt Rabbini *nostri*, quòd Cham *filius* Noë *didicit artes, & scientias à filiis* Kain, *easque scripsit in tabulis æneis, tradiditque posteris post* Diluvium. Berosus *Apocryphus lib.* 5. docet : Anno quinto *Nini* literis & legibus *Germanos* formasse *Tuisconem Gigantem, Sallam Samnites, & Celtiberos Tubalem.* Nonnullos quoque P*sal*mos D*avidis*, diversis ante *Mosen* Patriarchis adscribunt, ita *centesimum nonum* compositum à *Melchisedech* volunt *Hebræi*, ab *Abrahamo* verò *Psalmum octuagesimum octavum*. In *Libro Job. cap.* 8. *Baldad Suites* remittit *Jobum* ad generationem pristinam & diligentem memoriæ

ARCA NOE. 209

riæ Patrum investigationem; ubi *Rabbi Meir* expressè ait, eum ad *Annales Patrum* remissum; quasi diceret *Baldad Suites* ad *Iobum*:

תקרא ספרי ראשי אבות וזכרונות
הקדמונים:

Consule libros primorum Patrum, & memoriam sive monumenta antiquorum. Moyses quoque Num. 21. *Libri bellorum Domini* meminit his verbis:

על כן יאמר בספר מלחמות יהוה:

Undè dicitur in libro bellorum Domini. Ubi paraphrastæ ita habent:

בספרא קרבין דעביד יהוה:

Ideò dicitur in libro bellorum, quæ fecit Dominus. Quod clarissimum testimonium est librorum ante *Mosen* scriptorum.

Libri Apocryphi.

Non ignoro quoque multos passim Apocryphos libros circumferri, cujusmodi sunt, *Testamentum duodecim Patriarcharum*, uti & *Pænitentia Adam*, apud S. *Augustinum contra Faustum*. *Revelatio Adæ*, *Librique Seth* à S. *Epiphanio* damnati, quos ad authoritatem perfidiæ suæ conciliandam *Sethiani hæretici* falsò supposuerunt, quibus, inquam, fidem haberi nolim, cùm quivis judicio pollens, nescio quid adulterinum, & spurium sub iis latere facilè deprehendere possit. Hinc tamen inferri quoque nolim, libros ante aut post *Diluvium* immediatè scriptos non fuisse, cum id constanti, ut dictum est, *Authorum vetustissimorum* traditioni repugnet. Verùm ut hanc rem solidiùs adstruamus, jam alteram partem hujus materiæ aggrediamur, in qua nobis incumbit demonstrare, à profanis quoque *Authoribus* libros ante ipsum *Mosen* exaratos, quod dùm facimus, primò quinam propriè fuerint celebres illi tot Authorum monumentis agitati; *Zoroaster*, & *Mercurius Trismegistus*, quid & quomodò scripserint, videamus. A *Zoroastro* initium ducturi.

Zoroastres quis?

Arnobius quatuor *Zoroastres* ponit, primum *Chaldæum*, alterum *Bactrianum*, tertium *Pamphylium*, qui & *Erus* dictus, quartum *Armenium Hostanis* filium, ut & *Clemens lib.* 4. *Recognitionum*. *Suidas* quintum *Persomedum*, sextum *Proconnesium*, de quo vide *Plinium*, *Lactantium lib.* 2. *cap.* 14. *Manassem in Politicis*. Sixtus *Senensis* duos fuisse *Zoroastres* refert. Alterum ex *Diogene Laërtio Persam* Magorum Principem, Magiæ verum inventorem; alterum *Bactrianorum* Regem, à *Nino* in bello victum, veræ Magiæ primum corruptorem, ita *Iustinus*. His tertium adjungit *Clemens Alexandrinus Zoroastrum Erum*, qui de seipso hoc scriptum reliquit: *Conscripsi* Zoroaster Arimanius, *genere Pamphylius, qui in bello mortuus ad inferos descendi, & à Diis hæc didici.* Hunc *Erum Platoni* refert *lib.* 15. *de Rep. cap.* 12. *eo die, quo mortuus fuerat*, supra pyram positum revixisse. Alii nullum *Zoroastrum* unquam fuisse volunt: ita *Goropius Becanus*; sed hæc opinio cùm omnibus bonis *Authoribus* contraria sit, meritò repudianda est.

Goropius Becanus.

Porrò *Iustini* ille *Zoroaster* magnam *Auctoribus* induxit perplexitatem: siquidem illum *Bactrianorum* Regem à *Nino* devictum, *Diodorus Siculus* non *Zoroastrem*, sed *Oxyartem* appellat: ita in *manuscriptis Iustini Codicibus* quoque se vidisse testatur *Ligerius* apud *Franciscum Patricium in Zoroastro*. Nos relictâ hac *Authorum* altercatione, quis ille *Zoroastres* fuerit, tùm manifestabimus, ubi priùs de Etymologia nominis quædam præmiserimus.

Etymon Zoroastri.

Zoroaster itaque nomen alii derivant à Ζῶον & ἄστρον, quasi diceres, *vivens astrum*. Quidam, ut *Laërtius*, eum Chaldaica voce, ἀστροθύτην dici vult *Sacrificatorem astrorum*; sed cum non videam, quomodò hæc vox Chaldaica esse possit, meritò ejus originem reprobandam judicavi. Nonnulli ex utraque lingua confusum derivant, à *Chaldæo* quidem, צורא *tsura*, quod figuram, signum, imaginem interpretamur, & à Græ-

Dd ca

ca voce ἀστὴϱ, quod *sidus* significat; quasi diceres, figura, imago, signum astrorum; alii ab aliis nominibus, & linguis falsò deductis derivarunt, de quibus vide *Goropium*. Nos dicimus Chaldaicum vocabulum esse, & derivari à verbo צורא, *Tsura*, vel ציר *Tsaiar*, quorum illud nomen, *figuram*, hoc verbum, *figurare* significat, ex אש, & סתר, quod *ignem absconditum* significat, quasi diceretur צִיראסתר *Zairaster*, formans idola ignis absconditi, vel etiam צוראסתר *Tshuraster*, id est, signum, figura, simulacrum rerum secretarum absconditarumque, cui congruit etymon Persicum ·:·:·. Quæ omnia quàm aptè quadrent Zoroastri, in sequentibus patefiet. Fuit igitur hoc nomen commune omnibus iis, qui abstrusarum rerum scientiam ac magiam exercebant, & non secùs ac *Osiris* omnibus iis, qui Religionem, & politicam vivendi rationem primis temporibus in Ægypto introduxerunt, excoluerúntque, commune fuit, ut *posteà* dicetur. Unde consequenter, sicuti plures *Osirides*, *Saturni*, *Beli* (quæ cognomina fuerant eorum, qui præclarè & insigniter de humano genere meruerunt) ita plures fuêre *Zoroastres*, id est omnes ii, qui magicarum artium, aliarúmque secretiorum scientiarum inventores, cultorésque primis iis seculis fuerunt; ut *Berosus Eusebianus*, & *Xenophon*, quisquis ille fuerit, in æquivocis suis apprimè demonstrant, & nos fusè egimus de iis in *primo Tomo Oedipi cap. de Osiride, & Iside*. His igitur ita suppositis,

Vera Zoroastris derivatio ex Chaldaica lingua.

Dicimus primò, *Zoroastrem* illum famosum Magiæ inventorem alium non fuisse, nisi *Cham* filium *Noë*; fuisse autem ei hoc nomen impositum, ob admiranda, quæ vi magicâ operabatur; quod nomen alii postmodum simile professionis institutum sectantes tanquam magnificum, & quod, nescio quid Divinum præseferret, affectarunt; sicuti

Zoroaster Cham fuit, & cur ita dictus.

in Ægypto occulta & abstrusa revelantes ψοντουφανὴχ appellatos in *Prodromo* ostendimus; uti & *Osirides* quoque dicti sunt, qui variis inventionibus rerum, religionísque cultu homines ad meliorem vitam reduxerunt, obque id Divinos honores meriti sunt.

Chamum igitur primum *Zoroastrem* fuisse ita probamus; *Cham* primò Chaldæus fuit natione, deindè primus post *Diluvium* Magiæ introductor; ut fusè alibi docuimus; Tertiò immediatè hic post *Diluvium* vixit, quo omnes *Authores Zoroastrem* vixisse volunt. Huic adstipulatur Gregorius Turonensis lib. 1. Hist. Franc. *Primogenitus*, inquit, *Chami filius Chus fuit, Cham autem fuit totius artis Magicæ imbuente Diabolo, & primus Idololatriæ repertor, primúsque statuam adorandam statuit, stellas & ignem de cœlo labi magicis artibus, ei adscribunt, vocatúsque est, cùm ad Persas transisset, Zoroaster, quod Stellam viventem interpretantur*, sive ut nos derivamus, formans idolum ignis absconditi, sive signum, & figura rerum absconditarum. Huic favet *D. Clemens lib. 4. Recognit*. Ignis enim cultum *Chamum Zoroastrem* primùm docuisse homines, *Agathias* author est, de quo nos pluribus de *Pyrolatria Ægyptiorum*. Boissardus in *Apollonio Tyanæo*, expressè hoc idem è variis *Authoribus* docet his verbis: *Audiverat* Nini *tempore* Zoroastrem *Bactrianorum Regem, multa de Magia docuisse, & scripsisse, quæ apud Babylonios servabantur. Is autem fuit* Cham *filius* Noë, *qui ante Cataclysmum magicam artem didicerat, & posteà exercuit, & alios docuit, statímque à Diluvio patris ebrii Virilia contrectans, fascino illum incantavit, nè posset imposterùm gignere. Quidam* Zoroastrem *secundum fuisse volunt eum, qui in Sacris literis vocatur* Misrim, *vel ejus filium* Chami *nepotem, qui artem Magicam mirabili efficacia exercuit. Astrorum enim peritiam noverat perfectissimè, & ex iis omnia humana, & inferiora corpora regi, & foveri censebat.*

Gregorius Turonensis.

Zoroaster primus Magiæ, Idololatriæ post Diluvium inventor.

Clemens lib. 4. recognit.

Boissardus.

Chami impudentia.

Ex

ARCA NOE.

Ex astris scintillas quasdam carmine magico elicere studens, à Dæmone succensus est, & interfectus; cùmque hac violenta morte à Dæmone sublatus esset, nihilominus ejus discipuli illius disciplinæ pertinaciter adhæserunt, illumque Deorum amicum crediderunt, asseruerúntque vehiculo fulminis in cœlum fuisse sublatum; corpus illius in Assyria conditum est; prædixerat enim Assyriis, tamdiù eos Orbi Terrarum cum summo imperio imperaturos, quamdiù suos cineres, & reliquias integras, & inviolatas conservarent. Quæ omnia congruunt iis quæ Plinius, Suidas, aliique de Zoroastre scripserunt.

Verùm cùm de Zoroastribus maxima sit concertatio, nec facilè sese Authores ex tanta perplexitate evolvere possint. Nos cum Latinis, Hebræis, Arabibus, Græcisque, Orientalium comparantes Authorum monumenta, quid tandem de Zoroastre sentiendum sit, aut quisnam fuerit primus ille Magiæ inventor, intimiùs scrutari conabimur. Et ex probatis quidem probabile est, primum Zoroastrem Chamum fuisse; reliquos autem vel ipsi Synchronos, vel saltem non remotos ab hujus ætate fuisse. Inter cæteros autem celebris admodum habetur Zoroastres Persomedes sapiens apud eos, qui in Astronomia, teste Suidâ excelluit; Qui etiam primus nomen dedit iis Magis, qui civilia tractarunt; de quo Authores mira referunt, teste Plinio; Eum eodem die, quo natus est, risisse; eidémque cerebrum ita palpitasse, ut impositam pelleret manum, futuræ præsagio scientiæ; eundémque in deserto, caseo vixisse annos 20, ita temperatè, ut vetustatem non sentiret. Obiisse autem cœlesti igne concrematum, sicuti optaverat: ita Suidas: Ζωροάςρης Περτομήδης σοφὸς τοῖς ἐν τῇ ἀςρονομίᾳ ὃς ᾧ πρῶτος ἠξξατο τῶν ἀφαυτῶ πολιτευομένων ὀνομαζος τῶν μάγων, ἐγένετο πρὸ τῶν τρωϊανῶν ἔτεσι φ': Etsi porrò Suidas

Zoroaster Persomedes qualis, & mira de nativitate ejus.

hoc loco Zoroastrum sub Nino Rege igne concrematum, diversum à Persomede videatur facere, examinatis tamen Chronologorum monumentis gesta reperi utriusque prorsus eadem, etsi non in idem prorsus tempus videantur coincidere. Nam & Epiphanius, eum Astrologiæ, doctrinæ pravæ, & Magiæ inventorem Nembrodi Gigantis ætate fuisse asserit. Fuit enim Ninus Nembrodi Nepos, ex filio ejus Belo genitus. Nembrod autem fuit filius Chus, hic autem filius Chami fuit, qui etiam avus Nembrod, Atavus Beli. Eusebius affirmat eum iisdem temporibus cum Semirami, & Abrahamo vixisse; Semiramin verò nemo ignorat, Nini fuisse uxorem; qui Niniven urbem condiderit anno à Diluvio 291: & sequenti 292. dicitur, teste Josepho, Abraham natus: Consonant itaque tempora. Undè luculenter patet Eudoxi, & Aristotelis error maximus; Quorum uterque, teste Plinio, Zoroastrem 6000 annorum Platonis mortem præcessisse, opinatur. Hoc autem prorsus erroneum, & Chronicis Authorum tàm Sacrorum, quàm profanorum monumentis rectà contrarium, ita ostendo.

Dicimus itaque, verum illum, & primum Zoroastrem fuisse filium Noëmi Chamum, totius Magiæ, & Idololatriæ inventorem, qui illicitas artes, & scientias, quas ab improba Kainitarum propagine ante Cataclysmum didicerat, post eum posteris suis sollicitè traditas docuit, ut in præcedentibus, variis in locis ostensum fuit. Cùm enim mira à Mathusala, cum quo ante Diluvium pluribus convixerat annis, de patre suo Enoch translato audisset, artes quoque improbas Kainitarum sollicitè quæsisset, post Diluvium divinitatem raptumque ex hoc mundo affectans, eorum opera talia præstitisse traditur, ut omnes eum tanquam Numen quoddam venerarentur. Ægypto igitur numerosâ sobole repletâ, is relicto Regno

Cham primus Zoroaster.

Dd 2 filio

Chami Coloniæ quænam. filio suo *Misraim*, alias colonias quæsiturus in *Chaldæam*, *Persiam*, *Mediam* ad *Assyriæ* populos se contulit, ubi Astrologiam, & Magicas artes professus, istiusmodi nomen apud Indigenas meruit, ut ubique Numinis loco habitus passim *Zoroaster*, hoc est, *ignis Arcani simulacrum* audiret. Apud *Persas* quoque, & *Medos*, *Chaldæa* contiguas gentes, ignis cultum docuit, qui & in hunc usque diem permansit. Hinc factum est, ut *Authores* *Chaldæus & Persomedus Zoroaster unus & idem Cham fuit.* duos *Zoroastres*, unum *Chaldæum*, alterum *Persomedum* fuisse passim arbitrentur, perperàm tamen. Fuit enim unus *Cham*, qui primò nominis sui famam magicis artibus, & Astrologicæ divinationis peritia, longè latéque diffundens, substitutoque in locum suum filio *Chus*, ipse in vicinam *Persidem*, novam propaginis suæ Coloniam introducturus migravit, ubi eam nominis gloriam variis suis præstigiis apud populum adeptus est, ut mortuus inter Numina *Persidis* *Μυδρός, quid apud Persas.* relatus, Μυδρός, hoc est, *Candefactus Lapis*, *Zuraster*; *Vivum Sidus*; *Sol*, *Ignis vivens*, Σοφὸς, *Magus*, id est, *Sapiens* vocaretur. Qui demùm prout *Persis* prædixerat, cœlesti igne consumptus in conservationem Regni, cineres suos conservari præcepit. In *Bactriam* quoque *Persidi* contiguam, coloniam introduxisse, verisimile est, undè posteà fama dimanârit *Bactrianorum* Regis Magiæ Inventoris; quamvis faciliùs crediderim, hunc Regem *Bactrianorum* non *Zoroastrem*, sed *Oxyartem*, uti *supra* quoque ex *Iustini* Codice ostensum est, appellatum, unumque è posteris ejus Magiâ clarum fuisse, qui primi *Zoroastris* nomine, & artibus assumptis, Thaumaturgi famam apud posteros mereri affectârit.

Secundus Zoroaster Chus filius Cham. Secundus *Zoroaster* fuit *Chus*, filius *Cham Chaldæus*, disciplinarum paternarum sedulus investigator, imò hæres, qui & nomen patris sui *Cham* affectans, artes dæmonis ope partas docuit filium *Nembrod filius Chus.* suum *Nembrod* Gigantem, qui primus ope earum Regnum *Babyloniæ* invasisse *propagator Idololatriæ.* fertur, à quo, & per quem traduce manu propagatæ noxiæ disciplinæ, totam *Assyriam* sensim replevêre; *Chus* autem *Zoroastrem* fuisse dictum, *supra ex Gregorio Turonensi* probatum est; *Nembrodum* autem Magum, & Idololatram fuisse, paulò post probabitur. Hinc postmodùm omnes ii, qui magicâ arte admiranda patrarent, *Zoroastres* sunt vocati. Quod, ut *supra* diximus, idem sonat in lingua Chaldaica (quæ toti passim *Assyriæ*, ejusque partibus *Chaldææ*, *Mediæ*, *Persiæ*, vicinisque Regionibus vernacula erat) ac *figura ignis arcani*, sive *signum absconditum*; quod nomen, ut erat grande, & magnificum, ita non nisi rerum secretissimarum, sive licitarum, sive illicitarum inventoribus indebatur, nomenque solis in *Chaldæa* competebat Magis, non secùs ac in *Ægypto* ψοντμφανηχ, *Psontomphanechi quales apud Ægyptios.* nomen de humano genere optimè, uti *supra* diximus, meritis competebat viris, arcanorum Revelatoribus. Porrò in hac Magica arte præstantes *Ninum* filium *Nembrod*, *Sarug*, *Nachor*, imò *Thare* patrem *Abrahami* fuisse, omnes ferè *Rabbini* docent, qui ignis cultum, quem *Cham* pater eorum instituerat, una cum Magia, & Astrologia tradita, insigniter promoverunt; Undè & Urbem ignis cultui deputatam, *Ur*, id est, ab igne dictam, omnes ferè *Interpretes* sentiunt; *Abrahamum* quoque jussu D E I de *Ur Chaldæorum* eductum, ne impiis sceleratissimorum hominum sacrificiis pollueretur, præter S. *Hieronymum*, plerique alii *in hunc locum commentatores* asserunt. Verum cum hujusmodi cultus nullibi scitius, quàm à *Rabbinis* describatur, ad eos Lectorem remitto.

R. *Becchai* quoque eum hoc loco impium, & Idolis deditum dicit, ideoque *R. Becchai in 8. Gen.* in voce, הרן, *Nun*, inversum esse, de quo varia *Rabbinorum* contentio est. Vide quæ de hoc fusius scribunt *Baal Hatturim in Mickra Haggedolah in locum Josue*, *Baal Hatturim.*
c. ult.

ARCA NOE. 213

R. Manahem. c. ult. R. *Manahem hoc loco in fine Pera-schath. Tractatus Sopherim. Iochai in Librum Zohar*, aliique.

Ex quo tertiò patet, ignis cultum in *Babylone*, *Mesopotamia*, *Perside*, instituturum, à nemine, nisi à *Chamo*, *Zoroastro* illo famosissimo, & totius Idololatricæ superstitionis inventore, & propagatore originem habuisse, quem superstitem fuisse hoc tempore, *in præcedentibus* ostendimus, quemque à *Nino* demum interfectum *profanæ* tradunt *historiæ*; Nonnulli cœlesti igne tactum periisse volunt. Quicquid sit, cum hoc eodem tempore *Chus*, alter *Zoroaster*, atque in Arte Magica singularis viveret, facile unius gesta cum alterius, à Scriptoribus confundi potuerunt: Sufficit igitur, nos hic ostendisse, *Zoroastros* omnes *Chaldæos*, & ex familia *Chami* descendentes fuisse. Quòd verò quidam *Zoroastrem* ex familia *Semi* deducant, iis non facile assenserim; cum *Zoroastres* omnes castæ istius, ac Divinæ Religionis, quam *Semi* filii omni studio propagare solebant, corruptores fuerint, & exstirpatores.

Libri Chami, sive Zoroastris. Dico igitur fieri non potuisse, ut *Cham* peritissimus Astrologiæ, ac universæ Naturæ consultus, ad instantiam suorum filiorum *Chus* & *Misraim* charissimorum pignorum non aliqua scripserit; cùm ut per regulas, & præcepta in Magica arte operandi, labili filiorum memoriæ, tot in primævi Mundi rebus addiscendis occupatæ consuleret; tùm ut ad nominis sui famam, & immortalitatem, cujus avidissimus erat, consequendam, posteros in admirationem raperet eorum, quæ in primo ante *Diluvium* ævo, haud dubiè à primis Patribus miranda fieri viderat, didiceratque. *Suidas* *Suidas.* hisce consentit, imò de quibus scripserit, his verbis refert: Ζοροάςρης Περσομήδης σοφὸς ῶβὰ ἐν τῆ ἀςρονομία, ὃς καὶ πρῶτος ἤρξατο τῦ παρ᾽ αὐτοῖς πολιδοομθμής ὀνόμαζος τῶν Μάγων. Φέρεται τε αὐτῷ ῶδὶ Φύσιος βιβλία δ΄. ῶδὶ λίθων τιμίων ἓν καὶ ἀςροοκοπικὰ ἀποτελεσματικὰ βιβλία έ. *Zoroastres Persomedes cæteros Astronomos sapientiâ superans*, *qui etiam primus fuit Author Magorum nominis apud ipsos recepti. Circumferuntur autem ejus libri quatuor de Natura*, *de Lapidibus pretiosis*, *unus*; *prædictionum ex inspectione stellarum libri quinque*. Neque interest, quod *Suidas* eum vocet *Persomedum*, quem nos passim *Chaldæum* diximus. Siquidem *Persomedus*, & *Chaldæus* unus & idem est, ut *in præcedentibus* diximus, neque etiam tunc temporis lingua Persica à Chaldæa distincta usurpabatur; sed Regiones tantum erant nomine distinctæ, *Persia* quidem dicta ob equorum in ea provenientium præstantiam; *Chaldæa* autem, sive Regio *Chasdim* à primo Duce *Chus*, quasi diceres *Chusdim*, quæ unà cum *Mesopotamia*, *Media*, sub uno nomine *Assyriæ* comprehendebantur, uti ex *Chorographia* nostra *primo Tomo Oedipi* proposita patebit. Linguâ igitur eum Chaldæâ maternâ, quæ toti passim *Assyriæ* vulgaris erat & vernacula, quæcunque scripsit, exarasse certum est. Consentitque meis rationibus Picus Mirandulanus in Epistola quadam ad Marsilium Ficinum datâ, in qua se Chaldaicos quosdam libros adeptum gloriatur. Verba subjungo: *Chaldaici*, inquit, *hi libri sunt*, *si libri sunt*, *& non thesauri. Audi inscriptiones*: *Patris Ezræ*, *Zoroastris*, *& Melchiar Magorum Oracula. In quibus*, *& illa quoque*, *quæ apud Græcos mendosa*, *& mutila circumferuntur*, *leguntur integra*, *& absoluta. Tum est in illa*, *Chaldæorum Sapientum brevis quidem*, *& salebrosa*, *sed plena mysteriis interpretatio*. *Est itidem & libellus de* Dogmatis *Chaldaicæ Theologiæ*, *tàm Persarum*, *Græcorum*, *& Chaldæorum in illam divina*, *& locupletissima enarratio*. Scripsisse quoque, *Plinio* teste, de Agricultura fertur. *Hermippus* ille, quem sæpè *Athenæus* citat, eum inter alia vicies centena millia versuum (qui tamen manifestus error est, quem alibi

Dd 3

alibi refutamus) scripsisse tradit. *Æthiopici Authores*, hujus quoque dùm mentionem faciunt, *Libros ejus de Magia, & Dæmonibus* citant, quos *alibi* allegamus.

Gelaldin Arabs in Historia sua *de Viris Illustribus*, sæpè meminit libri *Zoroastri de Somniis*, eorumque interpretatione. *Armeni* quoque hujus famosissimi Magi *in suis Historiis* mentionem faciunt. Tempus me deficeret, si singula, quæ de hoc scripserunt, aut ejus libros citaverunt Authores, hìc adducenda forent.

Porrò, cùm, ut *in præcedentibus* dictum est, Libri *Zoroastris* Chaldaicâ Linguâ scripti sint, non immeritò hoc loco quæri potest; à quonam postmodum Græci facti fuerint? Certè inter alios antiquiores Scriptores *Berosum* horum uti indefessum scrutatorem, ita & accuratum eorumdem Interpretem egisse reperio, cui & *Josephus* adstipulari videtur. Quis porrò fuerit hic *Berosus*, & qui in *Chaldæorum* Arcana penetraverit, idem *Josephus* tradit his verbis contra *Apionem*: Λέξω ὁ νυῦ ἤδη τὰ ἱερὰ Χαλδαίας ἀναγεγραμμένα, καὶ ἱσορούμενα περὶ ἡμῶν, ὑπερέχει πολλὴν ὁμολογίαν κỳ περὶ τῶν ἄλλων τοῖς ἡμετέροις γράμμασι· μάρτυς ὁ τέτων Βηρωσὸς, ἀνὴρ Χαλδαῖος μὲν τὸ φύλον, γνώςιμος δ' περὶ τῶν Χαλδαίων φιλοσοφέμενοις αὐτὸς εἰς τὸς ἕλληνας ἐξένεγκε τὰς συγγραφάς. Τοῦτο τοίνυν ὁ Βηρωσὸς ταῖς ἀρχαιοτάταις ἀπακολυθῶν ἀναγραφαῖς, περὶ δὲ τοῦ γινομένε κατακλυσμοῦ, κỳ τ' ἐν αὐτῷ φθορᾶς τῶν ἀνθρώπων, καθάπερ Μωυσῆς ὅτως ἱσόρηκεν, κỳ περὶ τῆς λάρνακος ἐν ᾗ Νῶχος ὁ τῶ γῴυς ὑμῶν ἀρχηγός διεσώθη· προσενεχθείσης αὐτῆς τῶν ἀκρωρείαις τῶν Ἀρμενίων ὀρῶν. εἶτα τοὺς ἀπὸ Νῶχα καταλέγων καὶ τοὺς χρόνους αὐτοῖς προσιθείς. Nunc itaque dicenda sunt ea, quæ apud Chal-

dæos *noscuntur esse conscripta*, & *de nobis in Historia sunt relata*, quæ multam habent concordiam cum nostris voluminibus etiam de aliis rebus. Testis autem horum est Berosus, *Vir genere quidem* Chaldæus, *notus autem eis*, *qui doctrinæ eruditionique congaudent*, *quoniam de Astronomia*, & *Chaldæorum Philosophia ipse Græcas conscriptiones edidit*. Igitur Berosus antiquissimas secutus historias de facto Diluvio, & hominum in ea corruptione, sicuti Moyses, ita conscripsit; simul & de Arca, in qua generis nostri Princeps servatus est, de vectâ scilicet eâ in summitatem montium Armeniorum; deinde scribens eos, qui ex Noë progeniti sunt, tempus eorum adjicit. Et paulo post: *Ipsam verò* Chaldæorum *conscriptionem fide dignam existimandam esse*, *quandò cum Archivis Phœnicum concordare videntur*, *quæ ex Beroso conscripta sunt*. Meminit Gorionides, aliique Rabbini in Libris *Milchamoth Adonai* hujus *Berosi*. Inter cæteros autem *Liber Halichoth Olam*, in quibus passim allegantur:

בר הושיע בספר זכרונות כסדרים.

Bar Hosea in libris historiarum Chaldæorum.

Arabes quoque eum vocant بَرَسَا *Barasa*; ita *Abenephi*, quem *alibi* citavimus. Fuisse autem *Berosum Chaldæum*, ipsum nomen ostendit; *Bar* enim Chaldaicè idem significat, ac filium ישוע *Hosea* autem nomen Patris ejus est, quasi diceres *Barhosea*, filius *Hoseæ*, sicuti *Abensina Arabes* vocant filium *Sina*; Fuit autem Sacerdos, quia (teste *Diodoro lib. 3.*) eundem gradum in sua Republica tenent *Chaldæi*, quem Sacerdotes in Ægypto; fuit etiam Scriba publicus, sive Notarius, quia penes solos Sacerdotes erat publica fides Annalium, temporum, gestorum Regum, ut *Metasthenes in Libro de Judiciis temporum*; hunc solum *Metasthene* teste, *Persæ* in Monarchiæ Assyriorum temporibus sequuti sunt. Floruit autem multo ante *Alexandrum Magnum*, quod inde constat, quòd *Metasthenes Persa* Sacerdos, qui frequentem facit
Berosi

ARCA NOE. 215

Berosi in suis libris mentionem, sub ipsum initium Regni *Græcorum* floruerit, quique, *Plinio* teste, apud *Athenienses* disciplinas Chaldaicas Olymp. 46. professus, statuam aureâ linguâ in Gymnasio publico constitutam, ob insignem rerum, historiarumque antiquissimarum peritiam meruit, *Græcosque* proindè æternum literarum usum credere coëgit: Ab hoc, ni fallor, sua habuit *Julianus* Chaldæus Philosophus dictus *Theurgus*; de quo ita Suidas: Ἰουλιανὸς Χαλδαῖος Φιλόσοφος πατὴρ τοῦ κληθέντος Θεουργοῦ Ἰουλιανοῦ ἔγραψε περὶ δαιμόνων βιβλία δ', ἀνθρώπων ὅ ἐστι Φυλακτήριον πρὸς ἕκαστον μόριον, ὁποῖα τὰ τελεσιουργικὰ Χαλδαϊκά. Scripsit de Dæmonibus libros quatuor, sunt autem ad custodiam cujuscunque hominum membri, qualia sunt Chaldaica illa Sacra, quæ *Telesiurgica* vocantur. Cujus & filius quædam *Theurgica* versibus scripsisse fertur, videlicet, initiatoria & oracula, & alia quæcunque hujus Scientiæ arcana, quæ Suidas vocat λόγια Θεουργικά, ex quibus *Proclum* sua quæque sumpsisse ipsemet fatetur, dùm ejus λόγια adducta explicat, ut suo tempore videbitur. Librum quoque *de zonis*, quæ quid fuerint, suo loco in *Theologia Chaldaica* declaratur. Adducuntur etiam à *Porphyrio Symbolus*, & *Pallas* quidam, qui res Magorum Græcè conscripserunt. Porrò *Chaldæorum* libros in Arabicam Linguam conversos, Author est *Averroës*:

وفلسفة بزمان كلدنيون فى الكمال من فلسفة التى بزمان ارسطاطلس

Philosophiam apud Chaldæos perfectiorem fuisse, eâ quæ apud Græcos tempore Aristotelis. Sed hæc omnia Oracula, magicaque scripta aliundè originem non habuerunt, nisi à *Zoroastro* è *Chaldæo* in *Græcum*, vel à *Beroso*, vel *Juliano*, aut quovis alio traducta. Non nescio *Berosum* ab *Annio Viterbiensi* prolatum supposititium partum, & nullius apud Eruditos auctoritatis esse; Unde quandocunque de *Beroso* loquimur, de vero illo *Beroso*, non de *Anniano* nos loqui hoc loco protestamur. Certe hi libri Zoroastræi (teste *Clemente*) in tanta fuêre veneratione, ut eos *Christianos*, qui *Prodici* hæresin sequerentur, gloriari solitos, ejus se arcanos Libros possidere referat. Et *Porphyrius in Plotini Vita* narrat, *Christianos* multos ex antiqua Philosophia profectos, *Adelphii* & *Acylini* fuisse sectatores, eosque *Alexandri Lybici*, *Philocomi*, *Demostrati Lydi*, plurimos libros circumtulisse, & Revelationes quasdam *Zoroastris*, *Zostriani*, *Nicothei*, *Allogenis*, *Mesi*, aliorumque hujusmodi palàm ostendentes, multos decipientes, & ipsi antè decepti. Qui assererent *Platonem* intelligibilis essentiæ profundum minimè penetrasse, eaque de causâ *Plotinum* multas in ea argumentationes intulisse, atque contra eos *Librum* scripsisse, qui *contra Gnosticos* est. *Amelium* quoque Auditorem ejus libros quadraginta composuisse contra librum Zostriani, ipsumque *Porphyrium* multis argumentis ostendisse, Librum *Zoroastri* ab illis inscriptum adulterinum, novumque esse, & ab illis confictum, qui struebant hæresin, ut eorum institutiones esse Zoroastris Veteris crederentur. Ex quo loco apparet manifestè, in tam magna *Zoroastrum* fuisse æstimatione, ut multi, vel rationibus, vel authoritate, quâ ejus esse crederentur, *Platonis* dogmata Theologica posse convelli, & novam in Theologia Christiana hæresin, vel constituere, vel constitutam confirmare se posse, confiderent. Dubium igitur nullum est, de Zoroastræorum monumentorum veritate, cum multis ante *Christum* annis, à diversis Authoribus, *in præcedentibus* citatis non infrequens fiat mentio. Ex quorum officina postmodùm innumera alia monumenta prodierunt: Hujus gentis videntur esse Syriani Oracula, quem *Suidas* decem libros in λόγια, hoc est, in *Zoroastris Oracula* scripsisse refert;

Juliani

Clemens in Libris Recognitionum.

Porphyrius in vita Plotini.

Magna authoritas librorum Zoroastris apud veteres.

Syrianus in Zoroastris Oracula.

Juliani quoque Chaldæi Philosophi, in quem 28 libris commentatum *Iamblichum* ejus Auditorem Damascius bis recitat, sub titulo perfectissimæ Theologiæ Chaldaicæ his verbis : ὡς ἐν τοῖς Χαλδαϊκοῖς ὁμολογέμδρ@ ὁ Ἰάμ-ϐλιχ@. *Sicuti in Chaldaicis fatetur* Iamblichus. *Hujus Zoroaſtris Oracula* fuſis Commentariis proſecuti ſunt *Pſellus* & *Plethon*, qui penes nos ſunt, & quos haud infrequenter citamus, ab *Opſopæo* Pariſiis primùm editos anno 1608. Verùm hæc de *Zoroaſtre*, ejuſque Origine, geſtis, libris ſcriptis ſufficiant. Nunc ad *Triſmegiſtum* declarandum nos conferamus.

Damaſcius. Iamblichus in eadem.

Caput VII.
De Mercurio Trismegisto, ejusque libris.

Varii Mercurii.

MErcurios Antiquitas tres numeravit. Primus *Cœli* & *Himeræ*, hoc eſt D E I filius habitus eſt. Secundus, *Liberi Patris* & *Proſerpinæ*. Tertius, *Iovis* & *Majæ*, quibus alii addunt quartum, *Iove* & *Cyllene* genitum. Quintus citatur à *C. Cotto* Pontifice, ut eſt apud *Ciceronem*; & hunc dicit *Argum* occidiſſe; Undè & Ἀργοφόντης dicitur, propter cujus cædem *Iovis* juſſu factam, ut ab *Argi Actæonis* filii cuſtodia, *Io Inachi* filiam in vaccam mutatam liberaret, relictâ *Græciâ* cum *Io* fugere coactus eſt. Hanc fabuloſam narrationem Macrobius interpretatur. *Agrum*, inquit, *eſſe Stellarum fixarum Orbem*, Mercurium Solem, *cujus ortu interimatur* Argos, *id eſt, luce ſua intenſa evaneſcant reliquæ ſtellæ.* Mercurius igitur Aſtronomiæ famâ ubique conſpicuus in *Ægyptum* veniens ab omnibus honorificè propter eruditionem, literarúmque cognitionem, & politicæ peritiam, exceptus eſt; Leges enim dediſſe *Ægyptiis*, & modum vitæ tranquillæ, & ad conſervationem Societatis, vitæque humanæ accommodatæ præſcripſiſſe; ritus item Sacrorum literis Ægyptiacis mandàſſe, Sacerdotum Collegia inſtituiſſe, quorum ſinguli peculiaribus cærimoniis D EOS patrios colerent, iiſque pro anni temporibus Sacrificia facerent. Atque ita *Græcorum* nobis referunt monumenta, apud *Ciceronem*, *Clementem*, *Arnobium* alioſque: *Sanchoniaton Berythius*, qui paulò poſt *Moyſen* vixit, *Phœnicumque hiſtoriam* ſcripſit, ut eſt apud *Diodorum*, eum qui apud *Phœnices Thauthus* diceretur, apud *Ægyptios Thoth* vocatum fuiſſe tradit; præterea eundem *Saturni* ſcribam fuiſſe, atque inter D EOS relatum, literas inveniſſe, multa circa *Deorum* honores, Sacra, Aſtrologiam, Muſicam, & naturam primùm obſervaſſe; palæſtram, Choræam, & Lyram repériſſe, atque ob eloquentiam, quam docuit, à *Græcis* Ἑρμῆν, id eſt, *Interpretem* dictum. An verò *Hermes* ille, qui, ut *Diodorus* ait, *Oſiridi* & *Iſidi* à conſiliis fuit, is idem ſit, qui *Argum* occiderit, etſi nullo antiquitatis, vel indicio, vel teſtimonio affirmare, aut negare poſſimus; Si tamen *Diodoro*, aliiſque fides habenda eſt, dicerem *Orpheum* primò, deindè alios *Græcos*, quæ *Ægyptiorum* erant, (quod & *Strabo* l.17. fatetur) ad ſuos tranſtuliſſe, ac proinde literarum inventionem non *Mercurio Argi* occiſori, ſed *Theutho Ægyptio* cum *Platone* ſentio tribuendam, ut in ſequentibus fuſè demonſtrabimus. An autem *Theutus* hic, ſeu *Hermes* inventor literarum idem fuerit cum *Mercurio Triſmegiſto*, de quo diſputamus, in dubium vocari poteſt. Certè *Mercurium* hunc *Oſiridis* & *Iſidis* temporibus fuiſſe, *Diodorus* oſtendit hac inſcriptione, *Iſidis* ſepulchro inciſa.

Mercurius Ἀργοφόντης, *quis?*

Mercurius Legiſlator & Literarum Inventor.

Sanchoniaton Berythius vetuſtiſſimus Scriptor. Thautus quis?

Hermes ſive Thautus.

An Thautus, & Triſmegiſtus idem ſit.

Ἐγὼ

ARCA NOE. 217

Ἐγὼ εἰμὶ ἡ βασίλισσα πάσης χώρας, ἡ παιδευθεῖσα ὑπὸ Ἑρμοῦ. *Ego Isis sum Regina totius Regionis, edocta ab Hermete.* Et in *libro Sacro Hermetis*, ubi colloquium est inter *Isidem*, & *Horum* filium, multa fit de *Hermete* mentio; ubi eum sæpè appellat Mentem, fingitque aliquandò Deum, universi Principem cum *Hermete* loquentem, eumque animæ suæ animam vocantem, atque ipsi hominum formationem assignantem.

Βελῆς δ᾽ ὁ πατὴρ πάντων ἢ καθηγητὴς ὁ Τρισμέγιςος Ἑρμῆς. *Consilii pater omnium, & Magister* Trismegistus Hermes. Ex quo luce clariùs videri posset, eum *Hermetem*, qui à consiliis *Isidi* fuerat, eundem fuisse *Trismegistum*; cùm verò ipse *Trismegistus* suis in *Dialogis* fateatur, alium fuisse ante se hujus nominis, certè unum & eundem dicere nequimus. Sed ut veritas per partes innotescat; quid *Hebræi, Chaldæi, Syri, Arabes, Ægyptii*, de primo & secundo *Hermete* senserint, jam tandem aperiamus.

Est *Vetus* quidam *Commentarius* hìc *Romæ* in *Collegio Neophytorum*, cui nomen, בית מלכיצדק, *Domus Melchisedech*; qui, ubi tractat de vita, moribus & origine *Melchisedech* Regis *Salem*, mentionem quoque frequentem *Hermetis* nostri facit, quem & *Idaris* vel *Adaris* vocatum, multiplicem fuisse vult: ita ut primum *Hermetem* sive *Adris* dicat *Henochum*, filium *Iared*, literarum, rerumque omnium ad humanam vitam conservandam necessariarum fuisse inventorem: Justitiæ & pietatis cultorem eximium; veræ in Deum fidei, cultusque Divini primum Assertorem, qui ob virtutes, & Deo Opt. Max. beneplacita opera ante commune mortalium conditioni præfinitum tempus raptus ambulaverit cum Deo, perpetuâ admirandorum operum ab ipso in terris gestorum relictâ memoriâ, ita ut qui ex posteris *Noê* mira viderentur facere, *A-dris* dicerentur. Verum verba ipsa allego:

ויש לחנוך שם אדריש ויהי אדריש אחר
אחרו שמו בלעץ הכמים והוא היה רישון
שהקים המד רושות והוא מוצא האותיות
הלימדות הוא מסר לאנשים התיכור
ומצות להיות בטוב והעברת האלהות
לפיכך לקח אותו אלהים ויתהלך את
האלהים בגן עדן ואחלו כל מימקי בחכמת
האלהות הנא נקרא בשם אדריש:

Idest, *Fuit autem Henoch nomen Adris, & post eum alius Adris, cui nomen in lingua barbara Hermes, quoniam is primus constituit Scholas, in quibus Scientias à Protoplasto, ejusque filio Seth sibi traditas docuit; ipse inventor literarum, & Mathematicarum artium, is tradidit leges, & benè vivendi disciplinam, cultumque Divinum, ideò abstulit eum Dominus, & ambulavit cum* Deo *in horto Eden; hinc factum est, ut omnes, qui scientiis, & secretiorum artium notitiâ ex posterioribus in Mundo clarerent, Adris, hoc est, rerum occultarum Investigatores dicerentur.* Putat autem talem *Hermetem* fuisse *Melchisedechum* ex *Chananæorum* genere oriundum, qui ob summam sapientiam, & rerum Divinarum notitiam publicus sit factus Divinæ Legis instructor, Sacrorumque Præsul. Verba subjungo:

והיה מן אדרישן אחד מלכיצדק מבית כנען
מלך שלם והו הכהן גדול ומשמש אל
אלאה:

Et unus ex hujusmodi Adrisin *fuit* Melchisedech, *Rex* Salem *ex domo* Chanaan, *erat enim Sacerdos* Dei excelsi, *& juxta* Thargum Babylonicum, *Minister coram Domino* Deo excelso. Vel ut hoc loco pulchrè habet Syriacum exemplar:

ܘܗܘܐ ܟܘܡܪܐ ܕܐܠܗܐ ܡܪܝܡܐ

Et fuit religiosus Sacerdos Dei excelsi. Atque huc usque memoratus *Commentarius*; Quæ omnia conveniunt *Arabum* traditionibus; Nam & hi primum *Hermetem Henoch* fuisse volunt,

Henoch Adaris vocatus ab Hebræis, ab Arabibus Idris.

E e

Alkandi apud Gelaldinum. M. S.

volunt, quem & *Idris* vocant. Clariſſimè autem præ omnibus aliis, *Alkandi* apud *Gelaldinum* Author Arabs, capite de Sapientibus Ægypti:

في زمان ابوهيم كان جمعمر وهو
ادريس الشنية حرم رهو مثلك لاذه قيى
وملكسو حكيم وهو الذي صب الرصاص
دهيا دصاصا وكان جها ولدمن العلوم
صعنة الكيميا ولعهوم والصحد وعلم
الروحنين والطلسمات البراجن والسرار
الطبيعية ❀

Tempore Abrahæ *fuit in* Ægypto Hermes *ipſe* Idris *ſecundus, & ipſe* Triſmegiſtus, *quia* Propheta, *&* Rex, *& Sapiens, ſeu* Philoſophus *, & is qui docuit Scientiam metallorum,* Alchimiam *practicam, &* Aſtrologiam*,* Magiam, Scientiam Spirituum *, &* Apoteleſmaticam, *ſive Amuletariam, & Secreta Naturæ, ex quo deindè* Pythagoras, Empedocles, Archilaus *Sacerdos,* Socrates *Orator, &* Plato Philoſophus, *&* Politicus, *&* Aristoteles Metaphyſicus *, reliqui denique* Aſtrologi *ſua deſumpſerunt.* Similia hiſce profert *Salamas Arabs* libro, quem *Hortum mirabilium* vocat, quem *alibi* fusè citavimus. *Henoch* itaque primus *Adris* fuit dictus ; primus verò poſt *Diluvium Hermes*, ſive ſecundus ab *Henoch*, qui de Deo multa ſapienter pronunciavit. *Mor Iſaac in Philoſophia* ſua *Syriaca M. S.* quæ penes me eſt, facit *Hermetem*, quem *Jovanithun* vocat, totius Aſtronomiæ Authorem, originemque ejus deſcribit.

His igitur ita ritè præmiſſis, dico primò, ab *Enocho* ante *Diluvium*, omnem Sapientiam Ægyptiorum principium habuiſſe, erat enim is, qui præ omnibus aliis ante *Diluvium* à Protoplaſto ipſo inſtructus, veram rerum Divinarum notitiam hauſerat, Poſteriſque ſuis tradiderat, tantique fuiſſe non ſolùm ob admirabilem Sapientiam, rerumque humano generi neceſſariarum inventionem, ſed etiam ob impenetrabilem ex hoc mundo raptum nominis, ut multi ex poſteris eum tanquam Numen quoddam colendum proponerent. Undè veriſimile eſt,

quod *Arabes* tradunt, *Chamum* rerum exoticarum, curioſiſſimarumque ante *Diluvium*, non tantum improbas artes à *Kanaïtis* (*ut ſuprà* quoque probatum eſt) didiciſſe, ſed & Scientias de Deo, & Angelis, de Arcanis denique Naturæ ab ipſo *Mathuſala* filio *Henoch* paternarum traditionum hærede accepiſſe, artiumque licitarum cum illicitis commixtione à paterna traditione prorſus degenerem legem condidiſſe ; quam deindè *Triſmegiſtus* quidam ex *Chananæa* ſtirpe *Chami* deſcendens, ſeparatis ab illicitis licitis, in meliorem, & Religioni Divinæ conformiorem, quantum Ethnico Philoſopho, ſolo naturæ lumine fulto, in tanta rerum depravatione, licuit, redegerit ; quem quidem verum illum, & tantopere ab Authoribus celebratum ſecundum *Hermetem Triſmegiſtum* fuiſſe, *infrà* probabitur. *Hermetem* autem *Triſmegiſtum* dictum fuiſſe ob ſimilitudinem, & Analogiam quandam operum primi *Hermetis Triſmegiſti*, veriſimile eſt, quem *Idris Arabes*, Hebræi *Hanoch* dicunt; quem & *Triſmegiſtum* dicunt citati *Arabes* ob tres inſignes prærogativas. *Primò*, quòd Sacerdos Dei eſſet, & primus Vias Domini juſtas perverſis monſtraret mortalibus, *Deindè* ob ſummam rerum naturalium peritiam, quâ rerum humanarum neceſſitati omnibus modis, ſuis inventionibus ſuccurrere ſtudebat ; cùm nullam Rempublicam ſine legibus, & ordinationibus conſiſtere diu poſſe noſſet. *Tertiò*, Maximum quoq; dictum ob civilis vitæ cultum, legumq; conditionem, quæ ſunt veluti ſal quidam humanæ Societati conſervandæ neceſſarius. Præterea *Henochum*, primum illum *Hermetem*, primum poſt filios *Seth* Aſtronomiam excoluiſſe ; Temporis, Annorumque rationem docuiſſe, ex cujus monumentis poſtero Mundo relictis, ſecundus *Adris* ſive *Hermes* noſter ſua de diviſione temporum principia deduxerit, atque ad poſteros tranſtulerit, *Ægyptii* cum *Arabibus* volunt. Habent enim

Cham Mathuſala filii Henoch diſcipulus doctrinam ſacram poſt Diluvium propagavit.

Hanoch cur Triſmegiſtus ſit dictus.

Ægy-

ARCA NOE. 219

Ægyptiorum arcaniores Astrologi pro certo, Annum Civilem Ægyptiorum fuisse divisum in tot dies, quot primus *Adris* inter homines vixerit. Nam *Sacra Scriptura*, eum expressè trecentos sexaginta quinque annos, quot videlicet annus civilis *Ægyptiorum* dies habet, vixisse ait: sic enim 23. *vers. cap.*5. *Gen.* habet:

Genes. 5. vers. 23.
ויהי כל ימי חנוך חמש וששים שנה ושלש מאות שנה :

Tot annos vixit Henoch, quot dies in anno.
Καὶ ἐγμόντο πᾶσαι αἱ ἡμέραι Ἐνὼχ ἔτη τελακόσια ἑξήκοντα πέντε. *Et facti sunt omnes dies* Enoch *trecenti sexaginta quinque anni*, &c. Cùm verò *Adris* secundum hanc eandem partitiónis anni rationem docuerit posteros Ægyptios, ut in *Astronomia Ægyptiorum* fusè ostendimus, verisimile est, eum hæc habuisse ex prioris *Hermetis* monumentis per *Chamum* postero Mundo communicatis. Cùm itaque hosce *Adris* vitæ annos mysterio vacare minimè cognoscerent, hinc Arcanum illud Ægyptiorum hieromanticum de Mundi revolutione prodiisse probabile est, videlicet cœlestes DEOS stationes suas in Arce magna singulis centenis annis mutare, & post peractum circuitum 36500 annorum, omnia in pristinum statum restitui. Quod & *Platonem* subolfecisse, certum, dùm circulum παλιγγυεσίας, quem & in hunc usque diem *Platonicum* appellamus annum, dictorum ferè annorum numero definit. Cùm enim firmamentum singulis ferè centenis annis unum in circulo magno, hoc est, Zodiaco, minutum conficere observarent, 100 in 360 ducta dabunt 36000, quibus si quinque dies ἐπαγαμβύες in 100 annos ductos adjeceris, habebis 36500 annorum numerum, rerum omnium complementum, Jubilæi magni numerum, & Monadis in multitudinem abeuntis in monadem reditum, id est, in pristinum rerum omnium statum, ut *Plato* ita ab Ægyptiis edoctus, opinatus est, hi ex mystico annorum vitæ numero *Idris*, spe-

culati sunt. Quem & nonnulli ex recentioribus secuti sunt in firmamenti revolutione, sed vide, quæ de hisce curiosa quævis in *Astronomia nostra Hieroglyphica* tradidimus. Cùm igitur talis, tantusque fuerit *Henoch*, verisimile est, posteros ejus exemplo excitatos operum magnitudine famam aucupantes *Osires*, seu *Idris* termaximos, id est, Summorum Sapientum nomen ambiisse, ac inter cæteros *Chamum* præ omnibus *Noëmi* filiis ambitionis labe infectum, tam speciosi nominis titulo triumphasse: Certè non desunt luculentissima hujus Assertionis vestigia. Ut proindè intrepidè inferre audeam, primum omnium, antiquissimumque *Trismegistum* fuisse *Henochum*, uti *Arabes* sentiunt. *Chamum* verò, quem & cum *Zoroastre* confudimus, utroque nomine jactabundum, ambitiosum illum *Adris* titulum sibi per superbiam, vel insolentiam summam vendicasse. At *Tautum* è *Chami* progenie prodeuntem, verum scilicet *Mercurium* illum *Trismegistum*, de quo tractamus, communi omnium suffragio secundum *Hermetem*, sive *Adris*, existimatum, *Chamo* ambitioso tantum hujus nominis titulo triumphante insolescenteque. Verùm ne quicquam proprii ingenii conjectura asseruisse videar, assertionis meæ rationes ex ipsis probatis *Authoribus* comprobandas duxi. Primò, *Diodorus lib.*1. *Biblioth.* expressè narrat; fuisse *Mercurium* Scribam, Notarium Sacrorum, seu Consiliarium *Osiridis*: Καὶ τὸν Ἕλληνας διδάξαι τοῦτον τὰ περὶ τὴν ἑρμηνείαν ὑπὲρ ὧν Ἑρμῆν αὐτὸν ὀνομάζῃ. Καθόλου δὲ τὸν περὶ τὸν Ὄσιριν τοῦτ᾽ ἔχοντας ἱερογραμματέα ἅπαντ᾽ αὐτῷ προσκοινωνεῖν, καὶ μάλιστα χρῆσθαι τῇ τούτου συμβουλίᾳ. Undè Hermes, id est, Interpres, & Enunciator vocatur; *Osiridis* denique Notarius erat Sacrorum, cum quo is omnia communicabat, & cujus maximè consilio utebatur.

Posteri quoque Hermetis nomen Osiris & Adris ambierunt.

Diodorus.

Ee 2 Porrò,

Porrò quo tempore post *Diluvium* vixerit noster ille *Mercurius*, dubiè tradunt Authores: Recentiores quidam testantur eum floruisse annis 21. ante Legem *Moysi* datam in deserto, ita, qui *Hermetem* Synchronum *Moysis* fuisse, perperam putant; nam apud antiquos receptum est, *Mercurium* hunc ideò Termaximum dici, quod juxta vetustos *Ægyptiorum* mores à maximo Philosopho in Sacerdotium vocatus, à maximo deindè Sacerdote in Regem accitus esset, ac proindè in *Ægyptios* imperium obtinuisse, & apud eos litterarum, seu Scripturæ primordia comperisse constat. Literarum verò Author esse non poterat, quin *Moysis* tempora præcederet. *Moysen* namque in incunabulis omni *Ægyptiorum* doctrinâ, *Scripturâ* teste imbutum, quod absque literis fuisse difficilè creditur. Nec insuper *Ægyptiorum* imperium consequi: cùm hic vixerit propriè sub Dynastia *Deorum*, quæ Dynastiam *Pharaonum* & Pastorum longè præcessit, ut *paulò post* dicetur. Præterea cùm ante, & post *Moysen* alii *Ægyptiis* imperantes in historiis enumerati sint, *Trismegistum* anteà Regnum tenuisse necessarium apparet. Non enim alias esset *Mercurius*, uti *suprà* probatum est, *Saturni* filius & Scriba, qualem se *cap.* 10. profitetur.

Trismegistus floruit tempore Abrahæ.

Dicendum igitur est, tempore *Abraham* ipsum floruisse; nam ante *Pharaonem* ipsum vixisse, *Suidas* tradit. *Pharaonem* autem illum fuisse *Ægypti* Regem, qui sequentibus nomen indidit, idem memorat *Suidas*: neque is unus ex *Pharaonibus* esse potuit, omnibus penè *Scriptorum monumentis* contradicentibus, neque post eos, nisi eum *Moyse* juniorem asserere velimus, quod etiam communi traditioni repugnat. Manet ergò, eum ante *Pharaones* fuisse, atque consequenter tempore *Abrahæ*, quo prima Pharaonici imperii fundamenta jacta sunt, ut fusius in nostra *Chronologia in Oedipo* ostendimus. Huic nostræ opinioni favent Orientalium traditiones, qui ipsum cum *Misraim* filio *Cham* passim confundunt, ita tradunt tùm *Arabes*, quos *suprà* citavimus, tùm Alkandi & Altiphasi apud Gelaldinum his verbis:

ادريس هو بصح بن بطير بن حم بن نوح

Idris *ipse* Misraim *filius* Beither, *filius* Cham, *filius* Noë. Et *suprà* idem Author clariùs rem exponit:

Tempore Abraham *fuit in* Ægypto Hermes, *ipse* Adris *secundus*, & reliqua quæ sequuntur; quæ confusio nata ex eo, quod singuli *Chami* posteri, hujusmodi ambitiosos titulos sibi assumerent. Si qui verò eum paulò ante *Moysen* vixisse cum *Eusebio* ponunt, non equidem facilè magnæ authoritatis Viro contradixero; potuit enim fieri, ut hoc tempore fuerit alius quidam hujus nominis *Hermes*, vel ut Hebræi in *Zohar* innuunt *Jethro* gener *Moysis*, Vir sapientiâ illustris, quem tamen verum istum *Trismegistum* primum Scientiæ Ægyptiacæ fundatorem fuisse, ut credam, induci vix possum: cùm hanc scientiam multo ante *Moysis* tempora in *Ægypto* viguisse *alibi* fusè ostendamus. Noster igitur ille *Hermes* primus Ægyptiacæ Sapientiæ fundator, alio vixisse non potuit, nisi eo, quo ostendimus tempore. Hoc enim eodem tempore verisimile est, *Chamum*, *Chusum*, *Chanaanum*, *Misraim*, cæteramque *Zoroastris* progeniem, quorum omnium nepos, pronepos, abnepos *Hermes* noster erat (videlicet tempore Regni *Deorum*, quorum ipse unus numerabatur) viguisse, præ omnibus aliis sententiis tanquàm veriorem, historiisque omnibus magis concordem amplectimur; Eundemque esse in *Ægypto Thoth*, *Theutum*, *Adris*, *Saturnum*; in Babylonia & *Chaldæa Zoroastres* dicti sunt, à quo omnes postmodum rerum cœlestium notitiâ clari, inventionumque gloriâ celebres, in *Chaldæa Zoroastres*, in *Ægypto & Phœnicia Thoth*, *Adris*, *Saturni*, *Mercurii* appellati sunt. Atque hæc unica

Hermes nepos, pronepos, abnepos Chanaan, Chami.

æqui-

æquivocorum nominum varietas, & multitudo unica fuit tantarum apud *Historicos* & *Chronologos* controverſiarum cauſa. De annis, quibus *Hermes* noſter vixit, non minorem apud *Authores* controverſiam reperio; ſunt qui illum cum *Noë* velint converſatum, & eodem Duce in *Italiam* veniſſe autumant; ita *Chronicum Alexandrinum*, quod in ſequentibus adducemus. Huic ſententiæ ſubſcribunt omnes ii, qui *Noëmum* ab ortu *Abrahæ* anno quinquageſimo mortuum volunt; tametſi nos meliores Chronologos ſecuti, mortem *Noëmi* triginta annis *Abrahæ* ortum antevertamus; utraque ſententia cum iis, quæ de *Triſmegiſto* tradimus, ſuam tueri poteſt authoritatem.

Suppono itaque primò illos Patriarchas Noëmidas, *Sem*, *Cham* & *Japhet*, eorumque progeniem longiſſimæ vitæ fuiſſe, adeò ut nonnullos ex *Sacris literis*, ad ipſa uſque *Joſephi* tempora perveniſſe demonſtrari poſſit; Quod ſeculum & *Hermetem* noſtrum prope acceſſiſſe, ex geſtis ejus luculenter oſtenditur. Quem nonnulli 180 annos vixiſſe putant, ita *Roſſelius in Triſmegiſtum Commentator*; At eum 190 annis vixiſſe, in ſuo *Mercurio Triſmegiſto* opinatur *Boiſſardus*. Quidam *Triſmegiſtum* cum *Zoroaſtre* confundentes, eum 100 annis in deſerto, contemplationi rerum vacantem vixiſſe, & totidem humano generi erudiendo ſuperfuiſſe, ita *Xanthus Lydius*. Alii eum tot annos vixiſſe exiſtimant, quot prior ille ante *Diluvium Hermes*, quem *Enoch* diximus, videlicet 365 diebus. Ita *Abenvaſchia* de Agricultura Ægyptiorum:

وكان خميعا الا باع هرميس الشنية ذائما
ده وحمسق رستين سنة وهو ذرمات
احيادة جنسطوي الرمان والسنة حنوج
هو ادريس اول

Et fuerunt anni dies Hermis, ipſe eſt Adris ſecundus, trecenti ſexaginta quinque anni, quibus æquavit annos & tempus Henoch, ipſe Adris primus. Hanc ſententiam utpote myſticis rationibus turgentem, ideò libentius receperunt Ægyptii, quòd animam prioris *Hermetis*, id eſt, *Hanuch*, in hunc noſtrum *Hermetem* κατ᾽ τὴν μετεμψύχωσιν tranſvolutam ſuperſtitioſius opinarentur: Nos eorum ſententiæ adſtipulamur, qui *Hermetem* 190 annos attigiſſe memorant; huic enim innixi, ſive eum ante, ſive poſt *Abrahami* ortum dicamus, ſemper tamen, eorum quæ de ipſo retulimus, geſtorum inſignem cum temporibus aſſignatis conſonantiam exhibebimus.

Iamblichus in Libro de Myſteriis Ægyptiorum refert, Mercurium hunc *Triſmegiſtum*, non tantum Philoſophiæ, ſed & totius Ægyptiacæ Sapientiæ, quam & linguâ Ægyptiacâ tradiderit, fuiſſe Authorem & Principem, producitque teſtimonium *Seleuci* & *Manethi* veterum Authorum aſſerentium, ſcripſiſſe eum de univerſa Ægyptiorum ſapientia in Lingua Ægyptiaca; Libros triginta ſex millia & quingentos viginti novem: quorum in particulari recenſentur *de Diis Empyreis* Libri centum: *de Diis æthereis* libri centum: *de Diis cœleſtibus* libri mille, quorum plerique ex Lingua Ægyptiaca in Græcam tranſlati ſunt à Viris Philoſophiæ non imperitis. *Clemens 6. Stromat.* ſcribit ætate ſua apud Ægyptios extitiſſe infraſcriptos libros, hoc eſt, *de Univerſa Ægyptiorum Philoſophia*, Libros triginta ſex; *de Medicina* libros ſex; *de Sacerdotalibus*, decem; *de Aſtrologia*, libros quatuor. Nolim tamen quemquam hoc loco exiſtimare, *Triſmegiſtum* integra volumina triginta ſex millia ſcripſiſſe; Sed per hujuſmodi libros intelligi proprie in lingua Ægyptiaca Νιχωμ, hoc eſt, certa quædam Syſtemata hieroglyphica, quibus varias artes, & ſcientias indigitabat, ut alibi in decurſu Operis oſtendetur, vel etiam Νιχωμ ſubinde ſumuntur pro certis concluſionibus Scientificis, ſeu Scientiis,

Libri Mercurii Triſmegiſti ex Seleuco & Manetho, apud Iamblichum.

Clemens Alexand.

Libri Hermetis ſua ætate ſuperſtites.

36000 Libri ab Hermete conſcripti, quomodo accipiendi.

tiis, ac gnomis de qualibet materia propositis, atque ita sumendi sunt isti triginta sex mille libri, quos *Authores* referunt. Quorum deindè ex selectioribus propositionibus, seu thesibus aliquæ fusiorem dederint separatim tractandi materiam, qui commentariorum loco fuerint.

Literarum usualium inventum Mercurii & ante Moysen viguit.

Hinc falsum quoque esse patet, dicere, *Ægyptios* ante *Moysen* præter hieroglyphicas, nullas alias literas habuisse; Nam uti ostendimus, unanimis omnium Orientalium opinio, imò traditio fuit, *Trismegistum* eos libros, quos citavimus, in papyro, vulgari linguâ, hoc est, Ægyptiacâ scripsisse, & secretiora Columnis quoque inscripsisse. Cùm verò *Trismegistum* ante *Moysen* vixisse demonstraverimus, imò *Moysen* universâ Ægyptiorum Sapientiâ ab eodem *Trismegisto* traditâ, imbutum constet; Certè ipsum & scripsisse, saxisque insculpsisse adeò certum est, ut de eo ampliùs dubitare nemo debeat. Imò ipsemet id testatur in libro sacro, ubi Avus *Hermes* ita inducitur loquens : Οὔτι τὰ κρυπτά, φησὶν Ἑρμῆς, τῶν ἐμῶν ἐπιγνώσονται γραμμάτων πάντων, καὶ διακρινοῦσι καί τινα μὲν αὐτοὶ καθέξωσιν· ἃ δὲ πρὸς εὐεργεσίας θνητῶν φθάνει, τέλεως καὶ ὀβελίσκοις χαράξωσιν. *Isti arcana, ait* Hermes *, meorum Scriptorum omnium agnoscent, & discernent, & aliqua ipsi continebunt. Quæ verò ad mortalium beneficium tendunt,* (*hoc est*, *quæ ad evitanda mala*, *& acquirenda bona Geniorum ope sapienter instituta sunt*) *columnis, & Obeliscis insculpent.* Et in eodem citato libro ita de suis libris loquitur : Ὧ ἱεραὶ βίβλοι τῶν ἀφθάρτων, αἷς τετείχαλε διὰ μῆς χειρὸς τῆς ἀφθαρσίας φαρμάκῳ χορηγίας, ἀκέραται ἀσαπεῖς διὰ παντὸς αἰῶνος καὶ ἄφθαρτοι διαμείναιε χρόνος καὶ ἀθεώρητοι ἀνερευνήτοι παντὶ τῷ ταύτην παροδεύειν μέλλοντι παιδείᾳ. *O libri sacri rerum incorruptibilium, qui sortiti estis à me deteriora dona, quàm incorruptionis pharmacum, immarcescibiles toto tempore & incorruptibiles permanete inconspicui, atque incomperti ab omni, qui hanc disciplinam transgressus fuerit.* Quibus verbis materiem, de quibus libri tractant, adeò sublimem esse innuit, ut nemo eam ingenio assequi possit, nisi vivendi præcepta in sacro sermone tradita ad amussim servaverit.

Qualis doctrina lapidibus incisa fuerit.

Atque ex his fusiùs forsan, quàm par erat, adductis, clarè patet, post *Diluvium* omnes scientias Divinas, humanas, politicas, licitas & illicitas apud posteros *Noë*, tum per *Chamum*, tum per *Hermetem*, eorumque sequaces & discipulos longe latéque disseminatas fuisse, quin & mechanicas artes tunc temporis apud *Ægyptios* potissimùm ita floruisse, ut non contenti plurimas extruxisse urbes, sed vastissimas fabricarum & sumptuosissimas moles, ad contestandam apud posteros gestarum rerum magnitudinem, quemadmodum in *Babylone* Turris, de qua *in sequenti libro*, ex professo, & post Turrim stupenda *Nini* & *Semiramidis* progidiosæ fabricæ; deinde quoque in *Ægypto* per *Chami* progeniem erecta pyramidum aliarumque fabricarum monumenta fide humanâ superiora, abunde testantur. Verùm qui minutiora exactioraque de hisce desiderat, is adeat *Opera nostra Hieroglyphica, Oedipum Ægyptiacum, & Obeliscum Pamphilium*, ubi cum admiratione primævorum post *Diluvium* hominum subtilissimum, ad res novas inveniendas ingenium, nec non incredibilem earum rerum, quas invenerunt, in executionem deducendarum, animi magnitudinem contuebitur. Sed hisce jam præmissis, jam ad Orbis Terrarum, quem *Noë* tribus filiis suis *Sem*, *Cham* & *Japhet*, eorumque filiis filiorum distribuerat, partitionem progrediamur.

CA-

Caput VIII.

De Numerosa progenie filiorum Noë, Sem, Cham, Japhet.

Decimo Capite Geneseos, Moses numerosam trium filiorum *Noë* progeniem, multiplicemque posteritatem describit, in quo tamen eos tantummodò, qui veluti Capita, principes, ducesque aliquarum gentium commemorat. Reliquis, qui eorum dominio subdebantur, consultò, ne historia in infinitum procederet, silentio suppressis. Quare filios *Japhet* solummodò septem recenset, neque eorum posteros omnes, sed duorum tantùm *Gomer* tres, & *Javan* quatuor, ita ut tota *Japhet* progenies quatuordecim viris à *Mose* circumscripta videatur. *Cham* verò quatuor filios enumerat, & de his trium tantùm posteros, omnesque qui à *Chamo* progeniti fuerunt, ad 31 numerum redegit. Denique *Sem* quinque filios enumerat, de quibus trium tantùm posteritatem exponit, ita ut omnes filiorum *Noë* posteri 72. non excedant.

Itaque *Sacra Scripturâ* hanc progeniem commemorari posterorumque memoriæ perpetuæ commendari per *Mosem* voluit, ut ex illis benedictionis *Noëmo* filiisque impertitæ vis & efficacia pateret; dùm dixit: *Crescite & multiplicamini, & replete terram.* Quamvis verò earum regionum quas possidebant, nomina à *profanis Scriptoribus*, variis fabularum figmentis depravata fuerint, nonnulla tamen adhuc restant vestigia, quibus in veritatis antiquæ semitas introducamur. De hac nominum rerumque depravatione scitè sanè Josephus lib. 1. Antiq. disserit: *Post divisionem*, inquit, *linguarum, passim dispersi sunt homines, coloniis nusquam non deductis, & quo quemque sors, & Deus tulit, eam terram cum suis occupavit, ut tam maritima quàm mediterranea cultoribus replerentur; nec defuerunt, qui conscensis navibus ad insulas habitandas trajicerent. Porrò gentium quandam adhuc diu servabant derivatam à suis conditoribus appellationem, quam tamen posteris temporibus mutaverunt, nonnullæ autem in familiarem accolis notioremque vocem deflexerunt*, Græcis potissimum talis nomenclaturæ authoribus; hi enim posterioribus seculis veterem locorum gloriam sibi vendicantes, *gentes nominibus sibi notis insignierunt, & quasi sui juris essent, mores ritusque proprios in eas invexerunt.* Sed & de hisce legat, qui volet, *nostra Opera, Latium, & Hetruriam,* ubi quinam harum regionum primi coloniarum duces fuerint, reperiet.

Græci primi primæva nomina gentium corruperunt.

Caput IX.

De Transmigratione gentium per progeniem Japhet *filii* Noë.

Japhet septem filios habuisse, *Gomer, Magog, Madai, Javan, Thubal, Mosoch, Tiras,* suprà ostendimus, & *Gomer* quidem *Gallus* genuit *Aschenez, Riphat, Togorma; Javan* verò genuit *Elisa, Tharsis, Cethin* & *Dodanim,* omnes posteri *Japhet* quatuordecim; *ab his,* ait Moses *divisæ sunt familiæ gentium in regionibus suis;* fuitque *Japhet* adeò celebris etiam apud *profanos Scriptores,* ut *Japetum* cœlo terràque natum finxerint, & ex Titanibus unum cum *Jove* belligerantibus fuisse memorent; verùm quid de hisce sentiendum sit, amplè deduximus in *primo* & *secundo Tomo Oedipi Ægyptiaci.* Certum est, quemadmodum *in præcedentibus* quoque insinuavimus, veteres Poëtas omnia ferè, etsi miris modis contaminata,

nata, ex *Sacra Scriptura*, occasione *Diluvii Arcæ Noë*, *Turris Babylonicæ* aliorumque mirabilium à primis illis hominibus gestorum deprompsisse.

Genealogia Japhet.

Filii *Iaphet* septem:
- Gomer.
  - Ascenez.
  - Riphath.
  - Togorma.
- Magog.
- Madai.
- Iavan.
  - Elisa.
  - Tharos.
  - Cethim.
  - Dodanim.
- Tubal.
- Mosoch.
- Thyras.

Primus filius Japhet Gomer. גומר.

Primus itaque filius *Japhet*, fuit *Gomer*, cujus posteri *Gomeritæ* nuncupati fuerunt, *Iosepho* teste, quorum hic primus Colonias in *Galatiam*, quam & *Gallogræciam* dici volunt, traduxisse, undè *Gomerus Gallus* dictus; ab hisce profecti ii, qui *Delphos* spoliarunt, & postea in *Asia minori* propè *Troadem* consederunt, & *Phrygiæ* partem majorem occuparunt, unanimis *Geographorum* sententia est; primùmque latera Aquilonis obtinuisse, *Ezechiel* 38. testatur: Quænam verò fuerint latera Aquilonis, *Josephus* ex vaticinio *Danielis* c. 11. videlicet *Asiam* & *Syriam* fuisse docet. Sunt enim hæ regiones respectu *Judeæ*, Aquilonares, non tamen remotæ à *Palæstina*.

Fil. II. Magog. מגוג.

Alter *Japheti* filius fuit *Magog*, qui in Septentrionales Regiones, ad *Getas*, *Massagetas*, *Sarmatas*, *Europæos*, posteros suos traduxisse, melioris notæ Authores, *Iosephus*, *Hieronymus*, aliique senserunt.

III. Medai. מדי.

Tertius *Japheti* filius fuit *Medai*, pater *Medorum*, ad quos colonias suas primò deduxisse, inter omnes convenit.

IV. Javan. יון.

Iavan, quartus *Iapheti* filius, *Ionum Græcorumque* parens. *Hecatæus* apud *Strabonem Iones* ex *Asia* in *Græciam* venisse ait, undè Origo sit *Atheniensium*, quos se antiquitùs *Iones* dictos, & *Atticam* eorum regionem appellatam esse, *Ioniam Plutarchus* in *Theseo* tradit.

Quintus filius *Iaphet*, *Tubal*, quem ferè plerique *Interpretes* & *Geographi* in *Hispaniam*, quam olim *Iberiam*, seu *Hesperiam* dicebant, colonias duxisse; qui verò dicunt *Tubulæos*, putantque fuisse *Asiaticam* gentem, iis non facilè contradixerim, cum & posteri tam in *Asiam* quàm in *Hispaniam* colonias suas traducere potuerint.

V. Tubal. תובל.

Sextus *Iapheti* filius *Mosoch* dicitur, quem ego *Moschorum*, sive *Moscovitarum*, imò & *Scythiæ* vicinæ patrem fuisse autumo, tametsi *Josephus* ex nomine *Mosecha* in *Cappadocia* urbis pervetustæ, *Cappadocum* parentem fuisse existimet, cum *Moschæorum* in *Moscoviam*, seu *Sarmatiam* sive *Scythiam*, tanquam ex primaria Sede *Mosecha* expeditionem non impediat; certum enim est, habuisse hujusmodi expeditiones semper in aliqua provincia sedem primariam, sive curiam, ex qua deindè coloniæ in remotiores provincias tractæ fuerint. Quis enim nescit accolas fuisse *Ponti Euxini Cappadoces*, ad cujus oppositum littus *Sarmatia*, sive *Scythia*, aut *Moscopia* incipiat.

VI. Mosoch. משך.

Septimus filius *Japhet*, *Thiras*, quem ego *Thracibus* originem dedisse, non aliâ ratione ad id asserendum inductus assero, quàm ex ipso nominis etymo, quasi diceres, *Thiras*, *Tiraces*; sed de hoc in *sequentibus* pluribus.

VII. Filius Japhet Tyras. תירש.

Sed jam ad *Gomeri* progeniem progrediamur, quem quatuor filios, *Sacer Textus* habuisse dicit, quorum primus *Ascanez*, quem omnia ferè *Rabbinorum* monumenta *Germaniæ* parentem asserunt, ita ut, vel ipsi *Rabbini* è *Germania* oriundi non alio se nomine insigniant, quàm אשכנזים *Aschenazim*, quin vel ipsam *Germaniam* אשכנז *Aschenaz*, de quo vide *Rab. Eliam Aschenazi*, quicquid alii dicant contrà.

Gomeri. Japheti filius, 4 filios habuit quorum.
1. Aschenaz. אשכנז.

Secundus filius *Gomeri Riphath*, plerique *Riphæorum* primò *Paphlagonum*, deindè

2. Riphath.

ARCA NOE.

indè quoque *Scytharum* ad *Riphæos montes* accolarum patrem esse sentiunt.

3. Togorma.

Tertius filius *Gomer*, *Togorma* nomine, *Josephus* putat fuisse *Phryges*, *Rabbini Turcas*, eò quod Imperator *Turcarum Thogar* dicitur; *Chaldæus* verò interpres *Germanos* ex cap. 27. *Ezechielis*, fuisse asserit. Sed de his *alibi*.

Javan 4 filios habuit.

Javan filius *Japhet*, quatuor filios progenuisse *Sacra Genesis* refert ; quorum primus nomine *Elisa*, quem aliqui *Æolum* in *Græcia*, quidam *Italiæ*, alii totius *Maris Mediterranei Insularumque* patrem, haud incongruè fuisse putant.

1. Elisa.

2. Tharsis.

Alter *Tharsis* nomine filius *Javan* dicitur, à quo ortos fuisse *Cilices*, ex nomine Urbis celeberrimo, quam *Tarsum* dicunt, ad id credendum inducti ; alii per *Tharsis* vocem, vel ipsum *Mare Mediterraneum* intelligunt ; alii *Carthaginem*, alii urbem ad *Mare Rubrum*, unde novas in *Pontum* colonias trajecerint : verùm hoc dici non posse, vel indè patet, quod ex *Mari Rubro* in *Pontum* trajicere, non mediante *Ægypto*, impossibile sit.

3. Cethim.

Quis porrò tertius *Javani* filius *Cethim* fuerit, exponendum est. *Cethim* posteri *Javani* triplicem significationem habent. Aliqui *Cyprum* & incolas ejus Insulæ *Cithim* vocatos fuisse putant; ut *Josephus*, ex nescio qua Urbe *Citium* persuasus ; quidam pro *Italia*, sive pro *Italis* & *Romanis* sumi ex 24 Numerorum colligunt : *Venient in Trioribus de Italia*, ubi *Hebræa* lectio *Kittim* habet, & *Chaldæus*, *Romani* superabunt *Assyrios*, vastabuntque *Hebræos*, & ad extremum ipsi peribunt. Eadem leguntur apud Danielem c. 11. *Et venient super eum* Trieres *& Romani*, *& percutietur*, ubi enim *Hebræus* habet םיתכ : *Chaldæus* habet ימור : *Cethim* sanè *Italos* esse, unanimem *Rabbinorum* sententiam esse constat ; vide *Ioseph*, *Ben Gorion* in sua *Historia*. Qui verò per *Cethim Macedoniam* vel *Græciam* intelligunt, iis non refragamur. Fieri enim potuit, *Cethim* in *Græcia* primam habuisse sedem, ex qua deindè ductæ in *Italiam* coloniæ, ibidem *Cethim* vocitatæ sint.

Quartus filius *Javani Dodanim* dictus est, quem plerique *Rhodiorum* parentem dicunt, quasi diceres, D. in R. converso, *Rhodanim* non desunt, qui *Dardanim* posteros *Dodonam Epiri* urbem Templo, & oraculo celebrem condidisse velint ; Qui verò incertis incongruisque conjecturis *Galliæ* incolas fuisse *Dodanim*, ob similitudinem nominis *Rhodanim* ad *Rodanum* fluvium *Galliæ*, illi audiendi non sunt. Ab his itaque divisæ sunt, uti *Moses* ait, Insulæ gentium in regionibus suis, unusquisque secundùm linguas suas, & familias suas in nationibus suis, ubi intelligas velim Insulas gentium à *Judæis* dici omnes transmarinas *Mediterranei Maris* regiones, adeóque vel totam *Europam* à filiis *Japhet*, *Gomer* & *Javan* fuisse occupatam ; quæ confirmantur ab *Hieronymo* in *Traditionibus Hebraicis*, *Sirmio*, *Phlegonte*, *Ario Montano*, aliisque. Sed hæc in *apposita Charta* exactè expressa luculentiùs patebunt.

4. Dodanim.

De Coloniis Cham filiorumque.

Filii *Chamo* fuerunt quatuor : *Chus*, *Misraim*, *Phuth*, *Canaan*. Deindè horum omnium præter *Phuth* posteri enumerantur, uti hìc vides.

Genealogia Cham.

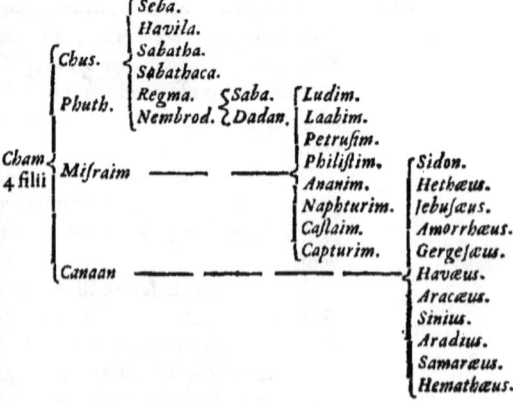

Ff   *Chus*

Chus Æthiopum parentem omnes Interpretes ex omnibus Sacræ Scripturæ locis, ubi Chus nominatur, intelligunt, ut proindè de eo dubium esse non possit, sed & præter Æthiopiam omnium circumjacentium Regionum terminos sui juris per posteros suos fecisse, ex Originibus etymologicis facilè colligitur, uti sequitur.

Tabula Filiorum Chami, Sediumque.

A.	כוש	Chus.	Æthiopiam tenuit, qui כושים Chusym, Æthiopes à plerisque Interpretibus dicuntur.
B.	מצרים	Misraim.	Ægypto, cujus possessor fuit, nomen in hunc usque diem dedit; de quibus legatur Tomus I. OEdipi Ægyptiaci.
C.	פוט	Phut.	Africam Mauritaniam, quam & Ptolomæus Phutæam vocat.
D.	כנען	Chanaan.	Nomine retento ad multa secula, Palæstinam occupavit, quæ est propria Chanaan sedes.
E.	שבא	Seba.	Sabæa Thurifera Arabiæ felicis Regio est, quam possedit.
F.	סבתא	Sabtha.	Regio est supra Sinum Persicum, & quicquid à Sinu Persico, in Africam usque extenditur.
G.	רעמא	Regma.	Plerique ex Ptolomæo Carmaniam intelligunt.
H.	שבה	Seba.	Arabiæ felicis Thuriferam Myrrhiferamque Regionem intelligunt.
I.	דדן	Dedan.	Ex Ptolomæo Palmyrinam putant esse, monte præcelso Alsadano celebrem.
L.	בבל	Babel.	Babyloniæ regio est, cum Urbe ejusdem nominis, de qua pluribus in sequentibus.
M.	ארך	Arach.	Chyrrestica Regio est, in qua Edessa urbs, quam D. Hieronymus Arach vocat.
N.	אחד	Achad.	Regio est à Ptolomæo Achadene dicta, in qua Nisibis urbs, quæ à D. Hieronymo Achad dicitur.
O.	כלנה	Chalne.	Chalcitis Regio supra Edessam Ptolomæus.
P.	לודים	Ludim.	Populi sunt Lybiæ Cirenaicæ, sive Lybies Ægypti.
R.	ענמים	Chanamim.	Troglodytarum putant esse Regionem, ex Ptolomæo, & Strabone.
S.	להבים	Lehabim.	Lybia propriè dicta, Regio in Africa.
T.	נפתוחים	Nephthuim.	Numidiam interpretantur plerique.
V.	פתרוסים	Pethrusim.	Arabiam Petræam esse, sentiunt plerique.
X.	כסלוחים	Chasluhim.	Putant esse Saracenos, qui littus Maris Rubri, ubi modò Mecha est, inhabitabant.
Y.	פלשתים	Phelistim.	Palæstinam propriè ab ipsis sic dictam, Sacri intelligunt Geographi.
Z.	כפתורים	Caphtorim.	Cappadociam intelligunt, ex Paraphraste Onkelos & Jonathan persuasi.

Canaan verò undecim filiorum filii, Sidoniorum, Hellæorum, qui ex stirpe Enacim, gigantes fuerunt, reliquamque totam ferè Terram promissionis, & partem Syriæ Damascum usque tenuerunt, & à Canaan Terra Cananæorum dicta fuit.

ARBOR GENEALOGIÆ NOETICÆ

ARCA NOE.

Filii Sem, eorumque Coloniæ.

Filii *Sem*, fuerunt, teste *Sacra Genesi*, *Ælam*, *Assur*, *Arphassad*, *Lud* & *Aram*; Filii *Aram*; *Hus*, *Hul*, *Gether* & *Mes*, quorum sedes in *sequenti Tabula* considera.

Filii *Sem* quinque.
- *Ælam*,
- *Assur*,
- *Arphassad* — *Selah* — *Heber*,
  - *Peleg*.
  - *Joctam*.
    - *Elmodad*.
    - *Seleph*.
    - *Hazarmaveth*.
    - *Jarah*.
    - *Hadoram*.
    - *Uzal*.
    - *Dikela*.
    - *Ebal*.
    - *Abimael*.
    - *Seba*.
    - *Ophir*.
    - *Hevila*.
    - *Jobab*.
- *Lud*.
- *Aram* —
  - *Huz*.
  - *Hul*.
  - *Gether*.
  - *Mes*.

עילם	*Ælam*.	Genitor *Elamitarum*, qui propriè *Persæ* sunt, & ex *Daniele* cap. 8. colligitur, ubi *Susan Persidis* urbs in *Ælam* ponitur.
אשור	*Assur*.	*Assyrii*, *Chaldæi*, *Mesapotamii*.
ארפכשד	*Arphassad*.	*Susii*, sive *Susiana* Regio.
לוד	*Lud*.	*Lydi*, sive *Lydia* Regio *Asiæ minoris*.
ארם	*Aram*.	Uti ex etymo patet, *Armenia*.

Filii Aram sunt sequentes.

עץ	*Guz*.	*Armenia minor*, *Armenii*. *Iberi*, hodiè *Georgiani*.
חול	*Hul*.	*Æolii*.
גתר	*Gether*.	*Ætholia*, *Mela* teste, celebris urbibus *Asson*, & *Gargara*.
מש	*Mes*.	*Misia*, sive *Misii*, *Thraciæ* Regio.

Filii Heber hi sunt.

אלמודד	*Elmodad*.	*Theometha*, *Meta*, & *Ptolomæo* teste, pars *Scheleph*.
שלף	*Scheleph*.	*Selebii*.
חצרמות	*Hazarmavet*.	*Sarmathæ*, *Sauromaithæ*, *Sarmatia Asiatica*.
ירח	*Iarahh*.	*Arai*, & *Arachasia*, circa montem *Imaum*; vide *Ptolom*.
הדורם	*Hadoram*.	Aliqui *Hircaniam* putant indicari.
אוזל	*Uzal*.	*Oxia Bactriana*, cujus cultores *Oxii Ptolom*.
דיקלה	*Dikela*.	*Scythia* intra *Imaum*.
עבל	*Ebal*.	Populi inter *Caucas*. & *Parapomisum Bolitæ* sive *Obolitæ* dicti.
אבימאל	*Abimael*.	*Imaenses*, sive montis *Imai* accolæ.
שבא	*Seba*.	*Sacarum* Regio. Vide *Ptolom*. & *Melam*.
אופיר	*Ophir*.	Populi ad *Chersonesum auream Indiæ* trans *Gangem*.
חוילה	*Hevila*.	*Indiæ Orientalis* regiones.

Duo Filii Jectam. { יובב סםר } Putat *Arias Montanus, Jectan* cum suis filiis *Iobab* & *Sepher, Peru Americæ* parentes fuisse, incertâ utique conjecturâ ex urbe *luctam*, quæ ea in regione adhuc reperitur, à *Iectam* filio *Heber* sic dicta. Ego verisimiliùs crediderim, *Tartariæ, Chinæ, Iaponiæ* primò parentes fuisse, & progressu temporis per *Isthmum Tartaricum, Aniam* dictam, per quem aditus in *Americam Borealem* dabatur, progressos, dictas regiones temporis successu coluisse.

Atque hæc est progenies trium filiorum *Noë, Sem, Cham, Japhet*, per quos genus humanum per universas Orbis partes sparsum fuit. Verùm ut hæc luculentiùs pateant, hìc *Chartam Geographicam* apponam, ex qua, quam quisque ex hac numerosa progenie partem Orbis obtinuerit, patebit. Fuit autem hæc prima expeditio trium filiorum *Noë*; de secunda expeditione *in sequentibus* uberiùs agemus.

Caput Erotematicum.

In quo plurima dubia, quæ in Expeditionibus Noë *triumque filiorum occurrere possunt, dissolvuntur.*

EROTEMA, seu QUÆSITUM I.

Quamdiu Noë, *ejusque tres Filii post* Diluvium *vixerint?*

UT temporum & expeditionum à *Noë* filiisque peractarum ratio, series & ordo tibi constet, plurimaque inde in recta coloniarum per orbem Terræ, Europam, Africam, Asiam deductarum dispositione, & profanorum Authorum traditione dependeant, ordine, hoc ultimo Operis capite exponenda duxi.

Ex Sacro itaque *Genesis* textu habemus *cap.*7. *Noë* ante *Diluvium* vixisse sexcentis annis, sexcentesimo enim anno ejus contigisse *Diluvium*. Ab exordio Mundi, post *Adæ* creationem, usque ad *Diluvium* numerantur, teste *Sacra Genesi*, anni 1656. ipse verò Protoplastus vixit *Quot quisque Patriarcharum cum aliis vixerit annis.* annos 930, ergò mortuus est ante *Diluvium* 726 annis: cùm verò *Noë* natus fuerit 600 annis ante *Diluvium*, clarè patet, ipsum natum esse 126 annis post obitum *Adæ* protoplasti; *Henoch* verò annis 242 ante obitum *Adæ* genuit *Mathusalem*, & post 365 annos vitæ translatus è terris ambulavit cum Deo; *Mathusalem* verò vixit annos 969, & ipse anno, quo *Diluvium* accidit, mortuus est;

Ergò *Noë*, qui natus est 600 annis ante *Diluvium*, ortus fuit 69 annis post translationem *Henoch*, & 369 anno avi sui *Mathusalem*. Ex quibus colligitur, *Mathusalem* versatum esse cum *Adamo* annis 242; *Noë* verò cum ipso *Mathusalem* 600 annis; Doctrinam itaque rerum naturalium & Divinarum vivæ vocis oraculo, ex ipso *Adamo Mathusalem* didicisse quis negaverit? quin & filius ejus *Sem*, 100 annis ante *Diluvium* natus, eandem rerum cognitionem commodè ab ipso *Mathusala* discere potuit.

Post *Diluvium* verò *Noë* vixit 350 annos; cùm autem à *Diluvio* usque ad ortum *Abrahæ* juxta *Hebraicæ Lectionis computum*, non plures ducentis 92 annis præterierint, luculenter patet, *Noë* post *Abrahæ* ortum vixisse adhuc annos 58, ad generis humani directionem. Quoniam verò *Sem* filius *Noë* post *Diluvium* vixit annos duos & quingentos, certum est, *Semum* ad 50^m annum *Jacob* Patriarchæ pervenisse. Quemadmodùm igitur in primævis illis Mundi temporibus, veri Dei fides & cultus rerumque ad animæ salutem consequendam necessariarum observata, custodita & perpetuata fuit ab initio Mundi usque ad *Jacob*, per tres

tres tantùm perſonas, *Adamum*, *Mathuſalem* & *Sem*, per annos autem 2000, & inſuper 156; nulli dubium eſſe debet, *Jacob* Patriarcham, omnem ſuprà memoratam rerum cognitionem & doctrinam à *Sem* diſcere potuiſſe, quemadmodum *Sem* à *Mathuſala*, & hic ab *Adamo*.

Quæsitum II.

Quidnam Noëmum *poſt* Diluvium, 350 *annis ſuperſtitem, egiſſe putemus?*

Reſpondeo, Quamvis nihil de *Noëmi* poſt *Diluvium* vita rebuſque geſtis *Sacra Scriptura* dicat, veriſimile tamen eſt, & rectæ rationis dictamini congruum, eum otioſum minimè fuiſſe, ſed de propagata progenie ſua per Orbem ſummâ curâ & ſollicitudine novas colonias fundaſſe; Orbem Terræ in tres partes, *Europam*, *Africam*, *Aſiam* tribus filiis diviſiſſe, leges præſcripſiſſe, & ſi *Beroſo* credimus, finito *Diluvio* Arcâ in montibus *Armeniæ* relictâ, deſcendiſſe in loca planiora, & brevi mirum in modum multiplicatâ progenie, adeò ea loca hominum multitudine repleta fuiſſe, ut cùm *Noë poſt Diluvium legitimus Mundi Hæres, Rex & Dominus.* ſimul conſiſtere non poſſent, novas ſibi ſedes quærere coacti fuerint; *Noëmum* verò, uti erat humani generis poſt *Diluvium* parens, Rector & Legiſlator, naturalis Mundi Hæres & Rex; ita quoque neceſſe fuit, nè antequam in omnes Orbis terrarum regiones diſpergerentur, neceſſariis ad vivendum, ſeque propagandas, ſubſidiis deſtituerentur, ut legibus benè beatéque vivendi præſcriptis rectè inſtituerentur; Ante omnia verò veri Dei Religioniſque cultum docuiſſe, timorem *Dei Opt. Maximi*, ex formidabili per *Diluvium*, mundi perditi exemplo, inculcâſſe, ſimiliaque quæ ad ad Religionem pertinerent, tradidiſſe. Cùm verò videret, genus humanum ſine neceſſariis ad vitam ſuſtentandam auxiliis, propagari non poſſe; primò eos agrorum colendorum rationem, inſtrumentorum utenſilium ex ferro, ære, cupro, argento, auroque, prout ipſe à *Methuſala Adami* diſcipulo, à Patre ſuo *Lamech*, & à *Iabal*, qui fuit, ut habetur 4. *Geneſ. v.* 20. pater habitantium in tentoriis, & à *Iubal*, qui fuit pater canentium cithara & organo; & à *Tubalcain*, qui fuit malleator & faber in cuncta opera æris & ferri, didicerat; videlicet arandi, ſeminandi, plantandi, domus fabricandi, paſtoritiæ artis modum tradidit; prætereà cum hæc ſine exactâ temporis & Aſtronomicæ ſcientiæ ſubſidio confici non poſſent, Aſtrorum curſus docuit, annum in duodecim menſes, annum curſum ſolis in duodecim domicilia diſtinxit; quibus apprimè inſtructus, homines familiarum Duces adhortatus eſt, ut novas ſedes quærerent, civitates conderent; quin & ipſemet, uti ex profanis authoribus patet, relictâ *Armeniâ*, vel *Ediniâ Regione*, aſſumptis ſecum *Iaphet* filiiſque *Gomero*, & Nepotibus *Aſckenez*, *Riphat*, *Tagorma*, ac reliquis *Iavani* filiis, *primùm* in *Græciam*, quæ ab eo *Ionia* poſteà dicta fuit, movit, *deindè* ulterius in Terram *Kittim*, quam omnes tum *Sacri*, tum *profani Geographi Italiam* dicunt, ubi Regionem habitatoribus adhuc expertem, incoluit, ubi primus Rex, & dominator multiplicatis per filios nepoteſque poſteris, prima Religionis, cultuſque Divini fundamenta eos docuit, Phyſiologiam, ſive naturalium rerum ſcientiam, reliquaſque vitæ humanæ neceſſarias artes tradens, tandem apud poſteros tantum nomen meruit, ut eum *Chaos*, ſemen mundi, Patrem *Deorum*, Animamque Mundi, *Saturnum* & *Ianum*, vocaverint, eò quod duplicem Mundum ante & poſt *Diluvium* viderit, duplici facie & ſtatuas illi erexerint. Primò verò *Latium*, ſive *Latinum Agrum* poſteà dictum, quam & ab ejus nomine *Saturniam* dixere, incoluit, mirâ utique Divinæ providentiæ diſpoſitione ut, ibi *Noë* primus poſt *Diluvium* parens, primas utique occulto Dei impulſu, ibidem

In Græciam Noëmi expeditio 1.

In Italiam Noëmi cum filiis ſuis expeditio 2.

dem

dem fundaret colonias, ubi post *Romanum Imperium* toti Orbi dominaturum, nec non DEI Ecclesiæ Thronus præpararetur sine fine, usque ad consumationem seculi duraturus. Deindè regionem quæ posteà *Hetruria* dicta fuit ab *Assyria* sive *Hatturia* Noëmi patria, dictam, *Latio* conterminam, introductis coloniis, inhabitavit. Verùm cum hæc in *Opere nostro, quod Latium, sive de Latini Agri Antiquitatibus*, & in altero *Opere*, quod *Iter Hetruscum, sive Hetruriæ Universalis Descriptio* inscribitur quàm amplissimè, ex *Sacris profanisque Auctoribus*, depromptis testimoniis demonstraverimus, ad ea Lectorem remittimus.

QUÆSITUM III.

Quinam fuerint primi Urbium celebriorum fundatores Imperiorumque Erectores?

Cum jam *Noëmi* per *Iapheti* filios, expeditiones descripserimus, restat, ut quinam celebres urbium, Imperiorumque fundatores fuerint, exponamus.

Nembrod mores & ingenium.

Dico itaque, *Nembrodè* filiis *Chus* sextum, primum post eversionem *Turris Babylonii* Imperii & urbis cognominis fundatorem fuisse; erat enim naturâ audax, ac magnarum rerum peragendarum ambitione plenus, postquam sibi incredibilem nominis celebritatem comparasset, præterea gigantæâ corporis mole præditus; quod Sacra Scriptura cap. 10. versu 8. his verbis innuit: *Porrò Chus filius* Cham *genuit* Nembrod, *ipse cœpit esse potens in terra, & erat robustus venator coram* Domino; ut proindè, qui sextus filiorum *Chus* fuerat, primus inter sex filios ob corporis robur, & maximam animi in rebus feliciter aggrediendis audaciam *potens in terra* nominaretur; quæ pulchrè sanè per *venatorem* significantur; Erat enim, uti *Iosephus* tradit, homo crudelis, sanguinarius cædisque hominum per potentiam, violentiamque avidissimus, & insidiosus hominum oppressor, & Tyrannus; Feras enim venando, id est, homines astu & insidiis

partim per vim cepit, suoque subjecit imperio. *Coram Domino*, intelligitur in conspectu Domini, id est, sine timore DEI, & uti apud Job habetur: *In furorem erupit coram Domino*. Et quemadmodum Divus Augustin. de eo ait: *Quid autem est venator, nisi Animalium Terrigenorum deceptor, oppressor, extinctor?* erigebat itaque cum suis populis Turrim coram Domino, per quam impia significatur superbia; quamvis *Cajetanus* & *Rabi Eliezar*, contrarium dicant, eum feras, quas capiebat, in sacrificium DEO obtulisse; Verùm cùm omnes ferè *Interpretes*, eum superbissimum Tyrannum, & oppressorem hominum, ambitiosissimum Imperii affectatorem fuisse asserant, certè vel hoc ipso ostendi potest, eum nullam cultus Divini rationem habuisse, qui potius nihil non agebat, quàm ut homines à DEO diverteret, omni Divini nominis gloriâ contemptâ, suo subjugaret imperio. *Nembrod* itaque, uti author Turris ædificandæ fuisse dicitur, ita quoque Urbis *Babylonicæ* quam Imperii sui sedem constituit, ducentis ferè annis post *Diluvium*, Fundatorem dicunt, dictumque fuisse linguâ Chaldaicâ בעל *Bel*, à profanis *Belum*, sive *Iovem* filium *Saturni*, patrem *Nini*; quæ confirmantur ab omnibus ferè *Historicis, Iosepho, Eusebio, Augustino*, aliisque; qui verò *Semiramidem Babyloniæ*, conditricem asserunt, id intelligi debet, quod magnæ Urbis molem à *Belo* cœptam, à *Nino* filio jam auctam, *Semiramis* tandem summæ magnificentiæ operibus instruxerit. Verum cum post *Semiramin* qui consecuti sunt Reges *Assyriorum*, posthabitâ *Babylone*, coluerint *Ninive*, eamque fecerint Regiam, id est, Sedem caputque Imperii *Assyriorum*, hinc accidit, *Diodoro* teste, ut *Babylon* à Regibus deserta, & insuper *Euphratis* eluvionibus, hostiumque incursionibus vastata, diu obscura & ignobilis fuerit, donec post eversam *Niniven* Rex *Nabuchodonosor Babylonem* de integro instauravit, & latissimè amplificatam

Nembrod, Belus dictus Pater Nini.

Nembrod, Saturnus.

ARCA NOE.

tam magnificentissimis operibus adornatam, *Babyloni*, uti olim, sedem Imperii, restituit. Verùm cùm hæc ex professo, & quàm fusissimè *in sequenti libro de Turris Babyloniæ erectione* simus acturi, eo Lectorem relegamus.

Ninus æditor Ninive & imperii Assyriorum.

Ninum autem filium *Nembrod*, sive *Beli*, *Niniven* ædificasse, Sacra Scriptura docet his verbis: *De Terra illa egressus est* Assur, *& ædificavit* Niniven, *& plateas civitatis & Chale; Resem quoque inter* Niniven *& Chale, hæc est Civitas magna*; Quænam verò sit illa terra, de qua egressus *Assur*, controvertitur; Dico esse Terram *Sennaar* ubi non ferentibus se *Nembrod*, & filio *Nino*, hic ambitionis œstro perculsus, uti pater ejus *Babylonem*, ita & ipse filius aliud Regnum ordiri attentans, *Niniven* ad *Euphratem* fluvium, vel ut alii volunt, ad *Tigrim*, sedem Regni *Assyriorum* ædificavit; quomodò verò *Assur* dicatur Conditor *Ninive*, cùm is non ex *Chami*, sed ex *Semi* filiis unus fuerit, undè *Assyrii*, posteà dicti sunt. *Respondeo, Assur* hoc loco non propriè sumi pro *Assur* filio *Sem*, sed pro Rege Assyrio; Dum itaque *Sacra Genesis* dicat, de Terra illa egressum *Assur*, intelligi *Ninum* Regem *Assyriorum*, qui non contentus *Regno Babylonio*, quod pater ejus *Belus* fundaverat, ad alias gentes subjugandas processit, & inter alia ejus præclara opera dico ædificatorem fuisse *Ninive* Civitatis magnæ, ab ejus nomine sic dictæ; vel si alicui hæc sententia non placeret, aliam subdo; fieri enim potuit, ut *Assur* filius *Sem*, ab impia *Chami* gente divulsus ex terra *Sennaar* in remotiorem Regionem recesserit, & ibidem fundamenta *Ninive* posuerit, posteà verò *Ninus* filius *Nembrod*, sive *Beli* eam jam ab *Assur* cœptam in tantam magnitudinem & magnificentiam erexerit, quantam tam *Sacri*, quàm *profani Scriptores*, summa legentium admiratione describunt: Quam itaque *Divina Scriptura* vocat *Niniven*, eandem *Herodotus*, *Strabo*, *Plinius* Ninum, *Diodorus*

Nineam vocat. Meritò itaque *Ninive* & hic, & apud *Jonam* prophetam appellatur civitas magna: si enim ejus magnitudinem ex prima ejus origine cum à *Nino* fuit perfecta, totius Orbis maximam civitatem fuisse reperies, ut nec ante, nec post habuerit parem; nam *Diodoro* teste, ambitus ejus erat 480 stadiorum, id est, 60000, sexaginta millia passuum, continet autem stadium *Plinio* teste, unam octavam mille passuum partem; eo quod 125 passus nostros efficit, hoc est pedes 625. quæ mensura octies sumpta efficit mille passus. Porrò altitudo murorum erat pedum centum; latitudo, quà tres currus simul incederent; turres 150, singulæ altitudinis 200 pedum. *Strabo lib.* 16. asserit *Babylone* fuisse majorem. Si verò magnitudinem ejus, prout fuit tempore *Jonæ* Prophetæ, id est, plus 1200 annis, postquam à *Nino* ædificata fuit, æstimare libet, invenies, tantam ejus fuisse intra mœnia amplitudinem, ut tota vicatim obiri & lustrari non minus triduò possit; undè apud *Jonam* dicitur civitas trium dierum, atque adeò 600000, sexcentis millibus habitatorum constitisse, *Diodorus* asserit. De situ hujus urbis variant *Authores*. *Herodotus* eam *Tigri* impositam vult, & ex *Libro Tobiæ* patet; alii verò *Euphrati* apponunt: Quicquid sit, ego puto, utrumque dici posse, eo quod tunc temporis ex triduani itineris amplitudine, quà eam describit *Sacer Textus*, in utramque & *Euphratis* & *Tigris* littus in longitudinem extensa fuerit, tunc forsan dictorum fluminum alveis non ita procul dissitis, uti illa hodie describuntur; alveis fluminum successu temporis mutatis, uti *in præcedentibus* diximus: unde *Diodorus* eam non incongruè apponit *Euphrati*, & patet ex relatione eorum, qui dicta loca quàm curiosissimè inspexerunt. Referunt enim immensa & sine fine rudera ad littus *Euphratis*, tùm extra, tùm intra terram reperiri, quam omnes Indigenæ *Ninives* rudera indubiè asserunt, hodie

Ninive urbis magnæ descriptio.

Ninive hodie Mussul dicta ad Euphratem fluvium sita.

hodiè verò *Musul* dicitur, & à *Babylone* seu *Bagadet* triduo distat, uno circiter gradu, unà ab altera, *Ptolomæo* teste, distante.

Quæsitum IV.

Quamdiù steterit Imperium Assyriorum *à Nino fundatum?*

Respondeo, cùm apud cunctos ferè *Scriptores* & *Chronologos* summa de Imperii *Assyriorum* duratione, controversia sit, & cuinam subscribere debeamus, ignoremus ; combinatis tamen Auctorum inter se sententiis, securè inferimus, non uno & eodem tempore *Niniven* fuisse totaliter destructam, sed uti Regnorum Imperiorumque revolutio varia est, ita quoque diversis temporibus, à diversis vicinis Regibus vastatam, sed iterum reparatam instauratamque fuisse, quæ unica litis inter Scriptores natæ origo fuit ; si tamen ultimam ejus ruinam unà cum Imperii abolitione penitiùs dispexerimus, certè tùm ex meliorum *Authorum* sententia, tùm ex ipsius *Sacræ Scripturæ* variis lectionibus colligimus, *Ninive*, Imperiique *Assyrii* eversionem fuisse eam, quam regnante *Ozia* minatus est *Jonas* Propheta, etsi ea ob *Ninivitorum* pœnitentiam aliquandiù fuerit dilata, quam tamen multis post annis, regnante *Ezechia*, quam futuram *Nahum* Propheta prædixerat, & *Tobias* paulò ante mortem suam, jam proximam denunciavit, quam nos circa quadragesimum *Manassis* Regis annum contigisse existimamus; atque adeò Imperium *Assyriorum à Nino*, & ab exordio Urbis *Ninive*, usque ad *Sardanapalum* ultimum Regem, ejus-

Destructio Ninive quando.

demque civitatis occasum, 1290 circiter annos stetisse reperimus, id est, 250 annos post *Diluvium*, & 142 annis ante ortum *Abrahæ*, tametsi *Diodorus* 1320 annis stetisse putet : Alii aliter sentiunt, quas tamen differentias non aliundè, quàm ab incertis temporum computationibus, quibus *Authores* Regum *Assyriorum* exordia describunt, processisse putamus. Verùm cum hæc *in sequenti Libro de Turri Babylonica* uberiùs simus prosecuturi, non ultrà hisce immorabimur.

De *Noë* meritò quispiam mirari posset, cur *Divina Scriptura* vix rei alicujus ab eo post *Diluvium* gestæ, nisi egressùs ex *Arca*, Sacrificii, & plantationis uvæ, ebrietatis, maledictionisque *Chami* propter impudentiam ejus, nullam aliam mentionem faciat, cum is tamen omnium tunc viventium hominum usque ad 350 annos Pater, Rex, Director fuerit.

Cur tam exigua mentio sit de Noë post Diluvium.

Respondeo primò, hoc Divinâ providentiâ factum esse, ne is tanquam Monarcha omnium unâ semper sede commoraretur, sed totus esset juxta præceptum Domini, in distribuendis Orbis Terræ partibus, filiis & nepotibus suis, totus in fundandis novis coloniis, atque in edocendis iis artibus & scientiis, sine quibus generis humani propagatio subsistere non posset.

Respondeo secundò. *Mosen* relictis omnibus iis, aut saltem obiter significatis, quæ à *Noë* tribusque filiis gesta erant, ad illud se argumentum explicandum subitò, quod Ecclesiam DEI, id est, Ortum *Abrahæ* Patriarcharumque gesta concerneret, se accinxisse.

Arca Noë.

Caput Ultimum.

De Morte Noë.

ANNO Mundi 2006, post *Diluvium* 350, vitæque *Noë* 950, transactis annis *Semi* 448. *Arphaxad* 348. *Cainan* 313. *Sabæ* 283. *Heber* 253. *Phaleg* 219. *Reu* 189. *Sarug* 157. *Nachor* 127. *Tharæ* 98. *Abrahæ* 57. *Nini* 10. Imperii *Assyriorum* 75. ante *Christum* 2047. Ad extremam tandem Curriculi vitæ suæ longævæ sanè, pervenit metam Magnus Patriarcha *Noë*, qui uti unicum hujus Operis argumentum fuit, ita quoque cum eo Operis colophonem imponimus.

Noë *typus est figura* Christi.

1. *Noë* datus est Mundo in salutem, tempore omnium corruptissimo, & profligatissimo. *Christus* à Patre datus, hominibus in salutem, quandò cum reliquo Terrarum Orbe in Judaica gente Pietas, Justitia, Fides, Legis Mosaicæ disciplina cum libertate defecerat.

2. In ortu *Noë Lamech* vaticinatur. *Ipse consolabitur nos ab operibus & laboribus manuum nostrarum.* In *Christi* ortu Angelus vaticinatur: *Ipse enim salvum faciet populum suum à peccatis eorum.*

3. *Noë* dicitur Requies. *Christus* Salus, quia non est requies nisi in salute, & redemptione à peccatis.

4. *Noë* fuit Mediator inter Deum & homines, tam nomine, quàm opere; nomine quia requies; Requies autem nostra verè est ipse, qui dicit: *Tollite jugum meum super vos, & invenietis requiem animabus vestris.*

5. Solus *Noë* invenitur justus, in illa gente, cui septem homines donantur propter justitiam ejus. Solus *Christus* justus est, atque perfectus, cui septem Ecclesiæ propter septemplicem spiritum illuminantem in una Ecclesia condonantur.

6. *Noë* fit peccatoribus præco justitiæ Dei, & superventuri *Diluvii*. *Christus* pœnitentiam prædicat, & terribilem judicii diem prænunciat; non resipiscentibus hominibus donec iis inopinatus supervenerit interitus.

7. Deplorat *Noë* Mortalium ruinam. *Christus* flet super Civitatem *Jerusalem*, & populum Judaicum, horribili clade periturum.

8. *Noë* quasi horizon Mundi præcedentis, & subsequentis, primum & secundum ejus ætatem inter se colligat. *Christus* Lapis angularis, qui facit utraque unum.

9. *Noë* post *Diluvium* humani generis factus est Author. *Christus*, Pater futuri seculi, Princeps pacis, & multò magis quàm *Noë* in tempore iracundiæ factus est reconciliatio, ille non nisi septem animas secum eripuit à morte; *Christus* omnes, qui voluerint à morte æterna.

10. *Noë* plantans vineam, & epoto largiùs vino inebriatur, nudatur, irridetur. *Christus* plantans Ecclesiam meritis & laboribus suis, & tanquam potens crapulatus à vino amoris sui erga homines, vel iræ furoris Domini, quo fuit potatus in Cruce, nudatur & irridetur.

11. *Noë* ex filiis unum habuit improbum in contumeliam Patris intentum, cujus maledictionem incurrit. *Christus* in Apostolis suis habuit *Judam* filium perditionis, in quem fulmen vibratur illud: *Bonum erat ei, si non natus fuisset homo ille.*

12. *Sem* & *Japhet* probrosam Patris nuditatem non aspexerunt, sed aversis vultibus pallio operuerunt, & iidem bene-

benedictionem consecuti sunt. *Sem* & *Japhet* tanquam duo populi ex circumcisione & præputio credentes, uti *Isidorus* dicit, cognitâ nuditate Patris, quà significabatur passio Salvatoris, mysterii rationem reddentes detractionem *Judæorum* operuit. *Sem* ipse est, ex quo Patriarchæ, Prophetæ, & Apostoli geniti sunt, *Japhet* autem Pater gentium est, cum ingenti enim multitudine dilatatus est populus ex gentibus, qui cum Prophetis, & Apostolis erat habitaturus. Benedictionem igitur *Christi* parentis nostri, quem Judaicus populus amisit, *Christianus* ex duobus populis conflatus accepit. Sed jam ad *Noëmi* vitam regrediemur.

Elogia Noë.

Magnus & Mirabilis; inquam, Patriarcha *Noë* fuit, quomodocunque tandem ejus vitæ tenorem consideres, multis & stupendis casibus, si quispiam ex hominibus totâ vitâ vehementer exercitus; quamvis enim subindè uberi consolationum delectamento, à DEO visitatus fuerit, multum tamen tot adversarum rerum casus, quibus ille tot annis, totque seculis jactatus est, & numero, & magnitudine præponderâsse videntur, ut proindè de eo illud Divi Pauli applicari possit: *Vas electionis est mihi ille; Ego ostendam ipsi, quanta oporteat eum pro nomine meo pati*. Si porrò bona fortunæ, quibus fruebatur, consideramus; *Noëmum* totius Mundi post *Diluvium*, hæredem ac dominum fuisse eumque in filios suos jure quodam absoluto orbem distribuisse, reperiemus, quos & *Europæ*, *Asiæ*, *Africæ*, *Indorum*, omniumque marium, fluminum, Insularumque Principes & Monarchas constituit, utpotè, solum DEUM ipsis superiorem agnoscerent; Si longitudinem vitæ, quæ apud mortales tanto in pretio habetur, attendamus, is 950 vitæ annos magnâ gestarum rerum gloriâ explevit, solo *Mathusala* & *Irad* inferior. Quis nescit, nihil gloriosius esse posse, quàm cujuspiam parentis amplam filiorum, nepotumque multitudinem, uti ex benedictione *Abrahæ* patet. *Noë* sanè præ omnibus mortalibus, imò præ ipso *Adamo* majorem progeniem, incredibilemque & prorsus prodigiosam mundi propagationem, vidisse inde patet. Quod *Noë* intra 350 annos, quibus vixit à *Diluvio*, totum Terrarum Orbem potentissimis populis, coloniisque repletum vidit; vidit & Imperiorum *Babyloniæ*, & *Assyriæ* post *Turris* erectionem; Urbes omni exceptione majores & magnificentia haud pari exstructas, *Babyloniam* & *Niniven* intuitus est. Verùm hanc felicitatem non parùm interturbavit hominum perversissimorum, tum ante, tum post *Diluvium* impietas; ante *Diluvium* quidem, ad 600 annos enormes immanium gigantum mores, Satanicam *Cainitarum* improbitatem, *Sethi* progeniem ab avita disciplina longissimè aberrantem; postquam videt filios DEI cum filiabus hominum inito conjugio, belluinis moribus in conclamatum vitiorum barathrum ruere, omnem carnem corrumpere viam suam, cunctamque humani cordis cogitationem intentam esse ad malum omni tempore, omni DEI timore excluso, paterna salutis monita spernere & subsannare, atque adeò DEUM ipsum ad Orbem per *Diluvium* ob inemendabilem hominum malitiam perdendum sollicitare; quonam sensu optimum Senem tantam hominum perversitatem deplorasse arbitramur? Sed hæc nihil comparatione eorum, per quæ tempore *Diluvii* acciderunt, fuisse videntur; quo timore, quâ mentis consternatione perculsum credemus? cum aquarum *Diluvium*, tot tantasque ædificiorum ruinas, tot camporum calamitates, cunctarumque animantium interitum, & cum nocentibus stragem parvulorum secum expendit; quæ mens, qui sensus, quis animus ejus fuit, cùm inundante terram *Diluvio*, tum Virorum, Fœminarum, Fratrum propinquo-

Noë vivens ad huc totum orbem habitatum se vidit.

Labore & dolore Noë.

Dolor Noë ex malitia hominum ante Diluvium.

Afflictio Noë ex Diluvio.

quorumque opem frustrà implorantium, jam ab undis abreptorum, modò ex undis emergentium, innatantium, & catervatim pereuntium voces & clamores planè formidabiles audiret, quantoperè eum sensisse existimabimus illud Divinæ iracundiæ incendium, ad quod extinguendum omnes cœli cataractæ aperiri, & fontes magnæ abyssi perrumpi necesse fuit.

Noë cura de alendis intra Arcam animalibus.

Arcæ verò inclusus, quantis curis & sollicitudinibus in gubernatione animalium, de cunctis, ad ea conservanda, necessariis rebus providendis oppressus fuerit? Adde horrendos annui carceris pædores, junge tenebras & caliginem pessimis impressionibus infectam, omnes denique diuturnæ navigationis ærumnas, pericula & sexcenta tristitiæ luctusque argumenta.

Post Diluvium luctuosa terræ facies.

Nec hîc destitit animi dolor, & mœstitia, dum ex *Arca* egressus, luctuosissima spectacula mox obviam invenit; dum inanem terrarum vastitatem, squalorem, lutulentamque ubique Terræ faciem, montes marinis ostreis asperatos, valles montium ruinis oppletas, ubique solitudinem, & triste silentium, rudera domorum, murorum parietinas, humanorum cadaverum strues fluctibus congestas, cæterorumque animalium olentes acervos, denique communem totius Mundi calamitatem comperit. Accessit post novam vini paulò liberiùs gustati lætitiam, novus mœror ex ebrietate, nuditate, & indignissimi filii irrisione, quæ Patri maledictionis in genus suum, & imprecandæ servitutis necessitatem extorsit, quæ in omnium penè seculorum posteritatem redundaret.

Quid illa Filiorum Nepotumque Noë in Deum pervicacia, illa superbiæ monumenta, quæ non nisi confusione linguarum castigari poterant; An non ingentem doloris intimi sensum senilis pectoris viscera commovere? dolebat is de rixis, Filiorumque dissidiis, ac ambitionis œstro, quo dominandi libidine abrepti in seipsos crudeli manu, incredibili hominum strage sæviebant. Accessit tandem hisce ultimus malorum cumulus: Apostasia à Deo, & publica servitus Idolorum, quam sub *Nini* dominio propalatam afflictissimo Seni curis, annisque confecto, præ tristitiæ magnitudine, mortem attulisse credibile est; ut proindè pro suo in Deum amoris & reverentiæ abundantiori affectu absorptus cum Matathia dicere potuerit: *Væ mihi, ut quid natus sum, videre aversionem populi mei*; & cum Jeremia: *Duo mala fecit populus meus; dereliquerunt fontem aquæ vivæ, & foderunt sibi cisternas dissipatas, quæ continere non possunt aquas; Obstupescite cœli super hoc, & portæ ejus desolamini vehementer.* Et cum Mose: *Deum, qui te genuit, dereliquisti, & oblitus es Domini creatoris tui, mutâsti gloriam tuam in Idolum, dixîsti ligno, Pater meus es tu, & lapidi, Tu me genuisti.* Ne videam Domine, ultra insaniam istam, ne ultra spectator sim execrandi stuporis, quid mihi prodest adhuc vivere? nimium jam, nimium incolatus meus prolongatus est; tolle animam meam, & pone eam juxta te, quia credo videre bona in Terra viventium. Dixit & mortuus est plenus dierum, & appositus ad Patres suos, ejus funus Filiorum Optimi religiosè curârunt, & sepulchro carmen in hanc sententiam inscripserunt.

Experversa vita Filiorum Nepotumque.

Epitaphium Noë.

VIATOR QUISQUIS ES. HIC SITUS EST PATER TUUS, MAGNUS PATRIARCHA *NOE*; VIR JUSTUS ATQUE PERFECTUS, QUI CUM *DEO* AMBULAVIT; QUANDO OMNIS CARO CORRUPERAT VIAM SUAM. HIC JUSTITIÆ PRÆCO PERITURO MUNDO CONSTITUTUS, CUM SEPTEM DOMESTICIS IN CATACLISMO, QUI RELIQUOS MORTALES PERDIDIT, CONSERVATUS FUIT, ET IN TEMPORE IRACUNDIÆ FACTUS EST RECONCILIATIO. HIC GEMINI MUNDI SPECTATOR, ET ORBIS TERRARUM HÆRES AC DOMINUS DIVINITUS CONSTITUTUS, FILIIS SUIS TERRAS OMNES MARIAQUE AB ORTU IN OCCASUM, A SEPTENTRIONE IN MERIDIEM, ET OMNEM IN PARTEM FILIORUM AC NEPOTUM COLONIAS DIMISIT, CUMQUE DC ANNOS ANTE DILUVIUM, ET AB EODEM CCCL. VIVENDO EXPLEVISSET, QUEMQUE DEUS ILLI DEDERAT VITÆ CURSUM, MULTIS MAGNISQUE CASIBUS EXERCITUM PEREGISSET, RELIGIOSEQUE IN FIDE VENTURI SALVATORIS MORIENS, FINEM VIVENDI FECIT. ANNO AB ORBE CONDITO cIɔcIɔvI. A PRIMI PARENTIS OBITU cIɔLXXVI. A MORTE LAMECHI PATRIS SUI CCCLV. MINUS V. A DILUVIO VIDIT FILIOS AC NEPOTES USQUE AD UNDECIMAM, PATRES USQUE SEXTAM GENERATIONEM. ÆTERNITATEM MEMORIÆ DIVINA ILLI MOSIS SCRIPTA CONTULERE, BEATAM IMMORTALITATEM DEUS IPSI LARGITUS EST. Ex SALIANO.

Chronologia brevis &c.

ARCA NOE. 237

ATHANASII KIRCHERI
CHRONOLOGIA

Brevis & exacta omnium Patriarcharum, ab Adamo *usque ad mortem* Noë.

	Creatio Mundi.		I.	
	Adamus nascitur Mundi ejus costa in Paradiso. Lapsus radiso. Generatio *Cain*, & *Abel*:	6 die	ex limo terræ formatus, & *Eva* ex utriusque, & profligatio ex Pa-Cain occidit *Abelem*, Gen. 1. 2. 3. 4.	

	Ordo Patriarcharum.	Anni Mundi.	Ætas seu vita.	Anni vitæ.
1	*Adam* Protoplastus oritur, à mundi die	6 die Mundi	Vixit annis	930
2	*Seth* filius *Adæ* nascitur, anno mundi	130	*Adæ* 130. vixit annos	912
3	*Enos* filius *Seth* nascitur anno mundi	235	*Adæ* 235. *Sethi* 105. vixit annis	905
4	*Cainan* filius *Enos* nascitur anno mundi	325	*Adæ* 325. *Enos* 90. vixit annis	910
5	*Malaleel* filius *Cainan* nascitur an. mundi	395	*Adæ* 395. *Cainan* 70. vixit annis	895
6	*Jared* filius *Malaleel* nascitur anno mundi	460	*Adæ* 460. *Malaleel* 65. vixit annis	962
7	*Henoch* filius *Jared* nascitur	622	*Adæ* 622. *Jared* 162. vixit annis	365
8	*Mathusalem* filius *Henoch* nascitur	687	*Adæ* 687. *Henoch* 65. vixit annis	969
9	*Lamech* filius *Mathusalem* nascitur	874	*Adæ* 874. *Mathusalem* 187. vixit annis	777
	Moritur *Adam* anno mundi	930	*Mathusalem* 243. *Lamech* 56. vixit annis	930
	Moritur *Seth* anno mundi	1042	Vixit annos	912
	Translatus *Henoch* anno mundi	987	Vixit annos	365
10	*Noë* filius *Lamech* nascitur anno mundi	1056	*Lamechi* 182. vixit annis	950
	Moritur ⎰ *Enos* anno mundi	1140	*Noë* 84. vixit annis	905
	⎱ *Cainan* anno mundi	1235	*Noë* 179. vixit annis	910
	Malaleel anno mundi	1290	*Noë* 234. vixit annis	895
	Jared anno mundi	1422	*Noë* 366. vixit annis	962
	Noë annorum 500 genuit *Sem*, *Cham*, *Japhet* anno mundi.			
11	*Sem* nascitur anno mundi	1558	*Noë* 502. vixit annis	600
12	*Japhet* nascitur anno mundi	1559	*Noë* 503.	
	Moritur *Lamech* anno mundi	1651	*Noë* 595. vixit annis	777
	Moritur *Mathusalem* anno mundi	1656	*Noë* 600. vixit annis	969
	Diluvium venit anno mundi	1657	*Noëmi* 601. 99 *Sem*.	
13	*Arphaxat Semi* filius nascitur	1658	*Noë* 602. *Semi* 101. vixit	438
14	*Sale* filius *Arphaxat* nascitur	1693	*Noë* 637. *Semi* 138. *Arphax.* 35. vix. an.	433
15	*Heber* filius *Sale* nascitur anno mundi	1723	*Noë* 667. *Semi* 165. *Arphax.* 65. vixit	464
16	*Phaleg* filius *Heber* nascitur	1757	*Noë* 701. *Semi* 199. *Arphax.* 99. vixit	239
17	*Rehu* filius *Phaleg* nascitur	1787	*Noë* 731. *Phaleg* 30. vixit annis	239
	Saruch filius *Rehu* nascitur	1819	*Noë* 763. *Rehu* 32. vixit annis	230
	Nabor filius *Saruch* nascitur	1849	*Noë* 793. *Sarug* 30. vixit annis	148
	Thare filius *Nabor* nascitur	1878	*Noë* 822. *Nachor* 29. vixit annis	205
	Abraham filius *Thare* nascitur	1948	*Noëmi* 892. *Thare* 70. vixit annis	175
	Mors *Noë*	2006	Vixit annis	950

Vixit

ARCA NOE. 239

			Annis.
	Enos	——————	84
	Cainan	——————	179
	Malaleel	——————	234
	Jared	——————	366
	Mathusalem	——————	600
	Lamech	——————	595
	Sem	——————	448
Vixit itaque Noë cum	Arphaxat	——————	348
	Sale	——————	313
	Heber	——————	283
	Phaleg	——————	249
	Rehu	——————	219
	Sarug	——————	187
	Nahor	——————	157
	Thare	——————	128
	Abraham	——————	58

Isaac filius Abrahæ nascitur anno mundi	2048	Abrahæ 100. Vixit annis ——	180
Esau & Jacob nascuntur anno mundi —	2108	Anno Isaac 60. Abrahæ 160.	
Abraham moritur anno mundi ———	2108	Vixit annis	175
Sem moritur anno mundi —— ——	2158	Vixit annis 100 & 500 post Diluvium, qui sunt filiorum Noë omnium diutissimè, usque ad progeniem filiorum Abrahæ, Isaac, Jacob, ejusque filiorum, ante ortum Joseph 81.	600
		Unde patet, quanta ab eo dicti Patriarchæ discere potuerint de statu Mundi ante Diluvium, in Diluvio, & post Diluvium; undè ponimus hunc Epilogismum.	

Sem vixit annis 600. in quibus habuit coævos	Ante Diluvium	Mathusalem proavum, cum quo vixit annis	98
		Lamechum avum, cum quo vixit annis --	93
		Noë parentem, cum quo vixit annis --	98

		Noë, quocum vixit annis —— ——	350
		Arphaxat, quocum vixit annis ——	438
		Cainan, nepotem, quocum vixit ——	360
		Sale pronepotem, quocum vixit ——	433
		Heber abnepotem, quocum vixit——	435
Sem vixit 600 annis, in quibus habuit coævos	Post Diluvium	Phaleg abnepotem, quocum vixit ——	239
		Rehu trinepotem, cum quo vixit——	239
		Sarug proavum, quocum vixit —— ——	230
		Nachor avum, quocum vixit —— ——	148
		Thare patrem Abrahæ, cum quo vixit——	205
		Abraham cum quo vixit —— ——	175
		Isaac filium Abrahæ, cum quo vixit ——	160
		Esau, Jacob temporibus obiit.	

Vir adeò eximiæ virtutis fuit *Sem*, ut multi eum cum *Melchisedech* confuderint, in cujus domo sola restitit pietas & reverentia versus DEI cultum, aliis omnibus penè in Idololatriam labentibus; supra omnes gloria & honore exaltatus ob benedictionem, quam ei *Noë* pater ex suæ in eum denudationis reverentia, ex Patriarchis post *Diluvium* vitâ omnium longævissimâ, & bonorum omnium copiâ confertâ remansit. Utrum verò *Melchisedech* idem fuerit cum *Semo*, controversum est inter *Authores*; plerique negativam tenent sententiam; & apertè ex *Sacro Genesis* Textu patet. Et nos huic sententiæ subscribimus, eò quod luculenter demonstret, *Semum* alium fuisse à *Melchisedech*, qui typus fuit *Christi* perfectissimus. Fuit *Melchisedech* Rex *Salem*, & nomen ipsum secum portat. מלכיצדך / *Rex meus justus*. Fuit Sacerdos, obtulit panem & vinum, neque principium dierum, neque finem vitæ, neque prædecessorem, neque successorem habuit, sine matre, sine patre, sine genealogia. Quæ omnia *Christo* Servatori, cujus typus & figura fuit, congruunt, & sic ostenditur. Est *Christus* Rex Regum, & Dominus dominantium; Rex *Salem*, id est, pacificus, conditor cœlestis *Jerusalem*; Sacerdos & Pontifex, Sanctus, innocens, impollutus, segregatus à peccatoribus, excelsior cœlis factus, Panem & Vinum, id est, pretiosum corpus & sanguinem æterno Patri obtulit. *Christus* non habuit neque successorem, neque prædecessorem, sine matre in cœlo, sine patre in terra. Nam & temporalis Incarnatio ineffabilis est, & æterna processio captum & facultatem, & linguam superat hominum & Angelorum. Non igitur *Melchisedech*, *Sem* fuit, sed ex gente Cananæa unus Levitici ordinis, quem *Dyonysius Areopagita* teste, ex gentibus conversum Angelorum ministerio docet, sicuti & seipsum. Idem sentit *Epiphanius*, *S. Ignatius*, qui & Virginem fuisse tradit. *Chronicum Alexandrinum* eum ex stirpe *Cham* genitum dicit, eumque à DEO è *terra Chananæa* ultra *Iordanem*, in oppidum montis *Syon* translatum fuisse; quæ Suidas confirmat hisce verbis: Melchisedec *Sacerdos* DEI, *Rex* Chananæorum. *Is Urbem condidit in monte Syon Urbem Salemque dixit, pacificam, in qua cum regnasset 113 annis, obiit vir justus, & per omnem ætatem Virgo.* Ex hisce luculenter patet, *Melchisedecum*, *Semum* dici non posse. Sed hæc de *Chronologia Patriarcharum* sufficiant.

Omnia ad Divini Nominis Gloriam & Beatissimæ Matris ejus Virginis MARIÆ honorem.

INDEX
RERUM & VERBORUM
Locupletissimus, & per omnia Ordinatus.

Ubi *a,b* paginæ Columnam *dextram, sinistram* indicat: & *c* cum numero suo Parenthesi inclusum, *e.g.* (c.1.) significat *Caput.* Aliæ literæ siquando occurrunt, evolventi ultro se prodent.

A.

Abietis & Pini *antipathia* Pag. 20, b.
Abortuum edulia 11, b. 174, b.
Abraham *quo anno post Diluvium natus* 211, b. *ubi habitârit* 201, a. *quot annis cum Noë vixerit* 228, b.
Abrahami σύγχρον. Trismegistus 218, a. 220, a. 221, b.
Absurda quorundam Stereometrica 28. 29, & seqq.
Abyssus magna *Oceanus* 129, a.
Abyssi aquarum, 129, a. *sunt Terræ Hydrophylacia,* ibid. b.
Abyssi & Cataractæ clausæ 157, b.
Accipiter 78, b. *mansuescit* 79, a.
Achadne *Regio* 226, N.
Adam *ex terra Damascena conditur* 22, a. 198, a. *quo die* 238. *ejus infusa cognitio* 5, a. *nomina imponit Animalibus* 96, b. Adæ peccatum 3, a. *ejectus, ubi habitavit* 26, a. 198, b. *in Regione* Eden 201, a. *quas artes invenit* 5, a. 11, a. *idem literarum auctor* 204 (cap. 5) a. 208, a.
Adæ *libri* 205, b. 206, b.
Adam *de Adventu* Messiæ 12, b & seq. *controversiarum arbiter* 22, a. 198, a. Adamum *cujus rei auctorem & complicem faciant Rabbini* 11, b.
Adamo *vivente perdendi Mundi occasio* 22; a. *mortuus in* M. Moria 26, b. 199, a. *qua ætate* 238. *quotò* Mathusalæ *anno* 228, b.
Adamantinus globus unde projiciendum & quando ad centrum terræ perveniret 131, b.
Adris *quid* 217, b. *dictus sic* Henoch, ib. Thoth, Saturnus 220, b.
Adulterinum supposititiumque genus hominum 7, a. 8, a. 11, a & b.
Ægyptiaci *Regni primi auctores* 212, a. Ægyptiorum *Dynastia Deorum, dein* Pharaonum 220, a & b. *Ægyptii Bovem colentes* 58, a. Ægyptiorum *annus Civilis quem respiciat* 219, a.
Æolii ab Hul 227
Aër in Oceanum quasi commutatus quando 132, b.
Aëreæ regionis mediæ, tertiæ distantia 130, a. 132, a.
Ætates omnium Patriarcharum usque ad Noë 238.
Ætates tres Terreni Globi 194, b.
Æthiopum *parens* 226, a.
Æthiopia *duplex* 203, a.
Ætholia *à* Gether 227
Africa Mauritania 226, C.
Africam olim Hispaniæ *junctam fuisse* 190, b.
Agri mox sterilis prodromi 194, b.
Agricultura doctor Noë 229, b. *Agricultura instauranda necessaria fuerunt in* Arca 110, S. 111, a. 181, a. *de Agricultura* Chamum *scripsisse* 213, b.
Alaudæ *laudes* 62, b. 93.
Alces *velox* 59, b.
Ἀλιαετος, Aquila marina 76, b.
Allegoria 77 generationum 13, b. *Allegoricus sensus* Arcæ Noë 150, b, seqq.

Allopecopithecus 69, a.
Alpes *montes* 160, a.
Altare & Sacrificium Noë 167.
Altitudo immensa Aquarum supracœlestium 131, b.
Alvei fluminum mutantur 231, b
Americæ Borealis *qui parentes* 228 (c. 9) a. Meridionalis *Montes altissimi* 132, a.
Amphibia 71-73. *intra* Arcam *fuisse conservata* 73, b.
Amphibior. monstra ad Arcam *prorumpentia* 122, b.
Amphictyon Atheniensium *Rex* 137, b.
Amphisbæna *biceps* 55, b.
Anatum *cibus & salacitas* 84, a.
Angelus ad Noë *missus* 7, a.
Angeli ἐγρήγοροι *seu* Vigiles 10, a. *ob 4 causas*, ib.
Angeli Animalium speciebus præsidentes 96, b.
Angelorum ministerium in congregatione Animalium ad Arcam 121, a & b.
Angeli mali scelerum auctores 5, b. 6, b. seqq. & 11, b.
Angelos maleficia hominibus tradidisse, de quibus intelligendum 206, a.
Angeli boni contra malos interpellantes 6, b.
Anglia Galliæ *quondam adhæsit* 188, b. Angliæ Hiberniæ & adjacentium insularum ratio sitûs olim 194, a.
Animarum ἀθανασίαν *destruentes* 103, a.
Animal: *Animalium Nomenclatura* 101. *Animalia à* Deo *sub certo numero condita* 94. 95, seqq. *Animalium quatuor genera* 48 (c.3) b. 95, b. *mutationes* 94, 95, seqq. 104, b. *Animalia Munda, Immunda* 99, a, b. 100, 101, b. *Animalium quoddam Compendium,* ib. 6. *Animalia carnivora* 107, a.
Animal perfectum quadrupes describitur 56, a. *causæ generationis* 4. ibid. Species 47, b. 56, a.
Animantium ad generandum proniores quæ 162, b.
Animalium abominabilis coitus quis 174, b. *Animalia spuria, an sterilia* 96, a.
Animalium usus 155, b. 156, a.
Animalia Arcam *Noë ingressa* 48 (c. 3) b. seqq. *non ex promiscuo specierum coitu* 67, a. *Animalium tres species præcipuo numero in* Arca 112 a, b. *Animalia quomodo ad* Arcam *congregata fuerint* 121. *ut intrarint* 121, b. seq. *Animalium stationes in* Arca 45, a, seq. *Animantium voces* Arcam *ingressarum sub initium* Cataclysmi 126, a. *Animalia ad primum* Arcæ *ingressum liberalius habentur* 119, b. *non puro miraculo in* Arca *fuisse conservata* 148, b. *Animalium in* Arca *erga* Noë *gestus* 147, b. *Animalia bruta à generatione in* Arca *non cessasse* 162, b.
Animalia Arcæ *comparata cum tot diversissimi ingenii hominibus in* Ecclesia 152, b.
Animalium ex Arca *egressus* 165, b. 166. *Animalia præceptum Domini complentia* 179, b. 183. *Animalia triplici ratione in* Insulas *pervenerunt* 196, a.
Animalia Divinæ liberalitat. specula 155, a. *quâ Justi intuentur, & moventur* 155, b. *bruta hominem venerantur* 169, b. *nec per se noxam ei inferunt,* ib.

Hh *Ani-*

INDEX RERUM,

Animalia variis coloribus procurandi ratio 75, b.
Annalium fides apud Sacerdotes, ubi 214, b.
Annona difficultas quid pariat 140, a.
Annus Civilis Ægyptiorum quot dierum 219, a.
Anni Solares, Lunares 161, a, b.
Anni vitæ omnium Patriarcharum usque ad Jacobum 229, a, b.
Ἀνομβρία seu negatio pluviæ 177, b.
Anser 82, a. saporis præstantia ubi pereat 82, b.
Anser Magellanicus 89, b.
Ἀνθρωπόμορφον de Deo 4 (c.1) a.
Antipathia Pinûs & Abietis 20 (c.2) b. quorundam Animalium 45, b.
Antiquitatum cognoscendarum cupido 186, a & b.
Antiquitatum semisepulta cadavera ubi, quæ 190, a.
Antliarum usus in Arca 45, b.
Apameæ duæ celebres Urbes 139, a.
Apenninus Mons 160, a.
Apes unde 52, b.
Apocryphi aliquot libri 206, b. 208 (c.6) b. 209, a.
Apostasia à Deo superstite Noë 235, b.
Apotelesmatica sive Amuletaria 218, a.
Apotheca in Arca 43, a. vide Horreum, Penarium.
Aqua Diluvii 15 cubitis altissimis Montibus superior 163. Aquarum Diluvii in Germ. milliaribus cubicis quantitas 135, b. Aquæ Diluvii quanto tempore duràrint 161, a, b. quo die diminui cœperint 156 (c.10) a, b. 158, a. quot cubitis quotidie decreverint 133, b.
Aquæ commeatus 111, b.
Aquæ supracœlestes non fuerunt causa Cataclysmi 131, a, b. Aquarum supracœlestium qualitas & immensa altitudo 131, b.
Aquarum subterranearum cataduρæ 189, b.
Aquarum indomiti gurgites 191, b.
Aqueum Dodecamerium 121, a.
Aquila princeps Avium 76, a. fœtidi halitûs ib. b.
Aquilæ quantilla Avis bellum moveat 94, a.
Arabiam Petræam esse Pethrusim 226, V.
Arach quæ regio 226, M.
Arachasia, V. Arai.
Arai & Arachasia Jarahh 227.
Araneæ ex Lentisco 52, a.
Ararat qui & Caucasus & Taurus 185, a. 187, b. quomodo is hodie dicatur Armenis, Persis, &c. 187, a. hîc Arca quievit 184 (c.4) a, b. & in Montanis Ararat Noë agriculturam instauravit 179. 184 (c.4) a, b. vide Mons Ararat.
Arbor vitæ quæ, & quarum virtutum 203, b. Arbores quæ ædificandæ Arcæ Noë potissimùm inservierint 20 (c.2) a. Arborum quarundam mira altitudo 20, a.
Arca Noë more humano constructa & gubernata fuit 148, b. Arcæ proportio ead. quæ Humani corporis 150, a.
Arcæ construendæ locus communis 22, 23. proprius 23, a. planities inter Libanum & Mesopotam. 25, b. causa, 26, a. Arcæ struenda principium 15, b. fabricandæ multa opera 25, a. materia & ædificandi ratio 18, 19. quæ potissimùm arbores huc fecerint 20, a, b.
Arcæ substructio 36, a. Contignationes tres 16, b, seqq. 35 (c.10) a. 46, 47. sentinæ receptaculum 36, b. 45, b. Arcæ stabula 103, 104, 105. Penaria 109. 113, b. Ornithotrophium, Cœnaculum & Cubicula 116. fenestra & ratio luminis 38, a, seqq. 40, a. 148, a, b. Ostium ubi & quantum 40, a.

41, b. 166, a. pons sublicius quo Animalia in- & egressa 40, b. Arcæ bitumen quo illita fuit 2. Arca reverà talis, non formâ Navis 18, b. 28 in Tabula. 35, 36, 38, 41. Arcæ area & cubus 34, a, b. 37, a. Arcæ totius promptus Conspectus 115, b. ad Arcam Animantium congregatio 21, seqq. Ingressus 123, b.
Arca Noë quæ Animantia admiserit, quæ non 48, a, b. 49, seqq. 94-96. 100, a. ex Quadrupedibus 56, 57, seqq. 67, a, seqq. ex Reptilibus 52, b. 55, a. 56, a. ex Volatilibus 74, a, b.
Arcæ conditio sub primam stragem Cataclysmi 126, a.
Arcæ universæ pondus si à 5 ad 30 cubitos mersa incessit 145, a. 146. Arcam 15 circiter cubitis mersam 58, b.
Arca aura recentiori ventilata 149, a.
Arca ubi & quando subsederit 158, b. 161, b. supra Montes Ararat 184 (c.4) a, b.
ex Arca Animantium egressus 165, seq.
Arca Noë comparata cum Miraculis Mundi 1. Centum Annorum Opus 1, 2. 23, a. nihil posthac in aquis simile visum, 2. spectatores ejus secutis temporibus 185, b. reliquiæ tandem in petram conversas affirmant 186, b. 187.
Arcæ fabricam, debitâ proportione, in lacu fluctuantem quis nuper exhibuerit 44, b.
Arcæ mystica significatio 149-154. typus Ecclesiæ 16, b. allegoria 151, b. lignum confertur cum ligno Crucis 151, a. trina dimensiones quid tropologice 154, b. varia ligna & animalia congruunt diversis in Ecclesia hominibus 152, a, b.
Arcanum hieromanticum Revolutionis Mundi 219, a.
Archetypon Arcæ, Noë à Deo inspiratum 23, a, b. 25, a.
Archipelagi Insulæ olim intra Continentem 191, b. 193, b.
Architectonicam quis primus tradiderit 5, a. docuit Noë 229, b. Architectonicæ regulæ, quâ materiam exstruendorum 19, a.
Architecti partes, quæ 25, a.
Archiva Phœnicum 214, b.
Ardea 80, b. stratagema pugnantis cum Falcone ibid. pennæ in pretio 81, a.
Ἀργοφόρυς 216, a.
Arietis fœcundum Signum 183 (c.3) a. arietes ferendis oneribus apti 49, b.
Aristoteles Metaphysicus unde talis 6, a.
Arma defensioni innocentium inservientia 25, b. Armorum inventum 6, a. 11, b. 174, b.
Armeni ab Aram 227. Armenorum Patriarchæ sedes 185, a. Armeniæ montium hydrophylacia quò derivata 201, b. Armenia Minor. Guz 227.
Armodillus Mexicanorum animal 69, a.
Ars Statica 159, b. Ars variegandi animalia 51, a, b. 75, b.
Artes Columnis incisæ 12, b. Artium inventores ib.
Artes & scientiæ floruisse ante Diluvium 4 (c.2) b. 5, a.
Artes improbæ Cainitarum 211, b. Artes à quibus Cham didicerit 208 (c.6) b. improbas 211, b.
Artes quas mali Angeli docuerint 6, a & b.
Artium continuatio per Noachum 229, b.
Aschenaz Germanorum conditor 224.
Asiæ mutationes per Diluvium 193, b.
Asinus ricinos gignens 52, b. patiens & parvo vivit 61, b. Asini unicornes, ubi 58, a.
Asphal-

& VERBORUM.

Asphaltici *bituminis natura* 21, a. *præstantia*, ib. b.
Aspidis *natura* 55, a.
Asson *Urbs ubi* 227.
Assur *etiam* Chaldæi, *&* Mesopotamii 227.
Assur Ninives *conditor quis ille* 231, a.
Assyria Hatturia 230, a. Assyriæ *nomine quot Regiones comprehendebantur* 212, b. 213, b.
Assyriorum *Imperii auctor* 213, a. 232, a. *duratio* 232, a, b.
Astrologia *divinatrix* 6, b. *vide* Magia.
Astrologiæ peritissimus & Naturæ Consultus Cham 213, a. *Astrologiæ doctrinæ pravæ inventor* 211, b.
Astronomiæ necessitas , & propagatio 229, b. *vide* Stellæ.

Astrorum influxus 95, a.
Ἀθανασία animarum 103, a.
Athei *notantur* 103, a. *Historiæ* Diluvii *contradicentes* 196, b. *argumento ab* Arca Noë *confunduntur* 2.
Athenienses Iones 224, a.
Atho *Mons* 131, b.
Atlantis *Insula vastissima olim* 194, a. 196, b.
Attagen *quorum pullus* 86, b.
Attica Ionia *olim dicta* 224, a, b.
Aviarium magnum in Arca 114, a. 116, E.
Avis descriptio & divisio 74, a, b. *Aves vesicâ non indigent* 74, b. *testiculos habent*, ib. *genua* ib.
Avium finis proprius nemini Mortalium cognitus 74 , a. *Avium species primigenias discernendi generalis modus* 94 , b. *specialis* 87, a.
Aves Canoræ quæ 113, b. *Aves Carnivoræ & cujus notæ* 99, b. 100. *Aves Munda, Immundæ* 99, a, b. 100, 102. *Aves aliquot peregrina* 114, a. *Aves pro diversitate climatum formam mutant* 74, a.
Aves spuriæ ex diversarum specierum commixtione, 74, a *& b*. *Tales* Arcam *non fuisse ingressas* ibid.
Aves etiam peregrinæ & spuriæ qua ratione hic in Arca 114, a. 115, a.
Aula Noë *in* Arca 46 (c.1) b. 48 (c.2) a. 113. a.
Aurâ recentiore Arcam *fuisse ventilatam* 149 (c.8) b.
Auri præstantia & discrimen 95, a.

B.

Babel, *Babylonia* 226, L. Babylon Bagadet 231 , a. Babylon *à quo & quando condita* 230, b. *aucta. dein diu obscura* ib. *Babylonici Imperii auctor* 230. Babylonici Muri 1. *Babylonica Turris* 142, b.
Bagadet, Babylon 231, a.
Barathrum vitiorum 234 , b. *vitiorum scelerum ultimum* 3 , b.
Basiliscus *Plinianus ab* Arca *rejectus* 55, a. 56, a.
Beccaciæ *aves* 114, b. 116, r.
Belus *quis* 211, b. 230, b. Beli *atavus* Chamus 211, b. Beli *plures, & qui sic dicti* 210, a.
Bellicorum instrumentorum inventio 6, a.
Berosus ,*quis , & unde Nomen* 214, a *& b*.
Bitumen Arcæ Noë *vel in vivum saxum tandem conversum* 156, b.
Bituminis & Picis differentia 20 (c.3) b. *variæ species* , 21, a.
Blasphemiâ non caret Unicornem *dicere periisse , si is unquam exstitit* 59, a.

Boa *Serpens quid bibat & quàm vasta* 55, b.
Bolitæ *sive* Obolitæ Ebal 227.
Bona ab Animalibus Humano generi 155, b. 156, a.
Bos *sive* Taurus 58, a.
Boves unicornes 58, a.
Botanologi 76, b. 95, b.
Brasiliensis Pica 89, a.
Βεγαδοχίοι *in* Arca 109, a. 115, a, b.
Bruta solo odore ad generandum concitantur 96, a. *non cessasse in* Arca *à negotio generandi* 162, b.
Bubalus *inflexis cornibus* 59, a.
Bubo, *est* Noctua 88, b.
Bufo *seu* Rubeta 65, b.

C.

Cadavera *in universâ Aquarum* Diluvii *superficie* 125, a.
Cainum *an & quomodo occiderit* Lamech 12 , b. 13, a, b. 22, a.
Cainæ stirpis soboles 8, a. 11, b. 12, a *& b*. Cainitarum *malæ artes* 211, b, *improbitas* 234. b.
Calcecutum Indiæ Orientalis 83, a.
Calpes *fretum quondam Continens* 188, b. Calpes *& Atlantis destructum conjugium* 190, b.
Calx : in calcem Montes resolvi ab ignibus 189, b.
Camelus *gibbosus* 57, b.
Camelopardalis 68, a.
Canales marium & Oceani 195 (c.2) b. *Canales subterranei è montibus* 201, b, seq. *Canales suggrundiorum in* Arca 11, b.
Canaæa 226, b.
Canariæ *& Tercerae insulæ quales* Platonis *ævo* 191, b. *Canariis Insulis* Paradisus *transfuditur* 200, b.
Canis *sagax & fidelis* 63 , a, b. *nulla animalium speciesmagis variat* 64, a. *quàm Canis & Psittacus* 88, b. Canum *&* Felium *libertas in* Arca 113, a.
Caper *libidinosus* 62, a, b. *sed* Caper *propriè Castratus,* ibid. b.
Caphthorim *an* Cappadoces 226, Z.
Capitolium , *quo olim nihil ambitiosius* 186, b.
Capitolinus Mons *planitiem ferè aquans* 190, a.
Cappadocia *an* Caphthorim 226, Z. Cappadociæ *urbs* Mosecha 224, b.
Capræ unicornes 58, a.
Caprea *seu* Capreolus 62, b.
Capricornus *inter Alpestres scopulos* 62, b.
Capronam Capræ *addere* 88, b.
Carbonum congeries in Arca 48 (c.2) b.
Carcer *ligneus* 164, 165, a. 183 (c.4) a.
Carceris annui pædores 235, a.
Carduelis, *canora* 92, b.
Carmania *cujus originis* 226, G.
Carnivora Animalia 107, a.
Caro humana Gigantum *pabulum* 173, b. 174, a.
Carnium esu ante Diluvium *quorum fuerit* 170, a. *probatur* ib. *& seqq. item* 173, a.
Carnium usus plantis potior 172, a.
Caryophyllum *in* Castaneam *degenerans* 50, a.
Castanearum *in* M. Ætna *vastitas* 20, a.
Castor *amphibium quadrupes* 72, a.
Cataclysmus *memorandus* 124.
Catadupa 178, a. Catadupa ,*subterranearum aquarum* 189, b.

Hh 2 Ca-

INDEX RERUM,

Cataractæ Cœli 129, b. *nubium ruptarum* 130, a, b.
Cattus, *quando obscœnus & terribilis* 64, b.
Catti volantes 74, a.
Caucasus *Mons* 131, b.
Caveam *ad mortem abhorrens Avis quæ* 92, a.
Caulium *Metamorphoses* 95, a.
Caussæ Reptilium & Insectorum 52, a. 53, 54. *Animalium quadrupedum* 56 (c.5) a, b. *pennigerorum* 74, a.
Cecrops Athenis *qua ætate regnaverit* 137, b.
Cedrorum *altitudo* 19, b. *species* 18 (c.2) b.
Cerastæ *vis* 55, a, b.
Cercopithecus, Simia *cum cauda* 67, a.
Cerebrum *palpitans cujus rei signum habitum* 211, a.
Cervus *velocissimus* 61, a.
Cethim *pater quorum* 225, a.
Chalcitis *Regio* 226, O.
Chaldæa *ex* Chasdim, *à* Chus 213, b.
Chaldæorum *observationes siderum antiquissimæ* 11, a. Chaldaica Lingua *quibus olim gentibus vernacula fuit* 212, b. 213, b.
Cham *artium reconditarum curiosissimus* 208 (c.5) b. *peritissimus Astrologiæ & universæ Naturæ Consulius* 213, a. *à quibus artes didicit* 208 (c.6) b. *improbus* 211, b. *sed à Mathusala quid* 218, a. *quid metallicis laminis inscriptum, clanculum in* Arca *secum vexerit* 206, a. *Magiæ post Diluvium instaurator* 210, b. *Patrem ne gigneret impotentem effecisse* ibid. Cham *ubi regnarit* 211, b, seq. Zoroastres & Trismegistus 210, a. 212, a. 219, b. 220, b. *sub nomine* Zoroastræ *quos libros scripserit* 213, b. 214. *ejus columnæ quot, quorsum & ex quo* 206, a. *Genealogia* 223, a. 225, b. *avus* Nemrodi 211, b. *ut periexit* 212, a. 213, a.
Cham, *vide* Tartar.
Chamæleonti *an quis locus in Arca* 56, b.
Chaos, *Semen Mundi*, Noë 229, b.
Chasdim *quasi* Chusdim 213, b.
Chinensium *natales* 228 (c.9) a.
Chiurcha, Indiæ Occidental. *animal* 69, a.
Chorographia Regionis Eden, *inter pagin.* 22 & 23.
Christi & Melchisedeci *comparatio* 240, a, b.
Christi & Noë *comparatio* 106, a, b. 150, b. 233, a. 150, b.
Chronologia *omnium Patriarcharum usque ad mortem* Noë 238.
Chus *filius* Cham, *secundus* Zoroastres 212, a. *dux Chaldaici Imperii* 213, b.
Chus Æthiopum *parens* 226, a.
Chus Æthiopia, *quæ duplex* 203, a.
Cibi recentis *Mundi saluberrimi* 3, a.
Ciconia φιλόπερ. & 79, b. 80. *quando & quò è* Germania *avolent* 80, b.
Cilicum *sator* 225, a.
Cimmeriæ *tenebræ* 124, b.
Cinnamomum *in* Laurum *abiens* 50, a.
Circulus *Magnus seu* Zodiacus 219, a.
Cisternæ *duæ in* Arca 106 (c.7) b.
Citharœdus *primus* 12, b. 13, a.
Citium *Urbs* Josepho 225, a.
Civitatum *condendarum auctor* Noë 229, b.
Clari *cœlestium rerum notitiâ & inventionum gloria quibus nominibus passim usi* 220, b.
Clibanus *in* Arca 48 (c.2) b.
Climata *mutare rerum species* 75, b.

Climata *mutant Vegetabilium & sensitivorum ingenia* 49, a, seqq.
Cochlearia *avis* 81, b.
Cælum *novum & Terra nova* 164.
Cœli *positus mirè variat tam Vegetabilia quam sensitiva* 49, a, seqq.
Cœli & Saturni *figmenta* 184 (c.3) a.
Colles *plerique unde constiterint* 195, a.
Coloniarum *causâ & origo* 229, a, b. *curia & sedes primaria* 224, b.
Colossus Solis *cedat* Arcæ Noë 1.
Columbæ *ad* Arcam *mox redux* 153, b, 154. Columbæ *castitas* 85, b. Columbas *variegandi ars* 75, b.
Columbaria *pro Carnivoris in* Arca 110, b.
Columnæ *duæ filiorum* Seth 205, b.
Commeatus *pro Animalibus in* Arca 46 (c.1) a. 47, b. 48. 106, 107, 108. *Tabula penariorum* 109.
Commeatus *aquæ* 111, b.
Commercium *literarum* 208 (c.5) a.
Conjugium 166, b.
Connubium *an cum malis* Angelis 6, a. 8, a. 10, b, seqq.
Continentia *in* Arca 162, b. 166, b.
Corcobado Americæ Sept. *animal* 70, a.
Cornices corvini *generis esse* 84, b.
Cornu *in rostro* 87, a.
Corporum *tria genera, Mineral. &c.* 95, a.
Corrupta *gentium nomina unde* 223, b.
Corvus 84, a. *ad* Arcam *non reversus quos signet* 153, b.
Corvi *ad* Arcam *non reversi & reversi Dubium* 160, a. *solvitur,* b.
Corvi albi 84, a. 96, a.
Cosmetices *auctor* 6, a.
Coturnix *est* Ortygometra 87, a, b.
Crabronum *nativitas* 52. b.
Crateres *aquarum in* Arca 45, b. *hydrotici* 119, b.
Crateres *montium* 202, a.
Creationis *pulcherrimus Ordo* 57, a.
Crocodilus Lacertæ *similis, amphibion* 71, a.
Crocodilus *ut nascatur, & an ad* Arcam *admittendus* 56, a.
Crystallina *fenestra* 39, a.
Cubitus 6 palmorum 30, a. Cubiti 6 & 9 *pedum falsi* 28, a. 31, a. seq. *cum Passu geometrico commixti* 28, b. 30.
Cubus, *soliditas corporis* 144, b. Cubus *quorundam ab omni ratione abhorrens* 29, a. 31, b. seq.
Cuculi *receptaculum in* Arca 114, b.
Culina *in* Arca Noë 48 (c.2) b. 112, a. 116, L. 113, b.
Cultus Divini publici *prima rudimenta* 207, b.
Cuniculus *naturâ differt à* Lepore 65, a.
Cygnus 81, b. *antipathia cum* Aquila 82, a.
Cypri *incolæ an aliquando* Cithim *dicti* 225, a.

D.

Dæmones *an se hominibus commiscuerint* 6, a, 11, a. *Incubi & Succubi* 11, b. & 174, b.
Dæmones *hominum operibus sese miscentes* 11, b. *quid studeant & qua occasione utantur* ibid.
Damascus Syriæ 226, b. Damascenus *ager materia creati Hominis* 22. a. 198. a. *locus exstructæ* Arcæ Noë 23 (c.4) b.
Decempeda *sive* Pertica 30, a.
Demonstratio Hydrostatica 143.
Διιδρωκολακτης 90, a. 143.
Descr-

& VERBORUM.

Desertum aëreæ regionis 130, b.
Deucalionium Diluvium 125, b. *ubi & quo anno Mundi acciderit* 137, a. 138, a.
Deucalion *est* Noë 138, seqq.
DEUS *neque irascitur neque dolore afficitur, sed quid* 4 (c.1) a & b.
DEUS *Architectus* 2. *subdelegato* Noë 16, a.
DEUS *more humano construi & administrari voluit* Arcam 106, a. 148, b. DEI *providentia & inscrutabilia judicia in ordinanda* Arca Noë 16, a & b. 24, a. 35, b, seq. *consilium & bonitas in eadem exstruenda* 2.
DEI *magnum promissum* 168, b.
DEI *proprium misereri semper & parcere* 120, a. *sed & vindex oculus* 7, a & b. 11, a.
Deorum Dynastia apud Ægyptios 220, a.
Dianæ Ephesinæ *Templum subducat sese fabricæ* Arcæ Noë 1.
Dichas 2 *palmorum* 30, a.
Dierum septem spatium 120, a.
Digiti in transversum mensura 30, a.
Dimensionum in corpore humano quæ proportio 33, a.
Diluvii *alicujus triplex causa naturalis* 128, a, b.
Diluvium Deucalionis 125, b. 137, a. Ogygium 137, a.
Diluvium *universale: Status rerum* 100 *annis ante* Diluvium 3, 4 & seqq. *ad* Diluvium *quinam* DEUM *impulerint* 12, b. Diluvii *causarum series* 27, a. 28. *occasio, profanæ nuptiæ* 22, a.
Diluvii *initio quales homines reperiebantur* 124, a.
Diluvium *quo Anno M. acciderit* 3, a. 12, a. *quo anno* 127, b. *Verno tempore* 163, a.
Diluvium *non contigisse Aquarum supra-cœlestium descensu* 131, a, b.
Diluvii *incrementum* 158, a & b. *altitudo* 40000 *cubitorum* 133, b.
Diluvii *turbines* 120, a. *strages* 124, a.
Diluvii *decrementum quo die cœperit* 156 (c. 10) a, b. 158, a & b. *qua proportione Aqua decreverint* 131, b. Diluvii *calculus & Diarium* 161, b.
Diluvii *aquas siccans Spiritus quis* 157, a, b.
Diluvii *memoria apud Scriptores Gentiles* 136, seqq.
Διϊερφα, τελιερφα, 47, a.
Dipsadis descriptio 55, b.
Disciplinæ bene vivendi auctores 216, a. 217, b.
Divinitatis character in Homine 169, b.
Divini cultus publici quis primus fundamenta jecerit 207, b.
Δοχμη, δακτυλοδοχμη 30, a.
Dodecamorium aqueum 131, a.
Dodona Epiri *Urbs à quibus condita* 225, b.
Dolia aquis plena in Arca 109, b. 111, b.
Domus diversæ naturæ lignis struitur 19, a.
Domus fabricandæ modum Noë *posteris tradidit* 229, b.
Dorum, didorum, inter mensuras 31, b.
Dracones volatiles unde generentur 76, b.

E.

Ebrietatis *non enarrabilia mala* 182, b, seq.
Ecclesiæ *&* Arcæ *collatio* 151, b. *Ecclesiæ tres protostatæ usque ad Jacobum Patriar.* 228. b. 229.
Eden *quid nomen* 197, b. Eden *Regio* 22, b. *communis patria Patriarcharum* ibid.
Edessa *Urbs ubi sita* 226, M.
Εγρηγορει, *i. e.* Vigiles, *Angeli* 5, b, seq. & 9, 10, seqq.

Elamitæ, Persæ 227.
Elementorum μιξις 95, a.
Elephas *quadrupedum maximus* 104, a. Elephantis *moles* 57, a. Elephantis *& Rhinocerotis antipathia* 45, b.
Elias *ubi, Quæstio* 162, a. 199, b, seqq.
ab Elisa Æoles 225, a.
Empyreum *Cœlum & Mundus* 204 (c.4) b.
Enacim *Gigantes* 226, a.
Enochi *scripta* 206, b. *de his* Tertulliani *judicium* ib. *citat* Judas *Apostolus* 10, b. 207, a. *contenta* 5, a. 207, a, b. *Vide* Henoch, Libri.
Epicurei 103, a, b.
Epitaphium Noë 236.
Equicervus *sive* Hippelaphus 68, b.
Equus *generosus* 59, b. *qua Insecta generet* 52, b.
Equus *naturali colore variegandi ratio* 75, b.
Ερμης, Mercurius, *unde* 216, b.
Erucæ 114, b. 116, V.
Europæ *mutationes per* Diluvium 194, a.
Europæ *vel tres conditores* 225, b.
Experimentum *discernendi Aves spurias à speciem servantibus* 87, a. Experimentorum *in Physicis ratio & difficultas* 53, a, b.

F.

Fabæ Gurguliones *generant* 52, a.
Faber *primus* 13, a. *etiam armorum* 25, b.
Fabri Arcæ Noæ 25, a.
Fabricæ *tres celeberrimæ in SS. Literis, quæ* 1.
Fabricarum *monumenta fide humanâ superiora* 222, b.
Fabrilis *artis continuatio tradente* Noacho 229, a, b.
Fabulæ 8 (c.2) b. *de proceritate Gigantum* 8, a. seqq.
Fabulis *utentes* 97, b.
Fames *ad quæ impellat* 140, a.
Felis *sive* Cattus *superfœtans* 64, b.
Felium *conditio in* Arca 113, b.
Fenestræ in Arca *quot, quales & ubi* 148, a, b. Fenestra *in superiore* Arcæ *contignatione* 112, b. seq.
Fenestræ *ex* Phengite, Selenite, &c. 39, a.
Ferramenta *ad Agricultur. pertinentia in* Arca 111, a.
Fibra *terrestris substantiæ Aquas continens* 129, a.
Ficedula 93, a.
Filii DEI, *filii hominum* 8, a. 12, a & b.
Finis Avium *proprius nemini cognitus* 74, a.
Firmamenti *motus* 219, a.
Flumina *& lacus terras deficientes* 189, a.
Fluminum *alveorum incunabula deserentia* 192, a.
Fluminum *mutati alvei* 231, b.
Fluminum 4 Paradisi *ratio* 201, a & b. 202.
Fœcundæ *mulieres Antediluvianæ* 3, a.
Fœminei *sexus ars fucandi, unde* 6, a.
Fons 4 *fluminum* Paradisi 201. b. Fontes Abyssi M. & Cattaractæ Cœli 129. Fontium Hydrophylacia *intra Montes* 128, a.
Fretum *ubi olim Isthmus* 190, b.
Fringilla *suavis cantu* 93, b.
Fucandi *artis auctor* 6, a.
Fulica Turdo *congener* 90, b.

G.

Gabriclis *Angeli expeditio ad Antediluvianos* 7, b.
Galatia, Gallogræcia, Gallia 224, a.
Galgulus *sive* Icterus 90, a.
Gallina Numidica 86, b. *vera* Meleagris, ibid.
Gallinæ *pulchrè variegatæ, qua arte* 75, b.
Gallinago, *mixti generis* 86, a.

Gallo—

INDEX RERUM,

Gallo-pavo *seu* Gallus Indicus 83, a.
Gallus *&* Gallina 83. Gallus Indicus 83, a. Pavoni *simillimus* ib. Gallorum *gradus sub una specie quàm diversissimi* 85, a, b, 86.
Gallus Gomerus 224, a.
Gargara *Urbs ubi* 227.
Genealogia Chami 225, b. *filiorum* DEI *& filior. hominum* 12, a, seqq. Japhet 223 (c.9) a. Nemrodi 211, b. Sem 227.
Generatio quorum duplex, ex Putri spermatico, & Conjunctione 53, b, seq. *Generationis Animalium caussa* 56, a, b. *Generationis caussa συμ-παρκλυξὶ Odor in Brutis* 96, a. *Generationi studere quando inconveniens* 167 (c.1.) a. *Generationum* 77 Lamechi, *Allegoria* 13, 6.
Gentium transmigrationes 187.
Geocosmi status post Diluvium 192, seqq.
Georgia *sive* Iberia 185, a.
Germanorum *origo* 224, b. 225, a.
Getarum *origo* 224, a.
Γιγαντομαχία 142, b.
Gigantes non à Cacangelis, sed unde 7, b. 8, a. 10, b. 11, a. *qua in re propriè consistit Gigantea natura* 8, b. 12, b. *cujus statura fuerint* 8, b. seqq.
Gigantum regia ubi sita fuerit 8, b. 11, b. 22, a. *& in* Tabula: *it.* 174, b. *enormia flagitia* 11, a *& b. mensa* 174, a. 173, a. *carnibus Humanis gravata* 6, b. 11, b.
Gigantes *insidiantur vitæ* Noë 15, a. 25, b.
Gigantes *circa Fretum* Magellanicum 89, b.
Glis *magnitudine* Felis 66, a, b.
Globi Terraquei *ratio quà ambitum, diametrum, &c.* 134.
Goliathi *Gigantis statura vera ratio* 32, b.
Gomerus Gallus 224, a. Gomeri *ejusdem nominis filius* 225, a.
Gopher גפר *quam latè pateat in lignis* 18 (c. 2) b. 19, a.
Gordiæi Montes *qui* 159, b.
Graculus *ex* Cornicum *genere* 84, b.
Græcia *an* Cethim 225, a. *in* Græciam *pervenit* Noë 229, b.
Græci *à* Javan 224, a. *primæva nomina gentium corruperunt* 223, b.
Grando *quid* 132, a. Grando *inter caussas mutandæ terræ faciei* 192, a. 194, b.
Gronlandia *noviter à* Danis *detecta* 58, b. *ibi ingentes Pisces cum rostris* ibid.
Grus 79, a. *quo consilio ordo* Gruum *in volando nitatur* ibid.
Gryphofalcones 114, a. 116, F.
Gryps 77, b. *de Veterum dubitatur* ibid.
Gula *& luxuries primævorum hominum* 182, a.
Gummi *inter Vegetabilia* 20 (c.3) b.

H.

Habitaculorum in Arca *distributio* 45.
Hæmorrhois *Serpens* 55, b.
Haresin Prodici *secuti quid gloriari soliti* 215, b.
Heretici *quid de* Arca Noë 2. 28, a, b. 29. 31, b. Gnostici 31, b, 32. Sethiani 209, a.
Halcyon, Halcyonia 92, a, b.
Harpyiæ 114, a.
Hatturia Assyria 230, a.
Havilah, Chavilah *potiùs*, Susiana Persidis *pars* 202, b.

Haustus *Metempsychoseos* 175, a.
Hebræis *annos & menses Lunares usitatos esse* 161, b.
Hebraica *lectio* 3, b.
Hebraica *fabulæ* 8 (c.2) b. *Vide* Rabbini.
Hellæi *stirpis* Enacim 226, a.
Henoch *alio nomine* Adris 217, a. *is* Hermes, b. *literarum inventor* 217, a. Trismegistus 218, a. 219, b. Henochi *cultus & religio erga* DEUM 207, b. *de* Henochi *Fragmento judicium* 10, b. *& plenius* 11, a. Henoch *tot hic annos vixit, quot dies anni*, 219, a. *hinc quid commenti*, ibid. Henoch *ubi, Quæstio* 162, a. 199. b, seq. *adde* Enoch, *Libri*.
Herculeum Fretum, Calpe 188, b.
Hermes Trismegistus 216, b. *nomen unde* 216, b. 218, b. 219, b. *duo fuerunt* 217, a. 219, a. 221, a, b. *primus* Henoch *seu* Idris *vel* Adris 217, a, b. 218, b. 219, b. seqq. *& hujus personam assumens* Zoroaster Chamus 219, b. *alter ex, nepotibus* Chami 219, b. 220. Abrahami *circiter tempore* 220, a. 221, b. *Vir sapiens, Scriba & Consiliarius* Osiridis 216, b. 218, a. 219, b. 221, b. *hujus Scripta* 221. b. 222.
Hermes *aliquis*, Melchisedech 217, b.
Hesperidum *Horti* 200, b.
Hesron, *locus, terra-motu quid ad Arcam spectans detexerit* 26, a.
Hetruria *sic ab* Hatturia *sive* Assyria 230, a. *eam* Noë *inhabitavit* ibid.
Hevila *Regio ubi* 227.
Hippardus *spurium animal* 68, b.
Hippopotamus, *amphibion quadrupes* 71, b.
Hyrcania *an* Hadora 227.
Hirco-cervus *sive* Tragelaphus 68, a.
Hircus *mas* Capræ 62, b.
Hirundo 92, a. *hyematio* ib.
Hispanorum *colonia unde* 224, b.
Hœdus 62. b.
Homicidii *vitandi præsidium* 175, b.
Homo: Hominis Corpus proportionum & mensurarum scaturigo 33, a. *trinarum in eo dimensionum quæ ratio*, ib. b. *Hominis statura sexta pars* Pes 31, b. *Homini impressum Divinitatis characterem bruta venerantur* 169, b.
Homo unde ad peccandum proclivis 169, a. *Hominis in hominem imperium unde, & quale illud ex hoc fonte esse conveniat* 169, b. *Hominis infesti hospites, qui, cujus nominis* 52, b. *Hominum commercium per literas* 208 (c.5) a.
Hominum ingenia ut varient pro diversa cœli positione 49, a. 50, a. *Homines in infinitum se multiplicantes ante* Diluvium 4 (c.2) b. *an quidam ex Spiritibus & carne nati* 7, b. *Hominum ingenium, victus, fœcunditas, statura & malitia ante* Diluv. 3, a *& b.
Hominum habitationes in Arca 116, b.
Horrea *in* Arca 46, a. 47, b.
Humani corporis & Arcæ dimensionum proportio 150, a. *Humanis carnibus* Gigantes *pasti* 174, b.
Humor Avium superfluus quo à natura destinat. 74, b.
Hydrophylacia *in* Arca 45, b. *intra Montium recessus* 128, b. 129. Armeniæ *Montium quorsum derivata* 201, b.
Hydrostatica demonstratio ponderis Arcæ 143.
Hypotyposis consternatorum hominum ingruente Diluvio 124, b.
Hystrix *seu* Porcus aculeatus 66, b.

Jacob

& VERBORUM.

I.

Jacob *quot annis cum* Sem *vixerit* 228, b.
Japetus *Cœlo Terrâque natus* 223 (c.9) b.
Japheti *Genealogia* 223 (c.9) a. 224, a. *progeniei transmigratio,* ib. & seqq.
Japoniæ *natales* 228 (c.9) a.
Javan Ionum *parens* 224, a.
Iberi, Georgiani *hodie, cujus originis* 227.
Iberia *sive* Georgia 185, a.
Iberia, *seu* Hesperia, *Hispania* 224, a.
Ibex *species* Capri 62, a.
Ibides *in quo receptaculo* Arcæ 114, b.
Icterus *sive* Galgulus 90, a.
Idololatra *de victima* sanguine *libabant* 175, b.
Idololatria *toto Mundo grassata* 11, b.
Idololatriæ *porta ante Diluvium* 173, b. *ædes* 174, b. *duces qui, quando* 206, a.
Idololatria *post Diluvium instaurator* Chamus 210, b. 213, a. *Idolorum publica servitus superstite* Noë 235, b.
Idola *venerea* 3, b. & 4, a.
Idris *vel* Adris 219, a, b.
Ignis *cultus primum* Chamum *docuisse* 210, b. 212, a. 213, a. *Ignis subterraneus Montes resolvit* 189, b. Ignes *fœti* 163.
Imaginativa *vis* 95, b. 96. *in Equis, Ovibus, Volucribus* 51, a. 75, b.
Imai *Montis accolæ* Abimaël 227.
Imber *continuatus* 128. a. *Imbrium triennalium defectu qua mala* 177, b. *per Imbres, Nives, &c. Montes terrena cute nudari* 194, b. *junge* Pluvia.
Immania *scelera hominum ante* Diluvium 173, b. 174, b.
Imperii Babylonici *auctor* 230, b. Assyriorum 232, a.
Impietas *hominum ante* Diluvium 3, b.
Impii *per Arcam Noë ad pœnitentiam vocantur* 2.
Incestus Antediluvianorum 174, b.
Incubi *&* Succubi *dæmones* 11, b.
India Or. Ophir *&* Hevila 227.
Indiarum *Vegetabilia & Sensitiva quantum varient ab Europæis* 49, b.
Indica Pica 89, a.
Indici Passeres 87, b.
Infamis *vita, quorum* 11, a.
Infæcunditatis *periculum regioni imminere unde* 194, b.
Ingenium, *& constantia in exequendo* 222, a.
Insectorum *ortus & species* 51, a. b. seq. 52, b. *an* 30, *an innumerabiles species* 56, b. *coitu imperfectus, & quis ille* 54, a. *Insecta ex seminiis rerum in putri materia nasci* 53, a & b. 54, a. 56, a. *Insectorum usus* 54, b.
Insula *absorpta* 188, a. 189, a. *Insularum in Chersonesos trajectio* 190, b. *Insularum in Continentem mutationes, & vice versa* 189, a. 190, b. 191, a, b. 193, b, seqq. Insulæ *gentium quæ, & quam late sumatur* 225, b.
Interpres Osiridis *quis fuit* 219, b.
Ionia *à* Noë *dicta* 229, b.
Josephi *Patriarchæ* τύγχανοι 221, a.
Iris *quid* 173, a. *etiam ante* Diluvium *visa,* ib. *Iridis Signum post* Diluvium 176-178.
Isis *à quo edolta* 217, a.
Isthmus, *tenuior transitus* 188, b. Isthmi *Pontes quidam sunt* 190, b. *pilæ à Mari paulatim eroduntur* 190, b. Isthmos *in* Peninsulas *abire* 195, a.

Italia Kittim 229, b. Italicæ Nationis *auctor* 225, a, b, *bis.*
Jumentorum *provisio in* Arca 111, a.
Jupiter Nemrod 230, b. *Jovis* Olympii *Statua* 1.
Justitiæ Divinæ *horrendum Spectaculum* 125, a.
Justi *erga Animalia benignos se exhibent* 155, b.

K.

Kain, *vide* C.
Kittim *Italia* 229, b. *Romani* 225, a.

L.

Lacerta *quadrupes* 55, a. *num in* Arcam *admissa* 54, a. 56, a. *Lacertarum ortus* 54, a.
Lacus, *ubi terra pinguis fuerat* 189, a. 191, b.
Lamech *an & qua occasione* Cainum *occiderit* 12, b. 13, a, b. *quem præterea* ib. 22, a. *quot filios habuerit* 13, b. *Pater* Noë *& Propheticus spiritus* 14, b.
Laniger*æ quasi* Gallinæ *ubi* 84, a. Λαδο, λαῶς, λᾶς 142, a.
Lapidum *pretiosorum discrimen* 95, a. *de Lapidibus pretiosis* Chamum *sub nomine* Zoroastris *scripsisse* 213, b.
Laterculorum *usus in scribendo* 11, a.
Latium *à* Noë *habitatum* 229, b.
Lentiscus *pater* Arancarum 52, a.
Leo *ferox & ampli pectoris* 60, b.
Leocrocuta, *ex* Leone *&* Hyæna 70, a.
Leopardus 68. b.
Lex Naturæ, *vide* Naturæ L. Lex positiva 11, b.
Leges *humanæ societati conservandæ* Sal 218, b.
Lepus *fœcundissimus* 64, b. *caro an improbi succi* 65, a
Libidinis *enorme peccatum* 11, a.
Libri *ante* Diluvium *scripti* 204, seqq. *ante* Mosen 209, a. Chami *sub nomine* Zoroastris 213, b. 214.
Libri Henoch *quid continuerint* 5, a. *Fragmentum apocryphum refertur,* ib, b. *&* 6, seqq. Libri *vel potius thesauri cui, quales* 213, b.
Lignationis *ratio in* Arca 48 (c.2) b.
Lignorum *diversus usus in fabricis* 19, a. seqq.
Limum *accumulatum tandem in petram durescere* 194, b, seqq.
Literarum *auctorem* Adamum *esse* 4, a. 204 (c.5) a. 208, a. Henochum 217, a. *Literarum commercium* 208 (c.5) a. *Literas habuerunt* Ægyptii *ante* Moysen 222, a.
Loculi *cibarii in* Arca 119, a, b.
Longævi *post* Diluvium 222, a.
Ludim *qui populi* 226, P.
Lumbrici *unde nascantur* 52, a.
Luminis *intra* Arcam *ratio* 148, a, b.
Lupus *insatiabilis* 62, a. *non sustentatur palæis* 107, b, *ejus diurnum in* Arca 108, a.
Lusciniæ *moduli* 92, b.
Lutra *amphibion quadrupes* 72, a.
Luxuria *peccatum* 11, a. *Luxus hominum ante* Diluvium 3, b.
Lybia *in* Africa *nuncupata à* Lehabim 226, S.
Lybies Ægypti *sunt* Ludim 226, P.
Lydi *à* Lud 227.

M.

Macedonia Cethim 225, a.
Macherarum *inventor* 6. a.
Madai Medorum *conditor* 224, a.
Magellanicus *Anser* 89, b. Magell. *Gigas,* ibid.
Magia: Magiam *quis primus homines docuit* 6, a. Magiæ *veræ inventor* 209, b. *veræ primus corruptor* ib. *unde detorta & per quos* 206, a. Magicæ *artes ante* Diluvium 174, a.

Magiam

INDEX RERUM,

Magiam quis post Diluvium *propagaverit*, *vide* Cham. *Magica in arte præstantes qui Viri* 212, b.
Magistratus 169, b.
à Magog *Getæ, Sarmatæ* 224, a.
Magus, *Sapiens* 212, a.
Magorum oracula, *cui* 213, b.
Malitia hominum summa ante Diluvium 3, b. 11, b.
Malitiam Antediluvianorum majorem fuisse quàm hodie ex naturali causa adstruitur 11, b.
Mansionum & stabulorum distributio in Arca 45, 46, 47.
Manucodiatæ 114, b. 116, Y.
Mare impetuosâ tyrannide fluxus quid non efficiat 190, b.
Mare Hyrcanum *sive* Caspium 185, a. *hydrophylacium* ibid.
Mare quasi exsiccatum quando, quomodo 130. b. *Mare ante* Diluvium *ubi nunc terra* 4 (c.2) a. *Marium omnium inter se & cum Oceano commercium* 195 (c.2) a.
Massagetarum *origo* 224, a.
Mathematica Adamus *docuit* 5, a. *Mathematicarum artium leges ab* Henocho 217, b. *Mathematicor. calculus quoad Aëream mediam regionem* 132, a.
Mathusalem *quot annis cum* Adamo *versatus sit* 228, b. *cum* Noacho 228, a. *ipso anno Diluvii mortuus* 119, b.
Mauritania *à* Phut *Phutæa* 226, C.
Mecha *ad quod litus sita* 226, X.
Medorum *pater* Madai 224, a.
Melchisedech, *aliquis* Hermes 217, b.
Melchisedeci *&* Christi *comparatio* 240, a *& b*.
Meleagris *est Gallina* Numidica 86, b.
Memoria Diluvii *apud Ethnicos* 136, seqq.
Memphis *pyra midibus clara* 1.
Mensis Solaris 156, b.
Mensuræ ad perfecti Viri membra & staturam comparatæ 29, b. 32, b. Mensurarum *omnium ratio ab Hordei grano usque ad Milliare* 30, a.
Mercurius *&* Zoroasterid. 220, b. Mercurii *tres* 216. a, *varia nomina*, ibid. b. *merita*, ib. a *& b*.
Mercurius Trismegistus 164 (c.3) b. *vide* Hermes Trismegist.
Mergorum *receptaculum in Arca* 114, b.
Merops 90, a.
Merulæ *ingenium & cantus* 91, a, b.
Mesopotamia *locus Paradisi* 26, b. 199, a. *& pressus* 199, b. 203. Mesopotamiæ *amænitas* 198, b.
Messias : *de ejus Adventu* Adam 13, b , seq. *personam expressit* Noë 13, a.
Meta, Theometha Elmodad 227.
Metallici luxus in auro & argento auctor 6, a.
Metamorphosis ab arte 75, b.
Μεταμόρφωσις Picæ 89, b.
Metamorphoses variæ Terreni Globi 187, 188. seqq. *maxime per* Diluvium *universale* 192, seqq.
Metamorphoses rerum sub alio cœlo 95, a, seqq. *Vegetabilium & Sensitivorum, prout maxime variat Zona* 49, a. 75, b. 76.
Metaphysica Aristotelis *unde deprompta* 218, a.
Metasthenes *quis* 212, b, seq.
Metempsychoseos rudimenta & vera origo 219, a. 121, b. *quale vehiculum aut artificium* 173, a.
Meteorologi 130, a. 132, a.
Μιαιφονίαι *impuræ nuptiæ* 10, b. 11, a.
Michaëlis *Angeli expeditio ad Antediluvianos* 7, b.
Microscopii experimenta 52, b.

Mille *Passus* 231, b.
Milliare German. 30, a. 134. Italicum ib. *&* 231, b.
Mineralium ratio 95, a. *Mineralibus accensetur Bitumen* 20 (c.3) b.
Miracula Mundi sileant præ fabricâ Arcæ Noëmicæ 1. *Miraculorum refugium* 181, a.
Misia Thraciæ *à* Mes 227.
Mitsraim *filius* Cham *ubi regnarit* 212, a. Misraim Ægyptus 226, B.
Mole trusatiles in Arca 48 (c.2) b. 110, X.
Monarchæ *filii* Noë 234, a.
Monasterium Nachsevan *ad radices Montis* Ararat 161, a.
Monedula *ex Cornicum genere* 84, b.
Monoceros *sive* Unicornis 58, a, b. *an* Plinianus *&* Scaligeri *unquam exstiterit* ibid.
Mons altissimus 10 *milliarium* German. 134, b. *eum* 15 *cubitis ab Aquis* Diluvii *superatum* 134, 135. *Montium in* Diluvio *denudationis Dubium* 158, b. *solvitur* 159.
Mons Apenninus 160, a. *Mons* Ararat 158, b. *in quo requievit* Arca 184 (c.4) a. *& œconomia humani generis instaurata* 179. 184 (c.4) a , b. *non est altissimus* 159, a. *ejus dorsum* 160, a. *Mons* Atho 131, b. Circejus 190, b. *olim insula,* ib. Imaus 227. Moriæ *sive* Calvariæ 26, b. Strongylus 189, b. Vesuvius 189, b.
Montes Alpium 160, b. Americæ *toto Orbe altissimi* 132, a. Paranamisidos 160, a. Pyrenæi ibid. b. Riphæi 225, b.
Montes minores post Diluvium *exstitisse & unde* 4 (c.2) a. *montes ex conchyliis coagmentati,* ibid. b. *montium Crateres* 202, a. *occulti canales* 129, b. *hydrophylacia* 128, b. seq. *montium altissimorum catenâ Globus Terrenus continetur* 4, a. 192, b. 195, a. *montium à* Diluvio *habitatio* 179, b.
Montes marini ostreis asperati 235, a. *montium, ruinis oppletæ valles* ibid. *montium scelecta & ossa detracto pingui* 192, a, b, 193. *montes terrenâ cuti per Imbres, Grandines, &c. nudari* 194, b. *montes terrâ hausti* 188, b. 189, a *& b*. *montium cacumina exeduntur, consumuntur* 189, b. 190, b. *montium vestigia* ibid. a.
Montium multitudinem terræ infœcunditatem minari 194, b. *junge* Collis.
Monstra in Volucribus & unde 51, a.
Monstrosæ Picæ 89, b.
Monumenta fabricar. fide humanâ superiora 222, b.
Moriæ *Mons* Calvariæ, Adami *&* Christi *morte illustris* 26, b.
Moscoviæ *situs* 224, b. *gentis origo,* ibid.
Mosecha *Cappadociæ urbs* 224, b.
Mosis *Tabernaculum inter tres celebres fabricas in* S. Literis 1. Mosen *annos & menses Lunares sequi* 161, a. Moyse *antiquior* Ægyptiorum Trismegistus 220, b. 222, a.
Motacilla 94, a.
Motus accelerationis 131 (c.4) b. 133, b.
Mulieres an à malis Angelis *contaminatæ* 6, a. 8, a. 11, a, b. *mulierum fœcunditas ante* Diluvium 3, a.
Multiplicatio Animalium à Diluvio 183, a, b. 160 (c.1) a, b.
Multitudo hominum quid pariat 40, a.
Mulus 61, a. 67, 68. *sterilis* 96, a.
Mundus : *mundi status à* 100 *annis ante* Diluvium 3, a *& b*. *&* 4, 5. *&* 6, a *& b*. *mundus reparatus* 164. *mundi prioris facie abolitâ* 165, a.

Mundus

& VERBORUM.

Mundus Terrestris post Diluvium *multis partibus immutatus* 4 (c.2) a & b. *Mundi Revolutionis dogma unde prodit* 219, a.
Muri Babylonici Semiramidis, 1. Ninives 231, b.
Mus: Murium *duplex ortus* 53, b. seq. Mures *nullum jus ad* Arcam *habuisse* 53, b. 54, a. *sed sumsisse*, ibid.
Muscarum *origo* 52, a & b. *afflictus* 54, a.
Musica Cygnea 82, a.
Musicam quis primus docuerit 5, a. 229, b.
Mustela *audacissima & bellicosa* 65, b.
Mutul *hodie* Ninive 231, a.
Mutationes rerum 188, a. *cujus nos moneant* 188, b. 192, a. *Mutationes rerum spatio* 2000 *annorum* 186, b.
Μυδρός, Persarum *quis, quid* 212, a.
Mysticus sensus Literalem demum sequitur 198, a.
Mythologi 142, b.

N.

Nachor *cujus artis non ignarus fuit* 212, b.
Nachsevan *Monasterium* 161, a. 185, a, b. 186, a. *ubi, cujus sedes*, ibid. a.
Natura in perpetua rerum vicissitudine 54, b.
Natura triplex gradus 95, a. *lucta inter primordia* Cataclysmi 126, a.
Natura Lex ante Diluvium 3, a. *spreta & calcata* ibid. b. *Natura repugnat vivum animal comedere* 175, b.
Naturae quoddam scelus 189, a. *violentia* 195, a.
Navigationis diuturna ærumna 235, a.
Navis cum Arca Noë *nihil habet simile* 18 (c.1) b. *Navium & Triremium exstruendarum materia qua totum & partes* 20 (c.2) b.
Nemrod 230, a, b. *gigas* 211, b. Bel & Jupiter 230, b. Turris Babylon. *auctor*, ibid. b.
Nemrodi *Genealogia* 211, b.
Neptunus & Rhea *dominium permutantes* 191, b, seq.
Nidi volucrum in Arca 116, a. *Nidorum in* Arca *distributio* 45, 46, a. b. Nidi *corporis humani* 150, a.
Nilus 190, b. *Nilotica inundationis causa* 177, b, seq.
Ninive, Ninea, *à quo condita* 211, b. 231, a. *ubi sita fuerit*, ib. & b. *qua magnificentia & amplitudo*, b. *hodie* Musul 231, a.
Ninus *an* Beli *an* Nemrodi *filius* 231, a. *aut hujus nepos* 211, b.
Nisibis *Urbs ubi* 226, N.
Nix, *quid* 132, a.
Noctua 88, a, b.
Noë *Nomen* 14, b. 15, a. *an gigas seu enormis magnitudinis fuerit* 9, a. *quot annos* Protoplasto & Mathusalæ *convixerit* 12, a, b. 228, a.
Noë *Encomium* 13, b, seqq. *stupenda illo tempore Continentia* 15, b. *justitia* 7, a. *pietas & monendi officium* 15, a, b. *ulterior laus & virtutes: summa in* Deum *fides & religio* 167 (c.2) a. *vitae periculum* 15, a. 25, b. *hoploterium contra Gigantes* 25, b.
Noë *mandatum fabricandæ* Arcæ *accipit* 16, b. *ejus Oratio ad* Deum 23, a. *illustratur extra ordinem* 24, b. 45. *prototypi, quod sequeretur, inspiratione* 23, a, b. 25, a. *de cætero elevatis naturalibus viribus* 35 (c.10) b. 40, a. *vel quibusdam simpliciter prudentiæ ejus relictis, ut quoad ea*

39, b. 47, a. 48 (c.2) b. Noë *enim industria multa* Deus *reliquit* 148, a. Noë *qua ætate* Arcam *construere aggressus sit* 27, a. *ejus divina oratio ad Spectatores*, ib. Noe *in commisso sibi negotio cura & diligentia* 146, 147. *sapientia in exacta rerum dispositione* 109, a. Noë *cœnaculum sive aula in* Arca 113, a & b. Noë *porrò Præco justitiæ ad spectatores* Arcæ *jam consummatæ* 120, b.

Noë *quo anno, mense & die* Arcam *sit ingressus* 119, a. 179, a. 183 (c.3) a. Noë *Apostrophe ad* Deum *circa Ingressum Animantium* 122, b, seq. Noë *occupationes in* Arca 146, 147.
Noë *sacrificium post egressum* 167, a. 168, a.
Noachum *in montanis* Ararat *œconomiam instaurasse* 179. *quo in pago vel loco ibi habitaverit* 26, a. *quid egisse putandus per reliquum vitæ tempus* 229. *in* Græciam *expeditio* 229, b. Latium & Hetruriam *incoluisse* 229, b. 230.
Noë *Astronomia* 180 (c.1) b. Noë Saturnus & Janus 229, b. *Hæres & Rex Mundi* 229, a. 232, b. 233, a.
Noë *comparatus cum* Christo 150, b. *cujus typus ob 12 causas* 233.
Noë *uberius elogium* 234, a, seqq.
Noë *qua mala viderit ante* Diluvium 234, a & b. *in* Diluvio 235, a. *post* Diluvium 235, a, b. Babylonem *vidit & Niniven* 235, b.
Noën *post* Diluvium *filios non genuisse* 184 (c.3) a.
Noë *quotam generationem viderit* 236. *quot annis post* Diluvium *supervixerit* 229, a. 236. *quot annis cum* Abram *egerit* 228, a. 239. *quo anno* Abrahæ *obierit* 221, a.
Noë *mors* 235, b. Epitaphium 236.
Nomenclatura Quadrupedum & Volucrum 101, 102.
Nomina gentium à quibus corrupta 223, b.
Nordstrandia *Insula, olim Continens* 188, b.
Notarius Sacrorum ap. Ægyptios *quis fuerit* 219, b. *Notarii Sacerdotes* 214, b.
November *tristis* 183 (c.3) a.
Novi Orbis *Vegetabilia & Sensitiva quàm varient ab* Europæis 49, b.
Nubes aqueus vapor 132, a. *Nubes ad tertiam aëream regionem pertingere* 132, a. *Nubes ruptæ flumina evomentes* 130, b.
Nuditas probrosa 233, b.
Numicia *an* Nephthuim 226, T.
Numismatum veterum Schemata de Diluvio 138.
Nuptiæ sacrilegæ quorum 12, b.
Nux Julum *edit* 52, a.
Nycticoraces 116, t.

O.

Obeliscus Pamphilius 4, a. *Obeliscis quanam insculpta* 222, a.
Obolitæ, *vide* Bolitæ.
Oceani *ultro citroque molientis violentia* 191, b.
Odor *in brutis ad quid impellens* 96, a.
Oggi *Gigantis fabula ante & post* Diluvium *superstitis* 9, b. *is Rex Basan*, ibid. & 32, a. *ejus lecti & staturæ vera ratio* 32, b.
Ogygium Diluvium 137, a. *ubi, quando & quantum* ibid. & b.
Olympus M. 131, b.
Onager 61, a, b.
Onocrotalum *refert* Picæ *genus* 89, a.

Ο'νοκρόταλ⊙, *qui nonnullis* Pelecanus 81,a,b.
Operarii Arcæ Noë *exstruendæ* 25,a. *Operarum distributio* ibid.
Ophir *ubi* 227.
Oppressionis enorme peccatum 11,a.
Orationes 4 Noë, *vide ibi,* N.
Origenis error 28 (c.8) a, b.
Ornithologi 77, a. 87, a. 88,a. 89,b. 90,b. 93,b.
Ornithotrophium *in* Arca Noë 112, a. 113, b. 114, a. 116.
Ortygometra, Coturnix 87, a, b.
Osiris *seu* Idris *vel* Adris *Termaximus* 219,b. Osiridis *viva Imago* 58, a. Osiridi *à consiliis* 216 (c.7) b. Osirides *plures & cur* 210, a, b.
Ossifraga, Aquila 76, b.
Ostium *in* Arca Noë *quantum suffecerit* 40, b.
Otus Noctua 88,b.
Ovidius *de Deucalionio Diluvio* 125, b.
Ovis *timida, innumeras præstans utilitates* 62, b. 63.
Ovium *usus & numerus in* Arca 108, a, b. 109, H.
Oves Europææ *in* India gibbescunt 49, b.
Ovi *generatio & natura,* 75, a. *Ova avium subventanea quæ* ibid. *Ova suppositia* 75, b. 84, a. *Ova Gigantum* 174, b. *seu quid instar Ovorum comederint* 11, b.
Oxia Bactriana *est* Uzal 227.

P.

PAlæstina *sic à* Philistim 226, Y.
Παλαιφὶ, διχωϛ 30, b.
Palatina Rupes *ut decreverit* 190, a.
Παλιγγνεσίας *semina* 219, a.
Palmus 4 digitorum 30, a, *Palmus Romanus* 145,a.
Palmyrena *an* Dedan 226, I.
Pantheon *ut subsiderit* 190, a.
Paphlagones Riphæi 224, b.
Papilionum *inventio* 174, b.
SS. Patres *excusantur* 97, b.
Paradisus *alicubi in* Assyria *fuit* 22, b. *in* Mesopotamia 26, b. *tertio die conditus* 197, b. *Paradisi 4 fluminum fons* 201, b. Paradisum *in statu innocentiæ fuisse facilè totum Orbem* 204 (c.4) b.
Parallelobipedum obliquangulum 41, a. 42, b.
Pardus pulchrè *pellus* 62, a.
Parix *canora* 93, b. 94. Parices *in receptaculo* Arcæ 114, b.
Parnassus Mons 138, a. 140, b.
Pari, *in aviario* Arcæ 114, b. 116, T.
Passer 87, b. Indicus ibid.
Pastor *primus* 12, b. 13, a. *Pastoritiæ artis magister* Noë 229, b.
Patriarchæ primævi Adamo *vicini habitarunt* 198, b. *etiam post* Diluvium, *in Regione* Eden 201, a.
Patriarcharum *ab* Adamo *usque ad* Sem *quot, & cum quo, quisque vixerit annis* 228, a, b 229. *Patriarcharum omnium exactior Chronologia usque ad mortem* Noë 238.
Pavo *quàm pulcher* 82, a. *tam libidinosus,* b. *falsum quod tradunt de conspectu pedum* 83, b. Pavoni, Indica Pica *non dissimilis* 89, a. Pavones candidissimos qua arte obtineas 51, a. 75, b.
Pavo-gallus *seu* Gallus Indicus 83, a. 86, b. a.
Pacis genius *aut figura* 170, b.
Peccata enormia 11, a. Peccatorum gradus 3, b. *peccatorum eluta sordes* 163. *fætor,* ib. Peccatis *quid in propinquo* 140, a. Junge Luxuria, Malitia, Scelera, &c.

Peccandi proclivitas *in homine unde* 169, a.
Pediculorum *generatio* 52, b.
Peguina ales 89, b.
Πελαργζευ 80, a.
Pelecanus, *qui nonnullis* Ο'νοκρόταλ⊙ 81, a, b. *Pictorum & Poëtarum fabula de hoc,* ibid. b.
Pellium *in scribendo vetustissimus usus,* 205, b.
Pellucidum os *rostri* 89, a.
Penaria *in* Arca Noë 47, b. 48, a. 106, 107, 109.
Peninsula *ex Insulis transmutata* 190, b.
Pennigerorum *animalium causse* 74, a, b.
Perdix *pro Regione variat* 86, b. 87. *quomodo Spuria ab ea quæ Speciem servat discerni possit,* 87, a.
Perdicum *usus ante* Diluvium 172, a, b.
Peregrinæ aliquot aves 114, a.
Persæ *sunt* Elamitæ 227. Persarum *olim Lingua quæ* 212, b. 213, b. Persarum Μωϛει *quis, quid,* 212, a.
Persiæ *etymon* 213, b.
Pertica 10 pedum 30, a.
Pes 4 palmorum 30, a.
Petra *ex grumis* Arcæ Noë 186, b. 187, b. *Petra quæ olim clivi, bis ex accumulatione limi* 124, b. *seq.*
Phantasticæ facultatis *ludibria* 200, a.
Pharos *olim* Ægypti *in medio maris* 190. b.
Phasianus *quis* 85, a.
Phengites lapis 39, a.
Philonis error 121, a.
Philosophia Chaldæorum *Græcâ perfectior* 215, a.
Philosophia Græcorum *quibus natales suos debeat* 218, a.
Philtra *ante* Diluvium *unde miscebantur* 174, a. 175, a.
Phoca quadrupes amphibion 73, a.
Phœnicurus, *avis, à* rubra cauda 93, a.
Phœnix, *figmentum* 96, b. 97.
Phryges *à quo oriundi* 225, a.
Phutæa *seu* Africa Mauritania 226, C.
Physiologiam docuit Noë 229, b.
Pica *garrula & furax* 88, b. *rostri ratio in* Brasiliensibus 89, a.
Picus Martius 90, a.
Pingue agris *inditum cum tempore evaporare* 194, b.
Pinna Piscium *alæ, & vice versâ de* Avibus 74, b.
Pini *&* Abietis antipathia 20 (c.2) b.
Piper *in* Hederam degenerans 50, a.
Pix *quomodo differat à* Bitumine 20 (c.3) b.
Planetarum Syzygia *in inundationibus* 128, b. 131, a.
Plantæ *variant pro cælo* 76, a. *metamorphoses* 95, a, b. Plantæ *ex* India *in* Europam *translatæ, & vice versâ, ut degenerent* 50, a. Plantarum *usus infra carnem* 172, a.
Plato *Philosophus & Politicus, unde talis* 218, a.
Platonicus Annus *unde profectus* 219, a.
Plinii *&* Scaligeri Monocerotem *in natura non reperiri* 58, a, b.
Pluvia *ante* Diluvium 173, a. 176, a. *ejus utilitas & necessitas* 177, a, b. Pluvia *ubi generentur* 130, a. Pluvias *vel in tertia aërea regione generari posse* 132, a. *& supra quosvis altissimos Montes,* ib. *& b.* Pluviæ *& nives montium bases corrodentes* 190, a. 192, a. *vide &* Imber.
Pœnitentia *de* Deo *quomodo dicatur* 4 (cap. 1) a. Pœnitentiæ vox *ab* Arca Noë, 2. Pœnitentiæ præconium per Noë 27, a, 28.
Poëtæ *unde sua de* Japheto *&* Titanibus *hauserint* 223 (c.9) b, *seq.*

Poli-

Politica Platonis *unde haufta* 218, a.
Polygamiæ introductio 12, b. 13, a.
Pondus totius Arcæ Noë *quot libras pependerit* 146.
Pons fublicius, pro Animalibus, ad Arcam Noë 40, b. 123, b. 166, a.
Porcus *vorax & lafcivus* 63, a.
Præadamitæ 196, b.
Præfepia in Arca 19, a, b. 47, b.
Primævorum poſt Diluvium *ingenium, & conſtantia in exequendo* 222, b.
Primigeniæ Species 81, a. *quibus opponantur,* ibid. *vide* Species. *Primigenias Avium species ab accidentariis dignoscendi ratio* 94, b.
Principes & Monarchæ filii Noë 234, a.
Priſma cujus dimidium 42, b.
Prodici hæresis 215, b.
Proportio Arcæ Noë *& Humani corporis* 150, a. *Proportio motûs accelerationis* 131 (c.4). 133, b.
Pſalmum 88 & 119, *ad quos* Hebræi *referant* 208 (c.6) b.
Pſittaci *dotes* 87, b. Pſittaci *variant* 88, a.
τοδοσφωνιξ *apud* Ægyptios *qui* 210, b. 212, b.
Ptyas *ſputo extinguit* 55, b.
Pulicum *hoſpitium* 52, b.
Putre ſpermaticum ſubjectum generationi 52, a. 53, a, b. 56, a.
Pygargus, Aquila 76, b.
Pyramides per Chami *progeniem erectæ* 222, b. *Ægypti prodigioſæ ſtructuræ* 186, a. *barbara* Memphis *miracula ſubducant ſe* Arcæ Noë 1.
Pyrenæi Montes 160, a.
Pythagoras *unde ſua hauſit* 218, a.

Q.

Quadratum 150, a, b. 152, b.
Quadrupes Animal perfectum deſcribitur 56, a.
Quadrupedum varia claſſes 49, a. *Quadrupeda ex promiſcuo Specierum coitu* 67, a, ſeqq.

R.

RAbbini *ſuperſtitioſi quid defendant* 11, a, b. *de caſtratione* Noë 184, a. *de feneſtra in* Arca Noë 38, b. Rabbinorum *fabula de Luctu* Noë 119, b.
Ranarum *ortus* 53, a. 56, a. Ranis *an jus ullum ad* Arcam 53, b, ſeq. 56, a.
Regendus ab alio qui non regitur à ſe 169, a.
Regulus *rex Avium, unde* 94, a.
Religio, ante & poſt Diluvium, *per quos propagata* 228, b. 229, a & b. *vide* Cultus.
Reptile *quid, & innumerabiles ſpecies* 47, b. 52, a.
Reptilium duplex ortus 48 (c.3) b, 49. *triplex naſcendi via* 95, a. b, 96. *Reptilia quatuor pedum* 55, a. *jus ad* Arcam 53, b. 54, 55, a. 56, a. *Reptilium ſtabula aut locus in* Arca 104, b.
Reſina differt à Bitumine 20 (c.3) b.
Revelatio Adæ 206, b.
Reverentia 240, a.
Rex: Reges nulli Antediluvianos coërcuerunt 11, b.
Rhinoceros Elephanto *minor* 59, a. Rhinocerotes unicornes 58, b.
Rhodii *à* Dodanim *fil.* Javan 225, b.
Ricinorum *genitor* 52, b.
Riphat, *unde* Riphæi 224, b, ſeq.
Roma *quando condita* 137, b. Romæ *veteris* 66 *templa* 186, b.

Roſtrum *acinacis inſtar* 91, a. Roſtrum Picæ Braſilienſis 89, a. Roſtri *cornu* 89, b. *ſacculus* 81, b.
Roſtra Piſcium *pro* Unicornium *venditari* 58, b.
Rubecula, *canora* 93, a.
Rubeta *quadrupes* 55, a. *an jus ad* Arcam *habuerit* 56, a.
Ruminans *animal* 99, b. 101.
Rupicapra 62, a & b.
Ruta *antidotum* 65, b.

S.

SAbæa *à* Seba *ſic dicta* 226, E & H.
Sabtha Regio *quæ, & à quo ſic dicta* 226, F.
Sacarum *Regio* Seba 227.
Sacculus roſtro Avium *affixus* 81, b. 89, a.
Sacrorum Notarius ap. Ægyptios 219, b.
Sacerdotes Chaldæorum *Notarii & Hiſtorici* 214, b.
Sacrificium Noë 167, a.
Sal humana ſocietati conſervandæ Leges 218, b.
Salamandra *an ab* Arca *rejicienda* 56, a.
Sanguis *quid* 175, b. Sanguinis *eſum cur* Deus *& Apoſtoli inhibuerint* 173, ſeq. 175, b, ſeq. *quid hic* Græci *& D.* Thomas 175, b. 176, a.
Saraceni *an* Chaſluhim 226, X.
Sarmatæ *ab* Hazarmavet 227. Sarmatarum *porrò origo* 224, a. Sarmatia *ſive* Scythia 224, b.
Sauromatæ *ab* Hazarmavet 227.
Satanica Cainitarum *improbitas* 234, b.
Saturnia *eſt* Latium 229, b.
Saturnus *&* Janus *eſt* Noë 229, b. Saturni *filius & ſcriba, quis* 216 (c.7) b. Saturni *plures, & quæ dignationis ratio* 210, a.
Saxea moles è quibus tandem 186, b.
Scala in Arca 147, b.
Scelera primævi Mundi 27, b. 173, b. 174, b. *Scelerum faſtigium & barathrum ante* Diluvium 3, b. 11, a & b.
Scintillas ex aſtris quis carmine elicuit 210, b, ſeq.
Sciurus *mundus, inquietus* 65, a.
Scorpionum *generatio* 53, a.
Scriba & filius Saturni 220, a.
S. Scripturæ *ſimplicitas & ſinceritas* 182, b. *ejus veritati contradicentes,* 2. S. Scripturam *loco cujuſvis* Hiſtoriæ *habentes* 103, a.
S. Scripturæ *loca aliquot illuſtrata:* Et fluvius egrediebatur ex Eden, & divid. 201, a, b, 202. Iſte cœpit invocare Nomen Domini 207, b. Filii Dei, filii hominum 8, a. 12, a, b. Ambulavit cum Deo 14, b. Iſte conſolabitur nos, 14 (c.5) b. Ex omnibus animantibus univerſæ carnis bina induces in Arcam 51, b. Tolles ſeptena & ſeptena, duo & duo 98, a, b. obtinuerunt aquæ terram 150 diebus 156 (c.8) a, b. 158, a. Et requievit Arca 158, 159. adduxit Dominus ſpiritum ſuper terram ad exſiccandas aquas 156. Fontes Abyſſi magnæ & Cataractæ Cœli 127. Ingredieris Arcam tu & filii tui, &c. Egredere tu & uxor tua, &c. 166, b, ſeq. Nemrod cœpit eſſe potens in terra 230, a, b.
Scytale *parvus Serpens* 55, b.
Scytharum *ad* Riphæos Montes *origo* 225, a.
Scythia *ſive* Sarmatia 224, b. Scythia *intra* Imaum *eſt* Dikela 227.
Seba Sacarum *Regio* 227.
Secretiſſimarum rerum, ſive licitarum ſive illicitarum, inventores ut dicti 212, b.

INDEX RERUM,

Σειἡρ᾽ Noachus, *cui* 136, b.
Selebü Schefeph 227.
Selenites *lapis* 39, a.
Semi *virtutes* 234, a. 240, a. *diutissimè vixit* 239, 240, a. *ad quotum* Jacobi *annum pervenit* 228, b.
Semi *Genealogia* 223, a. 227.
Semi, Chami *& * Japheti *progenies quàm longæva fuerit* 221, a.
Seminum provisio in Arca 111, a.
Seminium universæ Naturæ in Arca Noë 122, a.
Semiramis *& * Abraham σύγχρονοι 211, b. Semiramis *quomodo Babylonem condidisse intelligenda* 230, b. Semiramidis *Babylonici muri*, 1.
Semixas *princeps olim malorum Angelorum inter homines* 6, a.
Sennaar Babylon 22, b.
Sensitivorum dispar conditio pro alio atque alio cælo 49, a, seqq.
Sensus Mysticus & Anagogicus 97, b. *Sensus Mystico-allegorico-tropologicus* Arcæ Noë 149-154.
Sentina ratio & locus in Arca Noë 36, b. 45, b. 47, a. 106, a. *pondus* 144, b. 145, a, b.
Seps *putris* 55, b.
Septem dies conditi Mundi & totidem ante Diluvium 120, a.
Serpens : Serpentum generatio 53, a. *species* 55, a. *Serpentes quidam innoxii, & quibus familiares* 55, b. *Serpentes aliis cartilagineis* 74, a. *incredibilis magnitudinis* 56, a. *Serpentum usus*, 54, b. 55, a. *Serpentes in* Arcam *fuisse admissos* 54, a, b. *Serpentum genera ad* Arcam *erumpentia* 122, b. *locus in* Arca 104, b.
Seth *quos libros scripserit* 205, b.
Sethiani Cainitis *conjugio mixto perdendo Mundo occasionem dant* 22, a. 27, b.
Sethiani *hæretici* 209, a.
Sexus discrimen in Lumbricis, *Julis, & c. nullum* 52, a.
Siccitas, vide Ἀνομβρία, Pluvia, Imber.
Sicilia *quondam Continens* 188, b. 190, b.
Sidera inter causas particularis Diluvii 128, b. *non Universalis* 131, a.
Sideralis scientia filiorum Seth 205, b.
Sidonii 226, a.
Simia *cauda carens* 66, b, 67. *summa hujus Speciei varietas* 67, a.
Siphones ad aquas derivandas in Arca 45, b.
Sirenum *Monstrum* 73, a.
Sodomia Antediluvianorum 174, b.
Sodomitæ *in proprias foveas cadunt* 21, b.
Solaris Annus & Mensis 161, a, b.
Solidum, Cubus 144, b.
Species Animantium quot 47, b. 48, a. *Species primigeniæ* 96, b. *Junge* Animal. *Specierum Volucrum major cognatio quàm Quadrupedum* 75, a, b. *Species variare pro diversis Climatibus* 75, a & b. 76. *transformationes* 196, b.
Species unius gradus inter Volucres *quantopere discedant* 86, b. *Specie non differunt* Anas *domestica vel sylvestris* 84, a. *Speciei unius* Aves *quomodo dignosci queant* 87, a. *Species* Avium *primigenias discernendi generalis modus* 94, b.
Species Insectorum, quot, an innumerabiles 56, b.
Species Animalium in Arca Noë 48, 49, seqq. *Species animantium primigenias tantum in* Arcam *fuisse admissas* 49, 50, 51. 75, a & b. 81, a.
Species Quadrupedum ex promiscuo coitu, 67-70. *in* Arca *conservatæ non putantur* 67.

Spiracula in Arca Noë 48 (c. 2) b. 113, a. *quantus eorum usus* 148, a.
Spiritus siccans Diluvii *aquas Ventus fuit extraordinarius* 157, a, b.
Spiritus mali inter homines versantes 5, b & seqq. *sed occultè & per illusiones,* 11, a, b.
Spithama 3 *palmorum* 30, a.
Spuria animalia, vide Animal. *Spuria aves quo experimento discernantur* 87, a.
Stabula pro Animalibus in Arca 103, 4. *Stabulorum distributio* 45, 46, 47.
Stabula & ornithotrophia in Arca *quantam ordinantis sapientiam arguant* 45, 46. *Stabulorum Pinax* 105.
Stadium quot passuum 30, a. 231, b.
Statica ars 159, b.
Status rerum centum retro annis ante Diluvium, 3, 4, 5, & seqq.
Stellarum numerus 103, a.
Stellas deducendi ars 6, b. 174, a.
Stellio quadrupes 55, a. *an in* Arcam *admissus* 56, a, b.
Stercoraria 133, a.
Sterilis agri prodromi 194, b.
Stibii varios usus & fucos quis docuerit 6. a.
Struthocamelus, *stolidus* 78, a, b.
Stryges, *ex* Noctuis 88, b.
Sturnorum receptaculum in Arca 114, b.
Subscudes in colligationibus 42, b.
Substructiones ædificandorum 36, a.
Suggrundiorum canales in Arca 111, b.
Supellex varia in Arca Noë 46 (c. 1) b. 48. a.
Susan Persidis 227.
Susii *ab* Arphassad 227
Sylvæ *Montis* Libani *& * Mesopotamiæ *inter p.* 22 *& * 23 Mappa.

T.

TAlparum *geminus ortus* 53, b. seq. Talpas *nullum jus ad* Arcam *habuisse* 53, b, seq.
Tarsus *& * Cilices *quo auctore exstiterint* 225, a.
Tartarorum *prima origo* 228 (c. 9) a. Tartarorum *Magnus* Cham *quo venatore & aucupe maximè delectetur* 77, b.
Taurus *sive* Bos 58, a.
Taurus M. 133, a.
Tayus *somniculosus & piger* 66, a.
Τίχναυκος *opuleneo Principe dignum* 44, b.
Τελεσπορικος 215, a.
Telluris morbi 188, a. *mutata facies* 191, b. 194, a.
Telluris rima 129, b.
Tempestates Diluvii 124, a. 126, a.
Templum Salomonis 1.
Temporum injuriæ tandem ægrè resistitur 186, b.
Tenebræ initio Cataclysmi 124, b.
Tentationis proventus 142, b.
Tercerae *& * Canariæ *Insulæ* 191, b.
Terra ante Diluvium *plana non fuit* 4 (c. 2) b. *Terræ Globus dimensus* 134. *Terrarum Orbem & internè & externè varias mutationes subire* 188, a. junge *Geocosmus* Tellus.
Terremotus effectus 195 (c. 2) a.
Terreni Globi Juventus, ætas Media, Senium 194, b.
Terrestres partes à Diluvio *cum Mari stationem permutarunt* 4 (c. 2) a. *Terrestres quisquiliæ* 193, a.
Terrestrium quisquiliarum ἀμιξία 54, b. 179, b. 181, b.
Testu-

& VERBORUM.

Testudo 72, b. *non est amphibion* ibid.
Tetraon 85, b.
Thamnin *pagus cujus sedes fuerit* 26, a.
Thare *quam artem calluerit* 212, b.
Thautus, Thoth, 216 (c.7) b. 220, b.
Theometha, *vide Meta.*
Theseus *in Upupam transformatus* 91, a.
Thiras Thracum *pater* 224, b.
Thoth, Adris 220, b.
Thracum *origo* 224, b.
Tigris Felis *forma* 60, a.
Tonitrua, fulgura & fulmina initio Diluvii 124, a.
Tragelaphus *sive Hircocervus* 68, a.
Transmigratio gentium 187. *per progeniem* Japhet 223, seqq.
Transmigrantium curia 224, b.
Transmutatio, vide Metamorphosis.
Trismegistus, *vide Hermes.*
Tritici *metamorphosis* 95, a.
Troglodytarum *origo* 226, R.
Tubalem Hispanis *originem dedisse* 224, b.
Tubalcain *faber* 229, b.
Turcæ *an à Gomer nepote Noë processerint* 225, a.
Turdi, *deliciæ mensarum* 90, b. *marini ex* Fulica, *ib.*
Turris *condendæ* Babylon. *auctor* 230, b. Turres Ninives 231, b.
Turtur 85, b.
Tyrannus Nemrod 230, b.

V.

Vapores *in desertum aëreæ regionis quâ copiâ deducti* 130, b.
Vegetabilium *diversa conditio, unde* 49, a. seq. 75, b. 76.
Venator 230, b.
Venenatarum *animantium usus* 54, a.
Venerea *idola* 3, b & 4, a.
Ventus *in exsiccandis* Diluvii *aquis non merè naturalis* 157, a, b. Ventorum *generatio* 157, b.
Veris *amoeni pictura* 183 (c. 3) a.
Vesicam *Aves non habent* 74, b. *cur* ibid.
Vespertilio Mus volatilis 74, a.
Vicissitudines rerum, vide Mutat.
Vinum *novum quæ Insecta generet* 52, a. Vini *usum etiam ante* Diluvium *obtinuisse* 180. 182, a, b.
Viperæ *descriptio & utilitas* 55, a.
Vir *bonus* 142, b.
Visio *beatifica* 203, b.
Vita *in quo consistat* 175, b. Vitæ *cursus magnis casibus exercitus* 236.
Vita *omnium Patriarcharum usque ad Jacobum* 228, a & b, 229.

Vitium *plantandarum provisio in* Arca 111, a. 181, a.
Vitiorum *barathrum* 234, b.
Vitulus Marinus *seu* Phoca 73, a.
Viverra *avaritiæ symbolum* 65, a. 66.
Ulna *mensura* 36, a.
Ulula, Noctua *est major* 88, b.
Uncia 3 *digitorum* 30, a.
Ungulam *solidam habens Animal* 99, b., 101.
Unicornis *sive Monoceros* 58, a.
Volatile *latius patet quàm Avis* 74, a. Volatilium *varietas* 49, a. *monstra, & unde,* 51, a, b. 75, a, b.
Volatilium *accessus ad Arcam* 122, b.
Volucrum Nomenclatura 102. *species* 48 (c.2) a. 74, b. Volucrum *species sunt sibi maximè affines* 75, a, b. Volucrum *diversi colores ut procurentur* 51, a. 75, b.
Volucrum *interitus in* Cataclysmo 125, a.
Volucrum *caveæ in* Arca 46, b.
Voluptas 162, b. 166, b. Voluptatis *& libidinis laxatæ habena* 3, b.
Upupæ *pulchritudo* 91, a. *foetor*, b.
Ur Chaldæorum *in Regione* Eden 201, a. *ab Ignis cultu sic dicta Urbs* 212, b.
Urbes *vitæ humanæ necessariæ* 4, b. *à quo prima exstructa,* ibid. *præter unam omnes ex hominum memoria deletæ,* ibid. Urbes *alluvione Maris submersæ* 191, a, b. Terra *hiatu absorptæ* 188, a. 189, a & b. Urbium *celebrium post* Diluvium *fundatores* 230, seqq.
Urogallus 85, b.
Ursus *etiam formicis vescitur* 60, b.
Vulcani *tyrannis* 189, a.
Vulpes *callida & detrimentosa* 64, a, b.
Vultur 76, b. *homines & equos invadit* 77, a. *alæ quot pedum,* ibid.

W.

Wolckenbruch 130, a.

X.

Xylophytorum *generatio* 53, a.

Z.

Zodiaci Minutum *unum* 218, a.
Zona Torrida *nascentia* 49, b. Zona Frigida 50, a. Temperatæ ib. b. 96, a. Zonarum *diversitas mutat ingenia Vegetabilium & Sensitivorum* 49, a, seqq.
Zoologi 56, b. 76, a. 104, b.
Zoroastres: *etymon* 209, b. 210. 212, a, b. Zoroastræ *quot numerentur* 209, a, b. *cur sic plures* 210, a. 212, a, b. Zoroastren *fuisse* Chamum *filium* Noë 210, a, b. Zoroastræ *librorum, quanta auctoritas* 215, b.

INDEX FIGURARUM,

Suis locis à Bibliopego inserendarum.

Effigies *Regis Hispaniæ* ante Dedicationem.
Descriptio Regionis *Edeniæ,* pag. 22.
Typus laborum in exstruction. *Arcæ,* 28.
—— Substructionis *Arcæ,* 36.
Contignatio sive ossatura primi pavimenti, 38.
Arcæ in 3 contignationes divisæ Figuræ III. 47.
Projectio Optica *Arcæ* secundum longitudinem, 48.
————— & latitudinem, *ibid.*
Icones Serpentum, 54.
Ornithotropheion, 108.
Optica projectio trium *Arcæ* contignationum, tribus Tabulis, 116.
Ingressus Animantium intra *Arcam,* 122.
Miserabilis hominum status in principio *Diluvii,* 127.
Diluvii ante diminutionem aquarum status, 154.
Typus *Arcæ* quiescentis, 159.
Sacrificium *Noë* post *Diluvium,* 168.
Geographia conjecturalis de Orbis post *Diluvium* transformatione, 192.
Topographia *Paradisi,* 197.
Tabula Geographica Divisionis gentium, 223.
Arbor Genealogiæ *Noëticæ,* 227.

ERRATA

Quædam Typographica, quæ absentiâ Autoris irrepserunt.

Pag. 198, *columna* b, *lin.* 42. *post,* nam uti Libro primo diximus, *ponatur,* Lamech, hoc loco non intelligi patrem *Noë* ex stirpe *Seth,* sed *Lamech* ex stirpe *Cain,* qui duas sibi sumpsit uxores *Sella* & *Ada,* & ex illa quidem genuit *Tubalcain,* qui fuit malleator, & faber; & *Noëma* sororem; ex *Ada* vero suscepit *Jabel* qui fuit pater habitantium in tentoriis, & *Jubal* qui fuit pater canentium in organis, &c. quemadmodum in Genealogia videre est.

Pag. 210, *col.* a, *lin.* 16. *post hæc verba* cui congruit etymon Persicum, *ponatur* بستان الدنیا, id est, *Hortus Mundi.*

In Indice, voce *Lamech* ante *pater Noë* sic leg. Lamechi duo, 13, a. alter pater Noë, ibid. & 238, a. *ejus Prophet. spiritus.*

ELENCHUS LIBRORUM
A P. ATHANASIO KIRCHERO
è Societate JESU, editorum.

1. *Magnesia* sive Conclusiones experimentales de effectibus Magnetis, edita Herbipoli 1630. in 4.

2. *Gnomonica Catoptrica*, sive Horologiographia reflexa, quà per specula totius primi Mobilis doctrina, horarumque ductus in interioribus Domuum parietibus delineati, radio reflexo demonstrantur. Avenione 1634. in 4.

3. *Specula Melitensis Encyclica*, hoc est, Syntagma novum Instrumentorum Physico-Mathematicorum. Messanæ 1638. in 8.

4. *Prodromus Coptus*, in quo tum Linguæ Coptæ sive Ægyptiacæ, quondam Pharaonicæ, origo, ætas, vicissitudo, inclinatio, tum Hieroglyphicæ literaturæ instauratio, nova methodo exhibetur. Romæ 1636. in 4.

5. *Ars Magnetica*, qua Magnetis natura, ejusque in omnibus usus explicatur, ac præterea è viribus Magneticarum motionum in Elementis, Lapidibus, Plantis, Animalibusq; elucescentium, plurima nova hucusque per varia experimenta recluduntur. Romæ primò in 4. dein Coloniæ: ultimo iterum Romæ, pluribus aucta, 1654. in fol.

6. *Lingua Ægyptiaca restituta*, qua Idiomatis primævi Ægyptiorum Pharaonici vetustate temporum pœnè collapsi, ex abstrusis Arabum monumentis instauratio continetur. Romæ 1643. in 4.

7. *Ars magna Lucis, & Umbræ*, in duos Tomos divisa, quà Lucis & Umbræ in universa Natura vires effectusque, nova reconditorum speciminum exhibitione, ad varios rerum usus panduntur. Romæ 1646. in folio, quæ nunc multiplici novarum inventionum augmento denuo prodiit à Jansonio Amstelod. 1671. in folio.

8.9. *Musurgia*, sive *Ars magna Consoni & Dissoni*, qua Musicæ Theoricæ & Practicæ scientia traditur: Consonique & Dissoni vires effectusque mirabiles in Natura, in omni pœnè facultate demonstrantur. Opus in duos Tomos divisum. Romæ 1650. in folio.

10. *Obeliscus Pamphilius*, in foro Agonoli (vulgò *Piazza Navona*) erectus: in quo Veterum Theologia Hieroglyphicis involuta symbolis è tenebris in lucem asseritur. Romæ 1650. in fol.

Oedipus Ægyptiacus, in quatuor Tomos divisus, quorum

11. *Primus*, dicitur *Templum Isiacum*, quo ad originis, progressus, durationis, Ægyptiacæ sapientiæ ac Hieroglyphicæ institutionis notitiam portæ referantur. Romæ 1652. in folio.

12. *Secundus*, dicitur *Gymnasium Ægyptiacum*, quo veterum Hebræorum, cæterorumque Orientalium recondita sapientia, temporum injuria perdita, per contextum Sacrarum Sculpturarum demonstrata instauratur. Romæ 1653. in folio.

13. *Tertius*, Variarum Artium veteribus Ægyptiis usitatarum Classes continet, & sunt Arithmetica, Geometria, Musica, Astrologia, Mechanica, Alchimia, Magia, Theologia Ægyptiaca, unà cum Hieroglyphicis exhibita.

14. *Quartus*, dicitur Theatrum Hieroglyphicum, & continet Obeliscorum, cæterorumque Hieroglyphicorum monumentorum, quæ tum Romæ, tum in Ægypto, ac celebrioribus Europæ Museis adhuc supersunt, Interpretationem. Romæ 1654. in folio.

15. *Iter Ecstaticum Cœleste*, sive Mundi Opificium, quo Cœli Siderumq; tam errantium, quàm fixorum natura, vires, proprietates, compositio, & structura sub ficti Raptus integumento ad veritatem exponitur, Romæ 1656. in 4. Posteà à P. Gaspare Schotto variis commentationibus illustratum, prostat Norimbergæ.

16. *Iter Ecstaticum Terrestre*, sive Geocosmi Opificium, quo Terrestris Globi structura, arcanarumque in ea partium constitutio, Figmento ad veritatem composito exponitur. Romæ 1654. in 4.

17. *Scrutinium Physico-Medicum*, sive de Peste, quo ejusdem origo, causæ, signa, prognostica, & insolentes malignantis Naturæ effectus, & appropriata remedia demonstrantur. Romæ 1658, in 4. & Lipsiæ recusum sub forma 12.

18. *Diatribe de Crucibus Neapolitanis*, quæ ibidem, tum supra vestes hominum, tum potissimum supra lini supellectilem, paulò post ultimum Vesuvii incendium comparuerunt. Romæ 1661. in 8.

19. *Polygraphia*, sive Artificium linguarum, quo cum omnibus totius Mundi populis, & linguis unusquisque; licet non alia, quàm materna lingua instructus correspondere posse demonstratur, cum multis aliis ad Steganographiam Trithemianam pertinentibus arcanis. Romæ 1663. in folio.

20.21. *Mundus Subterraneus*, in quo universæ Naturæ majestas, & divitiæ, summa rerum varietate, exponitur, abditorumque effectuum causæ in totius Naturæ ambitu elucescentes duobus Tomis demonstrantur. Amstelod. 1664. in folio.

22. *Historia Eustachio-Mariana*, qua Vita, Genealogia, & Locus Conversionis S. Eustachii, nec non Ecclesiæ jam in Urbe, in eodem Conversionis loco, Deiparæ, & S. Eustachio à Constantino Magno dedicatæ origo describitur. Romæ 1665. in 4.

23. *Arithmologia*, sive de occultis Numerorum mysteriis, qua origo, antiquitas, & fabrica Numerorum exponitur, eorumque abditæ proprietates demonstrantur, & fontes superstitionum hoc tempore currentium aperiuntur, & acriter confutantur. Romæ 1665. in 4.

24. *China* monumentis qua sacris, qua profanis, in qua de admirandis Artis & Naturæ in triplici ejus Regno spectaculis, aliarumque rerum memorabilium, tum de China, tum de Tartaria, vicinaque India enarrationibus fusè agitur. Opus ob incognitarum hucusque rerum novitatem, rarum & curiosum. Amstelodami 1666. in folio, lingua Latina, Gallica & Belgica editum.

25. *Obelisci Ægyptiaci* præterito anno intra rudera Templi Minervæ effossi Interpretatio Hieroglyphica, nova methodo tradita. Romæ 1666. in folio, & Obeliscus Alexandrinus dicitur.

26. *Magneticum Naturæ regnum*, sive de triplici Magnete. Romæ 1666. recusum Amstelod. in 12.

27. *Ars*

KIRCHERIANA OPERA.

27. *Ars Combinatoria*, sive *Ars magna sciendi*, qua Ars Lulliana restituitur, & ad omnes Artes, & Scientias facili methodo addiscendas, nec non de quocumque argumento proposito, discurrendi porta aperitur. Amstelodami 1671. II Tom. in folio.

28. *Latium Priscum*, quo ejus origo, situs, natura, urbes, montes, lacus, monumenta veterum æquo cum præcedenti passu curiose describuntur. Amstelodami 1671. in folio.

29. *Archetypon Politicum* ex numismate extractum, & dicitur, Splendor domus Joanniæ, quæ est una ex perillustribus, & antiquissimis Hispaniæ familiis, 1672. in 4.

30. *Arca Noë*, qua architectura, & fabrica Arcæ exponitur in 3. libros distincta, & res ante Diluvium, in Diluvio, & post Diluvium peractas curiosis quæstionibus exponit. Amstelodami 1675. in fol.

31. *Tomus I. Turris Babel*, opus in quatuor libros digestum, quo structura Turris, nec non aliæ prodigiosarum fabricarum monumenta exponuntur. Amstelod. 1675. in folio. sub prælo.

32. *Phonurgia Nova*, qua per prodigiosos sonorum effectus, & proprietates, nec non per machinas sono animatas, reciproco corresponsu, de quacumque re occulta, manifesta, tum inter domesticos parietes, tum foris in diffitis regionum locis, sermocinatio institui potest. Campidonæ 1673. in folio.

33. *Physiologia Kircheriana* multiplici innumerabilium experimentorum varietate comprobata, quam ex vastis Ath. Kircheri operibus summa fide, & studio collectam in unum Tomum contraxit Joannes Stephanus Kestlerus Alsata, 1674.

34. *Organum Mathematicum* ad disciplinas mathematicas facili methodo addiscendas, in usum Principum primò adinventum, & deinde à P. Gaspare Scotto integro Tomo eruditè descriptum, & demonstratum. Norimbergæ apud Enteros, 1670.

35. *Pantometrum Kircherianum* ad usum Principum primò ab Authore inventum, & à P. Gaspare Scotto, integro Tomo explicatum & demonstratum.

36. *Sphynx Mystagoga*, sive *Diatribe de Mumia hieroglyphicata*, ex Ægypto in Galliam non ita pridem translata, & Hieroglyphicorum, quibus inscribitur, symbolorum interpretationem continet. Amstelodami apud Jansonium 1675.

Opera, jam prælo parata sequuntur.

37. *Turris Babel Tomus II & III. Atlas polyglossus intitulatus*, sive Confusio linguarum, in ordinem redacta, quo omnium linguarum atque idiomatum totius Orbis Terrarum disparatissima genera, & species ad 72 linguas novo ausu atque methodo, multorum annorum studio & labore collecta, orbi literario exponuntur.

38. *Musei Collegii Romani*, à P. Ath. Kirchero instituti, descriptio exactissima per Georgium de Sepibus Valesium Mathematicum, & Authoris in machinis conficiendis, executorem peracta, 1675.

39. *Ars Analogica*, quæ de quovis proposito themate, per rerum naturalium analogismos, sive symbolicos conceptus, tum expeditè scribendi, tum amplè dicendi materia subministratur. Amstelod. in fol.

40. *Iter Hetruscum*, quo Hetruriæ tum priscæ, tum tempore Reip. Rom. tum posteræ, origo, situs, natura, politica, catastrophæ, monumenta sacra, profana, nec non naturæ admiranda, triplici ratiocinio, politico-physico-geographico describuntur, & explanantur. Amstelod. in folio.

41. *Geometria practica-combinata*, in usum Principum elaborata.

42. *Ars Veterum Ægyptiorum Hieroglyphica*, qua Sacerdotum priscorum in Obeliscorum, statuarum, aliorumque monumentorum hieroglyphicis symbolis disponendis, ordinandis, & singula cum singulis combinandis, ratio, modus, & methodus. à nemine, quod sciam, hucusque tentato artificio verè, & genuinè exponitur, & Hieroglyphica sapientia tandem restituta jure dici potest.

43. *Abhenaali*, sive *Avicenna Tomus* II. qui & *Canon dicitur*, de medicamentis simplicium mineralium, plantarum, fructuum, gummium, animaliumque, &c. ex Hebr. Arabic. ling. translatus.

Nota ad Lectorem.

Quicunque hæc Opera hactenus impressa desideraverit, is ea à Dom. *Joanne Janssonio à Waesberge*, Bibliopolæ Amstelædamensi & Impressori *Kircherianorum Operum* obtinere poterit.

FINIS.

www.ingramcontent.com/pod-product-compliance
Lightning Source LLC
Chambersburg PA
CBHW070538160426
43199CB00014B/2287